Das Buch

Dieser sechste und letzte Band der Reihe *Theorie der Geschichte* widmet sich dem Problem des Verhältnisses von Einzel- und Gesamtanalyse, also von Detailstudie und Gesamtdarstellung oder von der Synthese aus Allgemeinem und Besonderem. Das Thema Teil und Ganzes ist auch eine interdisziplinäre Fragestellung, die für die historisch orientierten Soziologen, Ökonomen, Anthropologen und Pädagogen von Bedeutung ist. Drei Autoren beantworten deshalb diesen Komplex für ihre jeweilige sozialwissenschaftliche Disziplin. Für die Geschichtswissenschaft werden besonders die aktuellen Fragen um den »kleinen Mann« und »die große Geschichte« herausgestellt, werden die Hintergründe des »Historikerstreits« in der Tradition des historischen Vergleichs und vor dem Diktum von der historischen Singularität durchleuchtet sowie die Entwicklung der deutschen Sozialgeschichte nach 1945 aufbereitet. Die Theorie kommt dabei nicht zu kurz: sechs Beiträge befassen sich mit methodologischen, typologischen und hermeneutischen Problemen der Darstellung wissenschaftlicher Erkenntnisse.

Studiengruppe »Theorie der Geschichte«
Werner-Reimers-Stiftung, Bad Homburg

Beiträge zur Historik
Band 6

Teil und Ganzes
Zum Verhältnis von Einzel- und Gesamtanalyse
in Geschichts- und Sozialwissenschaften
Herausgegeben von Karl Acham und Winfried Schulze

Deutscher
Taschenbuch
Verlag

Originalausgabe
April 1990
© Deutscher Taschenbuch Verlag GmbH & Co. KG,
München
Umschlaggestaltung: Celestino Piatti
Gesamtherstellung: C. H. Beck'sche Buchdruckerei,
Nördlingen
Printed in Germany · ISBN 3-423-04544-2

Inhalt

Dritter Teil
Zur Methodologie von Teil und Ganzem

Vorbemerkung

Mit diesem sechsten Band werden die beiden letzten Tagungen der Arbeitsgruppe »Theorie der Geschichte« dokumentiert, die seit 1974 von der Werner-Reimers-Stiftung (Bad Homburg) gefördert wurde. Dreizehn Jahre hat die Arbeitsgruppe in wechselnder Zusammensetzung und mit verschiedenen Gästen Fragen der Theorie der Geschichtswissenschaft diskutiert und damit einen nicht unwesentlichen Beitrag zur allgemeinen Grundlagendiskussion unseres Fachs geleistet. Ihre Arbeit bildet damit zugleich einen Teil der seit Ende der sechziger Jahre aufbrechenden Grundlagendiskussion der bundesrepublikanischen Geschichtswissenschaft, deren »Theoriebedürftigkeit« damals zum geflügelten Wort wurde. Diese Arbeit hat ihren Abschluß in einer ganz anders bestimmten Phase der Fachdiskussion erlebt. Im Unterschied zur durchaus prekären Situation der Geschichtswissenschaft am Beginn der Arbeitsgruppe schließt sie ihre Arbeit unter dem Eindruck einer breiten Rehistorisierung der Sozialwissenschaften und einer neu gefestigten Position im öffentlichen Bewußtsein ab. Nichts wäre falscher, als der Arbeitsgruppe dies zum Verdienst anzurechnen. Eher wird man ihre kurze Geschichte als Ausdruck einer Spanne intensiver Diskussion innerhalb des Fachs und mit den Nachbarwissenschaften bezeichnen können, die diese Jahre geprägt haben, nicht zuletzt aber auch als Symptom wissenschaftlicher Konjunkturen. Sie hat daran mitgearbeitet, offensichtliche Defizite in der methodologischen Fundierung unseres Fachs aufzuarbeiten und damit die Stellung historischen Fragens und Argumentierens zu stärken. Weit davon entfernt, ihr großes Thema erschöpft zu haben, beendet die Gruppe ihre Arbeit unter dem Eindruck, daß der akute Problemdruck der siebziger Jahre nachgelassen hat.

Wie immer, wenn eigenes Bemühen über einen gewissen Zeitraum hinweg erkennbar wird und zum Abschluß kommt, drängt es die Beteiligten, denen Dank abzustatten, die bei diesem langwierigen Unternehmen hilfreich mitgewirkt haben. Dies war vor allem die Reimers-Stiftung selber, die über Jahre hinweg den unvergleichlich anregenden Rahmen für unsere Tagungen bot. Dem Wissenschaftlichen Beirat, Konrad Müller (†) und Konrad von Krosigk (seit 1979), den Geschäftsführern der

Stiftung, nicht zuletzt aber auch Gertrud Soentgen gilt unser herzlicher Dank. Daneben danken wir unseren Vorgängern als Organisatoren der einzelnen Tagungsfolgen, also Jürgen Kocka, Reinhart Koselleck, Christian Meier, Wolfgang J. Mommsen, Thomas Nipperdey und Jörn Rüsen, die die Mühe der Programmplanung und der Herausgabe der früheren Bände auf sich genommen haben. Ein Rückblick auf die früheren Organisatoren muß auch an die zu früh verstorbenen Karl-Georg Faber und Heinrich Lutz erinnern, deren Andenken für uns untrennbar mit der Arbeitsgruppe »Theorie der Geschichte« verbunden ist. Ohne die vielen Teilnehmer der Tagungen aus dem Bereich der Geschichtswissenschaft selbst, der Philosophie, der Theologie, der Kunstgeschichte, den Philologien, der Soziologie und der Jurisprudenz, die als Gäste oder als zeitweilige Mitglieder der Arbeitsgruppe ihre Kenntnisse und ihr Engagement in die Diskussionen eingebracht haben, namentlich aufführen zu können, sei hier zumindest ein herzliches Wort des Dankes für die Teilnahme an einem längeren wissenschaftlichen Diskussionsprozeß ausgesprochen, der in dieser spezifischen Form gewiß als ein Novum bezeichnet werden kann. Wir sind dankbar dafür, daß die Stiftung dies ermöglicht hat.

Es war gewiß ein Indiz für die damalige Interessenlage, aber trotzdem ein Wagnis, als zu Beginn der siebziger Jahre der Deutsche Taschenbuch Verlag in München es auf sich nahm, die Ergebnisse der einzelnen Tagungsfolgen in preiswerten Taschenbuchausgaben zu veröffentlichen. Heinz Friedrich und Walter Kumpmann gilt unser besonderer Dank für die Sorge um diese Bände, die niemals einfach zu publizieren waren.

Graz und Bochum   Karl Acham
                                                   Winfried Schulze

In den letzten Jahren ist es in der Geschichtswissenschaft verschiedentlich zu einer Konfrontation zwischen Vertretern der Strukturgeschichte und bestimmten, der idiographischen Tradition verpflichteten Anwälten der historischen Erzählung gekommen, oftmals aber auch zu einer sehr fruchtbaren Symbiose der beiden historischen Betrachtungsweisen. Im besonderen sind es bestimmte Vertreter der mikrohistorischen, vor allem einer regionalgeschichtlichen Darstellung, welche Einzelfallanalysen als repräsentative Sachverhalte für ein geschichtlich Allgemeines darzustellen bestrebt sind. Exemplarisch sei hier auf Natalie Z. Davies, Georges Duby, Emanuel Le Roy Ladurie, Peter Burke und Carlo Ginzburg hingewiesen.

In einigen Bereichen der historisch orientierten Sozialwissenschaften ist die Situation ähnlich der in der Geschichtswissenschaft. Früh stellte sich hier bereits die Frage nach dem Verhältnis von Teil und Ganzem, und zwar zum einen unter der Perspektive der *Repräsentativität* des Teils für das Ganze, zum anderen jedoch unter dem Gesichtspunkt der *kategorialen Verschiedenheit* des aus den Teilen hervorgegangenen Ganzen. Zumeist verband sich mit der Analyse dieses Verhältnisses die Auffassung, daß nicht nur ein erkenntnistheoretisches, sondern auch ein ontologisches Prius der ganzheitlichen Struktur gegenüber den Teilen bestünde. Aristoteles stellte in diesem Sinne bereits im einleitenden Abschnitt seiner *Politik* fest, daß das Ganze früher sein müsse als der Teil, wie auch der Staat von Natur aus früher sei als das Haus und jeder einzelne von uns. Und sehr früh verband sich mit dieser Vorstellung auch eine biologische Metaphorik im Rahmen einer Organismus-Analogie; zerstöre man nämlich den ganzen Organismus, dann werde es keinen Fuß und keine Hand mehr geben, außer dem Namen nach, wie man ja auch von einer steinernen Hand sprechen könne. Aber auch für Emile Durkheim ist, wie er im fünften Kapitel seines Buches *Die Regeln der soziologischen Methode* ausführt, klar, daß ein Ganzes nicht mit der Summe seiner Teile identisch ist. Die Gesellschaft sei aus »individuellen Psychen« gebildet, wobei durch deren Zusammenschluß »eine psychische Individualität neuer Art« hervorgebracht werde. Wie bereits Auguste Comte die Menschheit, so behandelt Durkheim die Gesellschaft als eine Art Überpersönlichkeit.

Dem sozialwissenschaftlichen Holismus entspricht es, diesem Übersubjekt auch das zuzuschreiben, was man »gesellschaftliches Wissen« nennt. Solch ein Wissen existiert aber nie als ein integriertes Ganzes in einem, etwa von Durkheim so bezeichneten »Kollektivbewußtsein«, vielmehr besteht das einzige Wissen, von dem wir in irgendeinem Sinne sagen können, daß es als gesellschaftliches Wissen existiert, in den gesonderten und oft inkohärenten Meinungen verschiedener Menschen. Die Versuche, gesellschaftliches Wissen einem einheitlichen Kollektivsubjekt zuzurechnen, laufen in der Regel auf die Überzeugung hinaus, daß dieses Wissen von einem einzelnen Verstand gemeistert werden könne und daß dieser Meisterverstand sodann alle Menschen durch sozialtechnische Imperative zu Handlungen anzuleiten vermag, welche ein soziales Optimum zur Folge hätten. Es wird dabei unterstellt, daß nur einem solchen Meisterverstand auch die entsprechenden Optimierungsbedingungen bekannt seien. Dies erscheint nur auf der Grundlage der Metaphysik eines naiven Realismus als eine vertretbare Auffassung. Ein solcher naiver Realismus nimmt an, daß Begriffen wie »Gesellschaft«, »Staat«, »Wirtschaft« usw. bestimmte Gegebenheiten der Wahrnehmung unmittelbar entsprechen. Dieser Glaube ist im gewöhnlichen Denken tief verwurzelt und liegt verschiedenen Varianten des sozialwissenschaftlichen Holismus zugrunde. Aber Ganzheiten der erwähnten Art sind als solche nie unserer Beobachtung unmittelbar gegeben, und daher befassen sich auch die Sozialwissenschaften nicht mit »gegebenen« Ganzen, sondern sie schaffen diese, indem sie aus den bekannten Teilen Modelle konstruieren, welche die komplexen realen Beziehungen zwischen den Elementen unter einer bestimmten Perspektive strukturieren sollen. Das Ganze der Gesellschaft ist nicht durch ein einziges ganzheitliches Modell zu erfassen. Gerade dies ist jedoch die Überzeugung vieler Holisten. Und während nun diese die Gesellschaft als ganze zum Zwecke der Gewährleistung ihres Zusammenhaltes der bewußten Lenkung einer Planungsbehörde oder eines Einzelverstandes unterwerfen zu können glauben, sind es gerade die Vertreter des methodologischen Individualismus, die nicht nur die Leistungen, sondern auch die Grenzen des individuellen Vernunftvermögens, und daher auch jene der wie auch immer legitimierten »Meisterdenker«, besonders betonen.

Nach diesen Hinweisen auf mögliche praktische Implikationen einer bestimmten Auffassung der Beziehung von Ganzem und Teil soll diese Beziehung auf andere Facetten hin durchleuchtet werden.

1. Ganzheiten, Teile und Summen

Die Richtigkeit des etwa für die aristotelische Biologie, für die Soziologie Durkheims, aber auch für die Gestaltpsychologie charakteristischen Befundes, wonach »das Ganze« mehr sei als »die Summe seiner Teile«, hängt entscheidend davon ab, was man unter »Summe« verstehen will.

Grundlegend ist der Unterschied zwischen skalaren und vektoriellen Summen. Bei der Addition von skalaren Summen geht es um Ganzheiten, deren Teile räumlich oder zeitlich in ihm eingeschlossen sind. Addieren lassen sich alle Klassen, Mengen oder Aggregate von Elementen, für welche nicht von vornherein eine bestimmte Relation zwischen ihren Teilen konstitutiv ist. Skalensummen lassen sich etwa bei statistischen Gruppen in einer Gesellschaft nachweisen, die irgendein gemeinsames Merkmal aufweisen, zum Beispiel ein bestimmtes Jahreseinkommen, eine bestimmte Blutgruppe usw. Anders verhält es sich bei Vektoradditionen. Die Addition von Vektoreigenschaften entspricht der vertrauten Regel der Komposition eines Kräfteparallelogramms. Wir können aus der hier vollzogenen Addition von Kräften, Geschwindigkeiten und Beschleunigungen auch einiges für die Summierung von Kräften und Geschwindigkeiten in organisierten sozialen Gruppen lernen. Der Sinn von »Summe«, der identisch ist mit der »Resultierenden« von zwei oder mehr Komponenten einer Vektoraddition ist dabei klar zu unterscheiden vom Sinn, den wir diesem Ausdruck beilegen, wenn wir etwa von der Summe zweier Längen sprechen.

Es war davon die Rede, daß die Bedeutung des Ausdrucks »Summe« mit der Struktur des in Betracht stehenden Ganzen zu tun hat. Hierher gehört auch die Frage, ob es sich jeweils um ein Ganzes aus homogenen oder heterogenen Teilen handelt. Im Falle eines streng homogenen Ganzen könnte man ja – man denke an ein Hologramm – den Teil als Repräsentanten des

Ganzen, und umgekehrt das Ganze als vergrößertes Abbild eines Teils auffassen. Die Summe aller Teile ist hier abermals nur ein Teil von anderer Größenordnung. Wiederholt hat man Organismus-Homologien und -Analogien in der Gesellschaftstheorie benutzt, um die Beziehung wechselseitiger Repräsentativität von sozialen Teilen und sozialen Ganzheiten zu stützen. Oftmals wurde dadurch nur eine Fiktion formuliert oder auch unterstützt.

Mag vereinzelt – etwa in sogenannten Gesellschaften, die von »mechanischer Solidarität« im Sinne Durkheims gekennzeichnet sind – auch eine Repräsentativität von sozialen Teilen für soziale Ganzheiten bestehen, so gilt dies eben nur für bestimmte Sachbereiche und für bestimmte Bedingungen. Keineswegs besteht zum Beispiel eine Beziehung der Homologie oder Analogie zwischen dem Sachverhalt »Bevölkerungsdichte« und dem einzelnen Individuum. Bevölkerungsdichte ist eine übersummative Eigenschaft. Es ist nun einmal so, daß es überall dort, wo das Ganze aus heterogenen Teilen besteht, keinen Sinn ergibt, von Summierung zu sprechen[1]. Oft ist also das Ganze wirklich mehr als die Summe seiner Teile, wenn man eben nicht schon – zugleich mit den Teilen – die Konfigurationen mitdenkt, in denen sie sich befinden. Dies gilt für Melodien gleichermaßen, wie für historische Prozesse, etwa den Prozeß der Zivilisation.

2. Teil und Ganzes: Einige einzelwissenschaftliche Aspekte

In nahezu allen historischen Erörterungen stellt sich das Problem der Beziehung von Teil und Ganzem, so wie dies bereits von Ibn Khaldun in seiner 1377 verfaßten Einleitung zur Regionalgeschichte des östlichen Islam formuliert worden ist: Um das Wesen und die Ursachen historischer Ereignisse zu verstehen, sei es nötig, im Besitz relevanter Informationen zu sein; um aber die relevanten von den irrelevanten Informationen unterscheiden zu können, sei es bereits notwendig, über Wesen und Ursachen der in Betracht stehenden Ereignisse Bescheid zu

---

[1] Vgl. in diesem Zusammenhang die weiterführende Analyse von Ernest Nagel, *Wholes, sums, and organic unities.* In: Philosophical Studies III/2 (Februar 1952). Wiederabgedruckt in: *Parts and wholes.* Hrsg. von Daniel Lerner. New York, London 1963, S. 135–155.

wissen². Die hier vorformulierte Thematik des im 19. Jahrhundert so bezeichneten »hermeneutischen Zirkels« wurde besonders in der Ethnologie und Philosophie der letzten hundert Jahre als gewichtiges Problem empfunden; im 20. Jahrhundert wurde sie mit besonderem Nachdruck in der Biologie und in der systemtheoretisch orientierten Soziologie erörtert.

In der *Philosophie* vollzog sich unter dem Einfluß der Historischen Schule des 19. Jahrhunderts eine Ausweitung des ursprünglich linguistisch orientierten Programmes der Hermeneutik; vom Text-Verstehen ging man weiter zum Verstehen von Handlungen und zum Ausdrucksverstehen. War zunächst die Beziehung von einzelnen Wörtern zum Ganzen eines Satzes maßgeblich, so im weiteren Verlauf die von einzelnen Handlungen zum gesamten biographischen »Lebenszusammenhang«, und schließlich die von den Manifestationen einer Individualität zur Gesamtheit des »objektiven Geistes« einer Kultur. Diese ontologisch differenzierbaren »Ganzheiten« sind mit den ihnen korrespondierenden »Teilen«, wie Wilhelm Dilthey immer wieder gezeigt hat, gleichsam dialektisch verbunden. Daraus resultiert nach ihm für das Verstehen eine zirkelhafte Methode: »Aus dem Einzelnen das Ganze, aus dem Ganzen doch wiederum das Einzelne ... So aus dem Ganzen das Verständnis, während doch das Ganze aus dem Einzelnen.«³ Alles Verstehen ist für Dilthey ein Überschauen der Zusammenhänge. Aus dem Zusammenhang zwischen dem Einzelnen und dem Allgemeinen, den Teilen und dem Ganzen ergibt sich nach Dilthey die Fruchtbarkeit der Vereinigung von individueller und genereller Betrachtungsweise in der methodologischen Reflexion. Diese korrespondiert der Tatsache, daß der Einzelmensch schon immer in einem Verhältnis zum Universalzusammenhang der geschichtlichen Welt steht: »Das Leben ... hat in jeder Gestalt eine innere Beziehung als Teil zum Ganzen.«⁴ Diltheys Einfluß

---

² Vgl. *Les prolégomènes d'Ibn Khaldoun.* 3 Bde. Paris 1934–1938, v.a. Bd. 1; Heinrich Simon, *Ibn Khalduns Wissenschaft von der menschlichen Kultur.* Leipzig 1959.
³ Wilhelm Dilthey, *Die geistige Welt. Einleitung in die Philosophie des Lebens* (Gesammelte Werke, Bd. 5). Leipzig, Berlin 1924, S. 334; vgl. auch ebenda, S. 330. Vgl. in diesem Zusammenhang die von dieser Problemstellung weitgehend entfernte Erörterung des Verhältnisses von Teil und Ganzem aus der Sicht der analytischen Philosophie in: *Parts and moments. Studies in logic and formal ontology.* Hrsg. von Barry Smith. München, Wien 1982.
⁴ Wilhelm Dilthey, *Der Aufbau der geschichtlichen Welt in den Geisteswissenschaften* (Gesammelte Werke, Bd. 7). Leipzig, Berlin 1927, S. 243 f.

machte sich in verschiedenen Richtungen bemerkbar: in Deutschland vor allem im Bereich der philosophischen Anthropologie (Eduard Spranger, Arnold Gehlen, Erich Rothacker u. a.), in den Vereinigten Staaten vor allem in der Ethnologie und Kulturanthropologie (Franz Boas, Alfred L. Kroeber u. a.), in Italien und Großbritannien vor allem in Geschichtsphilosophie und Ästhetik (Benedetto Croce, Robin G. Collingwood u. a.).

In der *Ethnologie* verbanden sich die makrosoziologischen Bemühungen Emile Durkheims um die Rekonstruktion des »Kollektivbewußtseins« früh mit den Konzeptionen der Völkerpsychologie Wilhelm Wundts und den sozialdarwinistischen Konzeptionen von Herbert Spencer und William G. Sumner. Aus dieser zum Teil sehr heterogenen Gemengelage philosophischer und soziologischer Lehrinhalte und Methoden entsprangen, besonders wirksam geworden nach dem Zweiten Weltkrieg, der Strukturalismus und der Strukturfunktionalismus. Eine besondere Vermittlungsfunktion kommt dabei Bronislaw Malinowski und Alfred R. Radcliffe-Brown zu. Das Totalitätsproblem stellt sich bei diesen beiden wichtigen Vertretern der Ethnologie unseres Jahrhunderts unter zwei Gesichtspunkten: dem der Verknüpfung der Teile einer Kultur zu einem Ganzen und dem der Rückwirkung des Ganzen auf die Teile. Diese Rückwirkung denkt Malinowski in den Begriffen Bedürfnis und Funktion. Er zielt auf einen »universellen Funktionalismus« ab, nach welchem jede Institution eine Funktion hat. Bei Radcliffe-Brown kommt zu dieser funktionalistischen Orientierung der Begriff der Struktur hinzu. Unter »sozialer Struktur« versteht er die geordnete Einrichtung von Teilen oder Komponenten, wobei diese Ordnung durch die Institutionen als den anerkannten Verhaltensnormen geregelt erscheint. Diese Konzeption gestattet es, die Funktionalität einer Komponente der sozialen Struktur so zu begreifen, daß nicht der Blick für die unterschiedliche Funktion, welche die gleichen sozialen Institutionen in verschiedenen Gesellschaften haben können, verstellt wird.

Mit der Analyse der Kultur hat die britische »Social Anthropology« – gleich der mehr die Historizität von Institutionen berücksichtigenden amerikanischen Variante der »Cultural Anthropology« – die vorgefundenen Kulturelemente zu einem organischen Ganzen zu verbinden gesucht, welches die lebendige Wirklichkeit der menschlichen Gesellschaft wiedergibt. Dies soll durch den Nachweis bewerkstelligt werden, daß jeder Aspekt der Kultur zu den anderen Aspekten in einer spezifischen Beziehung steht. Die jüngere ethnologische Forschung ist in diesem Zusammenhang von zwei Grundannahmen geleitet, die sie im Verlauf ihrer empirischen Studien unter Beweis zu stellen bestrebt ist: daß keine Kultur durch die auch noch so umfassende und korrekt vorgenommene Enumeration ihrer Teile charakterisiert werden kann und daß es eine hierarchische Ordnung zwischen den Komponenten einer Kultur gibt. Dieser Vorstellung entspricht es, wenn Kulturanthropologen und Ethnologen bestrebt sind, folgende Komponenten hervorzuheben und zueinander in Beziehung zu bringen: erstens das aktuelle Verhalten – und zwar sowohl im Sinne von intendierten Handlungen als auch im Sinne von Reflexverhalten – und die Verhaltensresultate; zweitens die Vorstellungen, welche Individuen über jene Situationen entwickeln, in denen sich eigenes und fremdes Handeln vollzieht; drittens Konzeptionen bezüglich eines idealen oder erwünschten Verhaltens in realen oder hypothetischen Situationen. Verhaltensweisen, Situationsdefinitionen sowie Wertorientierungen, aber auch die zwischen diesen bestehenden Beziehungen weisen dabei jeweils bestimmte Regelmäßigkeiten auf[5]. Die Möglichkeiten des interkulturellen Verstehens und des Kulturvergleichs hängen entscheidend davon ab, bis zu welchem Ausmaß man die Gleichförmigkeiten und Regelmäßigkeiten innerhalb der komplexen Ganzheit einer Kultur zu erfassen vermag.

Von besonderem Interesse erscheint die Beziehung zwischen Teil und Ganzem in der *Biologie* unseres Jahrhunderts. Bereits seit Aristoteles sind gewisse Vertreter der Biologie mit einem rein atomistisch-reduktionistischen Herangehen an die Probleme ihrer Disziplin unzufrieden gewesen. Die Mehrheit der Biologen betonte die Integration von biologischen Teilsystemen, also die Ganzheit, wobei bis herauf ins 20. Jahrhundert der Vitalismus die bevorzugte Erklärung darstellte. Seit dem ersten Quartal unseres Jahrhunderts sind für diese Orientierung in der Biologie vor allem die Ausdrücke »Organizismus« und »Holismus« in Gebrauch[6].

[5] Vgl. dazu Clyde Kluckhohn, *Parts and wholes in cultural analysis.* In: Lerner (Hrsg.), *Parts and wholes,* S. 111–133.
[6] Vgl. dazu Ernst Mayr, *Die Entwicklung der biologischen Gedankenwelt. Vielfalt, Evolution und Vererbung (The growth of biological thought* 1982). Berlin, Heidelberg 1984, v. a. S. 55.

Im Unterschied zu den früheren holistischen Konzeptionen, die meist vitalistisch waren, sind die neueren streng materialistisch. Sie betonen, daß eine Zerlegung der biologischen Einheiten in ihre Bestandteile immer einen ungelösten Rest übrigläßt, daß also die erklärende Reduktion zu keinem Erfolg führt; mit anderen Worten: daß die Einheiten auf höheren hierarchischen Ebenen mehr sind als die Summe ihrer Teile. Einer der maßgeblichen Vertreter dieser Orientierung war, vor allem seit der Mitte unseres Jahrhunderts, Ludwig von Bertalanffy[7]. Das bisherige Denken der Biologie sei, wie er meint, durch drei Leitprinzipien bestimmt gewesen: durch die analytisch-summative, durch die maschinentheoretische und durch die reaktionstheoretische Auffassung. Zwar sei die Analyse der Einzelteile und Einzelvorgänge im Lebendigen notwendig und Voraussetzung jeder tieferen Erkenntnis; allein genommen sei sie jedoch nicht hinreichend. Und dies aus zwei Gründen: erstens sei es unmöglich, die Erscheinungen des Lebens vollständig in elementare Einheiten aufzulösen, da jeder Einzelteil (und jedes Einzelgeschehnis) nicht nur von den Bedingungen in ihm selbst, sondern in gewisser Hinsicht auch vom Ganzen, von den übergeordneten Einheiten abhängig sei, in die er eingebettet ist; zweitens zeige das jeweilige Ganze Eigenschaften und Verhaltensweisen, die seinen einzelnen Teilen fehlen[8].

Das Problem des Lebens ist das der Organisation. Vielleicht der wichtigste Aspekt des Holismus oder Organizismus ist in diesem Zusammenhang der, daß er Gewicht auf Beziehungen legt und sich nicht auf das Studium isolierter Objekte und Vorgänge konzentriert. Aufgabe der Biologie ist es dieser Konzeption zufolge, die Ordnungsgesetzmäßigkeiten im Bereich des Lebens festzustellen, und zwar auf allen Stufen der biologischen Organisation: auf der physikalisch-chemischen Stufe, auf der Stufe der Zellen und vielzelligen Gliederungen, schließlich auf der Stufe der aus vielen Einzelorganismen bestehenden Lebensgemeinschaften. Als Ergebnis eines derartigen Forschungsprogrammes ergeben sich nach von Bertalanffy folgende Leitsätze einer organismischen Auffassung: »*Ganzheitliche Systemauffassung* gegenüber der *analytisch-summativen; dynamische Auffassung* gegenüber der *statischen* und *maschinellen*; Betrach-

---

[7] Vgl. v.a. Ludwig von Bertalanffy, *Das biologische Weltbild.* Erster Band: *Die Stellung des Lebens in Natur und Wissenschaft.* (1949), 2. Aufl. Wien 1990; Ders., *General systems theory.* New York 1968.

[8] Vgl. Ludwig von Bertalanffy, *Das biologische Weltbild,* S. 22–33.

tung des Organismus als einer *primären Aktivität* gegenüber der Auffassung von seiner *primären Reaktivität*«[9].

Im Sinne dieser nicht-vitalistischen organismischen Auffassung ist sowohl das Bestreben leitend, die auf die Feststellung der einzelnen Komponenten bezogene Analyse möglichst tief voranzutreiben, als auch das Bemühen um Ausweitung der Kenntnis jener Ordnungsgesetzmäßigkeiten, in denen Teile und Teilprozesse zusammengefaßt sind. Gerade in der Auffindung dieser für das Leben kennzeichnenden System- und Organisationsgesetze erblickt die organismische Auffassung die wesentliche Aufgabe der Biologie. Wenn sich in diesem Zusammenhang die Frage erhebt, welchen Sinn die »Nichtsummativität« der höheren biologischen Stufen gegenüber den niedrigeren besitzt, und inwieweit die ersteren aus den letzteren erklärbar sind, so zeigt sich, daß die Eigenschaften und Wirkungsweisen der höheren Stufen nicht aus der Summierung der Eigenschaften und Wirkungsweisen ihrer bloß isoliert untersuchten und bekannten Komponenten erklärbar sind. Sobald wir aber die Gesamtheit der vereinigten Komponenten und die zwischen ihnen bestehenden Beziehungen kennen, sind die höheren Stufen aus ihren Komponenten ableitbar. Das Programm des Physikalismus ist aber eben deshalb nicht das zutreffende Problemlösungsverfahren. Das Geschehen im Lebendigen ist nämlich so kompliziert, daß wir bei den Gesetzmäßigkeiten, welche organische Systeme als ganze betreffen, nicht die physikalisch-chemischen Einzelvorgänge in Rechnung zu stellen haben, sondern Einheiten biologischer Größenordnung. Dem entspricht es, daß viele wesentliche Fragen der Biologie nicht solche quantitativer Größen sind, sondern Fragen des »Musters«, der »Gestalt« oder der »Lage«.

Wie im Falle der für die sozialwissenschaftliche Erkenntnis relevanten Theorie komplexer Phänomene[10] interessieren auch im hierarchischen Aufbau des Organismus zumeist nicht quantitative Verhältnisse, sondern Beziehungen der Über- und Unterordnung, der Zentralisierung, Veränderungen der Lagebeziehungen usw. Das sind Fragen, zu deren Behandlung vielfach das mathematische Rüstzeug erst geschaffen werden muß und die sich teilweise an die Topologie und Geometrie der Lage

---

[9] Ebenda, S. 30.
[10] Vgl. dazu Friedrich August von Hayek, *Die Theorie komplexer Phänomene* (*The theory of complex phenomena* 1967). Tübingen 1972.

anschließen. Sie betreffen sonach im wesentlichen das Problem, wie Beziehungen innerhalb von Mannigfaltigkeiten ausgedrückt werden sollen. Es würde sich dabei – in Biologie und Sozialwissenschaften – um eine Mathematik handeln müssen, in der nicht, wie in der landläufig an die Physik so ausgezeichnet angepaßten, der Begriff der Größe, sondern der der Form oder Ordnung eine ausgezeichnete Rolle spielt. Nur wenn man allzu sehr an Problemstellungen quantitativer Natur orientiert und allein diese mit wissenschaftlichen Fragestellungen zu identifizieren geneigt ist, unterliegt man der Versuchung, der für die Wissenschaftsentwicklung zentralen Tatsache nicht angemessen Rechnung zu tragen: daß nämlich gerade die größten Errungenschaften der Wissenschaft nicht der Beobachtung und der Quantifizierung entstammen, sondern vorrangig bereits dem, was man am besten mit Vision oder Sichtfelddimensionierung bezeichnen kann und was – wie jedes gestalthafte Sehen – dem künstlerischen Schaffen verwandt ist. Welche »Vision« – und damit auch: welche Form der Mathematik – das geeignete Mittel zur symbolischen Abbildung der Wirklichkeit ist, kann allerdings niemals a priori gesagt werden, sondern darüber entscheidet die Erfahrung.

Es war die moderne Biologie, die die Entwicklung einer allgemeinen Systemtheorie nahelegte, welcher – logisch gesehen – eine ähnliche Stellung zukommt, wie etwa der Wahrscheinlichkeitslehre; sie hat Formalcharakter, ist aber auf verschiedene Gebiete anwendbar. Die allgemeine Systemtheorie, die sich mittlerweile für zahlreiche Einzelwissenschaften als wertvoll erwiesen hat, formuliert jene allgemeinen Prinzipien, die für Systeme überhaupt gelten. Als »System« wird dabei ein Komplex von in Wechselwirkung stehenden Elementen verstanden. So führten in der Biologie Überlegungen bezüglich des Verhältnisses von Teil und Ganzem zu einer allgemeinen Theorie, die als ein Schritt zu jener »Mathesis universalis« verstanden werden kann, von der bereits Gottfried Wilhelm Leibniz als von einem umfassenden und die verschiedenen Wissenschaften einschließenden Zeichensystem träumte.

3. Zur Beziehung von Mikro- und Makrohistorie

Von Mikro- und Makrohistorie zu sprechen, mag als ein Tribut an die Aktualität und als eine unnötige Komplizierung der methodologischen Diskussion der Geschichtswissenschaft erscheinen. Tatsächlich aber handelt es sich bei diesen Begriffen, über die seit einigen Jahren gesprochen wird, nur um eine neue Version der Beziehung von Individuellem und Allgemeinem oder von Teil und Ganzem, und damit ordnet sich auch diese neue Variante der Debatte in die klassische Grundfrage historischer Interpretationsarbeit ein. Sie besteht in der immer wieder neu zu bestimmenden Relation der auf Individuelles und auf Allgemeines zielenden Anteile dieser Arbeit. Spätestens seit der Entdeckung der Geschichte als eines zielgerichteten und einheitlichen Prozesses seit dem späten 18. Jahrhundert kreist die methodologische Debatte um das Verhältnis von Individuellem und Allgemeinem. Gleichgültig ob diese Begriffe so genannt werden oder ob von Teil und Ganzem, von Logischem und Historischem, von Geschichte und Soziologie gesprochen wird, ob von Individualität und Totalität oder von Zeit und Struktur, immer geht es um die gleiche zentrale Frage: Wie verbindet der Historiker in der Interpretation eines einzelnen historischen Phänomens die quellenmäßig vorgegebene Individualität mit dem allgemeinen, abstrakten Wissen, das erst die Interpretation des Einzelnen möglich macht, und wie gelangt der Historiker zu empirisch gesicherten Aussagen über größere Einheiten und Prozesse der Geschichte.

Schon die klassische Methodologie der Geschichtswissenschaft, wie sie im Lauf des 19. Jahrhunderts entwickelt wurde, war sich der innigen Verbindung von Individuellem und Allgemeinem im Erkenntnisprozeß des Historikers bewußt, und sie hat dies auch deutlich artikuliert. So äußerte Ranke in seiner *Idee der Universalhistorie* (1831) die Auffassung, daß es zwei Wege gebe, menschliche Dinge kennenzulernen, »den der Erkenntnis des Einzelnen und den der Abstraktion; der eine ist der Weg der Philosophie, der andere der der Geschichte«. Andere Erkenntnisformen gebe es nicht, beide seien wohl voneinander zu trennen[11]. Ranke nahm mit dieser Bestimmung sowohl die Methodendiskussion der Geschichtswissenschaft auf, wie sie sich seit dem späten 16. Jahrhundert herausgebildet hatte, aber auch die einer philosophischen Geschichte seit dem 18. Jahrhundert: »Dem ohnerachtet irren auch diejenigen Historiker, welche die ganze Historie lediglich als ein ungeheures

---

[11] L. von Ranke, *Aus Werk und Nachlaß*. Bd. 4: *Vorlesungseinleitungen*. Hrsg. von V. Dotterweich und W. P. Fuchs. München, Wien 1975, S. 87.

Aggregat von Tatsachen ansehen, das man ins Gedächtnis zu fassen sich das Verdienst erwerben müsse; wodurch geschieht, daß Einzelnes an Einzelnes gehängt und nur durch eine allgemeine Moral zusammengehalten wird. Ich bin vielmehr der Meinung, daß die Geschichtswissenschaft in ihrer Vollendung an sich selbst dazu berufen und befähigt sei, sich von der Erforschung des Einzelnen auf ihrem eigenen Wege zu einer allgemeinen Ansicht der Begebenheiten, zur Erkenntnis ihres objektiv vorhandenen Zusammenhangs zu erheben.«[12] Damit nahm Ranke eine Formulierung auf, die schon 1772 von dem Göttinger Aufklärungshistoriker Schlözer vorweggenommen worden war, wenn er forderte, in der »Universalhistorie« vom »Aggregat« zum »System« fortzuschreiten[13].

Während Ranke sich noch einen Erkenntnisprozeß vorstellen wollte, der sich von der Fülle des Einzelnen zu einer »allgemeinen Ansicht« fortbewegen könne, so finden sich bei Johann Gustav Droysen bereits Anzeichen einer dialektischen Verbindung von Einzelnem und Ganzem. Er betrachtete es als einen »eigentümlich unglückliche[n] Umstand, daß die Geschichte des Menschengeschlechts wohl in ihren gesonderten Teilen mit bedeutendem Talent untersucht worden« sei, daß man es aber nicht versucht habe, »sie zu einem Ganzen zusammenzufügen«, wie dies in anderen Gebieten der wissenschaftlichen Forschung längst geschehen sei. Den Zusammenhang von Teil und Ganzem sah er in einer wechselseitigen Verschränkung beider Erkenntnisebenen: »Das Einzelne wird verstanden aus dem Ganzen, aus dem es hervorgeht, und das Ganze aus diesem Einzelnen, in dem es sich ausdrückt.« Dieses doppelseitige Verstehen bezeichnete Droysen als »forschendes Verstehen«[14].

Droysens Grundlegung der historischen Methode war in ihrer Zielrichtung schon eine Reaktion auf den Siegeszug der klassifizierenden Naturwissenschaften, die auch das Erkenntnismodell für die sich ausbildenden Sozialwissenschaften abgaben. Unter dem Eindruck einer sich verschärfenden Auseinandersetzung um idiographische und nomothetische Wissenschaften ging der Ranke und Droysen noch gemeinsame Ausgangspunkt einer idealen Einheit von Teil und Ganzem zunehmend

---

[12] Ebenda, S. 87 f.
[13] A. L. Schlözer, *Vorstellung seiner Universal-Historie*. 2 Bde. Göttingen 1772/73, hier Bd. 1, S. 19.
[14] Johann Gustav Droysen, *Historik*. Bd. 1. Hrsg. v. P. Leyh. Stuttgart 1977, S. 22 u. S. 423.

verloren. Geschichte wurde in einem neukantianisch-historisch geprägten Wissenschaftsverständnis zunehmend zu einer spezifischen Sparte des Wissens reduziert, die auf die Erkenntnis des Individuellen ausgerichtet war. Dies konnte um so leichter geschehen, als die Professionalisierung der historischen Forschungsarbeit, die Kanonisierung der historischen Methode, die beginnende Editionstätigkeit in großem Stile und nicht zuletzt die politischen Bedingungen die defizitäre Komponente des Allgemeinen vergessen ließen.

Dieses Defizit wurde vor allem im Verlauf des Methodenstreits erkennbar, der mit dem Namen des Leipziger Kulturhistorikers Karl Lamprecht verbunden ist. Er beklagte die fehlende exakte Wissenschaftlichkeit der Geschichtsforschung, die er abschätzig als verbesserte Legendenbildung bezeichnete, und wollte dieses Manko durch eine Verbindung von Geschichte und Sozialpsychologie überwinden, die er als eine Art Grundlagenwissenschaft für die Geschichtsforschung betrachtete. Die heftigen Attacken der Mehrheit der deutschen Historiker auf diese »neue« Geschichtswissenschaft und die Niederlage Lamprechts dürfen nicht übersehen lassen, daß die historische Forschung gegen Ende des 19. Jahrhunderts sowohl in Europa als auch in den Vereinigten Staaten in einen kritischen Zustand geraten war. Diese vielberufene »Krisis des Historismus« kann allgemein als eine zunehmende Diskrepanz zwischen den leitenden Konzepten der Geschichtswissenschaft und der realen Entwicklung der europäischen Gesellschaften verstanden werden. Industrialisierung, Entstehung der Arbeiterbewegung, neue soziale Fragen und der Siegeszug der Naturwissenschaften wurden offensichtlich und sperrten sich der Analyse durch die traditionelle Geschichtswissenschaft, die sich – zumal in einer zusätzlichen Verengung des Rankeschen Ansatzes – auf das Feld des Politischen begrenzte und die Frage nach dem Ganzen der gesellschaftlichen Entwicklung aussparte bzw. den entstehenden Sozialwissenschaften überließ.

In anderen Ländern ließen sich demgegenüber methodologische Entwicklungen beobachten, die dieses zunehmend klarer werdende Defizit auf je verschiedene Weise angingen. Die »historische Synthese« eines Henri Berr wäre hier ebenso zu erwähnen wie die fruchtbare Rezeption Lamprechtscher Gedanken in Frankreich, wo sie zudem auf die günstigeren Bedingungen der an Einfluß gewinnenden Sozialwissenschaften trafen. All dies ermöglichte die Entwicklung einer Richtung des histo-

rischen Fragens, die sich stark an den Problemen der historischen Dauer (*longue durée* und Struktur) und an der Unbe-
grenztheit der historischen Wirklichkeit (Totalität) orientierte.
Mit diesen Leitbegriffen der französischen »Annales-Schule«
waren wiederum neue begriffliche Varianten unseres Grund-
problems vorgelegt worden. Mit den Konzepten einer »histoire
quasi immobile« und der »langen Dauer« wurde der wirksame
Versuch unternommen, der Überfülle des Individuellen und der
ständigen Veränderung der Gegenstände der Geschichte methodisch gerecht zu werden. Darüber hinaus ergab die grundlegende Orientierung am methodischen Postulat der Totalität eine Öffnung der Geschichtswissenschaft für neue Themen, die
bislang kaum der historischen Betrachtung für würdig gehalten
worden waren: Die Entdeckung der anthropologischen Dimension der Geschichte verdankt sich ohne jeden Zweifel dieser
Orientierung, ohne daß der Anspruch der Totalität im Sinne
einer erschöpfenden Analyse der Wirklichkeit verstanden werden darf. Die Tatsache, daß auch Leopold von Ranke schon den
Begriff der – für ihn unerreichbaren – Totalität für die historische Forschung erörterte[15], mag noch einmal die Kontinuität
des Denkens von Teil und Ganzem belegen.

Unabhängig von dieser knappen Skizze der Entwicklung des
Verhältnisses von Teil und Ganzem in der Methodologie der
Geschichtswissenschaft lassen sich heute vor allem folgende
Problemkreise erkennen, die sich jedoch angesichts der fachlichen Spezialisierung der historischen Wissenschaften kaum
mehr als gemeinsames methodologisches Problem ausmachen
lassen:

das Verhältnis von Regional- und Lokalgeschichte zur Nationalgeschichte;

das Verhältnis von Nationalgeschichte zur Idee von europäi-
scher Geschichte, Welt- oder Universalgeschichte;

das Verhältnis von exemplarischer Mikrohistorie zur Struk-
tur- und Gesellschaftsgeschichte;

das Verhältnis von biographischer Analyse zur Gesamtgeschichte;

das Verhältnis der Geschichte wichtiger Teilbereiche von Gesellschaft (z. B. Wirtschaft, Technik, Verkehr, Kultur) zur Gesamtgeschichte.

Diese Aufstellung ließe sich gewiß noch um weitere Bereiche

---

[15] Ranke, *Vorlesungseinleitungen*, S. 82 f.

ergänzen, würde jedoch letztlich nur die obwaltende Tendenz bestätigen, immer mehr Sektoren der historischen Wirklichkeit speziellen Analysen zuzuführen. Belegt wird dies durch die Zunahme neuer Fachrichtungen im akademischen Erscheinungsbild der Geschichtswissenschaft, die Gründung neuer wissenschaftlicher Gesellschaften und neuer wissenschaftlicher Zeitschriften. Demgegenüber läßt sich – zumindest in der historischen Forschungsarbeit der Bundesrepublik – ein Defizit an generalisierend-abstrahierender Kompetenz ausmachen. Wissenschaftliche Zeitschriften, die sich solchen Fragestellungen widmen, sind erheblich schwerer zu finden als auf dem Felde der fachlichen Spezialisierung, am ehesten noch im anglo-amerikanischen Bereich[16]. Dort hat sich in der offenen Gemengelage von struktureller Geschichtsbetrachtung und historischer Sozialwissenschaft am ehesten die Bereitschaft erhalten, Fragen der interdisziplinär und vergleichend betriebenen Geschichte von Gesellschaften in unterschiedlichen historischen Epochen und Regionen nachzugehen[17]. In der Bundesrepublik sind die Arbeiten von Otto Hintze seit den sechziger Jahren zwar wohlwollend rezipiert worden, ohne jedoch eine merkliche Renaissance der von Hintze gestellten vergleichenden und generalisierenden Fragen auszulösen. Die durch Max Weber initiierte Debatte um den Begriff des Idealtypus als methodologischer Brücke zwischen der Vielfalt der Teile und der Rationalität des Ganzen ist gewiß auch in der Geschichtswissenschaft aufgenommen worden, doch hat dies eher auf der konzeptionellen Ebene gewirkt als auf der Gegenstandsebene: Abstrahierende Begrifflichkeit hat sich stärker durchgesetzt als Vergleich und Abstraktion von historischen Objekten. Dies ist gewiß mehr eine Folge der letztlich – aus guten Gründen – noch immer nationalhistorisch geprägten Geschichtswissenschaft der Bundesrepublik als eine Frage schwächer oder stärker entwickelter Innovationsbereitschaft. Insofern erweist sich das Verhältnis von Teil und Ganzem in der Geschichtswissenschaft auch als abhängig von der historisch bedingten Weite der Beobachtungsperspektive.

[16] Hier wären vor allem die Zeitschriften *Comparative Studies in Society and History* (seit 1958), *Journal of Interdisciplinary History* (1970) und *Theory and Society* (1974) zu nennen. Unter den deutschsprachigen Zeitschriften lassen sich hier einschlägige Fragestellungen noch am ehesten in der Zeitschrift *Saeculum* (seit 1950) finden.
[17] Vgl. etwa Theda Skocpol (Hrsg.), *Vision and method in historical sociology.* Cambridge, Mass. 1984.

4. Zum vorliegenden Sammelband

Die Untersuchung der Beziehungen von Teil und Ganzem im Rahmen einer Schriftenreihe, welche der Theorie der Geschichte gewidmet ist, ist notwendigerweise metatheoretischer Natur. Metatheoretische Betrachtungen können unterschiedlichen Charakter annehmen, je nach Akzentuierung der jeweiligen Problemebenen. Dominiert zum einen die auf Sachgesichtspunkte bezogene ontologische Form der Darstellung von Teilen und Ganzheiten im Sinn einer struktur- oder prozeßanalytischen Betrachtung, so zum anderen die auf die sprachlogische Form der Darstellung dieser Strukturen und Prozesse bezogene methodologische Orientierung. Diesem Umstand trägt auch die Gliederung des vorliegenden Sammelbandes Rechnung: In den Teilen I und II geht es um metatheoretische Klärungen vornehmlich ontologischer Gegebenheiten, in Teil III um Sachverhalte sprachanalytisch-methodologischer Natur.

Im ersten Teil sollen vor allem die Sachgesichtspunkte der Beziehung von Teil und Ganzem in einigen von jenen Disziplinen vorgeführt werden, welche für die Geschichtswissenschaft von stimulierender Wirkung waren, die aber auch umgekehrt von ihr beeinflußt wurden. Die Herausgeber sind sich bewußt, daß hier noch eine Reihe von anderen Disziplinen zu berücksichtigen wäre, denen aufgrund unabdingbarer Beschränkung nicht Rechnung getragen werden kann, so etwa die biologische Verhaltensforschung, die Anthropogeographie, die Völkerkunde oder auch rechtswissenschaftliche Disziplinen. Als erster der drei Autoren dieses Teils beschäftigt sich OLIVIER RIEPPEL in seinem den Bad Homburger Referaten nachträglich hinzugefügten Beitrag mit der Frage, ob der Erklärung des Lebens und dessen Entwicklung aus seinen Teilen heraus ein Verstehen des Einzelnen vom Ganzen her entspreche. Charakteristisch für biologische Hierarchien sei deren inklusive Struktur: die übergeordnete Ebene schließt die untergeordnete Ebene stets mit ein, während das Umgekehrte nicht zutreffe. In der Gegenüberstellung der reduktionistischen und der hierarchischen Sichtweise der Natur wendet sich der Autor der Diskussion um die Parallelität von somatischer und genealogischer Hierarchie zu, in deren Zentrum in jüngster Zeit die Beziehung vom Teil zum Ganzen einerseits, vom Allgemeinen zum Besonderen andererseits steht.

Im Rahmen einer von Adam Smith bis zu den jüngsten Entwicklungen der Volkswirtschaftstheorie führenden dogmenge-schichtlichen Analyse wendet sich STEPHAN BÖHM der Aggre-gierung von partikulären Handlungen zur komplexen Ordnung eines ganzheitlich verstandenen ökonomischen Systems zu. Er führt vor Augen, in welchem Ausmaß die Frage danach, unter welchen Bedingungen eigennütziges Streben – kanalisiert durch ein System von offenen Märkten – eine Kompatibilität von pri-vatem und öffentlichem Interesse herzustellen in der Lage ist, heute noch zu den besonderen Herausforderungen der ökono-mischen Theorie und der damit verknüpften wirtschaftspoliti-schen Diskussion zählt.

KARL ACHAM beschäftigt sich mit dem Verhältnis von Teil und Ganzem, von Differenzierung und Homogenität in der Soziologie und in den historischen Sozialwissenschaften. Aus-gehend von Betrachtungen zum zeitgenössischen postmoder-nen Pluralismus und Holismus befaßt er sich zunächst mit mi-kro- und makrosoziologischen Ansätzen, sodann mit dem Ver-hältnis von Repräsentativität und Nicht-Repräsentativität sowie von Normalem und Pathologischem in seiner Beziehung zu Teilen und Ganzheiten im Sozialgefüge; abschließend wendet er sich vor allem verschiedenen Aspekten der Interdisziplinari-tät in historisch-soziologischen Darstellungen zu.

Die Beiträge des zweiten Teils sind den Erscheinungsformen von Teil und Ganzem in der Geschichtswissenschaft gewidmet, sie gehen dieser Problemstellung unter systematischen und hi-storiographischen Aspekten nach. CHRISTIAN MEIERS *Notizen zum Verhältnis von Mikro- und Makrogeschichte* konzentrie-ren Mikrogeschichte wesentlich auf den Bereich des »Authenti-schen«, des Überschaubaren, des Politikfernen, des nicht Struk-turellen, das er schon in der Nachkriegsliteratur als typisch erkennt. Meier sieht vielfältige Gründe für die neue Perspektive der Mikrohistorie, die er u. a. auf einen Erfahrungsschub der Individuen angesichts übermächtiger Systeme und der »Kosten des Fortschritts« zurückführt. Sein Plädoyer für diese umstrit-tene Perspektive speist sich jedoch nicht nur aus ihrer offen-sichtlichen lebensweltlichen Ergiebigkeit, sondern auch aus sei-ner historischen Analyse des Verhältnisses von Haus und Polis im klassischen Athen, dessen spezifisches Miteinander von Pri-vatheit und Öffentlichkeit ihn auf das Problem von Individuum und Gesellschaft in unserer Zeit lenkt. Er öffnet damit das me-thodisch eher begrenzt erscheinende Thema von Mikro- und Makrogeschichte der Diskussion aktueller Fragen um die Verantwortlichkeit des Einzelnen für die »große« Geschichte und knüpft damit an die jüngste Debatte um die neuere deutsche Geschichte an.

Auch REINHOLD BICHLERS Beitrag nimmt seinen Ausgangspunkt von der aktuellen Diskussion der Historiker und fragt nach der methodologischen Relevanz dieser Debatte, präziser nach dem Stellenwert von Singularität und Vergleichbarkeit. Aus einem wissenschaftsgeschichtlichen Überblick heraus belegt er ein grundlegendes Festhalten an den Grundsätzen einer individualisierend verstandenen Geschichtswissenschaft und eine eher kritische Grundhaltung zur vergleichenden Arbeit. Beide Tendenzen sieht er erst seit den späten sechziger Jahren verändert. Vor diesem Hintergrund beleuchtet Bichler die eigentümliche Verdrehung der Positionen, wenn im Verlauf des »Historikerstreits« von neohistoristischen Positionen die Forderung nach relativierendem Vergleich gestellt wird, während die Auffassung von der Einzigartigkeit des Nationalsozialismus eher im historismuskritischen Lager angesiedelt ist. Dies erscheint ihm nur erklärbar durch den Hinweis darauf, daß im »Historikerstreit« nicht eigentlich um methodische oder Fachfragen im engeren Sinne, sondern um Wertstandards gestritten wurde.

Der Beitrag von PETER H. REILL zielt direkt in das historische Denken des späten 18. Jahrhunderts, eine nach seiner Auffassung konstitutive Phase der deutschen Geschichtswissenschaft, die »Geschichte« als einheitlichen Prozeß erst entdeckte und methodisch fundierte. Damals spaltete sich die Geschichtswissenschaft in die »Sippschaft der Sammler« einerseits und die Gruppe der Systemdenker andererseits. Reill deutet diesen Vorgang als analog zu den Erklärungsverfahren der Naturwissenschaften, macht jedoch deutlich, daß das Konzept aufklärerischer Geschichtswissenschaft nicht bruchlos mit den Prinzipien der allgemeinen Aufklärung zusammenpaßt, die antimechanistische waren. Die »pragmatische Geschichtsschreibung« betonte demgegenüber die genetische Analyse, konzentrierte sich auf den »Realzusammenhang«, im Idealfall den Schlözerschen »nexus rerum universalis«, und verband dabei Deskription und Narration in dialogischer Absicht.

Der letzte Beitrag dieses Teils von WINFRIED SCHULZE sieht das Ganze oder Allgemeine in den erkenntnisleitenden Begriffen der Geschichtswissenschaft, deren Wandel von Thomas S. Kuhn als »Paradigmenwechsel« angesprochen worden ist. Angesichts eines offensichtlichen Mangels an empirischem Material über Veränderungen solcher zentraler Konzepte wird hier die Phase der Neukonstituierung der Geschichtswissenschaft in der Bundesrepublik Deutschland nach dem Ende des Zweiten Weltkriegs untersucht und auf die Veränderung der Konzepte hin befragt. Der Beitrag vertritt die These, daß die seit dem Beginn der fünfziger Jahre erkennbar werdende partielle Neuorientierung der historischen Arbeit am Begriff der Gesellschaft weniger als Rezeption westeuropäischer Modelle verstanden werden kann, denn als Übernahme des seit der Weimarer Republik und im Nationalsozialismus florierenden Volksbegriffs, der jetzt »entnazifiziert« und als »Gesellschaft« übersetzt wird. Das neue Ganze »Gesellschaft« erweist sich so letztlich als Resultat der ungeheuren sozialen Strukturveränderungen, die sich seit den zwanziger und dreißiger Jahren vollzogen hatten.

Der dritte Teil beginnt mit einem Beitrag von HANS ALBERT, der dem methodologischen Individualismus als einer grundlegenden Komponente zahlreicher Erkenntnisprogramme der theoretischen Sozialwissenschaften gewidmet ist. Gegenüber einer als methodologischer Historismus bezeichneten Konzeption vertritt er die Ansicht, alles soziale Geschehen lasse sich auf die Handlungen der beteiligten Individuen zurückführen, ohne daß dabei auf kollektive Wesenheiten rekurriert werden müsse. Im Vollzug einer so gearteten Erklärung sozialer Erscheinungen sei die Geschichtswissenschaft nicht primär an der Entdeckung von Gesetzmäßigkeiten als einem Erkenntnisziel interessiert, sondern an deren Verwertung, um nämlich konkrete Zusammenhänge aufzudecken.

Ähnlich wie Albert, der auf die Fruchtbarkeit einer Kombination von methodologischem Individualismus und jenem theoretischen Institutionalismus hinweist, dem zufolge individuelle Handlungen als Reaktionen auf soziale Situationen zu betrachten seien, plädiert GERALD MOZETIČ in seiner Studie für eine angemessene Berücksichtigung der verschiedenen Variationen von individualistischen und kollektivistischen (holistischen) Verfahrensweisen. Mozetič entwickelt seine Auffassungen anhand der vielfältigen begriffs- oder ideengeschichtlich rekonstruierbaren Positionen des Individualismus und Kollektivismus seit dem 18. Jahrhundert. Vor allem ist der Autor bestrebt, die Unterschiedlichkeit der Fragestellungen herauszuarbeiten, auf die die beiden in Betracht stehenden methodologischen Orientierungen Antworten zu geben versuchen. Daß dabei jeweils weltanschaulich-politische Hintergrundannahmen, aber auch Disziplinenrivalitäten bei der Formulierung von Problemexpositionen eine Rolle spielten, wird von Mozetič in wissenschaftssoziologischer Absicht vor Augen geführt.

ELISABETH STRÖKER wendet sich den Mehrdeutigkeiten zu, die den Terminus des »hermeneutischen Zirkels« selbst, aber bereits Teil und Ganzes als grundlegende Momente der in Rede stehenden Zirkelstruktur selber betreffen. Die Analyse der Autorin umfaßt die gesamte Bandbreite semasiologischer Betrachtungen, also syntaktische, semantische und sprachpragmatische Bereiche. Vor allem an historischen Texten zeige sich allemal, daß der Interpret nicht nur derjenige ist, der sich von einem Text und bestenfalls weiteren Mit-Texten etwas sagen läßt, sondern der schon dadurch, daß er jene Kontexte zwischen seinem Text und anderen, auf diesen bezüglichen Texten herstellt, vernehmbar auch selber etwas sagt.

JÖRN RÜSEN unternimmt es in seinem Beitrag, den Beweis zu führen, daß die Thematisierung des Ganzen zu den zentralen Aufgaben der Geschichtswissenschaft selbst gehört. Gegen die postmoderne Geschichtstheorie gewandt vertritt er die Auffassung, daß historische Sinnstiftung nur über eine enge Verbindung narrativer Formen und methodischer Rationalität zu erreichen ist. Seine exemplarische Untersuchung der Kategorien der historischen Erfahrung, der Darstellungsform und der gesellschaftlichen Orientierungsfunktion von Geschichte versteht sich als Beitrag zu einer kategorialen Analyse der »ganzen« Geschichte, die als kohärenter »Zeitzusammenhang« zwischen vergangenen Geschäften und der Orientierung gegenwärtigen Handelns verstanden wird.

WOLFGANG KÜTTLERS Überlegungen »zum Verhältnis von Allgemeinem und Spezifischem« in der marxistischen Geschichtsforschung konzentrieren sich ganz auf die forschungspraktischen Probleme dieser weiten Thematik. Ausgehend von der Beobachtung stark auf Synthese zielender Themenstellungen der DDR-Historikerkongresse fragt er nach den methodologischen Grundlagen solcher Arbeit und betont die unterschiedlichen Lösungen der Syntheseaufgabe in der historiographischen Praxis. Dabei vergleicht er auch die bundesrepublikanische Gesellschaftsgeschichte mit der marxistischen Formationsanalyse. Küttler hebt die starken Wirkungen der internationalen Diskussion auf die Synthesekonzeption der DDR-Geschichtswissenschaft hervor. Nicht zuletzt die sogenannte »Erbediskussion« in der DDR hat zu einer partiellen Zurückdrängung der früher vorherrschenden formationsgeschichtlichen Analysen geführt. Diese Vorgänge werden u. a. als Beleg für die von Küttler unterstrichene Korrekturfähigkeit der Synthesekonzeptionen interpretiert, die auch die Widersprüche der gesellschaftlichen Praxis zu verarbeiten haben.

Otto G. Oexles Beitrag bedient sich des wissenschaftsgeschichtlichen Modells der Physik, um die Typen der Reflexion über Teil und Ganzes in der Geschichte erst einmal zu ermitteln. In direktem Vergleich mit der Physik entwickelt er drei Typen der Analyse, die einmal vom Ganzen, zum anderen von den Teilen, und zum Dritten »von der Mitte« zwischen Teil und Ganzem ausgehen. Während Otto von Freising, Wilhelm von Humboldt und Ranke für die erste Sichtweise genannt werden, stehen Hume, Schiller und Taine für die zweite Perspektive. Die dritte Richtung wird mit Georg Simmel, Max Weber und Marc Bloch angegeben, aber auch mit vormodernen Denkern wie Pascal und Montesquieu. Da Montesquieus Methodologie über Durkheim an Bloch vermittelt wurde, gelingt es Oexle, eine weit zurückreichende Entwicklungsgeschichte des »dritten Wegs« zwischen Teil und Ganzem zu entwickeln. Dieser vertraut der »Zweihändigkeit der Vernunft« und mag sich das »Ganze« nur als eine regulative Idee, nicht aber als Wirklichkeit vorstellen.

Karl Acham
Winfried Schulze

Erster Teil
Teil und Ganzes in den Nachbardisziplinen Biologie,
Ökonomie und Soziologie

OLIVIER RIEPPEL

Erklären und Verstehen, Teil und Ganzes in der Biologie

Ein Paradigmenwechsel[1]

Eine »Theorie lebendiger Organismen« forderte Jean-Baptiste Chevalier de Lamarck, als er im Jahre 1801 das Wort »Biologie« einführte, um die Wissenschaft der Lebewesen abzutrennen von jener der irdischen Atmosphäre (Meteorologie) und jener der Erdkruste (Hydrogeologie). Was hinter dieser neuen Klassifikation der Naturwissenschaften stand, war die Überwindung jener althergebrachten Ordnung der »Kette der Wesen«, die von den vier aristotelischen Elementen über Steine und Kristalle zu den Fossilien, von dort über Moose und Pilze zu höheren Pflanzen fortschreitend, schließlich über die Mimose zu den Tieren bis hin zur Krone der Schöpfung aufsteigend alles in der Natur zu einer Einheit verknüpfte, in der sich die Einheit des Schöpfergottes selbst spiegeln sollte. Diese Einheit war im Morgengrauen der französischen Aufklärung zerbrochen, eine Entwicklung, die für die Wissenschaften zunächst nur förderlich schien.

Heute ist die Biologie im Zeichen der Erfolge der Biotechnologie, aber auch im Schatten der Fragen des Umweltschutzes zu einer intensiv geförderten Studienrichtung geworden, deren Auffächerung in Spezialdisziplinen den Bruch der einstmaligen Ganzheit nur allzu deutlich macht. Zwar kann sich die Biologie eines Theoriengebäudes von stark vereinheitlichender Tendenz rühmen, der Evolutionstheorie, doch wird im Zeichen des Darwinismus die geschichtliche Entwicklung der Vielfalt der Organismen fast ausschließlich *reduktionistisch* verstanden. Das Problem des Lebens wird auf seine Bausteine reduziert, Nukleotide

[1] Der folgende Beitrag ist die veränderte Fassung eines am 29./30. Oktober 1988 in der Neuen Zürcher Zeitung unter dem Titel *»Wie« und »Warum«: Erklären und Verstehen in der Bioethik* erschienenen Artikels. Grundlegend zum Thema ist über die in den Fußnoten hinaus angeführte Literatur: W. Arthur, *Mechanisms of morphological evolution.* Princeton, N. J. 1987; Jean Piaget, *Biologie und Erkenntnis.* Frankfurt a. M. 1974; Rupert Riedl, *Die Ordnung des Lebendigen.* Hamburg, Berlin 1975; Olivier Rieppel, *Fundamentals of comparative biology.* Basel, Boston 1988; S. N. Salthe, *Evolving hierarchical systems.* New York 1985; K. S. Thomson, *Morphogenesis and evolution.* Oxford 1988.

setzen sich zu Erbinformation zusammen, die Gene steuern die Produktion von Proteinen, von Eiweißstoffen. Dies alles geschieht in Zellen, kleinen chemischen Fabriken, die sich ihrerseits zu Geweben, zu Organen und schließlich zu Organismen zunehmender Organisationshöhe zusammenfügen. In paralleler Weise entwickelt sich das Leben von primordialen, zur Selbstvermehrung fähigen Makromolekülen (Ribonukleinsäure) zu Vorläuferstufen von Zellen, dann zu Zellen mit scharf umrissenen Kernen, die sich schließlich zu vielzelligen Lebewesen zunehmender Komplexität entwickeln. Das Leben und seine Entwicklung wird im Darwinismus »von unten her« erklärt, das Ganze wird aus seinen Teilen heraus entwickelt – doch bleibt die Frage offen, ob damit das Ganze auch schon ausreichend verstanden worden ist.

Keine Wissenschaft ohne Metaphysik

Die Philosophie der Aufklärung machte einen Unterschied zwischen erklären und verstehen, eine begriffliche Subtilität, die sich schon längst aus der Alltagssprache des modernen Menschen fortgestohlen hat. Die Frage nach dem Wie ist der Stoff, aus dem eine in der Beobachtung gründende (empirische) Wissenschaft gewoben ist, während schon die Enzyklopädisten der französischen Aufklärung die Frage nach dem Warum als Hindernis erfolgreicher Forschung aus dem Weg geräumt hatten. In seinen *Lettres sur les Aveugles* (1749) schrieb Denis Diderot sinngemäß: Wenn sich uns die Natur auch als gordischer Knoten präsentiert, so sollten wir doch nicht versuchen, diesen mit der Hand eines Wesens zu durchhauen, das in der Folge für uns zu einem noch unlösbareren Knoten wird! La Mettrie hatte in seiner skandalumwitterten Schrift *L'Homme Machine* schon 1747 festgestellt, daß der Mensch nicht dazu gemacht sei, das Unendliche zu erkennen.

Was das aufklärerische Forschungsprogramm vorsah, war eine Wissenschaft von Menschen und für Menschen, frei von Aberglauben und Metaphysik. Die Beobachtung soll eine Regelmäßigkeit der Naturerscheinungen aufzeigen, die auf eine Ursache zurückgeführt werden kann. Die Kenntnis dieser Ursache, mithin die kausale Erklärung der beobachteten Regelmäßigkeit, erlaubt im Gegenzug die Voraussage zukünftiger Regelmäßigkeit und damit die Manipulation der Naturprozesse zum Wohle der Menschheit. Es war der Anspruch der Machbarkeit, welchen die Wissenschaft erhob und einlöste.

Ist damit aber auch schon die Frage nach dem Warum beantwortet, der Prozeß als solcher auch schon ausreichend verstanden? Gottfried Wilhelm Leibniz hätte diese Frage verneint. Doch auch Ernst Cassirer wies in seiner 1936 erstmals erschienenen *Philosophie der Aufklärung*[2] auf einen Trugschluß hin, der dem modernen Forschungsprogramm zugrunde liegt. Man kann nicht aus einer Regelmäßigkeit der Naturerscheinungen auf eine Uniformität der Naturgesetze schließen, um dann auf Grund dieser Uniformität der Naturgesetze weitere Regelmäßigkeit zwingend vorauszusagen. Man entkleide die Wissenschaft aller Metaphysik und sehe zu, was dann noch übrigbleibt: So lautete sinngemäß seine Warnung an die Adresse der Aufklärer. A. Kulenkampff[3] hat in modernerer Sprache von einem »prinzipiellen Geltungsvorbehalt« der empirischen Forschung gesprochen.

Erklären und Verstehen

Leibniz hatte das aristotelische Kontinuitätsprinzip zum Eckpfeiler seiner Philosophie gemacht, »kraft metaphysischer Gründe«, wie er sich ausdrückte. Das Kontinuitätsprinzip bannt alle »leeren Räume« aus der Natur; alle Erscheinungen und Prozesse sind in eine absolut lückenlose Kette von Ursache und Wirkung eingebunden; nirgends ist diese Kette zerrissen, nirgends gewährt sie dem Zufall oder der Wundertätigkeit Gottes Einlaß in eine wissenschaftliche Erklärung der Natur. Erst auf der Grundlage des Kontinuitätsprinzips lassen sich alle Naturerscheinungen zwingend erklären und verläßlich voraussagen – aber auch ausreichend verstehen! Wenn alle Naturprozesse in eine absolut lückenlose Kette von Ursache und Wirkung eingebunden sind, so muß dies umgekehrt heißen, daß die Naturforschung – wo auch immer sie ihren Anfang nimmt – in letzter Konsequenz bis auf den Schöpfer als Erste Ursache und ausreichenden Grund zurückführt. In Gott gründete für Leibniz das Verständnis für die Schöpfung. Durch das Kontinuitätsprinzip gelang es dem Philosophen, die Natur auf die Erste Ur-

[2] 3. Aufl. Tübingen 1973.
[3] *George Berkeley*. München 1987.

sache und auf den ausreichenden Grund ihrer Existenz zurückzuführen und damit die Wissenschaft einer allfälligen Wertfreiheit zu entziehen. Zugleich machte Leibniz deutlich, daß ein Verständnis von Naturprozessen auf einer höheren Ebene liegt, einen umfassenderen Blick verlangt, als deren kausale Erklärung.

Phänomene können zwar isoliert erklärt, nicht aber in Isolation verstanden werden. Eine erfolgreiche Erklärung der Naturprozesse setzt die Unterteilung der Ganzheit in einzelne, der empirischen Forschung zugängliche Fragen voraus; das Verständnis aber muß sich auf die Ganzheit beziehen.

Vom Einfachen zum Komplexen

Wenn die Gene und ihre Bausteine, organische Basen, im Laufe der Embryonalentwicklung einen Organismus zu seiner artgemäßen Gestalt heranwachsen lassen, so läßt sich dieser Prozeß der Formbildung zumindest prinzipiell »von unten herauf« erklären: von Genen und ihrer Wirkung hin zur Determinierung von Zell- und Gewebstypen, die sich schließlich zu Organen und Organsystemen differenzieren. In diesem Erklärungsmuster folgt das Ganze aus der Summe seiner Teile. Ähnlich steht es mit dem Erklärungsmuster des Darwinismus: Auf die Bildung von zur Selbstvermehrung fähigen Nukleinsäuresträngen der »Ursuppe« folgen Protobionten mit einfachstem Stoffwechsel, aus Einzellern entwickeln sich Vielzeller, aus der Amöbe entsteht der Mensch durch Variation und Selektion. »Täglich und stündlich in der gesamten Natur«, so schrieb Charles Darwin, wirkt die Selektion, »das Schlechte verwerfend, das Gute bewahrend und aufaddierend«. Die Selektion wirkt kontinuierlich und schrittweise, jede einmal entstandene Variation der Form wertend, diese entweder verwerfend oder aber beibehaltend und so zu dem bereits Erreichten hinzufügend. Der Fortschritt vom Einzeller zum Vielzeller, vom Einfachen zum Komplexen, ergibt sich durch die Summation kleiner und kleinster Selektionsvorteile im Laufe geologischer Epochen. Wieder handelt es sich um eine kausale Erklärung »von unten herauf«, von den Teilen hin zum zusammengesetzten Ganzen. Die moderne Molekularbiologie und der Darwinismus reichen sich die Hand in einer reduktionistischen Erklärung parallel von unten nach oben verlaufender Lebensprozesse – der *Ontogenese* (Individualentwicklung) und der *Phylogenese* (stammesgeschicht-liche Entwicklung). Was dabei allerdings auf der Strecke bleibt, ist das Verständnis für das Ganze.

Der Konflikt der medizinischen Biologie

Dies mag hingehen, solange die Erklärung für sich steht, als eine Sicht der Dinge, der jedoch eine andere Sicht gegenüberstehen muß – nämlich der Blick vom Ganzen auf den Teil. Schwieriger und von Konflikten überschattet wird die »Theorie lebendiger Organismen« dann, wenn die reduktionistischen Erklärungs-muster als wertfrei gelten sollen, dabei aber gepaart mit einem Machbarkeitsanspruch vorgetragen werden. Die moderne Bio-technologie strebt nach dem Eingriff in das »Programm« der Individualentwicklung, um dieses nach Plan zu verändern und in gewünschter Form zu beeinflussen. Wenn Ontogenese und stammesgeschichtliche Entwicklung parallel von unten nach oben verlaufen, ergibt sich aus der Manipulation der Individual-entwicklung zugleich die faustische Möglichkeit einer »maßge-schneiderten Evolution«. Der Konflikt, in den die moderne Biologie hineingeraten ist, entzündet sich jedoch weniger an einem womöglich unzureichenden Kenntnisstand der For-schung, sondern vielmehr an einem mangelnden Verständnis für die Prozesse, in die steuernd und manipulierend eingegriffen werden kann oder könnte. Mit der Kenntnis des Wie ist die Frage nach dem Warum noch nicht beantwortet. Das Wie und das Warum liegen auf unterschiedlichen Hierarchie-Ebenen.

Die Welt der Organismen ist grundsätzlich hierarchisch ge-gliedert. Vom Molekül zur Zelle, vom Gewebstyp zum Organ, vom Organsystem bis zum Organismus: was die Molekularbio-logie »von unten her« mit einer Kette von Ursachen und Wir-kungen zu erklären trachtet, ist die »Hierarchie des Soma«, die Hierarchie des individuellen Körpers. Der Darwinismus dage-gen sucht eine Erklärung der »Hierarchie der Stammesgeschich-te« (der genealogischen Hierarchie), die von der Amöbe bis zum Menschen aufsteigt. Charakteristisch für biologische Hier-archien ist ihre inklusive Struktur: die übergeordnete Ebene schließt die untergeordnete Ebene stets mit ein, während das Umgekehrte nicht zutrifft. Das Gegenteil wäre eine exklusive Hierarchie, wie sie beispielsweise die militärische Rangordnung prägt: ein Leutnant ist nicht zugleich Major, sowenig wie der

Rang des Obersten jenen des Majors mit einschließt. Jede Stufe ist exklusiv, ein Rang für sich – alle anderen Ränge ausschließend. In einer somatischen Hierarchie schließt zwar das einzelne Gen keineswegs den ganzen Organismus ein – der ganze Organismus schließt aber die Gesamtheit der Erbinformation ein, so gut wie die Gesamtheit der Eiweißstoffe, der Zellen und der Organe, die zu seiner Bildung führen. Gleiches gilt für die stammesgeschichtliche Hierarchie: eine Maus schließt noch nicht die Gesamtheit der Säugetiere ein, doch die Klasse der Säugetiere schließt die Gesamtheit der Mäuse ein; die Einzeller schließen noch nicht die Vielzeller mit ein, doch die Kategorie der Eukaryonta schließt alle Lebewesen ein, deren Zelle(n) einen scharf umgrenzten Kern besitzen.

Die Kongruenz der somatischen und der genealogischen Hierarchie spiegelt sich in den »Gesetzen der individuellen Entwicklung«, wie sie der große Embryologe Karl Ernst von Baer im Jahre 1828 formulierte. Sein zweites Entwicklungsgesetz, bis heute nicht widerlegt (zumindest nicht für Wirbeltiere), besagt, daß im Laufe der individuellen Entwicklung eines Organismus der allgemeinere Formzustand dem spezielleren Formzustand vorausgeht, oder anders herum: der speziellere Formzustand geht aus dem allgemeineren hervor. Der Entwicklungsprozeß als solcher, durch den ein Organismus (bzw. dessen individuelles Soma) hervorgebracht wird, ist damit hierarchisch strukturiert. Parallel dazu charakterisiert der allgemeinere Formzustand umfassendere Gruppen der genealogischen Hierarchie, während der speziellere Formzustand untergeordnete Gruppen der Hierarchie abgrenzt. Das erste von Baersche Gesetz drückt diesen Sachverhalt in einer vereinfachten – und infolge der Vereinfachung auch mit Ausnahmen befrachteten – Form aus: Im Laufe der individuellen Entwicklung (Ontogenese) bilden sich die Merkmale umfassenderer Gruppen früher als jene untergeordneter Gruppen. Ein Säugerembryo bildet erst die Merkmale des Stammes der Wirbeltiere aus, bevor er die Charakteristika der (dem Stamm der Wirbeltiere untergeordneten) Klasse der Säugetiere erkennen läßt.

Ein Unterschied allerdings droht die Parallelität der somatischen und der genealogischen Hierarchie in Frage zu stellen. Die somatische Hierarchie hat ihren Grund in der Entwicklung des individuellen Organismus, welche die hierarchisch strukturierte Beziehung eines Teiles (bzw. der Teile) zum Ganzen festlegt. Ein Individuum hat keine Mitglieder, sondern Teile.

Im Gegensatz hierzu fußt die genealogische Hierarchie auf der Beziehung des Allgemeinen zum Besonderen, wodurch die Mitgliedschaftsbedingungen in einer Hierarchie subordinierter Ähnlichkeitsklassen festgelegt werden. Der allgemeinere Merkmalszustand charakterisiert eine umfassendere Gruppe, deren Mitglieder durch die Ausbildung besonderer Formzustände in untergeordneten Gruppen klassifiziert werden können.

Die moderne Biologie versucht den Unterschied durch eine »neue Ontologie«[4] aufzuheben, indem geschlossene Gruppen der genealogischen Hierarchie, als Abstammungsgemeinschaften und damit als evolutive Einheiten aufgefaßt, einem Individuum gleichgesetzt werden. Eine Art (Spezies) mit einem diskreten Anfang (Artbildung) und Ende (Aufspaltung in Tochterarten oder Extinktion) in der Zeitachse und mit einer distinkten (individuellen) evolutiven Rolle ist nach M. T. Ghiselin[5] und D. L. Hull[6] keine aristotelische Klasse mit essentiellen (zeitunabhängigen) Eigenschaften, die allen ihren Mitgliedern zukommen; statt dessen soll sie einem Individuum gleichkommen, zusammengesetzt aus Teilen (aus fortpflanzungsfähigen Organismen) und zusammengehalten durch die Mechanismen der Vermehrung, das als Einheit (als Ganzes) am evolutiven Prozeß teilhat bzw. teilnimmt. Was für die Spezies gilt, muß mutatis mutandis auch für übergeordnete Abstammungsgemeinschaften gelten. Die »neue Ontologie« ist nicht unproblematisch[7], doch rückt sie die Beziehung von Teil zu Ganzem einerseits, von Allgemeinem zum Besonderen andererseits, in das Zentrum der Diskussion um die Parallelität von somatischer und genealogischer Hierarchie.

Überwindung des Reduktionismus

Aus der Struktur einer inklusiven Hierarchie ergibt sich ein moderner Zugang zum Begriffspaar des Erklärens und des Ver-

---

[4] N. Eldredge, *Unfinished synthesis. Biological hierarchies and modern evolutionary thought.* Oxford 1985.

[5] *A radical solution to the species problem.* In: Systematic Zoology 23 (1974), S. 536–554.

[6] *Are species really individuals?* In: Ebenda, 25 (1976), S. 174–191.

[7] Olivier Rieppel, *Species are individuals. A review and critique of the argument.* In: M. K. Hecht, B. Wallace und G. T. Prance (Hrsg.), Evolutionary Biology 20 (1986), S. 283–317.

stehens. Die Erklärung eines Phänomens reduziert dasselbe auf tiefer liegende Hierarchie-Ebenen. Das Wesen des Reduktionismus liegt darin, die Komplexität einer Erscheinung (wie etwa das Leben) auf einfachere Bausteine (wie etwa das Zusammenspiel von chemischen Bausteinen) zu reduzieren. Das Verständnis eines Phänomens muß dieses dagegen ganzheitlich angehen und ist daher an eine übergeordnete Hierarchie-Ebene gebunden, welche alle untergeordneten Ebenen mit einschließt.

Die Einsicht in die hierarchische Gliederung des Lebendigen hat zu einer zumindest teilweisen Überwindung des dem Darwinismus innewohnenden Reduktionismus geführt. Neuere Entwicklungen der Evolutionstheorie haben sich den hierarchischen Gesichtspunkt zu eigen gemacht. Ursachen und Wirkungen werden nicht mehr nur »von unten herauf« in Rechnung gestellt, sondern nunmehr auch von »oben hinab« gefordert. Die Embryonalentwicklung wird nicht mehr als Puzzlespiel begriffen, als ein Prozeß, in dessen Verlauf ein Organismus sich aus seinen Teilen zusammensetzt. Statt dessen wird ein ganzheitliches Verständnis der Form angestrebt. Die Entwicklung einer Struktur in einer Folge von Transformationen unterliegt, wie sich J. Piaget ausdrückte, bestimmten Aufbaugesetzen, die vom Ganzen her die Bildung der Teile in einem System von Rückkoppelungen regulieren. Ein schönes Beispiel hierfür liefert die Reduktion der Augen von Höhlenfischen. Wie H. Wilkens[8] feststellte, wächst das Auge dieser Tiere zu Beginn der Embryonalentwicklung in ähnlichem Umfang wie jenes ihrer im lichtdurchfluteten Wasser lebenden Verwandten. Dies hat seinen Grund darin, daß der frühembryonalen Anlage des Auges die Rolle eines Organisators bei der Ausformung des Kopfes zukommt, weshalb eine Mindestgröße nicht unterschritten werden kann. Eine Reduktion des Auges kann erst dann einsetzen, wenn dieses keine Funktion als Organisator mehr ausüben muß. Die Entwicklung des Auges kann daher nicht in Isolation betrachtet werden; sie erfolgt vielmehr als Teil eines Ganzen, vom Ganzen her bestimmt und dieses zugleich bestimmend.

Die Embryonalentwicklung wird vom hierarchischen Gesichtspunkt aus betrachtet als ein schöpferischer Prozeß verstanden, im Verlauf dessen die artgemäße Gestalt eines Orga-

[8] *Zur Problematik der Rudimentation, untersucht an der Ontogenie des Auges von Höhlenfischen (Astyanax maxicanus).* In: Zeitschrift für zoologische Systematik und Evolutionsforschung 18 (1980), S. 232–238.

nismus sich herausbildet, indem das eine sich schrittweise aus dem anderen heraus entwickelt. Die Entwicklung, die Evolution des individuellen Organismus schreitet vom Einfachen (vom Ei) zum Komplexen (zum geschlechtsreifen Organismus) durch eine lückenlose Folge von Stadien fort, deren eines die Folge des unmittelbar Vorausgehenden ist, zugleich aber schon die Ursachen für das nachfolgende Stadium in sich trägt. Natürlich wirken in dieser Abfolge von Entwicklungsschritten Ursachen in aufsteigender Richtung: sie legen die kreativen Möglichkeiten der Formbildung anfänglicher (oder allgemeiner: vorausgehender) Entwicklungsschritte fest. Ihnen steht aber die einschränkende Wirkung der späteren (oder allgemeiner: der nachfolgenden) Entwicklungsschritte gegenüber. Ursachen, die von oben nach unten wirken, setzen die Grenzwerte fest, innerhalb derer die formgebende Potenz der Entwicklung sich bewegen kann und darf. Denn schließlich muß das Ganze, Endprodukt der Entwicklung, in sich harmonisch gebaut und damit lebensfähig sein.

So, wie die Teile das Ganze bilden, so setzt das Ganze eine entwicklungsphysiologische und funktionelle Integration seiner Teile voraus. Im Laufe der Embryonalentwicklung stehen sich somit Ursachen gegenüber, welche innerhalb der »somatischen Hierarchie« in entgegengesetzter Richtung wirken. Der kreativen Potenz zur Formbildung früherer Entwicklungsstadien steht die einschränkende Wirkung späterer Entwicklungsstadien gegenüber. In seiner Entwicklung vom Einfachen zum Komplexen durchläuft der Organismus eine fortschreitende Bestimmung vom Allgemeinen zum Speziellen: Die kreative Potenz zur Formbildung wird fortlaufend eingeschränkt. Solches wurde schon durch die klassischen Experimente der Entwicklungsmechanik, etwa durch die Arbeiten von Hans Spemann in den zwanziger Jahren unseres Jahrhunderts, aufgezeigt: Teilt man einen Molchembryo im Zwei-Zell-Stadium entlang der natürlichen Zellteilungsebene, so entwickelt sich aus jeder der Zellen ein ganzes Tier. Der geschlechtsreife Lurch hingegen kann bestenfalls ein abgeschnittenes Bein regenerieren. Das Komplement zu dieser regulativen Entwicklung ist die Mosaikentwicklung: hier ist der Keim schon von Anfang an vom Ganzen her in all seinen Teilen determiniert und in seiner Differenz festgelegt. Neuere Untersuchungen weisen ein unterschiedliches Maß von Regulationsfähigkeit für unterschiedliche Zellverbände während verschiedener Entwicklungsstadien nach.

Einschränkung der Form-Variation

In analoger Weise schränken die Rahmenbedingungen überge-
ordneter Ebenen die kreativen Potenzen untergeordneter Einheiten im Rahmen der genealogischen Hierarchie ein. Die Kreativität des Evolutionsprozesses liegt in der Variation und Selektion, letztlich in der Artbildung begründet. Eine Fliege kann
aber nicht plötzlich einen Pelz entwickeln, genausowenig wie
aus der Stirn eines Säugetieres gegliederte Antennen sprossen
könnten: Der Bauplan schränkt die Variationsmöglichkeit ein.
Der Bauplan der Wirbeltiere legt die Entwicklung aller in diese
Gruppe gehörenden Lebewesen auf eine grundsätzliche Ähnlichkeit der Anatomie fest, auf »allgemeine Merkmale«, genauso
wie auch der Bauplan der Insekten das Aussehen einer Fliege in
den Grundzügen ihrer Organisation bestimmt. Wie die Embryonalentwicklung läßt sich auch der Prozeß der Stammesge-
schichte als eine Folge von Transformationen verstehen, die
strukturellen Gesetzen unterliegen, welche das System des Bauplans als Ganzes im Zuge seiner stammesgeschichtlichen Entfaltung erhalten. Die Säugetiere haben sich an eine Vielfalt von
Umweltbedingungen angepaßt, von den flugfähigen Fleder-
mäusen bis zum Delphin, von der arktischen Robbe bis zur
Giraffe. Dieser stammesgeschichtlichen Kreativität des Bauplans der Säugetiere stehen aber immer strukturelle Gesetzmäßigkeiten gegenüber, die nie durchbrochen wurden, sondern
durch alle Anpassung und Veränderung der Elemente hindurch
eine grundsätzliche Ähnlichkeit der Struktur erhalten. In den
formgebenden Gesetzmäßigkeiten des Bauplans liegt letztlich
die Möglichkeit begründet, Säugetiere als solche überhaupt zu
erkennen und zu klassifizieren.

Der Grund für die Konstanz der Baupläne wird meist in
Entwicklungszwängen früher Embryonalstadien zu vermuten
sein. Allgemeine Merkmale, umfassende Gruppen bzw. deren
Bauplan charakterisierend, entwickeln sich früh im Laufe der
Individualentwicklung und zwar oft in gegenseitiger physiolo-
gischer Abhängigkeit. Eine Veränderung früher Embryonalstadien würde die Grundzüge des jeweiligen Bauplans berühren,
hätte mithin tiefgreifende Konsequenzen und würde meist die
Normalentwicklung gefährden, weswegen denn auch die frühen Entwicklungsstadien gegen Veränderung meist gut gepuf-
fert sind. Anpassung durch Variation und Selektion wird gewöhnlich erst im Laufe späterer Entwicklungsphasen dem Bau-

plan aufgeprägt. Man kann sich den hierarchisch strukturierten Entwicklungsprozeß auch als »morphogenetischen Baum«[9] vorstellen, dessen grundsätzliche (basale) Wachstumsmuster durch Entwicklungszwänge festgelegt sind, während den peripheren, erst während späterer Stadien sprossenden Zweigen größere Plastizität eignet. Durch diesen Sachverhalt finden die von Baerschen Gesetze der individuellen Entwicklung ihre kausale Erklärung.

Die Gefahr der Machbarkeit ohne Blick auf das Ganze

Die Biotechnologie, welche den Prozeß der Embryonalentwicklung ihrem Machbarkeitsanspruch unterwerfen will, beschränkt sich auf eine Manipulation der »von unten her« wirkenden Ursachen. Was fehlt, und worum ein Konflikt letztlich entbrennen mußte, ist das Verständnis vom Ganzen her, das Verständnis dessen, was Ganzheit sein soll und welche Grenzwerte damit den kreativen Möglichkeiten der molekularen Entwicklung zu setzen sind. Das Ganze läßt sich nicht einäugig auf seine Teile reduzieren – die Teile müssen sich auch dem Ganzen einordnen. Die Gene bestimmen keine Merkmale des sich im Sinne eines Puzzles zuammensetzenden Organismus. Die Gene bestimmen allenfalls »von unten her« Reaktionsnormen der Entwicklung, die erst im Kontext der Ganzheitlichkeit des sich entwickelnden Organismus Erfüllung und Einschränkung finden. Gene sind Informationsträger, aber die Information findet erst in der Dynamik des Entwicklungsprozesses ihren Sinn, in einem System chemischer und geometrischer Signale, die sich auf einer Hierarchieebene über derjenigen der eigentlichen Erbsubstanz wechselseitig bedingen und beeinflussen.

Die Diskussion um die Manipulation der Erbsubstanz muß sich am Begriff der Ganzheit eines lebenden Organismus, besonders auch eines Menschen, orientieren. Erst aus diesem Verständnis der Ganzheit ergeben sich Richtlinien, die von »oben nach unten« wirkend der Biotechnologie natürliche Grenzen setzen, statt sie willkürlich einzuschränken. Der springende Punkt dieser Diskussion liegt allerdings darin, daß sich die Bestimmung von Ganzheitlichkeit in letzter Konsequenz nicht

[9] W. Arthur, *A theory of the evolution of development*. Chichester, New York 1988.

wird auf den Rahmen der empirischen, in der Beobachtung gründenden Naturwissenschaft beschränken lassen. Dies folgt aus dem Erbe der Aufklärung, welches die Wissenschaft zugunsten der Empirie auf die Frage nach dem Wie festlegte, die Frage nach dem Warum dagegen ausklammerte. Die Molekularbiologie beschränkt sich auf eine Erklärung »von unten her« und erhellt so Ursachen der Entwicklung, sowohl der individuellen Embryonalentwicklung, als auch der kollektiven stammesgeschichtlichen Entwicklung, aus einer reduktionistischen Perspektive. Die hierarchische Sichtweise der Natur öffnet den Blick auf Ursachen, die »von oben her« die Macht der Gene so gut wie die Macht von Variation und Selektion einschränken, die kreativen Möglichkeiten der Entwicklung auf eine harmonische Ganzheit und Integration körperlicher Funktionen festlegen.

Darüber hinaus aber muß die Diskussion um die Ganzheit, besonders im Rahmen der Biotechnologie, die Frage um das Warum einschließen und setzt daher, um auf Leibniz zurückzukommen, einen umfassenderen Blick voraus, der über eine scheinbar wertfreie Beobachtungsbasis hinausreicht. Die Frage nach dem Warum ist mit der Kenntnis von Ursachen und ihrer Wirkung noch nicht beantwortet; sie fragt nach einem Grund, der aus einem Verständnis mit Blick auf das Ganze abzuleiten wäre. Soll man stets und immer tun, was man prinzipiell tun kann? Zur Bestimmung von Ganzheit gehört die Berücksichtigung von Werten und Normen, die nicht die Folge einer Ursache sind, sondern einer Begründung bedürfen!

STEPHAN BÖHM

Teil und Ganzes
Einige Bemerkungen aus ökonomischer Sicht
oder: Smith, Keynes und die Heutigen

> A discipline, a region of the world of
> thought, should seek to *know itself.*
> George Shackle[1]

Das durch das Generalthema dieses Bandes angedeutete Problem wird im folgenden unter Hinweis auf den Zusammenhang
von bestimmten Annahmen über individuelles Verhalten und
den daraus resultierenden Konsequenzen für das ökonomische
System als Ganzes erörtert. Die derart vorgenommene nähere
Bestimmung des Gegenstandes dieser Untersuchung erweist
sich allerdings nur vordergründig als selbstauferlegte inhaltliche
Beschränkung. Denn das Thema, unter welchen Bedingungen
eigennütziges Streben – durch ein System von offenen Märkten
kanalisiert – gleichsam auf dem Rücken der daran Beteiligten
eine Kongruenz, Harmonie oder jedenfalls eine Kompatibilität
von privatem und öffentlichem Interesse[2] (wie auch immer definiert) herzustellen in der Lage ist, gehört zu den vornehmsten
Topoi ökonomisch-theoretischer Bemühungen und nimmt
dementsprechend auch in der wirtschaftspolitischen Diskussion
seit nunmehr über zweihundert Jahren (»seit Adam Smith«)
seinen angestammten Platz ein. Gerade in diesem Bereich
scheint sich also das häufig zitierte Urteil von John Maynard
Keynes, dem zufolge sich gerade diejenigen Praktiker, die sich
über jegliche theoretische Einflüsse erhaben wähnen, meist als
»Sklaven irgendeines längst verstorbenen Ökonomen«[3] entpup-
pen, schlagend zu bestätigen.

Wenn Keynes in jener denkwürdigen Passage, mit der er seine

---

[1] G. L. S. Shackle, *Epistemics and economics. A critique of economic doctrines.*
Cambridge 1972, S. 24 (Hervorhebung im Original).

[2] Elie Halévy spricht in diesem Zusammenhang von der »thesis of the natural
identities of interests« bzw. »of the spontaneous harmony of egoisms«, vgl. *The
growth of philosophic radicalism.* Boston 1955, S. 89; französisch: *La formation
du radicalisme philosophique.* Bd. 1: *La jeunesse de Bentham.* Paris 1901.

[3] John Maynard Keynes, *The general theory of employment, interest and money.* London 1936, S. 383; deutsch: *Die allgemeine Theorie der Beschäftigung, des
Zinses und des Geldes,* 5. Aufl. Berlin 1974.

Allgemeine Theorie ausklingen läßt, der Macht ökonomischer Ideen auf die Gestaltung der sozialen Umwelt das Wort redet, so ist ihm darin grundsätzlich zuzustimmen. Beruft man sich jedoch auf die Autorität von Adam Smith, ist Vorsicht geboten. Ginge es hier lediglich um ein besonders gelungenes Beispiel dessen, was David Henderson treffend als »do-it-yourself-economics« (DIYE)[4] bezeichnet hat, also als die laienhafte, durchaus nicht von böser Absicht getragene Entstellung, Verzerrung, Verkürzung oder Verunglimpfung ökonomischer Ideen, über die zeitgenössische Theoretiker zeitweilig zu Recht Klage führen, wäre dies vom Standpunkt eines primär rhetorischen Verständnisses von Ökonomik her gesehen, das sein Publikum durch die Qualität seiner Argumente zu überzeugen trachtet, zwar bedauerlich, im übrigen aber nicht weiter erwähnenswert. Im Hinblick auf unser Thema reicht jedoch das Unverständnis insofern viel weiter, als Generationen von Ökonomen zu seiner Verbreitung maßgeblich beigetragen haben. Vom Olymp der herrschenden Quellenlage aus eine derartige Jeremiade anzustimmen, mag als unpassend empfunden werden; umgekehrt aber darf angesichts dieses Umstands darauf hingewiesen werden, daß einschlägige Unkenntnis zwar vor Strafe schützt, aber nicht mehr so leicht entschuldbar ist.

Die Erblast der ökonomischen Maschine

Nach weitverbreiteter Auffassung verdankt sich die Entstehung der Ökonomik als systematisch-wissenschaftlicher Disziplin einer Einsicht der schottischen Moralphilosophie des 18. Jahrhunderts – David Hume, Adam Ferguson, John Millar, Adam Smith, um nur ihre wichtigsten Vertreter zu erwähnen. Man habe sich »die Gesellschaft« am besten als gigantische »soziale« Maschine[5] vorzustellen, deren Bestandteile eng miteinander verzahnt seien. Diese soziale Maschine funktioniere gleich allen anderen Maschinen nach bestimmten Grundsätzen und zeitige Ergebnisse, die gleich Vorgängen in der Natur bestimmten

---

[4] David Henderson, *Innocence and design. The influence of economic ideas on policy* (The 1985 BBC Reith Lectures). Oxford 1986, S. 3.

[5] Vgl. grundlegend Ronald L. Meek, *The rise and fall of the concept of the economic machine* (Antrittsvorlesung an der University of Leicester 1964); abgedruckt in: *Smith, Marx, and after. Ten essays in the development of economic thought.* London 1977, S. 176–188, hier S. 177.

»Gesetzen« unterlägen[6]. Die blasphemisch-revolutionäre Erkenntnis der Schotten, daß gesellschaftliche Zusammenhänge gleichsam naturgesetzlich beherrschte, »mechanistische«, objektive, d. h. vom Willen der daran beteiligten Akteure in einem gewissen Sinn unabhängig wirkende Prozesse widerspiegeln würden, ist für das Selbstverständnis der modernen Sozialtheorie konstitutiv.

Hier ist nur mehr ein kleiner Schritt notwendig zur Vorstellung eines autonomen, eigenen Gesetzmäßigkeiten gehorchenden gesellschaftlichen Subsystems »Wirtschaft«, dessen Studium grundsätzlich isoliert von anderen gesellschaftlichen Subsystemen betrieben werden kann. Die »ökonomische« Maschine als ein geschlossenes System von interagierenden Kräften bedarf keiner (politischen) Außensteuerung; sie bezieht ihren Antrieb aus sich selbst. Die Ökonomie als ein objektiver, sich selbst regulierender Handlungszusammenhang, an dessen Konstituierung die von ihm Betroffenen zwar mitwirken, der sich aber in der Folge von den ihn steuernden individuellen Intentionen gewissermaßen loslöst und verselbständigt, bildet fortan das Erkenntnisobjekt wirtschaftswissenschaftlicher Theoriebildung. Die ökonomische Theoriegeschichte sei damit als der fortwährende Versuch zu begreifen, das »Mysterium« der aus individuellem Vorteilsstreben erwachsenden universellen ökonomischen (Markt-)Ordnung zu ergründen[7]. Da kein einzelner Marktteilnehmer, so wird postuliert, einen nennenswerten Einfluß auf die Bestimmung der Tauschrelationen ausübt, erfolgt die Anpassung an die »vom Markt« diktierten Preise über Mengenvariationen. Dennoch gilt: Der vom einzelnen als unbeeinflußbar empfundene Marktpreis kommt durch die Reaktionen aller zustande. Die »unsichtbare Hand« des Marktes sorge so-

[6] Vgl. Jacob Viner, *Adam Smith and laissez faire*. In: *Adam Smith, 1776–1926. Lectures to commemorate the sesquicentennial of the publication of ›The Wealth of Nations‹*. New York 1966 (Chicago 1928), S. 116–155, hier S. 116 f.: »Smith's doctrine that economic phenomena were manifestations of an underlying order in nature, governed by natural forces, gave to English economics for the first time a definite trend toward logically consistent synthesis of economic relationships, toward ›system-building‹«.

[7] Mark Blaug, *Economic theory in retrospect*, 4. Aufl. Cambridge 1985, S. 6; vgl. neuerdings zum Problem der »natürlichen«, d. h. idealen ökonomischen Ordnung den historischen Abriß von J. J. Klant, *The natural order*. In: *The Popperian legacy in economics*. Hrsg. v. Neil de Marchi. Cambridge 1988. Siehe zu diesem Problemkreis auch O. H. Taylor, *Economics and the idea of natural laws*. In: Quarterly Journal of Economics 44 (1929), S. 1–39.

mit für Ergebnisse, die von den Absichten, Erwartungen, Hoffnungen und Ängsten einzelner Marktteilnehmer unabhängig sind[8].

Das Ausmaß, in dem die Theoriebildung sich im Banne des Denkens in den Kategorien der ökonomischen Maschine vollzogen hat, ist bemerkenswert. Parallel dazu hat sich ein Idiom entwickelt, das seine Herkunft aus der klassischen Mechanik[9] nicht verleugnen kann, wenn etwa die Rede ist von der »Effizienz des Preismechanismus«, von der »Outputmaximierung« bzw. »Inputminimierung«, vom »Multiplikator«, »Akzelerator« etc. Auch die diversen Ein-, Um- und Zusammenbrüche – von »wissenschaftlichen Revolutionen« im Kuhnschen Sinn zu sprechen, wäre wohl etwas überzogen –, die die Theorieentwicklung seit Adam Smith prägen, sind der Dominanz der Konzeption von der ökonomischen Maschine keineswegs abträglich gewesen. In einem sehr grobschlächtigen, aber gewiß nicht jeder Grundlage entbehrenden Schema lassen sich die großen, schulenbildenden Systeme grundsätzlich wie folgt charakterisieren: Entweder gehen sie davon aus, daß die Produkte der ökonomischen Maschine im großen und ganzen zufriedenstellend sind, oder sie erachten den maschinellen Output hinsichtlich seines Niveaus, seiner Struktur oder Verteilung als in hohem Maße verbesserungswürdig, ohne jedoch die Konzeption der ökonomischen Maschine als solche in Frage zu stellen.

Die Polarisierung zwischen denjenigen, die der Auffassung zuneigen, die Maschine funktioniere, und denjenigen, die dies vehement bestreiten, erreichte in den langwierigen, heute nur scheinbar der Vergangenheit angehörenden Debatten im Anschluß an die Veröffentlichung von Keynes' *Allgemeiner Theorie* ihren Höhepunkt. Daß die Kontroverse in ihrem Kern von Anfang an ausschließlich im Zeichen eines Problems – »Tendiert der sich selbst überlassene private Sektor ›automatisch‹ zu

[8] Vgl. in diesem Sinne anläßlich einer zusammenfassenden Würdigung des Beitrags von Adam Smith: Blaug, *Economic theory*, S. 60 f. In verwandter Weise bemerkt Kenneth Arrow, daß der systematische Aufweis von möglichen Diskrepanzen zwischen individuellen Intentionen und sozialen Effekten der bedeutendste Beitrag sei, den das ökonomische Denken zum Verständnis sozialer Prozesse erbracht habe; vgl. K. J. Arrow, *Economic equilibrium*. In: *International Encyclopedia of the Social Sciences,* Bd. 4. Hrsg. v. D. L. Sills, New York, London, S. 376–389, hier S. 376.
[9] Vgl. jüngst Philip Mirowski, *Against mechanism. Protecting economics from science.* Totowa, N. J. 1988; sowie ders., *More heat than light.* Cambridge (im Erscheinen).

einem Vollbeschäftigungsgleichgewicht?« – stand, hatte natürlich seine guten Gründe: Erstens war es Keynes selbst, der sich der rhetorischen List bediente, eine Phalanx von Strohmännern aufzureihen, gegen die seine Theorie in negativ-kritischer Absicht gerichtet war[10]; und zweitens trug der »externe« Faktor der Großen Depression verständlicherweise zur Verbreitung der Mär[11] bei, die *Allgemeine Theorie* würde sich als Handbuch zur Überwindung der Krise in ihrer Bedeutung erschöpfen. Derart eng formuliert, ließ das Problem nur eine affirmative oder eine negative Antwort zu. Die »richtige« Antwort konnte jedoch nur dann gegeben werden, wenn grundsätzliche Übereinstimmung hinsichtlich der zu klärenden Frage herrschte. Dies war aber gerade nicht der Fall, denn wie es auf der einen Seite niemanden gab, der behauptet hätte, das »sich selbst überlassene Marktsystem« würde die ihm zugedachte Koordinierung dezentraler Aktivitäten *immer* sicherstellen, fand sich auf der anderen Seite niemand, der darauf bestanden hätte, daß dies *niemals* – es sei denn durch puren Zufall oder durch politische Steuerung – zuträfe. Der Kompromiß oder, besser: der »Waffenstillstand«, der schließlich in diesem Scheingefecht erzielt wurde, gipfelte in der »neoklassischen Synthese«, der es vorbehalten bleiben sollte, das Kunststück zuwege zu bringen, die Behandlung des Koordinationsproblems dadurch zu umgehen, daß sie beiden Streitparteien recht gab, ohne daß dies irgendwelcher Konzessionen bedurft hätte.

Diesem verengten Blickwinkel, von dem aus der Keynessche Wurf sich als eine Umkehr der Beweislast bezüglich der Koordinationsfähigkeit marktlicher Systeme darstellt, ist es zuzuschreiben, daß der Gedanke, auch Keynes stehe in einer mit Smith beginnenden Tradition, nicht einmal in Erwägung gezogen werden konnte[12]. Im Gegenteil: Keynes wird üblicherweise

[10] Keynes versah vorsichtshalber alle ihm zeitlich vorangegangenen Ökonomen mit dem Epitheton »klassisch«, um der insbesondere gegen seinen Zeitgenossen A. C. Pigou geführten Attacke respektablere historische Weihen zu verschaffen. Welche historische Bedeutung der Stigmatisierung als »Klassiker« im Rahmen der »Keynes/Klassik«-Debatte zukommt, sei dahingestellt; siehe Keynes, *General theory*, S. 3, Fn. 1.

[11] Vgl. die näheren Hinweise bei Stephan Böhm, *Die Keynessche Renaissance*. In: Wirtschaftspolitische Blätter 29 (3/1982), S. 65–77.

[12] Vgl. jedoch die Andeutung bei Sheila C. Dow, *Macroeconomic thought. A methodological approach*. Oxford 1985, S. 57: »Keynes followed in Smith's footsteps by demonstrating paradoxes between individual intentions and macroeconomic outcomes.« Athol Fitzgibbons, *Keynes's vision. A new political economy*.

als derjenige gefeiert, der die mit der Klassischen Politischen Ökonomik im allgemeinen und mit Smith im besonderen assoziierte sonnige Harmonielehre im Zuge einer *internen* Kritik aus den Angeln gehoben hätte.

Axel Leijonhufvud bedauert in diesem Zusammenhang, daß die »Keynessche Revolution« nicht zum Anlaß genommen wurde, das von Smith aufgeworfene, nach ihm buchstäblich zu Tode behandelte Koordinationsproblem neu zu formulieren. Die unter dem Eindruck massiver Diskoordination geborene, einem dringenden Bedürfnis nach »Praxisrelevanz« entgegenkommende Frage – »Warum versagt die Maschine in derart eklatanter Weise?« – sollte, analog zu Bestrebungen in anderen wissenschaftlichen Disziplinen, einer neugewonnenen Sensibilität für die intellektuell anspruchsvollere, einen ungleich höheren Überraschungswert aufweisende Frage – »Warum sollte die Maschine jemals funktionieren?« – weichen, um auf diesem indirekten Weg ein besseres Verständnis für die möglichen Ursachen von Defekten an der Maschine zu entwickeln[13].

Der von Leijonhufvud angeregten, an sich begrüßenswerten Rückbesinnung auf das von einem Klassiker vorgelegte »Forschungsprogramm« sind jedoch insofern immanente Grenzen gesetzt, als das eingangs erwähnte Koordinationsproblem bei Smith in einen historischen Kontext eingebettet ist, der es als viel zu eng formuliert erscheinen läßt.

Das Problem der liberal-kapitalistischen Perspektive

Die vordringlichste Aufgabe einer historischen Smith-Interpretation im ausgehenden 20. Jahrhundert im Kielwasser einer neuentflammten Aufklärungsdiskussion besteht wohl darin, den Aufklärungsphilosophen des 18. Jahrhunderts vor seinen der Ideenwelt des 19. Jahrhunderts verhafteten Gegnern *und* Sym-

Oxford 1988, stellt einen kühnen Versuch dar, zwischen den ökonomischen Auffassungen von Keynes und einer älteren moralphilosophischen Tradition, wie sie insbesondere durch Edmund Burke repräsentiert wird, zu vermitteln.

[13] Vgl. Axel Leijonhufvud, *Schools, »revolutions«, and research programmes in economic theory*. In: *Method and appraisal in economics*. Hrsg. v. S. Latsis. Cambridge 1976, S. 65–108, hier S. 89f. Siehe auch die einschlägigen Bemerkungen bei Herbert A. Simon, *The sciences of the artificial*, 2. Aufl. Cambridge, Mass., London 1982, S. 40.

pathisanten in Schutz zu nehmen[14]. Als ein wesentliches, oft schier unüberwindlich erscheinendes Hindernis für die Erschließung von Smiths ambitiösem Projekt einer umfassenden Synthese von Geschichtsphilosophie, Sozialtheorie und Naturrecht erweist sich die liberal-kapitalistische Perspektive[15], von der aus sein Werk beurteilt worden ist. Obwohl spätestens seit der Veröffentlichung der bereits zitierten, mittlerweile klassischen Studie von Jacob Viner klargestellt sein sollte, daß Smith längst nicht der Anwalt jenes ungehemmten Laisser-faire ist, als der er gerne angeprangert wird, hat sein Ruf als einflußreicher Wegbereiter des ökonomischen Liberalismus und als Apologet des im Entstehen begriffenen Industriekapitalismus nicht im geringsten darunter »gelitten«.

Das von Ökonomen sorgsam kultivierte Stereotyp von Adam Smith als dem Ahnherrn ihrer Disziplin, dem apolitischen Anti-Interventionisten und (bei allem Wenn und Aber) affirmativen Theoretiker des Kapitalismus – im Jahre 1976 mit Nachdruck bekräftigt anläßlich des zweihundertjährigen Jubiläums der Veröffentlichung des *Wohlstands der Nationen* – erscheint aus mehreren Gründen anfechtbar; im Hinblick auf die folgenden Bemerkungen genügt es jedoch, auf den anachronistischen Gehalt dieser globalen Etikettierungen zu verweisen. Mit der Floskel, die Smith als den »Gründer« der Klassischen Politischen Ökonomik ausweist, wird ja zuweilen nicht nur ein höheres Maß an Homogenität zwischen Smith und seinen klassischen »Nachfolgern« verbunden, als dies der Fall gewesen ist, sondern darüber hinaus suggeriert, die zeitgenössische, »moderne« Theorie dürfe sich mit Fug und Recht in toto auf ihn berufen. Was immer für diese These, als deren kompromißlosester zeitgenössischer Verfechter Samuel Hollander gilt[16], sprechen mag, eines ist wohl unbestreitbar: von der historischen, institutionellen und politischen Dimension bei Smith hat sich nicht allzuviel in die Neoklassik unserer Tage herübergerettet.

Die bei Ökonomen weitverbreitete Gepflogenheit, das Smithsche Werk mit den Ismen des 19. Jahrhunderts zu erfas-

[14] Vgl. Hans Medick, *Naturzustand und Naturgeschichte der bürgerlichen Gesellschaft. Die Ursprünge der bürgerlichen Sozialtheorie als Geschichtsphilosophie und Sozialwissenschaft bei Samuel Pufendorf, John Locke und Adam Smith.* Göttingen 1973, S. 176.

[15] Vgl. Donald Winch, *Adam Smith's politics. An essay in historiographic revision.* Cambridge 1978, Kap. 1.

[16] Vgl. z. B. Samuel Hollander, *The economics of Adam Smith.* Toronto 1973.

sen, ist auch bei Vertretern anderer sozialwissenschaftlicher Disziplinen anzutreffen. In diesem Sinn beklagt etwa Sheldon Wolin in einer einflußreichen Studie den Umstand, daß »die Erosion des spezifisch Politischen«, und damit einhergehend der Aufstieg der »ökonomischen« bzw. »soziologischen Perspektive«, mit der Konzeption mechanistischer Modelle von »Wirtschaft« und »Gesellschaft« im Anschluß an Adam Smith eingeleitet worden wäre[17]; die Entdeckung der »Gesellschaft« durch die erste Generation von Sozialwissenschaftlern hätte den säkularen Niedergang der klassischen Politiktradition besiegelt[18].

Die Vorstellung, bei Smith verflüchtige sich »das Politische« zugunsten »des Sozialen« oder, genauer: »des Ökonomischen«, wird auch in jenen Interpretationen vermittelt, die Smith nicht in völlig anachronistischer Weise als einen Pionier »positiver« Ökonomik, sondern vor allem als einen Theoretiker des sozialen Wandels zu begreifen versuchen. Die besondere Leistung Smiths wird hier gerade darin erblickt, *eine* materialistische Theorie des sozialen Wandels entwickelt zu haben, die entsprechend den verschiedenen Produktionsweisen bzw. Subsistenzformen vier Stadien der historischen Entwicklung unterscheidet – die Gesellschaft der Jäger und Sammler; die Gesellschaft der nomadisierenden Hirtenvölker; die Agrargesellschaft; und die Kommerzgesellschaft[19]. Gegen jene mit Andrew Skinner und insbesondere mit Ronald Meek identifizierte Position[20]

[17] Sheldon S. Wolin, *Politics and vision. Continuity and innovation in Western political thought*. Boston 1960. Kap. 9: Liberalism and the decline of political philosophy.

[18] Leo Rogin, *The meaning and validity of economic theory. A historical approach*. New York 1956, S. 64, stößt ebenfalls in dieses Horn, wenn er von der »abortive political theory« bei Adam Smith spricht. Der Staat wäre kein »strategischer Faktor«, der im Dienste der Humanität eingesetzt werden könne; Smiths an Zynismus grenzende Skepsis in bezug auf staatliche Aktivitäten ließe allein deren Begrenzung zu.

[19] Adam Smith, *Lectures on Jurisprudence* (Report of 1762/63). Hrsg. v. R. L. Meek, D. D. Raphael und P. G. Stein. Oxford 1978 (Glasgow-Edition), insbesondere S. 14–16, 201–221. Im *Wohlstand der Nationen* wird der Übergang von der mittelalterlichen Feudalgesellschaft zur neuzeitlichen Tauschgesellschaft im Dritten Buch: Die unterschiedliche Zunahme des Wohlstands in einzelnen Ländern (Of the Different Progress of Opulence in Different Nations), behandelt. Adam Smith, *Der Wohlstand der Nationen. Eine Untersuchung seiner Natur und seiner Ursachen*, 4. Aufl. München 1988, S. 311–344; englisch: *An Inquiry into the Nature and Causes of the Wealth of Nations*. London 1776 (6. Aufl. 1791).

[20] Vgl. z.B. Ronald Meek, *Social science and the ignoble savage*. Cambridge 1976, S. 120–126; Andrew S. Skinner, *Adam Smith: An economic interpretation*

wurde ins Treffen geführt, sie würde in einseitiger und deterministischer Weise ökonomische Faktoren als erklärende Variablen historischen Wandels in ihrer Bedeutung überschätzen und dadurch einer grob simplifizierenden Smith-Interpretation, die rechtliche und politische Institutionen als bloße »Überbau«-Phänomene verniedliche, Vorschub leisten; konsequent weiterentwickelt, würde diese Auffassung letztlich nur Smiths Reputation als Befürworter eines »strictly limited government« bzw. des »Nachtwächterstaats« (um das in diesem Zusammenhang wohl schlimmste Mißverständnis einmal beim Namen zu nennen) bekräftigen.

Die Smith imputierte »materialistische« Geschichtsauffassung in Form der »four stages theory« (Ronald Meek) sieht sich mit einer Reihe von triftigen Gegenargumenten[21] konfrontiert. Smiths Projekt einer »historischen Sozialwissenschaft auf naturrechtlicher Basis« (Hans Medick) sträubt sich gegen monokausale Erklärungsmuster. Das sich ständig wandelnde reziproke Bedingungsverhältnis von *polis* und *oikos* macht den Gegenstand seiner auf der Grundlage der genannten vier Stadien entwickelten »natural history of society« aus. Die zwischen ökonomischem Entwicklungsniveau einerseits und rechtlichen, politischen und militärischen Institutionen andererseits wirkenden Verschränkungen werden denn auch im Dritten und Vierten Buch des *Wohlstands der Nationen* eingehend erörtert. Besonderes Augenmerk schenkt Smith dabei der allmählichen Transformation der mittelalterlichen Agrargesellschaft in die auf Arbeitsteilung, Spezialisierung, Warenproduktion und Konkurrenz beruhende ökonomisch höher entwickelte (»improved«) Gesellschaftsformation, die er wahlweise als »commercial«, »polished« oder »civilized« bezeichnet. Das Charakteristische an dieser Kommerzgesellschaft erblickt Smith darin, daß in ihr jedermann – infolge

of history. In: *Essays on Adam Smith*. Hrsg. v. A. S. Skinner und Thomas Wilson. Oxford 1975; stark modifiziert wieder abgedruckt in: A. S. Skinner, *A system of social science. Papers relating to Adam Smith*. Oxford 1979, Kap. 4: Historical theory.
[21] Vgl. dazu Donald Winch, *Adam Smith's »enduring particular result«: A political and cosmopolitan perspective*. In: *Wealth and virtue. The shaping of political economy in the Scottish Enlightenment*. Hrsg. v. Istvan Hont und Michael Ignatieff. Cambridge 1983, S. 253–269, hier S. 259 ff.; Knud Haakonssen, *The science of a legislator. The natural jurisprudence of David Hume and Adam Smith*. Cambridge 1981, S. 181 ff.; Medick, *Naturzustand und Naturgeschichte*, S. 249 ff.

der ständigen Ausdehnung marktmäßiger Beziehungen – »in gewissem Sinne ein Kaufmann«[22] sei.

Für Smith stellt sich jener langfristige Prozeß struktureller Umwälzung, den er für eine »revolution of the greatest importance to the publick happiness«[23] hält, keineswegs als ein zwangsläufiger Vorgang im Sinne eines deterministischen Geschichtsverlaufs dar; vielmehr konfrontiert er im Rahmen seiner theoretischen Genese der »commercial society« die hypothetische (»conjectural«) Historie des »natural progress of opulence« mit der »empirischen« Historie und weist anhand der festgestellten Diskrepanzen nach, daß verschiedene rechtliche und politische Einrichtungen und Praktiken den jeweils herrschenden wirtschaftlichen Verhältnissen nicht mehr gemäß seien[24].

Die Sorge, daß die in seiner »theoretical history« angelegte »ideale« historische Evolution mangels geeigneter rechtlicher und politischer Institutionen auf einem bestimmten Niveau stagniert oder gar in eine »unnatural and retrograde order«[25] verfällt, ist ein bestimmendes Thema für Smith. In der ungenügenden Abstimmung von ökonomischer Expansion und politisch-militärischer Verfassung wittert Smith die Gefahr der Selbstzerstörung der arbeitsteiligen »civilized society«. Wenn das Schicksal ehedem ökonomisch hochentwickelter Kulturen wie Ägypten, Rom, Athen und Byzanz vermieden werden sollte, galt es, so Smith, die Dialektik von wirtschaftlichem Fortschritt und politisch-moralischem Verfall institutionell zu überwinden. Die Untersuchung der Ursachen des »Aufstiegs und Niedergangs der Nationen« ist ein bei den schottischen Historikern der »civil society« überaus beliebter Topos, der aber keineswegs einheitlich abgehandelt wird. Wenn Smith auch eher pessimistisch ist, was die Möglichkeit eines dauerhaften zivilisatorischen Fortschritts anbelangt[26], so hält er nach der Zerschlagung

[22] Smith, *Wohlstand der Nationen*, S. 23.

[23] *An Inquiry into the Nature and Causes of the Wealth of Nations*. Hrsg. v. R. H. Campbell, A. S. Skinner und W. B. Todd. Oxford 1976 (Glasgow-Edition), S. 422.

[24] Siehe insbesondere Smiths Kritik an den Regelungen des »mercantile system« im Vierten Buch des *Wohlstands der Nationen*.

[25] *Wealth of Nations*, S. 380.

[26] Adam Ferguson ist noch skeptischer als Smith; siehe A. Ferguson, *Versuch über die Geschichte der bürgerlichen Gesellschaft*. Hrsg. u. eingel. v. Zwi Batscha und Hans Medick. Frankfurt a. M. 1986, Fünfter Teil: Vom Niedergang der Nationen; englisch: *An Essay on the History of Civil Society*. Edinburgh 1767.

der mittelalterlichen Herrschaftsstrukturen die Voraussetzungen (»regular execution of justice« und »regular government«[27]) für gesellschaftliche Stabilität grundsätzlich für gegeben.

Es sei mit Nachdruck darauf hingewiesen, daß die mit der Entfaltung der »commercial society« verbundene welthistorische Zäsur sich nicht auf die zur Zeit Smiths gemachten technischen Erfindungen bezieht – in Smith einen Propheten der Industriellen Revolution zu sehen, wäre völlig verfehlt[28] –, sondern auf die Gesamtheit der politischen, ökonomischen und rechtlichen Umwälzungen, die am besten mit Begriffen wie »liberty«, »commerce« und »justice« erfaßt werden. Vom liberal-kapitalistischen Standpunkt aus wird mit dem »liberty«-und-»commerce«-Thema üblicherweise so verfahren, daß nur eine Seite des simultanen Gleichungssystems untersucht wird – nämlich dann, wenn »the obvious and simple system of natural liberty«[29] in ganz und gar unzulässiger Weise einfach mit Laisser-faire übersetzt wird und dies dann als notwendige und hinreichende Bedingung für Wirtschaftswachstum für alle angesehen wird. Die andere Seite der Gleichung wird hingegen von Smith besonders betont: die Auswirkungen des unaufhaltsamen Aufstiegs der warenproduzierenden Kommerzgesellschaft auf »liberty« und »justice«. Im Rahmen einer Erörterung der Frage, in welcher Weise die handel- und gewerbetreibenden Städte zur ökonomischen Entwicklung ihres Landes beitragen, stellt Smith fest: »Handel und Gewerbe führten nach und nach zu Ordnung und guter Verwaltung, wodurch auch Freiheit und Sicherheit der Bürger untereinander im ganzen Lande zunahmen. Früher lebte man fast immer in dauerndem Kriegszustand mit den Nachbarn und in sklavischer Abhängigkeit vom Grund- oder Dienstherrn.«[30] Smith fährt fort, daß dies »die wichtigste aller Wirkungen« sei, und verweist auf David Hume als den einzigen Autor, der davon Notiz genommen hätte[31].

[27] *Wealth of Nations,* S. 421.
[28] Blaug weist darauf hin, daß die von Smith berücksichtigten »Neuerungen« in das Mittelalter zurückreichen; vgl. *Economic theory,* S. 36.
[29] *Wealth of Nations,* S. 687.
[30] *Wohlstand der Nationen,* S. 335 (engl. S. 412).
[31] Wie die Herausgeber der Glasgow-Edition zu dieser Passage verwundert anmerken, werde der von den Städten ausgehende wirtschaftliche Wandel und die damit verbundenen Konsequenzen für die rechtliche Neugestaltung der ländlichen Abhängigkeitsverhältnisse und die tiefgreifende Neuordnung politischer Machtstrukturen auch von Sir James Steuart, Lord Kames, Adam Ferguson, John Millar und William Robertson ausführlich kommentiert.

Die durch »order and good government« ermöglichte und geschützte »liberty« meint die rechtsstaatlich gesicherte Freiheit der Person und des Eigentums, also Freiheit in einem rechtlichen Sinn, wie sie auch in einer ökonomisch entwickelten absoluten Monarchie wie Frankreich anzutreffen sei. Freiheit in diesem Sinn ist demnach mit »unfreien« Regierungsformen durchaus vereinbar, sofern diese nicht als despotisch zu qualifizieren sind. Das erhellt, daß es ein Anachronismus wäre, »liberty« als Bündel demokratischer Teilhaberechte zu verstehen. Es wäre auch verfehlt, Smith zu unterstellen, er würde eine *notwendige* Verbindung von ökonomischer Expansion und Freiheit herstellen. Denn: Freiheit sei zwar nur in einer »commercial society« vorstellbar, aber unfreie, wirtschaftlich fortgeschrittene Gesellschaften bildeten die Regel (z. B. China und Indien)[32].

Smiths Staatslehre als Alternative zur Vier-Stadien-Theorie

Die Definition von politischer Ökonomik, die Smith dem Vierten Buch des *Wohlstands der Nationen* voranstellt und die sich so gar nicht in das liebgewonnene Bild vom »wirtschaftsliberalen« Adam Smith fügen will – »als *Zweig* der Wissenschaft, die eine Lehre für den Staatsmann und Gesetzgeber entwickeln will« (Hervorhebung von mir, S. B.) –, ist in jüngster Zeit von einer Reihe von Autoren[33] zum Anlaß genommen worden, stereotypisierte Smith-Interpretationen einer historiographischen

---

[32] Vgl. dazu Duncan Forbes, *Sceptical Whiggism, commerce, and liberty.* In: Skinner/Wilson (Hrsg.), *Essays on Adam Smith.*
[33] Vgl. insbesondere Winch, *Adam Smith's politics;* ders., *Science and the legislator. Adam Smith and after.* In: Economic Journal 93 (1983), S. 501–520; ders., *Adam Smith als politischer Theoretiker.* In: *Markt, Staat und Solidarität bei Adam Smith.* Hrsg. v. Franz-Xaver Kaufmann und Hans-Günter Krüsselberg. Frankfurt a. M., New York 1984; Stefan Collini, Donald Winch und John Burrow, *That noble science of politics. A study in nineteenth-century intellectual history.* Cambridge 1983, Kap. 1; Haakonssen, *The science of a legislator;* Medick, *Naturzustand und Naturgeschichte,* S. 278. Vgl. die nicht sehr überzeugende Kritik an Winchs Position bei Anthony Arblaster, *The rise and decline of Western liberalism.* Oxford 1984, S. 238. Hans Albert, *Traktat über rationale Praxis,* Tübingen 1978, S. 81 f., charakterisiert in völliger Übereinstimmung mit dessen Intentionen Smiths ökonomisches Hauptwerk »als einen Beitrag zur Lehre von der Gesetzgebung«: Die Ergebnisse des ökonomischen Erkenntnisprogramms im Sinne einer Untersuchung des Problems der sozialen Steuerung bildeten die Grundlage einer rationalen Jurisprudenz als einer sozialtechnologischen Disziplin.

Revision zu unterziehen. Die Neuorientierung der Smith-Forschung wird ihrerseits nur verständlich vor dem Hintergrund eines neuerwachten Interesses an den real- und ideengeschichtlichen Umständen der schottischen Aufklärung. Diese Identitätsbestimmung erfolgt unter Rückgriff auf die politische Philosophie von Hobbes und Locke, die kontinentale Naturrechtstradition und die englische Variante des klassischen Republikanismus. Da ein Großteil der auf diesem Gebiet wegweisenden Forschungen von Cambridge ihren Ausgang genommen haben, wird in diesem Zusammenhang zu Recht von einer »Cambridge renaissance in the historical study of political thought«[34] gesprochen.

Smiths Auffassung von politischer Ökonomik als integralem Bestandteil der Wissenschaften von der Politik und vom Recht hat bei Generationen von Interpreten, die vorrangig damit beschäftigt waren, »das Adam Smith-Problem« (August Oncken), d. h. den vermeintlichen Widerspruch zwischen dem »eigennützigen« *Wohlstand der Nationen* und der »altruistischen« *Theorie der ethischen Gefühle,* zu lösen, wenig Gehör gefunden. Die nunmehr zur Gänze vorliegenden, auf Aufzeichnungen von Studenten beruhenden *Lectures on Jurisprudence* lösen nachträglich jenes Versprechen ein, dessen Erfüllung Smith in den abschließenden Bemerkungen der *Theorie der ethischen Gefühle* in Aussicht gestellt hatte: »Ich werde in einer anderen Abhandlung eine Darstellung der allgemeinen Prinzipien des Rechtes und der Regierung zu geben versuchen, sowie der verschiedenen Umwälzungen, die sie in den verschiedenen Zeitaltern und Epochen der Gesellschaft durchgemacht haben, und zwar nicht nur insofern es sich um die Gerechtigkeit (oder Rechtspflege) handelt, sondern auch was Verwaltung, Staatseinkünfte und Militärwesen, und alle sonstigen Gegenstände der Gesetzgebung anbelangt.«[35] Obwohl es Smith nicht vergönnt war, eine systematische Abhandlung über jene generellen (»na-

---

[34] Keith Thomas, *Politics as language.* In: The New York Review of Books (27. 2. 1986), S. 36–39. Als wichtigste Repräsentanten gelten John Dunn, Duncan Forbes, Peter Laslett und Quentin Skinner. Einen hervorragenden Einblick in die Vielschichtigkeit, aus der sich die Entfaltung der politischen Ökonomik im Rahmen der schottischen Aufklärung speist, gewährt Hont/Ignatieff (Hrsg.), *Wealth and virtue.* Vgl. auch *The origins and nature of the Scottish Enlightenment.* Hrsg. v. R. H. Campbell und Andrew S. Skinner. Edinburgh 1982.
[35] Adam Smith, *Theorie der ethischen Gefühle.* Hrsg. v. Walther Eckstein. Leipzig 1926, Band 2, S. 570; englisch: *The Theory of Moral Sentiments.* London, Edinburgh 1759 (6. Aufl. 1790).

türlichen«) Grundsätze, wie sie allen Rechtsordnungen zugrunde liegen sollten, fertigzustellen (oder vielleicht verweigerte er deren Veröffentlichung die Zustimmung), kann kein Zweifel daran bestehen, daß die aus einem Vorlesungszyklus über Moralphilosophie hervorgegangenen *Lectures* Smiths Intentionen unverfälscht wiedergeben.

Vor dem Hintergrund der *Lectures* zeichnet sich deutlich ab, daß erstens die Umschreibung des Gegenstands der politischen Ökonomik als eines Teilbereichs eines viel umfassenderen Projekts weder eine Leerformel darstellt noch eine bloße Absichtserklärung signalisiert; daß zweitens Struktur und Gliederung des *Wohlstands der Nationen* sich dieser Einbettung verpflichtet wissen; und daß drittens Smiths Empfehlungen an den Staatsmann bzw. Gesetzgeber nicht allein von ökonomischen Gesichtspunkten bestimmt sind und daher politische Ökonomik nicht gleichzusetzen ist mit einer wirtschaftspolitischen Kunstlehre. Darüber hinaus erweist sich, daß die zwischen den zu Smiths Lebzeiten publizierten Hauptwerken vermeintlich bestehenden Inkonsistenzen oder Ungereimtheiten[36] in vielen Fällen unter Berufung und mit Bedacht auf die *Lectures* aus dem Weg geräumt werden können.

Der Umstand, daß der »Lehre für den Staatsmann« in ihrer buchstäblich grundlegenden Bedeutung für das Verständnis seines intellektuellen Unternehmens lange Zeit hindurch die gebührende Beachtung versagt geblieben ist, hat wahrscheinlich auch damit zu tun, daß Smith aus seiner Verachtung für die Figur des Politikers niemals ein Hehl macht. Seine uneingeschränkte Bewunderung gilt jedoch dem »Gesetzgeber«, dessen Überlegungen ausschließlich »von unveränderlichen und allgemein gültigen Grundsätzen« motiviert sein sollten – im Gegensatz zu jenen »geschickten, listenreichen und schlauen Geschöpfe[n], ... Politiker genannt, die sich in ihren Entscheidungen jeweils den augenblicklichen Umständen anpassen«[37]. Eine der für Smith schrecklichsten Visionen besteht darin, daß sich die mindestens ebenso verhaßten Händler und Fabrikanten zum Schaden der Konsumenten mit den Politikern verbünden könnten.

Die Klugheit des großen Staatsmannes bzw. Gesetzgebers

---

[36] Vgl. den erschöpfenden Literaturüberblick bei Laurence Dickey, *Historicizing the »Adam Smith Problem«: Conceptual, historiographical, and textual issues.* In: Journal of Modern History 58 (1986), S. 579–609.

[37] *Wohlstand der Nationen*, S. 382.

»setzt notwendig die äußerste Vervollkommnung aller intellektuellen und sittlichen Tugenden voraus. *Sie ist die vollkommenste Weisheit, verbunden mit der vollkommensten Tugend*«[38]. Geradezu ins Schwärmen gerät Smith, wenn er die Möglichkeiten für die Demonstration von »Gemeinsinn« (»public spirit«) erwägt, die sich nach der Beendigung von Bürgerzwisten dem Führer der siegreichen Partei bieten. Die entsprechende Autorität bei seinen Anhängern vorausgesetzt (an welcher es allerdings meist gebreche), könne dieser versuchen, die Verfassung wieder herzustellen, und »aus der recht zweifelhaften und zweideutigen Rolle eines Parteiführers herauswachsen und *die größte und edelste aller Rollen* übernehmen, nämlich die des Reformators und Gesetzgebers eines großen Staates«[39]. Damit leiste er seinem Land einen viel wichtigeren Dienst, als dies ein siegreicher Feldherr jemals vermöchte.

Smith ist allerdings viel zu sehr Skeptiker oder Realist, um sich nicht dessen bewußt zu sein, daß die Bedingungen, unter denen der Gesetzgeber erfolgreich wirken könnte, vielfach nicht gegeben sind. Der Gesetzgeber mag zwar mit mehr »Gemeinsinn« ausgestattet sein als der Politiker, aber es wäre töricht, ihn in der Rolle eines wohlwollenden Diktators auftreten zu lassen; er verfügt im allgemeinen nicht über mehr Fähigkeiten und Umsicht als ein gewöhnlich Sterblicher. Seine Weisheit besteht vielmehr darin, sich der Grenzen seines Tuns immer bewußt zu sein, Gewaltverzicht zu üben, keine Gesetze gegen die »menschliche Natur« zu implementieren und individuelle Berechtigungen, eingefahrene Gewohnheiten und tiefverwurzelte Vorurteile in Rechnung zu stellen. Während der Politiker auf Umschwünge in der öffentlichen Meinung in populistischer Manier empfänglich reagiert, sollte der Gesetzgeber einen goldenen Mittelweg einschlagen: einerseits sich nicht über die öffentliche Meinung hinwegzusetzen, sie aber andererseits dort, wo sie sich auf Vorurteile, Ignoranz und gefährliche Leidenschaften gründet, zu beeinflussen zu versuchen (z. B. durch Erziehung und Bildung). Bei diesem Balanceakt drohe natürlich immer die Gefahr, sich wie ein bloßer Parteidoktrinär (»man of system«) zu verhalten, der derart geblendet ist von der »Schönheit seines bloß vorgestellten Regierungsplanes, daß er nicht die geringste Abweichung von diesem Plane verträgt... Er geht

---

[38] *Theorie der ethischen Gefühle*, Bd. 2, S. 367 (Hervorhebung von mir, S. B.).
[39] Ebenda, S. 393 (Hervorhebung von mir, S. B.).

darauf aus, ihn vollständig und in allen seinen Teilen einzuführen, ohne Rücksicht auf die wichtigsten Interessen oder auf die starken Vorurteile, die ihm entgegenstehen mögen.«[40]

Der Lehre für den Staatsmann kommt gerade unter den schwer überschaubaren, durch indirekte, versteckte und anonyme Abhängigkeiten gekennzeichneten Bedingungen einer kommerzialisierten Gesellschaft erhöhte Bedeutung zu. Gerade weil immer damit zu rechnen ist, daß die Intentionen des Politikers durch das Wirken der »menschlichen Natur« konterkariert bzw. neutralisiert werden, bedarf es eines »highest effort of human prudence and wisdom«[41]. Gerade die nicht-intendierten sozialen Konsequenzen individuellen Handelns, von denen noch die Rede sein wird, stellen gesteigerte Anforderungen an den Gesetzgeber und signalisieren keinen Freibrief, die Hände zu verschränken und die Dinge treiben zu lassen. Vor diesem Hintergrund sind jene Maßnahmen und Institutionen zu verstehen, für die Smith im Fünften Buch des *Wohlstands der Nationen* eintritt. Beispielsweise verlangen die komplexen Eigentumsformen kommerzialisierter Gesellschaften nach einer zentralisierten (nicht mehr an die Ausübung grundherrlicher Souveränitätsrechte gebundenen), unparteiischen und von der Verwaltung getrennten Rechtspflege. Smith versteht unter »justice« die Einhaltung der negativ formulierten, im Einklang mit natürlichen Rechtsgrundsätzen stehenden Regeln. Die psychologischen Grundlagen seiner Naturrechtslehre werden in der *Theorie der ethischen Gefühle* dargelegt. Anläßlich einer vergleichenden Erörterung der beiden Tugenden »Gerechtigkeit« und »Wohltätigkeit« (»beneficence«) stellt Smith fest, daß eine Gesellschaft ohne Wohltätigkeit grundsätzlich denkbar sei, aber: »Die Wohltätigkeit ist die Verzierung, die das Gebäude verschönt, nicht das Fundament, das es trägt, und darum war es hinreichend, sie dem einzelnen anzuempfehlen, keineswegs jedoch nötig, sie zwingend vorzuschreiben. Gerechtigkeit dagegen ist der Hauptpfeiler, der das ganze Gebäude stützt. Wenn dieser Pfeiler entfernt wird, dann muß der gewaltige . . . Bau der menschlichen Gesellschaft . . . in Atome zerfallen.« Und Smith fährt fort: »Darum hat die Natur, um die Beobachtung der Regeln der Gerechtigkeit zu erzwingen, der menschlichen Brust jenes Schuldgefühl eingepflanzt, jene Schrecken des Bewußt-

[40] Ebenda, S. 396.
[41] *Lectures on Jurisprudence*, S. 489.

seins, Strafe zu verdienen, die der Verletzung der Gerechtigkeit folgen, damit sie die Schutzwächter der Gemeinschaft der Menschen seien – die Schwachen zu schützen, die Ungestümen zu zähmen und die Schuldigen zu züchtigen.«[42]

Die Diskrepanz zwischen ökonomischem Entwicklungsgrad und institutionellen Voraussetzungen im politisch-rechtlichen Bereich, die das Einfallstor für die »science of a legislator« bildet, wird in abgewandelter Form auch in der Tradition des »civic humanism« bzw. klassischen Republikanismus thematisiert[43]. Welcher Art die Berührungen und Verbindungen zwischen naturrechtlichem und klassisch-republikanischem Diskurs in der schottischen Aufklärung sind, ist Gegenstand einer breitangelegten laufenden Diskussion[44].

Die Sprache der klassischen Politiktradition antiker Provenienz, die über Machiavelli durch James Harringtons *Oceana* (1656) Eingang in die englische politische Diskussion des 17. Jahrhunderts fand, gibt den Maßstab ab, von dem aus die moralisch-politischen Paradoxien der im Entstehen begriffenen Kommerzgesellschaft einer kritischen Überprüfung unterzogen werden. Die dabei im Vordergrund stehende Frage ist, ob und gegebenenfalls in welchem Ausmaß der Reichtum und Luxus einer »commercial society« mit der Ausübung politischer Bürgertugenden einer »civil society« vereinbar ist[45]. In die Sprache des 18. Jahrhunderts übersetzt, kreist die Debatte um die Antithese von »commerce« (»corruption«, »wealth«) und »virtue«: »Commerce« steht für die moralische Korrumpierung der Persönlichkeit durch die ausschließliche Fixierung auf kommerzielle Vorteile bzw. für politische Apathie; »virtue« bezeichnet nicht bloß moralisch erwünschte Verhaltensweisen, sondern die ungeteilte Hingabe an die *res publica* durch aktive Teilnahme an der politischen Herrschaftsausübung.

---

[42] *Theorie der ethischen Gefühle,* Bd. 1, S. 128 f.

[43] Hier sind insbesondere die barocken Arbeiten John Pococks zu erwähnen; vgl. z. B. J. G. A. Pocock, *Virtue, commerce, and history. Essays on political thought and history, chiefly in the eighteenth century.* Cambridge 1985.

[44] Die diversen Beiträge in Hont/Ignatieff (Hrsg.), *Wealth and virtue,* legen ein beredtes Zeugnis davon ab; vgl. insbesondere Pococks Beitrag *Cambridge paradigms and Scotch philosophers. A study of the relations between the civic humanist and the civil jurisprudential interpretation of eighteenth-century social thought.*

[45] Vgl. Hans Medick in der Einleitung zur Neuausgabe von Fergusons *Versuch über die Geschichte der bürgerlichen Gesellschaft,* S. 13.

Das Spannungsverhältnis von »commerce« und »virtue«[46] wird von den schottischen Aufklärern in unterschiedlicher Weise gelöst. Smith läßt keine Gelegenheit aus, einen vulgären Materialismus zu geißeln; er verweist wiederholt auf die in Kommerzgesellschaften auftretenden Ungleichheiten und Ungerechtigkeiten[47]; und schließlich schildert er eindringlich die psychischen, moralischen und politischen Schattenseiten von Arbeitsteilung und Spezialisierung: geistige Trägheit, Verlust der Urteilsfähigkeit, Beeinträchtigung von Unternehmungsgeist, Wehrbereitschaft und körperlicher Tüchtigkeit[48] (ein weiteres Beispiel für nicht-intendierte Konsequenzen). Im Gegensatz zu Ferguson, der den Verlust der aktiven Bürgertugenden im Gefolge von zunehmender Funktionsdifferenzierung, Kommerzialisierung, menschlicher Veröldung und politischer Passivität beklagt und der die Aristokratie mit einer neuen politischen Führungsrolle betraut wissen möchte, überwiegen bei Smith die produktiven Vorteile der Arbeits- und Tauschgesellschaft deren moralisch-politische Defekte[49].

Welche Schlußfolgerungen lassen sich nun aus den skizzierten neueren Smith-Forschungen ziehen, die bei Ökonomen und wohl auch bei den meisten Theoriehistorikern, die sich an Ökonomen wenden, eher für Irritation und Ungeduld sorgen?

Zunächst einmal sei darauf hingewiesen, wie nützlich es zuweilen sein kann, ganz im Sinne von John Pocock, Quentin Skinner und Donald Winch, ökonomische und politische Ideen »in ihrem jeweiligen historischen und linguistischen Kontext« zu betrachten, auch auf die Gefahr hin, als antiquiert oder gar als reaktionär abgestempelt zu werden. Die mit kontextuellen

---

[46] Vgl. dazu auch Albert Hirschman, *The passions and the interests. Political arguments for capitalism before its triumph.* Princeton, N. J. 1977; deutsch: *Leidenschaften und Interessen. Politische Begründungen des Kapitalismus vor seinem Sieg.* Frankfurt a. M. 1980.

[47] Vgl. z. B. den Rohentwurf von Kap. 2 des *Wohlstands der Nationen*; wieder abgedruckt in: *Lectures on Jurisprudence*, S. 564.

[48] *Wohlstand der Nationen*, S. 662 f. Die Passage wird von jenen Kommentatoren, denen es darum geht, eine Affinität zu Marx herzustellen, als Beleg für »Entfremdung« interpretiert. Wie dem auch sei, der von Smith verwendete Begriff ist »corruption«.

[49] Das zentrale Paradoxon der »commercial society« bestand für Smith in folgender Frage: »In the midst of so much oppressive inequality, in what manner shall we account for the superior affluence and abundance commonly possessed even by [the] lowest and most despised member of civilized society, compared with what the most respected and active savage can attain to.« *Early draft of part of The Wealth of Nations.* In: *Lectures on Jurisprudence*, S. 564.

Analysen verbundenen methodischen Probleme und Gefahren sollen dabei keineswegs verhehlt werden[50]. Dies sei am Begriff der »civil society« verdeutlicht. So wie dieser Begriff von den schottischen Aufklärern verwendet wird, bezeichnet er das genaue Gegenteil von dem staatsrechtlich und rechtsphilosophisch begründeten Begriff der »bürgerlichen Gesellschaft« der deutschen politischen Terminologie des 19. Jahrhunderts. Die »civil society« ist nicht die Gesellschaft der Bourgeoisie und bestimmt sich nicht aus der Differenz zwischen Familie und Staat[51]; sie ist die Gesellschaft der politisierenden Aktivbürger nach dem Vorbild der antiken Stadtstaaten, auf die die begriffliche Trennung von Staat bzw. Politik und Gesellschaft nicht anwendbar ist. Im Rahmen der »conjectural history« wird sie zu einer politisch-moralischen Modellvorstellung erhoben, von der aus die »civilized« oder »commercial society« kommentiert wird.

Ein weiteres Problem betrifft die Frage der Kontinuität der Klassischen Politischen Ökonomik. Wie konnte es dazu kommen, daß eine Wissenschaft, an deren Wiege der politische Humanismus antiker Prägung Pate gestanden hatte, später von ihren Gegnern als herzlose, mechanistische »dismal science« angefeindet wurde? Hat der *Wealth of Nations* überhaupt jemals einen Nachfolger gefunden? Eine gerade Linie von Smith über Ricardo zu Malthus zu konstruieren, erscheint mit Blick auf die moral- und rechtsphilosophische Fundierung der Smithschen politischen Ökonomik mehr als fragwürdig[52].

Und schließlich wird durch diese neueren Forschungen die

---

[50] Vgl. z. B. die kritische Auseinandersetzung mit dem methodischen Ansatz Skinners in: *Meaning and context. Quentin Skinner and his critics.* Hrsg. u. eingel. v. James Tully. Princeton, N. J. 1988.

[51] Vgl. G. W. F. Hegel, *Grundlinien der Philosophie des Rechts, oder Naturrecht und Staatswissenschaft im Grundrisse.* In: Ders., Werke. Hrsg. v. Eduard Gans, Bd. 8, 2. Aufl. Berlin 1840, § 182, Zusatz. Zu Hegel und den schottischen Aufklärern vgl. jüngst Norbert Waszek, *The Scottish Enlightenment and Hegel's account of »Civil Society«.* Dordrecht 1988. Für eine mißverstandene Auslegung des Begriffs »civil society« im Zusammenhang mit Smith, siehe Meghnad Desai, *Political economy.* In: *A dictionary of Marxist thought.* Hrsg. v. Tom Bottomore. Oxford 1983; ders., *Men and things.* In: Economica 53 (1986), S. 1–10.

[52] Wie Pocock vielsagend nichtssagend bemerkt: »The space from Smith to Ricardo is replete with problems and possibilities.«; *Virtue, commerce, and history,* S. 123. Vgl. in diesem Zusammenhang auch Peter T. Manicas, *A history and philosophy of the social sciences.* Oxford 1987, S. 49, wo die interessante These vertreten wird, nicht Ricardo und auch nicht James Mill, sondern Schmoller und Weber seien die legitimen Nachfolger von Smith.

von marxistischen wie nicht-marxistischen Autoren gleichermaßen bekräftigte These von einer kontinuierlichen Tradition des britischen Liberalismus oder der bürgerlichen Ideologie von Locke über Hume, Smith und John Stuart Mill zu Bentham ernstlich in Zweifel gezogen. Der Auffassung von Winch zufolge sei es nicht möglich, die »Kluft« zwischen Smiths politischer Philosophie und dem radikalen Individualismus des Benthamschen Utilitarismus zu überbrücken[53].

Adam Smith und die Heutigen

Nach einem mächtigen Satz in die Gegenwart gilt mein Interesse dem vergleichsweise prosaischen Problem, auf welche Grundlagen sich die von prominenten Vertretern der zeitgenössischen, sogenannten »neoklassischen« ökonomischen Theorie ständig im Mund geführte Berufung auf Adam Smith stützen kann. Ich hoffe dabei die Brüchigkeit dieser Argumentationslinie andeuten zu können. Mehrere Vorgehensweisen bieten sich im Rahmen einer derartigen historischen Rekonstruktion an. Man könnte zunächst vorbringen, daß die von Smith initiierte, im Umfeld der schottischen Aufklärung geborene Klassische Politische Ökonomik nicht das geringste mit den völlig anders gelagerten Entstehungsgründen und Problemlagen der Neoklassik zu tun hat. Eine andere Möglichkeit besteht darin, einer für Dissonanzen unempfänglichen Kontinuitätsthese von Smith bis Debreu gewissermaßen traditionsbedingt blind zu folgen. Und schließlich kann man den hier bevorzugten Weg einschlagen – erstaunlicherweise ist dies der am wenigsten beschrittene – und die lockere Rede von Adam Smiths Paternität einer kritischen Prüfung unterziehen.

Ausgangspunkt für die folgenden Überlegungen ist der von Kenneth Arrow und Frank Hahn vehement erhobene Anspruch, daß die Allgemeine Gleichgewichtstheorie (AG) walrasianischer Provenienz – die Zitadelle der neoklassischen Theorie – die Krönung einer ehrwürdigen Tradition sei, die mit Smith begonnen hätte. In ihrem kanonischen Lehrbuch der AG weisen die Autoren gleich eingangs darauf hin, daß es nunmehr

---

[53] Vgl. Winch, *Adam Smith's politics*, S. 81; siehe auch die Kritik an dieser Position bei Robert D. Cumming, *Giving back words. Things, money, persons.* In: Social Research 48 (1981), S. 227–259.

endlich möglich sei, das, was sie für Smiths bleibenden und originären Beitrag halten und was er infolge seiner mangelnden technischen Kompetenz nur intuitiv erfassen konnte, mathematisch zu präzisieren, nämlich die Vorstellung, daß ein von zahllosen eigennützigen Individuen angetriebenes soziales System mit einer kohärenten Disposition der Ressourcen kompatibel sei. Nun folgt der entscheidende Passus: Dieser Gleichgewichtszustand sei durchaus vereinbar mit Diskrepanzen zwischen den sozialen Konsequenzen und den Intentionen individueller Handlungen. Dies sei der wichtigste Beitrag, den das ökonomische Denken zum Allgemeinverständnis sozialer Prozesse erbracht habe[54].

Der Bezug der AG zu Adam Smith läßt sich also folgendermaßen zusammenfassen: In dezentralisierten ökonomischen Systemen treffen »zahllose« Individuen (in der Sprache der AG: eine fix vorgegebene Anzahl von n Produzenten und m Konsumenten) unter Berücksichtigung von Marktinformationen (genauer: Preisinformationen) die für sie vorteilhaftesten Entscheidungen. Sie lassen sich dabei weder von Vorstellungen über die gesellschaftliche Wohlfahrt leiten, noch gibt es einen gesamtwirtschaftlichen Plan, bei dessen Exekution ihnen bestimmte Funktionen zugedacht sind. Es ist das bleibende Verdienst von Adam Smith, auf die Erklärungsbedürftigkeit des Umstands hingewiesen zu haben, daß dieses System nicht in Anarchie ausartet. Millionen von raffgierigen Individuen, kaum politisch kontrolliert bei der Ausübung ihrer Geschäfte, scheinen doch ein sicheres Rezept für chaotische Zustände zu sein. Smith regte offenkundig nicht nur eine wichtige Frage an, sondern bemühte sich auch redlich um eine Antwort. Der AG wäre es gelungen, die Smithsche Frage schlüssig zu beantworten und in mathematisch-rigoroser Form nachzuweisen, wie utopisch die Welt ist, die Smith schemenhaft vor Augen hatte[55].

Ähnlich wie mit Smith verfährt die AG mit Keynes: Das unter der Rubrik »Mikrofundierung der Makroökonomik« abgehandelte Verhältnis zwischen der AG und der Keynesschen Theorie eines Gleichgewichts bei Unterbeschäftigung führte zu dem weithin akzeptierten Ergebnis, letztere sei mit ersterer unvereinbar. Nach dem Walrasschen Gesetz wurde die Keynes-

[54] Kenneth J. Arrow und F. H. Hahn, *General competitive analysis*. San Francisco, Edinburgh 1971, S. 1.
[55] Vgl. dazu insbesondere Frank Hahn, *Equilibrium and macroeconomics*. Oxford 1984, Kap. 1–6.

sche Theorie auf den Spezialfall eines temporären Ungleichgewichts reduziert. Die im Rahmen traditioneller Gleichgewichtsmodelle abgeleiteten keynesianischen Schlußfolgerungen werden durch die Einführung von Ad-hoc-Annahmen gewonnen, die zunächst durchaus plausibel erscheinen: Rigiditäten von Löhnen und Preisen, unterschiedliche Anpassungsgeschwindigkeiten von Mengen und Preisen, Geldillusion, monopolistische Marktstrukturen, institutionelle Faktoren (z. B. Gewerkschaftsmacht) etc. Dahinter verbirgt sich die wirtschaftspolitische Hoffnung, daß bei Beseitigung dieser Hemmnisse »automatische«, zu einem Vollbeschäftigungsgleichgewicht tendierende Anpassungsmechanismen langfristig freigelegt würden.

Die Behandlung der Keynesschen Theorie durch die AG wirft jedoch folgendes Problem auf[56]: Wie kann die AG gleichzeitig behaupten, die der Keynesschen Theorie zugrundeliegenden Diskrepanzen zwischen individuellen Intentionen und sozialen Konsequenzen seien nicht mit ihr vereinbar, und andererseits unter Berufung auf Adam Smith die Berücksichtigung derartiger Phänomene für sich reklamieren?

Das Phänomen nicht-intendierter Konsequenzen wird im Rahmen der Keynesschen Theorie unter Hinweis auf das Vorliegen kompositorischer Fehlschlüsse (»Was für den Teil zutrifft, muß auch für das Ganze zutreffen«) erörtert[57]. Dies läßt sich am besten anhand des »Sparparadoxons« illustrieren. Der damit bezeichnete Sachverhalt erscheint allerdings nur jenen paradox, die vom Verhalten einzelner privater Haushalte auf die Volkswirtschaft als Ganzes schließen. Aus der Theorie des Volkseinkommens ergibt sich jedoch, daß der gleichzeitige Versuch aller Wirtschaftssubjekte, bei einem gegebenen Volkseinkommen mehr zu sparen, eine Reduktion des Gleichgewichtseinkommens bewirkt. Anstatt infolge der erhöhten Spartätigkeit in Zukunft mehr konsumieren zu können, verdienen die Wirtschaftssubjekte insgesamt also weniger – ein klassisches Beispiel für nicht-intendierte soziale Konsequenzen individuellen Handelns.

[56] Vgl. zum Folgenden Jan Kregel, *Is the »invisible hand« a »fallacy of composition«? Smith, Marx, Schumpeter and Keynes as economic orthodoxy.* In: Cahiers d'économie politique 10/11 (1985), S. 33–49.

[57] Vgl. dazu Warren J. Samuels, *What aspects of Keynes's economic theories merit continued or renewed interest? One interpretation.* In: Journal of Post-Keynesian Economics 9 (1986), S. 3–16; Anna M. Carabelli, *On Keynes's method.* London 1988, S. 143 f. und S. 213.

Wie läßt es sich nun erklären, daß die AG die Möglichkeit kompositorischer Fehlschlüsse im selben Atemzug sowohl akzeptieren als auch ablehnen kann? Vieles deutet darauf hin, daß diese seltsame Janusköpfigkeit der AG auf einer Fehlinterpretation von Smiths Theorem der »unsichtbaren« Hand beruht.

Im *Wohlstand der Nationen* scheint die Metapher von der »unsichtbaren Hand« an einer einzigen Stelle explizit auf, nämlich im zweiten Kapitel des Vierten Buches, das die Überschrift trägt: »Einfuhrbeschränkungen für ausländische Güter, die im Lande selbst hergestellt werden können«. Smith erwähnt die »unsichtbare Hand« im Rahmen einer Erörterung darüber, daß Beschränkungen des Kapitalexports nicht notwendig sind, wenn der einzelne seinen Vorteil verfolgen könne, denn »gerade das Streben nach seinem eigenen Vorteil ist es, das ihn ganz von selbst oder vielmehr notwendigerweise dazu führt, sein Kapital dort einzusetzen, wo es auch dem ganzen Land den größten Nutzen bringt«[58]. Bei gleichen oder nahezu gleichen Gewinnaussichten werde der Binnenhandel dem Außenhandel vorgezogen. Dann folgt die »unsichtbare Hand«-Passage: »Wenn er es vorzieht, die nationale Wirtschaft anstatt die ausländische zu unterstützen, denkt er eigentlich nur an die eigene Sicherheit, und wenn er dadurch die Erwerbstätigkeit so fördert, daß ihr Ertrag den höchsten Wert erzielen kann, strebt er lediglich nach eigenem Gewinn. Und er wird in diesem wie auch in vielen anderen Fällen von einer unsichtbaren Hand geleitet, um einen Zweck zu fördern, den zu erfüllen er in keiner Weise beabsichtigt hat.«[59]

Diesem Zitat läßt sich entnehmen, daß die »unsichtbare Hand« als Beschäftigungsgenerator fungiert. Dadurch, daß aus Risikoscheu Kapital im Inland investiert wird, werden gleichsam als Nebeneffekt inländische Beschäftigungsmöglichkeiten geschaffen[60].

Die »unsichtbare Hand« bezeichnet keinen kompositorischen Fehlschluß; niemand fühlt sich veranlaßt, irgend etwas zu tun, was mit seinen ursprünglichen Absichten nicht übereinge-

---

[58] *Wohlstand der Nationen*, S. 369.
[59] Ebenda, S. 371.
[60] Salim Rashid, *The Scottish Enlightenment. Evaluation of origins.* In: *Preclassical economic thought.* Hrsg. v. S. Todd Lowry. Boston, Mass. 1987, S. 256–263, hier S. 260f., betont, daß die Vollbeschäftigungsannahme Smith von seinen Zeitgenossen und Vorläufern am deutlichsten unterscheide.

stimmt hätte. Die Handlungsergebnisse stehen in keinem Widerspruch zum Handlungsentwurf. Es ist grundsätzlich nichts Bemerkenswertes und schon gar nichts Paradoxes an dem Umstand, daß nicht *alle* Ergebnisse Bestandteil des Entwurfs *jedes* Wirtschaftssubjekts sind[61]. Die Individuen fördern einen Zweck, den zu erfüllen sie weder beabsichtigt noch vorausgesehen haben. »Private Laster« werden in »öffentliche Tugenden« transformiert, ohne daß die Intentionen im Aggregationsprozeß eine Änderung erfahren. Dies hat nicht das geringste mit einem kompositorischen Fehlschluß zu tun, denn das Ganze resultiert aus der linearen Aggregation seiner Teile. Die »unsichtbare Hand« hat im Gegensatz zum Sparparadoxon nichts damit zu tun, daß die Individuen die von ihnen verfolgten Ziele nicht in vollem Umfang erreichen würden. Im Gegenteil: Sie realisieren ihre Pläne und bewirken gerade dadurch zusätzlich noch etwas anderes. Es ist also zu unterscheiden zwischen unbeabsichtigten Konsequenzen, die *statt* der intendierten eintreten, und jenen unbeabsichtigten Konsequenzen, die *zusätzlich* zu den intendierten eintreten[62].

Die verständnisvollste Interpretation, die sich der AG abringen läßt, ist, daß die von ihr demonstrierte Pareto-Effizienz eines allgemeinen Gleichgewichtszustands bei vollkommener Konkurrenz – die neoklassische Inkarnation des Theorems der »unsichtbaren Hand« – rein definitorisch bedingt ist. Unter Zugrundelegung neoklassischen Rationalverhaltens (einer bestimmten Definition von Rationalität) und des Pareto-Kriteriums (einer bestimmten Definition von Ethik) läßt sich zeigen, daß eine Koinzidenz von individueller und kollektiver Rationalität unmittelbar sichergestellt wird, wenn die Agenten *allein* durch ein parametrisches Preissystem restringiert sind[63].

Vom Standpunkt der AG aus wird die Smithsche Formel von der »unsichtbaren Hand« fälschlicherweise als ein Problem der Koordination konfligierender Interessen durch den kompetitiven Marktmechanismus verstanden. Tausch- und Koordina-

---

[61] Vgl. Amartya Sen, *The profit motive*. In: Lloyds Bank Review 147 (1983), S. 1–20, hier S. 3.

[62] Vgl. Jon Elster, *Logic and society. Contradictions and possible worlds*. Chichester 1978, S. 109; deutsch: *Logik und Gesellschaft. Widersprüche und mögliche Welten*. Frankfurt a. M. 1981. Diese wichtige Unterscheidung wird leider auch nicht bedacht von Stephan Böhm, *Ökonomische Prozesse. Das Beispiel der »unsichtbaren Hand«*. In: *Gesellschaftliche Prozesse. Beiträge zur historischen Soziologie und Gesellschaftsanalyse*. Hrsg. v. Karl Acham. Graz 1983.

[63] Vgl. Alan P. Hamlin, *Ethics, economics and the state*. Brighton 1986, S. 72.

tionsprobleme werden jedoch von Smith völlig unabhängig von der Wirkungsweise der »unsichtbaren Hand« im zweiten Kapitel des Ersten Buches des *Wohlstands der Nationen* thematisiert. Es ist kein Zufall, daß Smith Koordinationsprobleme im Kapitel über die Arbeitsteilung aufgreift. Denn das zentrale Problem einer rasch expandierenden, auf Arbeitsteilung und Spezialisierung beruhenden Gesellschaft besteht ja für Smith offensichtlich darin, wie sichergestellt werden kann, daß diejenigen Güter produziert werden, nach denen ein Bedarf geäußert wird[64].

Smith löst dieses Problem unter Rückgriff auf die für sein Werk grundlegende Annahme des Eigeninteresses (»self-interest«). In seiner *Theorie der ethischen Gefühle* begründet Smith die Annahme des Eigeninteresses damit, daß die Menschen keine unmittelbare Erfahrung von den Bedürfnissen, Erwartungen und Gefühlen anderer besitzen und deshalb versuchen müssen, so gut es irgendwie geht, sich ein Bild von der Lage zu machen, in der andere sich befinden[65]. Da aber jedermann sich selbst am besten kenne, sei es nur recht und billig, wenn er sich mehr um sich selbst als um andere kümmere.

Smiths Begriff des Eigeninteresses ist jedoch nicht zu verstehen im Sinne eines blanken Egoismus, sondern als restringiert durch die mehr oder minder ausgeprägte Fähigkeit, sich an die Stelle eines anderen zu versetzen (»sympathy«). Eigeninteresse setzt unvollkommene Information über die Bedürfnisse und Absichten anderer voraus; Unkenntnis kann wiederum durch Einbildungskraft (»imagination«) teilweise kompensiert werden.

Da die Annahme des Eigeninteresses auf der Prämisse beruht, daß andere jemandes Bedürfnisse nicht kennen können, wäre es denkbar, daß die mit der Arbeitsteilung verbundene Spezialisierung dazu führt, daß die »falschen« Güter in den »falschen« Mengen produziert werden. Smith stellt dazu fest, daß in einem interdependenten System die Realisierung von Eigeninteresse nur unter der wohlwollenden Mitwirkung anderer möglich sei. Das erforderliche kooperative Verhalten ist jedoch mangels Information über die Präferenzen anderer nicht zu erwarten. Die einzige Möglichkeit, die Befriedigung individueller Bedürfnisse durchsetzen zu können, erblickt

---

[64] Vgl. Kregel, *Is the »invisible hand« a »fallacy of composition«?*, S. 39 ff.
[65] *Theorie der ethischen Gefühle*, Bd. 1, S. 2.

Smith daher darin, an das Eigeninteresse anderer zu appellieren. Das heißt, das Eigeninteresse kann nur dann durchgesetzt werden, wenn die Interessen anderer berücksichtigt werden. Mit anderen Worten: Eine Gesellschaft ist nur dann überlebensfähig, wenn sie über ein Minimum an ethischen Normen verfügt.

Jene berühmte Passage[66], wo Smith davon spricht, daß unser Essen nicht vom Wohlwollen des Metzgers, Brauers und Bäkkers, sondern von der Wahrnehmung ihrer Interessen abhängig sei, hat nun nichts damit zu tun, wie ein parametrisches Preissystem potentiell konfligierende Entscheidungen koordiniert, sondern mit nicht-intendierten Konsequenzen in dem Sinn, daß das durch das Interesse anderer restringierte Eigeninteresse zu Ergebnissen führt, die dem nicht-restringierten Interesse widersprechen. Die Smithsche Konzeption des sozialen Verhaltens besteht nicht aus einer simplen linearen Aggregation egoistischer Verhaltensweisen, sondern bezieht sich auf das Aggregat individueller Verhaltensweisen, welche durch Erwartungen über die möglichen Handlungen anderer beschränkt sind[67].

Wie sehr sich die Smithsche Konzeption des Eigeninteresses vom Verständnis der AG unterscheidet, sollen die abschließenden Bemerkungen verdeutlichen. Da in der AG die Entscheidungen von vornherein kompatibel sind und deren Konsequenzen genau vorausgesehen werden können, ist die koordinative Rolle »ethischer Gefühle« völlig überflüssig. Die AG geht davon aus, daß die Individuen gerade über jene Informationen verfügen, deren Mangel Smith dazu bewogen hat, das Eigeninteresse zum Angelpunkt seiner Sozialtheorie zu erheben. Allerdings scheint kein Grund mehr zu bestehen, von der Annahme des Eigeninteresses auszugehen, wenn alle erforderlichen Informationen zur Verfügung stehen.

Die »Lösung« des Smithschen Problems der Kompatibilität von Eigeninteresse und Arbeitsteilung durch die AG wird mit einer Verarmung der Annahmen in bezug auf die Motivationsstruktur erkauft. Es ist gerade jene dürre Vorstellung eines im wahrsten Sinne des Wortes funktionslosen *homo oeconomicus*, die in den letzten Jahren eine verstärkte Beschäftigung mit dem

---

[66] *Wohlstand der Nationen*, S. 17.
[67] Diesbezüglich besteht eine interessante Parallele zwischen Smith und Keynes.

moralischen Überbau des ökonomischen Systems ausgelöst hat[68]. In nicht unerheblichem Ausmaß wird bei diesem Unterfangen auf das Werk von Adam Smith zurückgegriffen.

[68] Vgl. stellvertretend für eine beängstigend angeschwollene Literatur Robert H. Frank, *Passions within reason. The strategic role of emotions.* New York, London 1988; *Trust. Making and breaking cooperative relations.* Hrsg. v. Diego Gambetta. Oxford 1988.

Karl Acham

Teil und Ganzes, Differenzierung und Homogenität
Überlegungen zu Gegenstand und Methode der Soziologie
und der historischen Sozialwissenschaften

Einleitung

Die kulturelle Situation der Gegenwart ist über weite Strecken
als eine Reaktion auf Veränderungen zu verstehen, wie sie im
politischen, sozialen und wissenschaftlich-technischen System
der hochentwickelten Gegenwartsgesellschaften nachweisbar
sind. Im Zeitalter des Flugverkehrs und der Telekommunika-
tion ist die vornehmlich den Ethnologen vertraute Erfahrung
der Gleichzeitigkeit des Ungleichzeitigen zum Bestand des All-
tagsbewußtseins geworden, und nicht selten ist eine fundamentale Desorientierung durch das herrschende globale und dezen-
trierte Kommunikationsgeflecht nachweisbar. Geschichtsphilo-
sophisch, und damit beschränkt auf ein bestimmtes Segment
von Kulturwissenschaftlern, trat dergleichen schon im Historismus des 19. Jahrhunderts zutage. Im Unterschied zu den Ratio-
nalisten des 18. Jahrhunderts, die das betonten, was allen Menschen gemeinsam ist – insbesondere ein einheitliches Vernunft-
vermögen –, und die jene Elemente vernachlässigten, durch
welche die Menschen sich voneinander unterscheiden, betrachtete der Historismus die Geschichte auf die Verschiedenartig-
keit ihrer Inhalte hin. Nicht mehr waren es Gleichförmigkeiten
und Analogien zwischen den Völkern, auf die er seine Aufmerksamkeit richtete, sondern das, was die besondere Eigenart
jedes Volkes und jeder Kultur ausmacht und was jedes bestimmte Volk und jede bestimmte Kultur von allen anderen
unterscheidet. Was nun als »Substanz« des Menschen angesehen wurde, war – paradox formuliert – dessen Variabilität und
Plastizität, mithin das, was im Laufe der Geschichte wechselt.
Zwar suchte Hegel einer Einheitskonzeption zum Durchbruch
zu verhelfen, die das vom Historismus gegenüber den Natur-
rechtspositionen des 18. Jahrhunderts in seiner Besonderheit
herausgestellte Differente nicht ausschließen, sondern mitein-
beziehen sollte, da nur das Ganze als das Wahre gelten könne.
Doch die nach-Hegelsche Philosophie wurde zu einer Philo-

sophie des Abschieds vom Ganzen. Konzipierte Hegel noch das Ganze als Einheit von Einheitlichkeit und Differenz, so brach in der Folge die eine Weltgeschichte in die Pluralität einer Vielzahl geschichtlicher Welten auseinander. Damit wurde jener Prozeß eingeleitet, den heute Jean-François Lyotard – neben anderen – als Abschied von der Moderne und als Übergang zur Postmoderne beschreibt[1].

Auf der Suche nach dem Generalnenner der Umstellungen in den verschiedenen Bereichen von Wissenschaft, Kunst, Politik usw. gelangt Lyotard als Hauptvertreter des postmodernen Pluralismus zu der Ansicht, daß die Einheits- und Ganzheitsvorstellungen der »großen Erzählungen« der Aufklärung, des Marxismus, aber auch des Christentums zur Einseitigkeit der Moderne geführt hätten: Wahrheit, Glück und Utopie standen im Singular, und daher sei auch der Totalitarismus eine unausweichliche Konsequenz derartiger Weltentwürfe gewesen. Der Verlust der Einheit und Ganzheit wird bei Lyotard nicht mehr romantisch betrauert, sondern als Befreiung erkannt und begrüßt, als Freiwerden einer Vielzahl eigenständiger Lebensformen, Denkweisen und Handlungsentwürfe. Die Konzeption des postmodernen Holismus knüpft in gewisser Weise an Auffassungen an, die das Wesen der Moderne in relativistischer Vielfalt, in wechselseitiger Neutralisierung der Welt- und Lebensentwürfe sowie in Anomie erblicken. Sieht man einmal vom »neuen Gnostizismus« und den New Age-Proklamationen ab, so werden vor allem im deutschen Sprachraum neue Formen der Integration und der Ganzheitlichkeit beschworen; exemplarisch wäre hier auf den essentialistischen Postmodernismus Robert Spaemanns, auf die Universalphilosophie Manfred Franks sowie auf die um Einheit in der Vielgestalt von Lebensformen bemühte Konsenstheorie von Jürgen Habermas hinzuweisen[2].

Wird also im einen Fall die Pluralität des Heterogenen als das Ideal betrachtet, so ist im anderen eine Tendenz zur Universalisierung des Partikularen am Werk. Als drängend wird dabei insbesondere die Frage empfunden, wie ohne Negation der Vielheit eine Einheit erreicht werden kann, welche insofern in einem Gegensatz zur Zusammenstellung beliebiger Vielheiten

[1] Vgl. Jean-François Lyotard, *Das postmoderne Wissen. Ein Bericht.* Bremen 1982, Neuausgabe Graz-Wien 1986 (*La condition postmoderne. Rapport sur le savoir.* Paris 1979).

[2] Vgl. dazu Wolfgang Welsch, *Unsere postmoderne Moderne.* Weinheim 1987, besonders Kap. 2 und 5.

steht, als sie das Ordnungsprinzip dafür abgibt, wie das Differente zueinander passen oder aufeinander bezogen sein kann. Diese Erörterungen der Frage nach der Beziehung von Differenz und Identität, von Vielheit und Einheit, von Teil und Ganzem verweisen auf jenen alten Traditionsbestand, dessen musterhafte Beschreibung auf Platons *Sophistes* zurückgeht. Platon hat vier mögliche Arten der Beziehung von Ganzem und Teil, von Einem und Vielem aufgelistet, die zu untersuchen für ihn die Aufgabe der Dialektik ausmacht: die penetrative Beziehung, in welcher Eines durch vieles Unterschiedliche hindurchgeht; die globale, in der das Viele durch das Eine umfaßt wird; die konstellative, in der durch die Verknüpfung des Vielen das Eine zustande kommt; schließlich die separative, wo das Viele ohne irgendeine Einheit besteht. Platon fordert dazu auf, in der Frage von Identität und Differenz nicht mit generellen Behauptungen zu arbeiten, sondern den Sachverhalten im einzelnen prüfend nachzugehen und genau darauf zu achten, in welcher Hinsicht das eine oder das andere gilt.

Aus der Vielzahl möglicher Beziehungen von Teil und Ganzem, Vielem und Einem werden im folgenden nur einige wenige, und zwar in sozialtheoretischer und wissenschaftsmethodologischer Absicht, thematisiert und erörtert werden.

Teil und Ganzes als Problem der Soziologie

Das Verhältnis von Teil und Ganzem ist, wie überall, so auch in der Soziologie ein relatives, je nach dem gewählten Bezugssystem. Ohne ein solches läßt sich nicht feststellen, ob ein soziales Gebilde unter die Mikro- oder die Makrostrukturen fällt: so sind zum Beispiel Schulen oder Industriebetriebe im Vergleich zum Schulsystem und zum industriellen System Teile, im Vergleich zu einer Schulklasse oder einem industriellen Forschungslabor Ganzheiten. Die soziale Wirklichkeit läßt sich nicht – ohne Angabe spezifischer Beziehungsgrößen – völlig eindeutig nach vorgegebenen Begriffen klassifizieren. Daher ist die Soziologie, wie andere Gesellschaftswissenschaften auch, weniger durch die Größenordnung ihres Gegenstandsbereichs als vielmehr durch die Eigenart ihrer Fragestellungen charakterisierbar.

Wiederholt meinten Soziologen, daß sich ihr Fach mit Gegenständen mittlerer Größenordnung zu beschäftigen habe:

Ludwig Gumplowicz nannte in diesem Zusammenhang die Gruppe, Emile Durkheim die Institution. Über die Größenordnung der hier erwähnten gesellschaftlichen Einheiten wird dabei nicht sehr viel ausgesagt, wohl jedoch über ihre qualitative Eigenart. Denn es handelt sich hier um soziale Gebilde, welche über ihren doppelten Ursprung Auskunft geben: einerseits über die subjektiven Intentionen ihrer Mitglieder, andererseits über die gesamtgesellschaftlichen Strukturen, unter welchen das individuelle absichtsgeleitete Handeln konkrete Formen angenommen hat. So verweisen die Angaben über den Gegenstand der Soziologie eigentlich auf die spezifische Art der Fragestellung, die mit dieser Disziplin verknüpft ist. Gruppen und Institutionen erscheinen dabei insofern von besonderem Interesse, als in ihnen beide Richtungen der soziologischen Fragestellung zur Anwendung kommen: Einerseits fragt der Soziologe, aus welchen Intentionen soziale Strukturen oder gesellschaftliche Verhältnisse entstanden und durch welche typischen sozialen Verhaltensweisen sie erklärbar sind; andererseits fragt er, in welcher Weise subjektive Intentionen und typische Weisen des Sozialverhaltens durch übergreifende Strukturen oder soziale Verhältnisse mitbestimmt oder hervorgerufen werden. Ständig pendelt er so zwischen der objektivierenden Darstellung von Strukturen und dem Versuch, subjektives Verhalten intentional zu deuten, hin und her. Die Begriffspaare »Struktur« und »Intention« sowie »soziale Verhältnisse« und »soziale Verhaltensweisen« decken sich natürlich nicht in ihrer Bedeutung mit den Begriffen »Ganzes« und »Teil« sowie »Makrosoziologie« und »Mikrosoziologie«, sind ihnen aber analog.

Die Analyse der Handlungsebene – der Aktivitäten von sozialen Akteuren –, also die *mikrosoziologische* Perspektive, wird den Spielräumen der individuellen Entscheidung besondere Bedeutung beimessen und daher die Präferenzen, die Entscheidungsvorgänge, die Handlungsmuster zum Gegenstand haben. Die Analyse der Strukturebene – der Rahmenbedingungen von sozialen Handlungen –, also die *makrosoziologische* Perspektive, wird sich auf die jeweils gegebenen Gesellschaftsformationen richten, also im besonderen die strukturellen Handlungsrestriktionen berücksichtigen. Auf die *mesosoziologische* Ebene können sich, wie schon erwähnt, beide Richtungen der soziologischen Fragestellung beziehen. Die mesosoziologische Ebene stellt insofern einen privilegierten Zugangsbereich soziologischer Erörterungen dar, da auf ihr oft erst jene Bindeglieder anzutreffen sind, ohne welche die betrachteten Individuen gleichermaßen abstrakt bleiben wie die gesamtgesellschaftlichen Strukturen.

Die Geschichte der Soziologie stellt unter Beweis, daß die ständige wechselseitige Ergänzung der Analyse von Mikro- und Makrostrukturen durchaus nicht etwas Selbstverständliches ist. Wie vor kurzem Hans Paul Bahrdt dargelegt hat, ist es in der Geschichte der Soziologie immer wieder zu Wellenbewegungen gekommen: »Es gab Zeiten, in denen die Makrostrukturen im Vordergrund standen, die kleine Alltagswelt aber weitgehend unbeachtet blieb. Dann wieder kamen Epochen, in denen man sich darum bemühte, gerade diese zu erforschen, weil gerade sie angeblich die ›eigentlichen Formen‹ der Gesellung zeigen.«[3] Solche Wellenbewegungen sind häufig auch durch Einflüsse von außen angeregt. In einer Zeit, in der die junge Soziologie hauptsächlich mit der »Arbeiterfrage« befaßt war, war es auch verständlich, daß zunächst vor allem makrosoziologische Fragestellungen bei der Analyse der Klassenantagonismen des Hochkapitalismus und der Strukturwandlungen der Gesamtgesellschaft, wie sie sich als Folge der Industrialisierung und Verstädterung ergaben, im Vordergrund standen. Im weiteren Verlauf ist aber die Analyse der »Arbeiterfrage« zunehmend einer um Detailkenntnisse der konkreten Lebenslage von Arbeitern bemühten Analyse der »Arbeitswelt« gewichen. Einen markanten Übergang in dieser Hinsicht bildet bereits die von Ferdinand Tönnies vorgenommene Gegenüberstellung von »Gemeinschaft« und »Gesellschaft« als Strukturtypen menschlicher Gesellung und seine auf die gesamtgesellschaftliche Entwicklung bezogene Generalthese, daß an die Stelle von kleinen überschaubaren Gemeinschaften immer mehr anonyme, das Individuum nur partiell involvierende gesellschaftliche Zweckverbände treten. Aber diese Behauptung über einen gesamtgesellschaftlich sich vollziehenden Transformationsprozeß forderte dazu heraus, sich eben mit jenen Mikrogebilden des Sozialgeschehens näher zu befassen – Familien, Nachbarschaft, patriarchalischen Kleinbetrieben etc. –, die sich innerhalb geänderter struktureller Rahmenbedingungen nicht mehr in ihrer ursprünglichen Form erhalten konnten. Mit dieser Änderung der

[3] Hans Paul Bahrdt, *Zusammenhänge zwischen Mikro- und Makrosoziologie.* In: Annali di Sociologia/Soziologisches Jahrbuch 1 (1985), S. 143; zum folgenden vgl. ebenda, S. 144 f.

Betrachtungsweise korrespondiert auch die Veränderung der Fragestellung hinsichtlich der sozialen Wirklichkeit der Industrie oder der konkreten Lebenslage der Arbeiter. Schon in den Untersuchungen des »Vereins für Socialpolitik« über *Auslese und Anpassung der Arbeiter in der geschlossenen Großindustrie* vor dem Ersten Weltkrieg wird, wie Bahrdt zeigte, deutlich, daß man sich zunehmend auch für die »Mikrogebilde« zu interessieren begann, in denen Industriearbeiter leben, und nicht nur für die Arbeiterklasse insgesamt. Spätestens seit der älteren deutschen Betriebssoziologie in den zwanziger Jahren läßt sich jene Tendenz deutlich beobachten, die dann durch die Arbeiten von Elton Mayo und Fritz J. Roethlisberger ihre für die Geschichte der Soziologie bedeutsamste Ausprägung erfahren hat. Man wollte die alltägliche soziale Umwelt des Industriearbeiters genauer kennenlernen, also die Kooperationsbeziehungen, in denen er bei der Arbeit steht, seine Einbindung in von ihm selbst mitgestalteten sozialen Gruppen sowie die vielfältigen informellen Beziehungen im Betrieb, welche den einzelnen Arbeiter weder nur als Derivat eines integralen Klassenbewußtseins, noch als ein isoliertes und lediglich auf eigenen Nutzen bedachtes Individuum zeigen.

Die Betonung des Partikularen, der Teile gegenüber dem Ganzen, hat der Verdinglichung und Substantialisierung makrosozialer Gegebenheiten entgegengearbeitet. Der mikrosoziologischen Betrachtungsweise verdankt die Soziologie viele Anregungen und Erkenntnisse, insbesondere auch die Entwicklung von qualitativen Methoden: der teilnehmenden Beobachtung, der autobiographischen Methode, des Tiefeninterviews, der Gruppendiskussion; vereinzelt – man denke an Jacob L. Morenos Soziometrie – gelangten auch spezifische quantitative Verfahren zur Anwendung. Und dennoch ist nicht zu übersehen, daß infolge der Konzentration auf kleinräumiges soziales Verhalten nicht selten der Rahmen der übergreifenden sozialen Verhältnisse zu wenig beachtet wurde. Aufgrund einer bestimmten Auffassung vom holophrastischen Aufbau der sozialen Welt, wonach der Teil als Repräsentant des Ganzen aufzufassen sei, konnte es – zum Teil verstärkt durch Tendenzen der Abwehr einer allzu extensiv entwickelten systemtheoretischen und strukturalistischen Betrachtungsweise – zur falschen und irreführenden Ansicht kommen, daß im Kleingruppen-Geschehen die Grundformen aller menschlichen Vergesellschaftung zu erblicken seien. Wenn es auch stimmt, daß sich gelegentlich in einem Mikrogebilde in einfacherer Form die großen und komplexen Gebilde der Gesellschaft widerspiegeln, wie dies etwa in einer Gentilgesellschaft der Fall ist, so darf man nicht gleich in den Fehler der unbeschränkten Generalisierung verfallen. Im Unterschied zur Gentilgesellschaft gilt nämlich etwa für die moderne Gesellschaft, daß die Familie nicht Urzelle des Staates ist und daß sich in ihr nicht die staatliche Ordnung spiegelt. Der Staat ist ein Gebilde anderer Qualität, was aber wiederum nicht gleich besagen soll, daß er seine Existenz nicht der Tätigkeit von Individuen verdankte.

Die Sozialwissenschaftler verstehen sich mehrheitlich als ontologische Individualisten und nicht als ontologische Kollektivisten oder Holisten. Die Art des ontologischen Bekenntnisses besagt nicht notwendig etwas über die entsprechende methodologische Orientierung; so gibt es unter den ontologischen Individualisten gleichermaßen methodologische Individualisten wie methodologische Holisten. Obwohl beide Vertreter eines ontologischen Individualismus waren, ist etwa John Stuart Mill als ein Vertreter des methodologischen Individualismus anzusehen, Emile Durkheim als ein Vertreter des methodologischen Holismus. Der methodologische Mikro-Reduktionismus (Individualismus) ist durch die Annahme charakterisiert, daß die Systemeigenschaften aus den Komponenteneigenschaften folgen, ohne daß die Systemeigenschaften auf die Komponenteneigenschaften zurückwirken (oder, wenn sie dies tun, in einem Ausmaß, welches zu vernachlässigen ist). Andererseits ist der methodologische Makro-Reduktionismus (Holismus) in seiner idealtypischen Form durch die Annahme gekennzeichnet, daß die zum Vorschein kommenden Systemeigenschaften das Komponentenverhalten bestimmen, ohne daß diese Komponenteneigenschaften auf die Systemeigenschaften zurückwirken (oder dies nur in einem Ausmaß tun, welches vernachlässigt werden kann). Die dargestellten Grundpositionen des methodologischen Individualismus bzw. des methodologischen Holismus standen einander lange Zeit unvermittelt und zum Teil unversöhnlich gegenüber. Erst die Auffassungen von methodologischen Individualisten, die der institutionalistischen Denktradition nahestanden – wie dies etwa für Max Weber oder Joseph A. Schumpeter gilt – leisteten einen Beitrag zur Klärung des Komponentenverständnisses von Institutionen und Sozialsystemen und analysierten insbesondere auch die Rückwirkungen von Systemeigenschaften auf die Komponenteneigenschaften.

Diese Orientierung war vergleichbar derjenigen der US-amerikanischen Strukturfunktionalisten (Talcott Parsons, Neil J. Smelser u. a.), aber auch der vor allem mit dem Namen von Ludwig von Bertalanffy eng verknüpften biologischen Systemtheorie. In jüngster Zeit sind es die der Systemtheorie und dem Strukturfunktionalismus verpflichteten Theorien der Selbstorganisation, welche den Gedanken der Interaktion von System- und Komponenteneigenschaften, von Ganzem und Teil – angereichert um die Idee der Selbstreferenz – weiterentwickeln. Ohne allzu sehr ins einzelne zu gehen, sei hier doch darauf aufmerksam gemacht, daß damit eine alte Fragestellung, wie sie Immanuel Kant bereits in seiner *Kritik der Urteilskraft* vorformuliert hat, entsprechend interpretiert und für die wissenschaftliche Analyse fruchtbar gemacht wurde. Johann Gottlieb Fichte hatte diesen Gedanken Kants in seinen *Grundlagen des Naturrechts* wieder aufgenommen und in einer Weise dargelegt, daß an ihm die spätere »dialektische« Betrachtung – als eine Vorform systemtheoretischer Interaktionsanalysen – anschließen konnte: »In dem organischen Körper erhält jeder Teil immerfort das Ganze, und wird, indem er es erhält, dadurch selbst erhalten; ebenso verhält sich der Bürger zum Staat. Und zwar, es bedarf bei dem einen so wenig wie bei dem anderen einer besonderen Veranstaltung für diese Erhaltung des Ganzen: jeder Teil, oder jeder Bürger erhalten nur sich selbst in dem durch das Ganze ihm bestimmten Stande, so erhält er eben dadurch an seinem Teil das Ganze; und eben dadurch, daß das Ganze jeden Teil in diesem seinem Stande erhält, kehrt es in sich selbst zurück und erhält sich selbst.«[4]

In unserem zeitgenössischen Alltagsbewußtsein sind Einsichten in die Wechselwirkung von sozialen Systemen und ihren Komponenten nicht schon ein sedimentierter Grundbestand. Vielmehr dominiert hier – in Gegenwendung zu einer Periode von zum Teil übertriebener Staats- und Bürokratiefrömmigkeit – ein Alltagsindividualismus, der sich häufig in der Überschätzung von Kleingruppen äußert. Diese allenthalben feststellbare Orientierung ist nicht selten mit einer konservativ-kulturkritischen Einstellung verknüpft. In der Annahme, daß die moderne Gesellschaftsentwicklung durch den Verfall »na-

---

[4] Johann Gottlieb Fichte, *Grundlagen des Naturrechts nach Principien der Wissenschaftslehre.* In: I. H. Fichte (Hrsg.), J. G. Fichtes sämtliche Werke, Bd. 3. Leipzig o. J., S. 209; vgl. auch S. 191–207.

türlicher« und »überschaubarer« Kleingebilde gekennzeichnet sei, die allein dem Menschen Geborgenheit vermitteln könnten, befürwortet man eine spezifische Gruppentherapie. Diese tritt uns in Gestalt von Selbsterfahrungsgruppen, Nachbarschaftsgruppen, Wohnkommunen und dergleichen allerorts entgegen, wobei man ohne Übertreibung von einem »Gruppen-Boom« sprechen kann[5]. Eindrucksvoll spiegelt sich in der soziologischen Theorie diese Situation einer gesellschaftlichen Partikularisierung bei gleichzeitig bestehendem systemtheoretisch fundiertem Ordnungsbedarf. Sie wird damit selbst zu einem repräsentativen Beleg für das, was vielen als charakteristisch für die Verfassung des postmodernen Pluralismus erscheint.

Aspekte des Aggregierungsproblems

Über Repräsentativität und Nicht-Repräsentativität, homogene und heterogene Ganzheiten

Man unterscheidet »homogene« – aus gleichartigen Teilen bestehende – und »heterogene« (»organische«) Ganzheiten; entsprechend bezeichnet man die das Ganze konstituierenden Teile als homogene bzw. heterogene Elemente. Für die Gesellschaftswissenschaften ist diese Unterscheidung von großer Wichtigkeit. Man denke etwa nur an die Unterscheidung von »mechanischer« und »organischer Solidarität«, jene grundlegenden Formen der Gesellung, wie sie nach Auffassung Durkheims für sogenannte primitive bzw. für arbeitsteilig organisierte Gesellschaften charakteristisch sind. Organische Solidarität ist charakterisiert durch heterogene Teile, also durch Individuen mit sehr unterschiedlichen Eigenschaften, Rollen und Funktionen; es besteht ein grundlegender Unterschied zwischen den Verhaltenscharakteristika der Individuen, welche das soziale Aggregat bilden, und den charakteristischen Merkmalen des Aggregats selbst. Im Falle der mechanischen Solidarität oder der homogenen Ganzheiten haben wir es mit einer holophrastischen Struktur zu tun: Aufgrund der strukturellen Gleichförmigkeit der Elemente und des Ganzen repräsentiert der Teil das Ganze, das Besondere das Allgemeine.

Hinter der erwähnten Unterscheidung kommt eine in der

[5] Vgl. dazu Hans Paul Bahrdt, *Gruppenseligkeit und Gruppenideologie*. In: Merkur (1980) 2; ders., *Schlüsselbegriffe der Soziologie*. München 1984, S. 86–88.

deutschen soziologischen Tradition geläufig gewesene Unterscheidung von gentilizistischem und individualistischem Sozialgeist zu liegen. Im einen Fall dreht sich alles um die Gruppe, und die Persönlichkeit rückt angesichts der Gruppeninteressen fast völlig in den Hintergrund; im anderen Fall scheint es sich geradezu um eine freie Vereinigung selbständiger Individuen zu handeln. Im gentilizistischen Typ des Soziallebens erscheint sonach der einzelne Mensch in erster Linie als Träger und Repräsentant der Gruppe, und die Gruppe als der eigentliche Sinn des individuellen Lebens; in der individualistischen Form des Soziallebens erscheinen umgekehrt die Individuen als eigenwertige Einheiten, für die die Gruppe bloß ein Medium ihrer Entwicklung ist. Von einem derartigen Verständnis der Individualität und ihrer Rolle in der Gesellschaft war wohl auch Arthur Schopenhauer geleitet, als er, ausgehend von der Beschaffenheit der Gegenstände der Geschichte und der anderen Wissenschaften, in seinem Hauptwerk *Die Welt als Wille und Vorstellung* der Geschichte jeglichen Systemcharakter abgesprochen hat. Die Wissenschaften, so meinte er, reden stets von Gattungen, da sie Systeme von Begriffen sind; die Geschichte hingegen handle von Individuen. Die Wissenschaften reden von dem, was immer ist, die Geschichte hingegen von dem, was nur einmal und dann nicht mehr ist. Zu dem Allgemeinen in der Geschichte, das bloß in der Übersicht der Hauptperioden bestehe, verhalte sich das Besondere wie der Teil zum Ganzen, nicht aber wie der Fall zur Regel, wie dies für alle Wissenschaften im engeren Sinne gelte[6]. Für Schopenhauer ist sonach die Realgeschichte ein heterogenes Ganzes, und dementsprechend besteht für ihn eben das Allgemeine in der Geschichtswissenschaft bloß in der Übersicht der Hauptperioden, aus denen sich aber die besonderen Begebenheiten nicht ableiten lassen, welche ihnen nur der Zeit nach subordiniert, dem Begriff nach jedoch koordiniert seien.

Das bei Schopenhauer formulierte Problem von Allgemeinem und Besonderem, Ganzem und Teil führt unmittelbar zur Erörterung der Frage der Repräsentativität in der Geschichtswissenschaft. Alles kommt auch hier auf die Spezifik der Beziehung von homogenen oder heterogenen Teilen zu einem entspre-

---

[6] Vgl. Arthur Schopenhauer, *Die Welt als Wille und Vorstellung*, Bd. 2. In: J. Frauenstädt (Hrsg.), Arthur Schopenhauers sämtliche Werke, Bd. 3, 2. Aufl. Leipzig 1877, S. 501–510.

chenden Ganzen an. So haben etwa, wie Carlo Ginzburg ausführt, einige biographische Studien gezeigt, daß bei einem
Durchschnittsindividuum die Charakteristika einer ganzen sozialen Schicht in einer bestimmten historischen Periode wie in
einem Mikrokosmos untersucht werden können; er verweist
exemplarisch auf den österreichischen Adel und den niederen
englischen Klerus des 17. Jahrhunderts[7]. Für solche Durch-
schnittsindividuen gelte, daß sie für sich selbst genommen ohne
Relevanz für das historische Geschehen, aber gerade deswegen
repräsentativ seien. Inwiefern können nun aber auch atypische
Personen, ja sogar Ausnahmeexistenzen ebenfalls charakteristisch für ihre Zeit sein, obwohl für sie nicht gilt, daß sie »typisch« im Sinne des statistischen Durchschnitts sind? Ginzburg
meint, daß auch ein Extremfall sich als repräsentativ erweisen
könne, und zwar »sowohl negativ, weil er zur Präzisierung
dessen beiträgt, was in einer gegebenen Situation unter dem
›statistisch Häufigeren‹ zu verstehen ist, als auch positiv, weil er
erlaubt, die latenten Möglichkeiten von etwas (nämlich der
Volkskultur) näher zu beschreiben«[8].

Mikro-Normalität und Makro-Pathologie,
Mikro-Pathologie und Makro-Normalität
Vor allem seit Beginn des 18. Jahrhunderts setzte sich die Überzeugung durch, daß der alte Glaube an die Gleichgerichtetheit
von individuellen und kollektiven Absichten, von Merkmalen
des individuellen Verhaltens und Merkmalen der strukturellen
Verhältnisse nicht durchgehend aufrechterhalten werden kann.
Gute Absichten, so zeigte sich, können mit schlechten gesamtgesellschaftlichen Konsequenzen verbunden sein, und umgekehrt. Von Bernard de Mandeville und Giambattista Vico –
über Anne Robert Jacques Turgot, Adam Smith, Georg Friedrich Wilhelm Hegel, Karl Marx, Friedrich Engels, Wilhelm
Wundt und Max Weber – bis hin zu Friedrich August von
Hayek und Robert King Merton reichten die Einsichten in die
Bildungsproblematik heterogener Ganzheiten und die damit
verknüpfte Erörterung unbeabsichtigter Folgen absichtsgeleiteter Handlungen. Hätte etwa Friedrich Engels erlebt, wie der
Erste Weltkrieg zur sozialistischen Oktoberrevolution und der

[7] Vgl. Carlo Ginzburg, *Der Käse und die Würmer. Die Welt eines Müllers um
1600.* Frankfurt a. M. 1982 (*Il formaggio e i vermi. Il cosmo di un mugnaio de
'500.* Turin 1976), S. 15.
[8] Ebenda, S. 16.

Zweite Weltkrieg letztlich zur Demontage der Kolonialreiche und zur militärisch-politischen Expansion der ersten sozialistischen Nation geführt hat, dann hätte er gewiß seine in einem Brief an Joseph Bloch im September 1890 formulierten Worte bestätigt gefunden: »Es sind … unzählige einander durchkreuzende Kräfte, eine unendliche Gruppe von Kräfteparallelogrammen, daraus eine Resultante – das geschichtliche Ergebnis – hervorgeht, die selbst wieder als das Produkt einer, als Ganzes, *bewußtlos* und willenlos wirkenden Macht angesehen werden kann. Denn was jeder einzelne will, wird von jedem andern verhindert, und was herauskommt, ist etwas, das keiner gewollt hat. So verläuft die bisherige Geschichte nach Art eines Naturprozesses und ist auch wesentlich denselben Bewegungsgesetzen unterworfen.«[9]

Dissipative Strukturen. Aber wie kann man nun im einzelnen die Entstehung einer gesellschaftlichen Ordnung erklären, und wie können derartige Ordnungsstrukturen umgekehrt der Erklärung individuellen Verhaltens dienlich sein? Diese Frage wurde lange Zeit hindurch so verstanden, als gäbe es zwei grundlegend unterschiedliche Substanzen, ganz nach Art des cartesianischen Leib-Seele-Dualismus: geschichtlich-gesellschaftliche Mikroprozesse einerseits, Makroprozesse andererseits. Diese Konzeption, die auch den Hintergrund von Durkheims Soziologismus bildet, ist seit langem ergänzungs-, wenn nicht revisionsbedürftig. Es sind vor allem jüngere Untersuchungen von sogenannten »dissipativen Strukturen«, denen wir eine neue Betrachtung der Entstehung von Makrostrukturen aus Strukturelementen verdanken. In seinem Buch *Erfolgsge-*

[9] Friedrich Engels, Engels an Joseph Bloch in Königsberg, in: Marx/Engels, Werke, Bd. 37, S. 463–465. Zwischen dem Teil und dem Ganzen, so wollte auch Engels zeigen, gibt es keine Gleichförmigkeit, nicht einmal eine Analogie; denn das Ganze ist ein heterogenes und kein homogenes Gebilde. Daher gelte es eben, Einsicht in die bisherige Geschichte zu gewinnen, die nach Art eines Naturprozesses verlaufen sei; sie gemäß den menschlichen Plänen und Absichten zu gestalten, sei möglich, sobald ihre Bewegungsgesetze entdeckt worden sind. Hier entsteht zwischen den Anwälten der Analyse unbeabsichtigter Folgen absichtsgeleiteter Handlungen ein grundsätzlicher Widerspruch. Während etwa Engels, wie andere sozialistische Gesellschaftstheoretiker auch, für die Ersetzung des »naturwüchsig« und »anarchisch« funktionierenden Marktes durch eine den menschlichen Bedürfnissen angeblich besser gerecht werdende Zentralverwaltungswirtschaft eintritt, plädieren die Vertreter der liberalen Gesellschaftstheorie in der Nachfolge von Adam Smith – etwa Friedrich August von Hayek – für den Markt als unersetzlichen Informationsmechanismus.

heimnisse der Natur bringt Hermann Haken ein instruktives Beispiel[10]. In einem öffentlichen Freibad tummeln sich an einem heißen Sommertag viele Leute; mit der Zeit entsteht ein sehr unangenehmes Gedränge, wachsender Unmut liegt in der Luft; aber plötzlich entspannt sich die Situation dadurch, daß die große Zahl von Schwimmern sich kollektiv einer bestimmten Verhaltensweise befleißigt, von der gleichwohl niemand weiß, wer sie initiiert hat: alle schwimmen in konzentrischen Kreisbahnen. In der Natur, aber auch im Sozialleben laufen häufig Prozesse wie in jenem Schwimmbad ab, ohne daß eine Schablone wirksam wäre. Natürlich gibt es auch Ordnungen, die durch Schablonen erzwungen sind: so etwa, wenn sich – determiniert durch die Kegelgestalt einer Insel – ein Atoll ringförmig bildet oder wenn die Straßenführung die Gestalt eines Verkehrsstaus festlegt. Für dissipative Strukturen ist die Tatsache charakteristisch, daß – vermittelt durch die Fluktuation der Elemente – im Gesamtsystem ein Zustand eintritt, bei dem sich eine Summenfunktion der individuellen Spannungen in einem lokalen Minimum fängt. Wie an Hakens Schwimmbadbeispiel gezeigt werden kann, bildet sich eine Makrostruktur aus, also eine Struktur von einer Größenordnung, welche über den Wirkungsradius jedes einzelnen Elementes weit hinausreicht. Die Makrostruktur, die auf die exemplarisch erwähnte Art entsteht, ist in keiner Weise in der Mikrostruktur der Elemente präformiert. Es handelt sich um eine heterogene, nicht um eine homogene Ganzheit. Die Makrostruktur entsteht »spontan«, dennoch hängt sie auch wiederum eng mit der Natur der Elemente zusammen: mit ihrer spezifischen Art, in »Spannung« zu geraten, auch wenn diese von der Beziehung zu Nachbarelementen abhängt, ferner mit den Freiheitsgraden ihrer Beweglichkeit sowie mit zahlreichen anderen Mikroparametern. Die Makrostrukturen sind durch eine eigentümliche Indeterminiertheit charakterisiert, wenn auch keineswegs Beliebiges als real möglich erscheint; aber immerhin gäbe es etwa in dem Schwimmbadbeispiel zumindest zwei gleichberechtigte Rotationsrichtungen für die in konzentrischen Kreisbahnen erfolgenden Schwimmbewegungen.

Man bezeichnet den Typus der hier besprochenen Gebilde als »dissipative Strukturen«, weil nach Ansicht von Ilja Prigogine

---

[10] Vgl. Hermann Haken, *Erfolgsgeheimnisse der Natur. Synergetik: Die Lehre vom Zusammenwirken.* 2. Aufl. Stuttgart 1981, S. 46 f.

das Spannungsminimum, dem solche Gestalten ihre makroskopische Ordnung verdanken, durch ein Minimum der Entropieerzeugung – in der Physik auch unter dem Namen »Energiedissipation« bekannt – charakterisiert sind. Der Gegenbegriff zu »dissipative Struktur« heißt »konservative Struktur«. Gemeint ist damit die Form aller starren Gebilde, welche durch Kohäsionskräfte am Zerfall gehindert werden. Derartige konservative Strukturen können durchaus aus dissipativen entstehen, nämlich durch deren nachträgliche »Versteinerung«, »Verkrustung« oder »Verknöcherung«. Der Verhaltensforscher Norbert Bischof, der sich eingehender mit derartigen Prozessen beschäftigt hat, nennt als Beispiele dafür die Herbstblätter, die der Wind im Hof zusammengewirbelt und dann als verklebte Haufen liegengelassen hat; Korallenstöcke, die aus den Kalkablagerungen kolonielebender Polypen entstanden sind und dann umgekehrt zugleich das tragende Gerüst dieser Kolonien bilden; die analog zur Skelettbildung der Organismen verstehbare Gewohnheit der Stammgäste oder auch die Anordnung des Bademeisters, die die – im Beispiel Hakens spontan entstandene und dann als bewährt erkannte – Kreisformation im Schwimmbad als feste und jedem Neuling aufgezwungene Regel verankert. Aber als Inbegriff solcher konservativer Strukturen, die sich den dissipativen, aus denen sie ursprünglich erwachsen sind, wie eine Kruste anlagern und sodann ihrerseits den weiteren Entwicklungsprozeß irreversibel determinieren, bis sie schließlich als bloße Gerippe noch für Generationen die Periode ihrer ursprünglichen Funktionstüchtigkeit überdauern, bezeichnet Bischof die Kultur[11]. Aus Bischofs Sicht besteht zwischen Kultur und Natur eine Beziehung der Korrespondenz: »Da sich nämlich eine Makrostruktur in Zuständen stabilisiert, in denen der Spannungszustand der Elemente ein Minimum erreicht, kann man berechtigtermaßen davon reden, die Makrostruktur habe sich den Bedingungen ›angepaßt‹, die den Zusammenhang zwischen Spannung und Verhalten auf der Mikroebene regeln.«[12] Und so wie die ständigen Fluktuationen der genetischen Elemente, die Mutationen, immer wieder – und zwar in Verbindung mit dem Wechsel ökologischer Randbedingungen – alte Formen in neue umschlagen lassen und auf diese Weise

[11] Vgl. Norbert Bischof, *Das Rätsel Ödipus. Die biologischen Wurzeln des Urkonfliktes von Intimität und Autonomie.* München, Zürich 1985, S. 572 f.
[12] Ebenda, S. 573.

Evolution bewirken, kann man in Analogie auch von einer kulturellen Evolution sprechen. Diese wird durch die stetige geistige Produktivität der Individuen als der »Elemente« des sozialen Systems vorangetrieben.

Nun vollzieht sich allerdings die kulturelle Evolution in einem Tempo, mit dem die biologische Evolution nicht Schritt zu halten vermag. Dazu kommt, daß wir Menschen heutzutage genügend Mittel haben, durch kulturell-zivilisatorische Leistungen die Last der Anpassung, und damit den Druck der natürlichen Selektion, von uns selbst auf unsere Umwelt abzuwälzen. Diese Tatsache der Kompensation der Gestaltungskraft der natürlichen Selektion durch kulturell-zivilisatorische Bemühungen anzuerkennen kann auch derjenige nicht umhin, der, um mit Bischof zu sprechen, »die makabre Vision einer immer lahmeren Menschheit in immer besseren Rollstühlen« heraufbeschwört[13].

Normales und Pathologisches. Die Erkenntnisse der Physiker und Verhaltensforscher haben verschiedene einzelwissenschaftliche Ansichten über die Entstehung von Ordnungsstrukturen entscheidend beeinflußt. Im Unterschied zu den Sozialwissenschaften bleiben allerdings die Naturwissenschaften im allgemeinen frei von werthaft-positiven oder werthaft-negativen Deutungen der Beziehungen zwischen Teilen und Ganzheiten. Wenn von Normalität die Rede ist, so mag sich diese etwa auf statistische Normalverteilungen in der Entropieerzeugung beziehen, Normalität als evaluativer Begriff scheint in der Regel nicht auf. Besieht man sich im Gegensatz dazu die frühen gesellschaftstheoretischen Erörterungen heterogener sozialer Ganzheiten, etwa diejenigen Mandevilles, so tritt uns in dessen *Bienenfabel* die Frage entgegen, ob und inwiefern die Laster des Eigeninteresses sich zu öffentlichen Wohltaten zusammenfügen. Von dieser Fragestellung war das ganze 18. Jahrhundert geprägt, und sie wurde erweitert um die höchst kontroverse Erörterung über das Ausmaß der Intervention oder Nicht-Intervention in diesen Prozeß der Ausbildung sozialer Strukturen aus individuellen Verhaltensresultaten.[14]

Eng hängt mit dem soeben Erwähnten die noch immer ver-

---

[13] Vgl. ebenda, S. 575.
[14] Vgl. dazu Alexander Rüstow, *Das Versagen des Wirtschaftsliberalismus.* 2. Aufl. o. O. (Verlag Helmut Küpper) 1950, S. 57–67.

breitete Überzeugung zusammen, daß eine »gesunde« Gesellschaft auch gesunde Individuen produziere und daß dementsprechend die in gewissen Teilen des gesellschaftlichen Systems nachweisbaren pathologischen Phänomene aus der Pathologie des Gesamtsystems erklärbar seien. Dieses Korrespondenztheorem ist vor allem im religiösen Denken über soziale Tatsachen sehr tief verankert; es hat unter dem Einfluß gewisser neomarxistischer Strömungen in den letzten Jahrzehnten weiteren Auftrieb erhalten. Daran ist Marx selbst nicht ganz unbeteiligt. Wie dies bei Sozialwissenschaftlern seiner Zeit nur selten der Fall war, hat Marx zwar Kompositionseffekte von der Art untersucht, daß individuelles, im Bereich der Wirtschaft erfolgendes rationales Verhalten auf gesamtgesellschaftlicher Ebene irrationale Verhältnisse zeitigen kann. Diese Irrationalität des Sozialsystems determiniert aber dann nach Marx das Verhalten jener Individuen, die ohne ihr Zutun in diese vorgegebenen Verhältnisse hineingestellt sind. Zudem schien es für Marx eine klare Angelegenheit zu sein, daß eine im ökonomischen Bereich regulierte, im politischen Bereich jedoch »herrschaftsfreie«, also deregulierte Gesellschaft nur von guten Konsequenzen auf der Mikroebene begleitet sein könne. Marx, so könnte man sagen, war bezüglich der Genese von Makrostrukturen Vertreter einer »dialektischen« Kompositionstheorie, bezüglich der Determination des individuellen Verhaltens durch die gesamtgesellschaftlichen Verhältnisse hingegen Anhänger einer Korrespondenztheorie. Nun läßt sich allerdings zeigen, daß es Makroprozesse der Vergesellschaftung gibt, die keineswegs pathologisch sind, die aber nichtsdestoweniger Mikrophänomene zur Folge haben, die landläufig als pathologisch bezeichnet werden[15].

Was die Bedeutung der Ausdrücke »pathologisch« und »normal« in ihrer Anwendung auf Persönlichkeits- oder Sozialsysteme anbelangt, so empfiehlt es sich, mindestens drei grundlegende Ebenen voneinander zu unterscheiden: eine soziologische, eine statistische und eine evaluative. Bezüglich der soziologischen Bedeutungsdimension wäre exemplarisch auf Talcott Par-

[15] Karl Otto Hondrich hat sich mit diesem Problem in einem als Typoskript zugänglichen, aber nicht publizierten Vortrag im Rahmen einer vom 21. bis 24. Juni 1986 in Gießen abgehaltenen soziologischen Tagung befaßt. Dieser trägt den Titel *Micro-pathology and macro-normality*. Auf diese Abhandlung nehme ich im folgenden gelegentlich Bezug.

sons' Definition von Krankheit hinzuweisen[16]. Der Zustand eines Persönlichkeits- oder Sozialsystems wird dabei als pathologisch betrachtet, wenn dieses nicht in der Lage ist, die von ihm erwarteten Aufgaben auszuführen. Das System verliert in der Folge seine Autonomie, da es durch den Verlust bestimmter Reaktionsdispositionen in hohem Maße von anderen Personen oder Gesellschaften abhängig wird. Die statistische Bedeutung von Pathologischem und Normalem leitet sich von Adolphe Quetelet und Emile Durkheim her. Nach Durkheim sind jene Systeme, die am meisten vom Durchschnitt vergleichbarer Systeme abweichen, als die im höchsten Maße pathologischen anzusehen[17]. Dieser statistische Begriff des Normalen und Pathologischen wurde wiederholt wegen seiner implizit vertretenen Pathologisierung von Minoritäten und Randgruppen, aber auch wegen der gleichzeitig damit oft stillschweigend vollzogenen Identifizierung von statistischen Normen und Soll-Normen kritisiert. Im Zusammenhang mit der Kritik am statistischen Begriff des Normalen und Pathologischen wurde eine dritte Bedeutung dieses Begriffspaars eingeführt: Normalität sollte als Verwirklichung von Wertorientierungen gelten, Pathologisches aber durch das Unvermögen bestimmt sein, einen Wert oder eine Gruppe von Werten – etwa soziale Gerechtigkeit, Freiheit oder Gleichheit – zu verwirklichen.

Nun zeigt eine nähere Betrachtung, daß dieser zuletzt genannte evaluative Begriff von Normalem und Pathologischem einer gewissen Ergänzung bedarf, um für sozialwissenschaftliche Analysen fruchtbar zu sein. Dieser wertbezogene Begriff des Pathologischen meint nämlich ein Zuviel und ein Zuwenig an Wertrealisierung. So kann, wie etwa Parsons zeigte, die Über- und Untererfüllung von Rollen und Aufgaben eine Schwächung, wenn nicht eine Zerstörung der Kapazität eines Persönlichkeitssystems dahingehend zur Folge haben, daß sich dieses System nicht mehr seinen Umweltbedingungen – etwa dem politischen System – anzupassen vermag. Die Mikro-Pathologie kann nun jedoch durchaus mit der Makro-Normalität zusammen bestehen. Die Einseitigkeit und Ausschließlichkeit

[16] Vgl. Talcott Parsons, *Definition of health and illness in the light of American values and social structure*. In: E. G. Jaco (Hrsg.), *Patients, physicians and illness*. New York 1964.

[17] Vgl. Emile Durkheim, *Die Regeln der soziologischen Methode*. 4. Aufl. Neuwied, Berlin 1976, Kap. 3. (*Les règles de la méthode sociologique*. Paris 1895).

des Strebens nach Wertverwirklichung, wie es uns etwa in den literarischen Gestalten der Antigone oder des Michael Kohlhaas entgegentritt, stört – solange nicht eine kritische Zahl von gleichagierenden Individuen erreicht wird – keineswegs die Makro-Normalität. Diese bedeutet in unserem Zusammenhang, daß das Sozialsystem hinreichend große Anpassungsfähigkeit gegenüber seiner Umwelt aufweist, um nicht dieser gegenüber seine normierende Kapazität einzubüßen und in der Folge fremdgesteuert zu sein. Analoges gilt für die Beziehung von Mikro-Normalität zu Makro-Pathologie. Mikro-Normalität als individuelle Werterfüllung kann, muß aber nicht mit Makro-Normalität im vorhin genannten Sinne koinzidieren.

Makro-Normalität ist oft durch einen Gleichgewichtszustand charakterisiert. Dieser wird mitunter fälschlich mit einer positiven praktisch-wertenden Stellungnahme versehen. Im allgemeinen ist jedoch die Annahme unrichtig, daß ein Sozialwissenschaftler seine persönliche Wertschätzung zum Ausdruck bringt, sobald er Gleichgewichtsbeziehungen konstatiert. Es wäre ja auch keineswegs moralisch wünschenswert, eine Population im Sinne von Malthus »im Gleichgewicht« zu sehen, welches darin besteht, daß die Nahrungsvorräte relativ zur Bevölkerung so knapp bemessen sind, daß eine niedrige Geburten- und eine hohe Sterberate die Bevölkerung stationär erhalten. Gleichgewichtserwägungen kommt im Prinzip eine ähnlich wertneutrale Rolle zu wie Überlegungen bezüglich der statistischen Norm[18].

So betrachtet müssen im Gleichgewicht befindliche Makrostrukturen auch nicht notwendig mit einem als positiv bewerteten Mikroverhalten zusammenfallen. Individuelles lügenhaftes Verhalten – sofern es nicht an den Tag kommt – kann daher vielleicht dem politischen System dienlich sein, ebenso wie zum Beispiel die Ineffizienz eines einzelnen Wissenschaftlers, die sich aus dessen skrupelhaftem Verhalten ergibt, dem für das System der Wissenschaft konstitutiven Wahrheitsstreben von Nutzen sein mag. Oder andersherum formuliert: Ein politisches System, in dem Wahrhaftigkeit stets gegenüber dem Machterwerb und der Machterhaltung vorgezogen wird, kann zusammenbrechen, und genauso ein Wissenschaftssystem, in welchem die Fähigkeit zur permanenten Selbstinszenierung und

---

[18] Vgl. in diesem Zusammenhang Thomas C. Schelling, *Micromotives and macrobehavior.* New York, London 1978, S. 25–27.

die Exzentrizität seiner Mitglieder höher geschätzt werden als deren Redlichkeit sowie die Überprüfbarkeit der von ihnen formulierten Aussagen. Natürlich wird der Schwund von Eigenschaften, welche für das in Betracht stehende System konstitutiv sind, entscheidend von zwei Gegebenheiten abhängig sein: von der Anzahl konträrer Verhaltensweisen auf der Mikroebene und von der Dauer derselben. Erst ab einer gewissen kritischen Größe und Zeitdauer werden Erosionseffekte aus dem Mikrobereich auf der Makroebene sichtbar. Unterhalb eines kritischen Niveaus wird, wie Devianztheoretiker aus der Soziologie unter Beweis stellen können, gelten, daß das »pathologische« Verhalten einiger Personen auf der Mikroebene nur die »Normalität« konfirmiert. Aber unabhängig von jenem bekannten Effekt, dem zufolge Ausnahmen nur die Regel bestätigen, soll hier noch kurz auf die Frage Bezug genommen werden, ob nicht die auch heute immer wieder in ethischen und sozialphilosophischen Erörterungen vorgebrachte Konsensforderung der alten Suggestion einer Kongruenz von Mikro- und Makro-Normalität entspringt.

Im folgenden ist nicht jener Konsens auf kommunikativer Ebene gemeint, wie er auch für jeden geklärten Dissens vonnöten ist; ein solcher Konsens verschafft uns Klarheit darüber, daß wir uns mit Bezug darauf, was uns trennt, einig sind. Gemeint ist hier jene Form der moralischen »Intersubjektivität«, die sich nicht selten als ein Wille zur Herstellung homogener sozialer Ganzheiten geltend macht. Die deutsche Art, Rousseaus »allgemeinen Willen« zu verstehen, führte bereits wiederholt zur Auslegung von Gleichheit als Gleichförmigkeit und von Konsens als Konsonanz der Meinungen. So schrieb Fichte 1798 in seinem *System der Sittenlehre* mit der Emphase dessen, der sich – politisierend – in einer religiösen Gemeinde geborgen weiß, daß es der »Endzweck des Menschen«, das »letzte Ziel alles seines Wirkens in der Gesellschaft« sei, die gleichen Überzeugungen zu haben. Die Übereinstimmung »über das rein Vernünftige« mache die Unterscheidung von gelehrtem und ungelehrtem Publikum sowie das Bestehen von Kirche und Staat obsolet: »Alle haben die gleichen Überzeugungen, und die Überzeugung eines jeden ist die Überzeugung aller. Es fällt weg der Staat, als *gesetzgebende und zwingende* Macht. Der Wille eines jeden ist wirklich allgemeines Gesetz, weil alle anderen dasselbe wollen; und es bedarf keines Zwanges, weil jeder schon von sich selbst will, was er soll. Auf dieses Ziel soll alles unser Denken und Handeln und selbst unsere individuelle Ausbildung abzwecken: nicht wir selbst sind unser Endzweck, sondern alle sind es.«[19] Fichte war, wie man weiß, auch einer der Vorläufer von Entwicklungen, wie sie vor allem im 20. Jahrhundert von Bedeutung geworden sind. Ihnen liegt die Auffassung zugrunde, daß es ein Gemeinwohl als sichtbaren Leitstern der Politik gibt, das jedem normalen Menschen mittels rationaler Argumente sichtbar gemacht werden könne und das, da es den unverfälschten Bedürfnissen der menschlichen Gattung entspreche, stets einfach zu definieren sei. Folglich gibt es auch, wie Schumpeter kritisch-ironisch bemerkt, »keine Entschuldigung dafür, daß man es nicht sieht, ja nicht einmal eine Erklärung für das Vorhandensein von Menschen, die es nicht sehen, es sei denn Unwissenheit – die behoben werden kann –, Dummheit und antisoziales Interesse«[20]. Im Unterschied zur Konkordanzdemokratie ist daher die Konkurrenzdemokratie eine Organisationsform nicht für die Meinungskonformität, sondern für den Dissens von Ansprüchen und Rechten. Ihre konsensuelle Grundlage, die sie natürlich gleichwohl besitzt und benötigt – sie ist im allgemeinen in den Grundrechten kodifiziert –, bezieht sich genau auf den Rechtsanspruch der Differenzierung und Pluralität, welcher nicht vorschnell im Namen irgendeiner Einheit Einhalt geboten werden soll. Die Beschwörung eines rationalen Konsenses kann aber dementsprechend nur besagen, daß Vernunft das Medium der Austragung von Konflikten ist, oder mit anderen Worten: daß die Pluralität heterogener Überzeugungen und der notfalls fundamentale Dissens nur im Medium einer von den Protagonisten gleichermaßen akzeptierten diskursiven Rationalität erfahrbar und feststellbar sind. Der Dissens ist in einer derartigen Philosophie der Politik zwar keineswegs das Ziel, aber die politische Welt ist durch Differenz bestimmt; und in Situationen effektiven Dissenses ist zunächst einmal nicht Konsens, sondern *Dissensklärung* das erste Ziel. Auf sie können allenfalls konsensuelle Überlegungen folgen, wie man mit dem Befund heterogener Orientierungen und widersprüchlicher Handlungsbereitschaften pragmatisch sinnvoll umgehen kann.

[19] Fichte, *Das System der Sittenlehre nach den Principien der Wissenschaftslehre*. In: Sämtliche Werke, Bd. 4, S. 252 f.; vgl. ebenda, S. 233–243 und S. 348–351.
[20] Joseph A. Schumpeter, *Kapitalismus, Sozialismus und Demokratie*. 3. Aufl. München 1972 (*Capitalism, socialism and democracy*. New York 1942), S. 397.

Nicht zu übersehen ist für den Vertreter der Ideengeschichte, wie die uneingeschränkte Verpflichtung auf den Konsens – auch wenn sie unter Solidaritäts-Beschwörungen erfolgte – in der Mehrzahl der Fälle auf eine Programmierung der »Diskurspartner« hinauslief und daher nur der Illusion einer durchgängigen Homogenisierbarkeit von Teilen und Ganzem Vorschub leistete.

Integrale Rationalität und Interdisziplinarität

Über den Ergänzungsbedarf der Verstandesfunktionen
Die im politischen Bereich unter dem Stichwort »Pluralismus versus Monismus« geführte Diskussion hat im epistemologischen Bereich ihre Entsprechung in der Erörterung heterogener Rationalitätskonzeptionen. Hatte bereits Aristoteles – der traditionelle Philosoph der Pluralität – die Rationalitätsformen der theoretischen, der praktischen und der poietischen Vernunft unterschieden, so unterschied Pascal die Ordnungen des Verstandes, der Liebe und der Macht, von denen jede ihre spezifische Logik habe. Auf ähnliche Weise und aus dem Bestreben heraus, jener verbreiteten Auffassung entgegenzuarbeiten, der zufolge es außerhalb der Wissenschaft keine Möglichkeit der rationalen Argumentation gebe, war es sodann Immanuel Kants Bestreben, in seiner *Kritik der Urteilskraft* die Eigengesetzlichkeit der Ästhetik und ihres Wirklichkeitsbegriffs abzuheben von der wissenschaftlichen Erkenntnis sowie von der moralischen Praxis. »Rationalität« äußert sich so bei Kant einmal als *Verstand* durch das Prinzip der Gesetzmäßigkeit in der Anwendung auf *Natur*; als *Urteilskraft* durch das Prinzip der Zweckmäßigkeit in Anwendung auf *Kunst*; als *Vernunft* durch das Prinzip des Endzweckes in Anwendung auf *Freiheit*. In der ästhetischen Beziehung zur Welt, so wollte Kant zeigen, liegt eine eigene Form der Rationalität, die sich keineswegs auf die Erkenntnis des Natur- oder des Moralgeschehens oder auch auf beide zusammen zurückführen läßt.

In der Hermeneutik des 19. und 20. Jahrhunderts standen sodann Probleme der gegenstandsspezifischen Darstellungsweise im Vordergrund der Betrachtung, wobei es sich als zielführend erweisen sollte, die verschiedenen Funktionen einer Darstellung – sei es in der Sprache der Wissenschaft, der Kunst oder der Politik – genauer zu differenzieren. So kann eine Darstel-

lung, erstens, Objektives zu *beschreiben* (oder zu erklären) suchen – ihr kommt dann deskriptive oder *Abbildungsfunktion*
zu; eine Darstellung kann, zweitens, Subjektives *mitteilen* – für
sie ist dann eine bestimmte expressive oder *Ausdrucksfunktion*
eigentümlich; eine Darstellung kann aber schließlich, drittens,
intuitiv Geahntes oder auch ein als Seinsollendes Empfundenes
anzeigen – eine derartige Darstellung hat symbolische oder
Gleichnisfunktion. Diesen Darstellungsfunktionen entsprechen
bestimmte Adäquatheitsbedingungen. So kann es etwa sein, daß
gerade ein Musikstück die angemessenste, die adäquate Form
der Darstellung eines spezifischen intendierten Darstellungsin-
haltes ist. Jedenfalls sind diese Darstellungsfunktionen voneinander zu unterscheiden, um nicht – von einer ganz bestimmten
Darstellungsfunktion und der ihr entsprechenden Adäquat-
heitsbedingung ausgehend – dazu alternative Darstellungsformen vorschnell als irrational zu verwerfen. So bestehen etwa
auch nach Wilhelm Dilthey unterschiedliche Gelingensbedin-
gungen in naturwissenschaftlichen und geisteswissenschaftlichen Aussagen, sofern Gegenstand des naturwissenschaftlichen
Erklärens eine »Tatsache«, Gegenstand des geisteswissenschaftlichen Verstehens ein »Erlebnisausdruck« ist; denn das Kriterium der Urteilsaussage sei »wahr« oder »falsch«, während das
Kriterium eines Erlebnisausdruckes in der »Wahrhaftigkeit«
oder »Unwahrhaftigkeit« bestehe[21].

Auch in den Darstellungen der Geschichts- und der Sozialwissenschaften tritt uns allenthalben die hier erörterte alte Opposition von Ganzem und Teil im Bereich der Rationalität, also
von Totalvernunft und gebrochener Vernunft, von der Einheit
des Logos und der Vielheit seiner Stimmen entgegen. Die Aus-
gangslage ist dabei heute folgende: Einerseits hat man in der
Philosophie und Gesellschaftslehre der letzten beiden Jahrhun-
derte die Vielfalt von Rationalitätstypen zunächst wissen-
schaftsintern entdeckt und analysiert, andererseits war zunehmend auch von wissenschaftsexterner Rationalität die Rede –
von einer Rationalität der Handlungen und Rituale, einer Rationalität des Mythos, der Religion und der Lebenswelt[22]. Dieser Ausweitung der Rationalitätsthematik entsprechen zwei un-

[21] Vgl. Wilhelm Dilthey, *Der Aufbau der geschichtlichen Welt in den Geisteswissenschaften* (Werke, Bd. 7). 7. Aufl. Stuttgart, Göttingen 1979, S. 206.
[22] Vgl. dazu exemplarisch den Sammelband von Hans G. Kippenberg und
Brigitte Luchesi (Hrsg.), *Magie. Die sozialwissenschaftliche Kontroverse über das
Verstehen fremden Denkens*. 2. Aufl. Frankfurt a. M. 1987.

terschiedliche Grundbegriffe von »Wahrheit«: im einen Falle ein *propositionaler* Wahrheitsbegriff, der – im Sinne der alten Begründbarkeitsforderung – die Gültigkeit von Aussagen durch ihre logisch-deduktive Ableitbarkeit aus übergeordneten Sätzen und Satzsystemen unter Beweis zu stellen sucht; andererseits ein *pragmatistischer* Wahrheitsbegriff, der nicht gleichsam retrospektiv auf die theoretischen Fundamente blickt, sondern prospektiv auf Verhaltensweisen achtet, die in optimaler Weise Erwartungen zu erfüllen imstande sind. Die optimale Lösung eines Problems besteht sonach nicht mehr in einer theoretischen Fundierung von Aussagen, sondern in einer – durch welche Praktiken auch immer bewirkten – Zustandsänderung der Welt, wodurch das Problem einer als unbefriedigend erkannten Ausgangssituation gelöst wird.

Diese neue Erörterung unterschiedlicher Wahrheitsebenen scheint dem generellen methodologischen Prinzip von Aristoteles zu genügen, wonach die Methode dem Gegenstand zu folgen habe und daher verschiedene Seinsbereiche verschiedene Methoden der Untersuchung, verschiedene Probleme verschiedene Problemlösungsstrategien erfordern. Erscheint im einen Fall Rationalität als Konsistenz, so im anderen als Effizienz. Ein Plädoyer für die Einheit der Rationalität kann dabei nicht hinauslaufen auf eine Einebnung der Differenzen. Folgerichtig scheint heute in der Rationalitätsdiskussion eine allgemeine Topologie von Problemlösungsverfahren zunehmend als zentrale philosophische Herausforderung aufgefaßt zu werden[23]. Auch im gegenwärtigen Streit um Moderne versus Postmoderne geht vieles, wie es Wolfgang Welsch formuliert, im Grunde darum, »ob jenseits der Vielheit auch noch eine Einheitsform der Vernunfttypen ins Auge zu fassen ist, und wenn ja, welche. Liegt das Heil in der reinen Vielfalt oder bedürfen die diversen Vernunftformen noch eines vereinigenden Prinzips oder Bandes, um überhaupt für Formen von Vernunft gelten zu können? Und wie wäre dieses Prinzip oder Band zu denken?«[24]

Diese Frage ist auch aus soziologischer Sicht keine unverbindlich-akademische. Denn in der Erörterung verschiedener Ansätze der soziologischen Theorie bleibt im allgemeinen offen, ob es nun bestimmte Problemexpositionen sind, welche

[23] Vgl. in diesem Zusammenhang die wertvollen Analysen in Hans Lenk, *Zwischen Wissenschaftstheorie und Sozialwissenschaft*. Frankfurt a. M. 1986, S. 104–130.
[24] Welsch, *Unsere postmoderne Moderne*, S. 274.

den verschiedenen Zugangsweisen als etwas spezifisch Soziologisches gemeinsam zugrundeliegen, oder ob es bestimmte prozedurale Elemente dieser Zugangsweisen selbst sind, die etwa Interaktionismus, Historischer Materialismus und Systemtheorie als Positionen der soziologischen Theorie gemeinsam haben. Naiv und unrichtig wäre es jedenfalls anzunehmen, die Sektoren der soziologischen Erfahrung lägen fest und unterschiedliche Paradigmen würden diese nur unterschiedlich erfüllen. Die Tatsachen zeigen das Gegenteil und jede Reflexion lehrt warum: Die unterschiedlichen Paradigmen definieren mit ihrem unterschiedlichen Verständnis der sozialen Phänomene zugleich unterschiedliche Extensionen des jeweiligen Gegenstandsbereichs. Die Paradigmen legen fest, welche Daten für die Konstituierung sozialer »Tatsachen« als relevant angesehen werden. Die Diversität der Wirklichkeitswahrnehmung entspricht daher der Differenz sozialwissenschaftlicher Erfahrungsweisen. Die Frage, die sich der sozialwissenschaftlichen Methodologie in diesem Zusammenhang stellt, ist nicht die Frage der Transformation der Vielheit in ein einheitliches Ganzes, sondern die des Zusammenhanges, genauer gesagt: die der Zusammenstimmung oder Architektonik verschiedener Betrachtungsweisen.

Auch die sozialwissenschaftliche Vernunft ist ein spezifizierendes und pluralisierendes Vermögen. Die Zusammenstimmung der Zugangsweisen ergibt sich in dem Moment, da diese – in unserem Beispiel die Ansätze der soziologischen Theorie – wirklich ausgebildet sind, meist von selbst. Sie ergibt sich nicht aus der Offenkundigkeit von Gebietseigentümlichkeiten und Gebietsgrenzen, wohl aber aus der Spezifik von Problemexpositionen und Fragestellungen im Hinblick auf einen vorgegebenen Datenbestand. Die »Einheit der Sozialwissenschaften« steht demgemäß nicht *über* der Pluralität ihrer Darstellungsformen und sie besteht nicht in deren Vereinheitlichung, sondern in der Klärung der zwischen ihnen bestehenden Unterschiede sowie ihrer spezifischen Problemlösungskompetenz. Eine sozialwissenschaftliche Hypervernunft wäre in diesem Zusammenhang eine widersprüchliche Vorstellung.

Zur Komplementarität von Theorie und Geschichte
Wie Vertreter der Rollentheorie im Rahmen des sozialwissenschaftlichen Funktionalismus, so neigten auch Ideologiekritiker und Wissenssoziologen dazu, das Individuelle als eine Funktion

der es umfassenden ganzheitlichen Strukturen aufzufassen. Der Primat des Ganzen, der für das Denken von Auguste Comte gleichermaßen charakteristisch war wie für seinen Zeitgenossen Hegel, erfuhr sowohl in Teilen der späteren positivistischen als auch in der marxistischen Tradition eine Revitalisierung. Dabei sollten die Veränderungen des menschlichen Verstandes aus den Änderungen der direkt verstandenen sozialen Ganzheiten erklärt werden. Das Defizit dieser holistischen Erklärung des Einzelnen aus dem Ganzen liegt häufig im Übersehen der erkenntnistheoretischen Tatsache begründet, daß soziale Ganzheiten als solche nie unserer Beobachtung gegeben sind, sondern Konstruktionen unseres Geistes darstellen. Wie Friedrich A. Hayek in einschlägigem Zusammenhang bemerkt, befassen sich die Sozialwissenschaften nicht mit »gegebenen« Ganzheiten, sondern ihre Aufgabe ist es, diese Ganzheiten zu schaffen, indem sie aus den bekannten Elementen Modelle konstruieren – Modelle, die die Struktur der Beziehungen zwischen einigen aus den vielen Erscheinungen reproduzieren, die wir im realen Leben immer gleichzeitig beobachten. Wörter wie »Regierung« oder »Handel« oder »Armee« oder »Wissen« bezeichnen, wie Hayek feststellt, »nicht einzelne beobachtbare Dinge, sondern Systeme von Beziehungen, die nur durch eine schematische Darstellung oder die ›Theorie‹ einer dauernden Struktur von Beziehungen zwischen den ewig wechselnden Elementen beschrieben werden können«[25]. Daher setzt nach Hayek auch die Arbeit des Historikers, wie alle Versuche, einzelne Erscheinungen zu erklären, die Theorie in der Weise voraus, daß es zur Anwendung von allgemeinen Begriffen auf die Erklärung besonderer Erscheinungen kommt.

Von einer derartigen Ansicht ist etwa die Überzeugung Comtes weit entfernt, der zufolge konkrete soziale Erscheinungen allein durch Betrachtung der Gesamtheit all dessen verstanden werden können, was innerhalb bestimmter raum-zeitlicher Grenzen gefunden werden kann. Eine solche, häufig als »makroskopisch« bezeichnete Betrachtungsweise ist dadurch charakterisiert, daß in ihr die Elemente nicht individuelle Menschen, sondern Kollektive sind, welche als konstante Konfigurationen unter das »Gesetz der großen Zahl« fallen, und die,

---

[25] Vgl. Friedrich A. Hayek, *Mißbrauch und Verfall der Vernunft. Ein Fragment.* Frankfurt a. M. 1959 (*The counter revolution of science.* Glencoe/Ill. 1952), S. 96.

wie man annimmt, in streng objektiver Weise beschrieben werden können. Nun haben aber Vertreter der sogenannten »verstehenden Soziologie« vor Augen geführt, daß ein derartiger Glaube, wonach eine Gesamtansicht des Sozialgeschehens es ermöglichen würde, Ganzheiten durch objektive Kriterien zu unterscheiden, weitgehend illusionär ist. Dies wird insbesondere klar, sobald wir uns, wie Hayek ausführt, »ernstlich vorzustellen versuchen, woraus der Makrokosmos bestünde, wenn wir unsere Kenntnis dessen, was die Dinge für den handelnden Menschen *bedeuten*, wirklich weglassen müßten und die Handlungen der Menschen bloß so beobachteten, wie wir einen Ameisenhaufen oder ein Bienenvolk beobachten«[26]. In eine derartige Darstellung könnten nur physische Gegenstände Eingang finden, wobei das menschliche Verhalten gegenüber ihnen praktisch keine für einen »physikalistischen« Beobachter unterscheidbaren Regelmäßigkeiten zeigen würde. Da nämlich die Menschen in sehr vielen Fällen auf Dinge, die für diesen Beobachter gleich erscheinen, nicht gleich reagieren würden, umgekehrt jedoch nicht verschieden auf Dinge, die ihm verschieden erscheinen, so könnte er nicht hoffen, zu einer Erklärung ihrer bloß als Reflexe verstandenen Handlungen zu gelangen. Soziales Verhalten besteht zwar zum Teil aus Reflexverhalten, es besteht aber essentiell aus sozialem Handeln im Sinne einer bewußten Entscheidung angesichts »sozialer Tatsachen«, welche erst nach spezifischen Abstraktionen als physische Gegenstände darstellbar werden.

In gewissem Gegensatz zur physikalistischen Darstellung sozialer Ganzheiten entwickelten Vertreter der intentionalistischen Theorie ein voluntaristisches Prinzip der Konstruktion von sozialen Ganzheiten. Nun sind jedoch Konfigurationen wie die Sprache, der Markt, die Moral und vieles andere nicht einfach Produkte willkürlicher Schöpfung, also Artefakte im eigentlichen Sinne. Sie sind nicht – und dies macht eine der wichtigsten Erkenntnisse des Funktionalismus aus, der im Umkreis der vergleichenden Ethnologie entstanden ist – von irgendeinem Verstand entworfen worden, sie werden auch nicht in ihrer Struktur aufrecht erhalten durch sozusagen bestanderhaltende Intentionen. Viele der größten Errungenschaften des Menschen sind so nicht das Ergebnis bewußt orientierten Denkens und bewußt koordinierter Bemühungen vieler einzelner,

---

[26] Ebenda, S. 79.

sondern das Ergebnis eines Prozesses, der durch eine umfassende Kombination individueller Wissensbestände charakterisiert ist. Sie sind nicht durch einen einzelnen Verstand voluntaristisch zu meistern.

Im Verlauf ihrer Analyse sind Sozialtheorie und Geschichte wechselseitig aufeinander angewiesen. So wird die mit der »Logik der Ereignisse« beschäftigte kompositive Sozialtheorie sich damit befassen, wie die Teile der Erscheinungen voneinander abhängen, was nicht notwendig darauf hinausläuft, ihre chronologische Ordnung aufzuzeigen. Andererseits beschäftigt sich die geschichtswissenschaftliche Darstellung mit den besonderen Umständen eines einzelnen Vorganges, vor allem mit der spezifischen Bedürfnislage der historischen Akteure und mit dem Wandel ihrer Wertpräferenzen. Erst auf der Grundlage derartiger historisch-sozialtheoretischer Kooperationen wird es möglich, dem häufig mißverstandenen Sinn des Satzes, wonach die sozialen Vorgänge und Gebilde »mehr« seien als die »bloße Summe ihrer Teile«, einen genauen Sinn zu geben, und in der Folge zu verstehen, wie die vereinten Anstrengungen der Individuen Ergebnisse bewirken, die mitunter sogar als zufriedenstellend empfunden werden, obschon sie kein einzelner geplant oder vorausgesehen haben konnte. Theoretische und historische Arbeit sind, wie Hayek bemerkte, logisch verschiedene, aber komplementäre Tätigkeiten: »Wenn sie auch verschiedene Aufgaben haben, so sind sie doch in der Anwendung nicht zu trennen ... Obwohl das Allgemeine nur deswegen interessant ist, weil es das Besondere erklärt, und das Besondere nur durch Allgemeines erklärt werden kann, so kann doch das Besondere nie das Allgemeine und das Allgemeine nie das Besondere werden.«[27]

Aspekte der Interdisziplinarität
Das komplexe Thema der Interdisziplinarität[28] kann hier auch nicht einigermaßen repräsentativ erörtert werden. Es sollen nur einige damit verbundene, wenn auch häufig vernachlässigte Fragestellungen zur Sprache kommen.

Wie man in der Geschichtswissenschaft oder in den historischen Sozialwissenschaften einen Sachverhalt beschreibt und

[27] Ebenda, S. 99.
[28] Vgl. dazu Joseph J. Kockelmans (Hrsg.), *Interdisciplinarity and higher education*. University Park, London 1979; Jürgen Kocka (Hrsg.), *Interdisziplinarität. Praxis – Herausforderung – Ideologie*. Frankfurt a. M. 1987.

welche Bedingungen und Ursachen man als kausalrelevant an-
sieht, hängt davon ab, in welcher Weise das Ganze des in Betracht stehenden Sachverhalts, einschließlich der für ihn be-
deutsamen Umweltbezüge, aufgefaßt wird. Die auf uns über-
kommenen Quellen allein sind es dabei nicht, was zunächst
unser Vorverständnis, dann unser artikuliertes Verstehen und
Erklären eines Sachverhaltes bestimmt. Die Entscheidung darüber, welche Merkmale für die Beschreibung und welche Faktoren für die Erklärung des Sachverhaltes zählen sollen oder
nicht, fällt zunächst auf der Ebene der Theorie, welche die Bedingungen möglicher Geschichte konstituiert. Diese Theorie
ist sowohl in ihrer Darstellungs-, als auch in ihrer Erklärungs-
funktion zu sehen. Ob etwa ein historisches Vorkommnis
ökonomisch oder theologisch, also für Sachverhalte des wirtschaftlichen oder religiösen Geschehens relevant ist, oder ob
es als ökonomisch oder theologisch determiniert oder mitbestimmt gedeutet werden soll, ist zunächst Sache einer theoretischen Vorannahme, noch nicht eine solche des Quellenbestandes. So ist einerseits die Festlegung von attributiven Bestimmungen historischer Tatsachen etwas, was der reinen
Faktographie vorgängig ist; Tatsachen sind, wie Reinhart Koselleck ausführt, im historiographischen Kontext urteilsbe-
dingt: »Ob Ludwig XVI. – mit Gentz zu reden – ermordet
worden oder ob er hingerichtet oder gar bestraft worden ist,
das ist die historische Frage, nicht aber die ›Tatsache‹, daß ein
Fallbeil von so und soviel Gewicht seinen Kopf vom Rumpf
getrennt hat.«[29] Andererseits gilt auch für den Erklärungs-
aspekt, daß die Quellen erst zu sprechen beginnen, wenn die
theoretische Vorentscheidung gefallen ist. Man findet dann
etwa Belege für einen ökonomischen Geschichtsdeterminis-
mus oder aber für eine sozialdarwinistische Geschichtsinter-
pretation und »randomisiert« andere Faktoren bezüglich ihrer
kausalen Relevanz. Aber es kann auch sein, daß die Quellen,
wie Koselleck bemerkt, »schweigen, weil etwa für eine theoretisch gestellte ökonomische Frage keine Zeugnisse vorhanden sind – womit die Frage selbst noch nicht falsch wird.
Deshalb erzwingt der Primat der Theorie auch den Mut zur

[29] Reinhart Koselleck, *Standortbindung und Zeitlichkeit. Ein Beitrag zur
historiographischen Erschließung der geschichtlichen Welt.* In: R. Koselleck,
W. J. Mommsen und J. Rüsen (Hrsg.), *Objektivität und Parteilichkeit in der
Geschichtswissenschaft.* Theorie der Geschichte, Bd. 1. München 1977, S. 43 f.

Hypothesenbildung, ohne die eine historische Forschung nicht auskommt.«[30]

Auch die zeitgenössischen interdisziplinären Forschungspostulate haben mit jenem Spannungsfeld von *Theoriebildung* und *Quellenexegese* zu tun; dabei zeigt sich, daß es einer explikativen und explanativen Theorie bedarf, um die deskriptive bzw. kausale Relevanz des Quellenbestandes überhaupt erst zu erfassen. Die Formulierung einer die Nachbardisziplinen integrierenden Theorie möglicher Geschichten liegt aber nun nicht schon im Bereich einer subjektiven Beliebigkeit oder einer unkontrollierten Parteilichkeit. Denn die Quellenkritik behält ihre unverrückbare Funktion. Nur muß die Funktion der Quellen, im Sinne der von Koselleck gegebenen Anregungen, enger bestimmt werden, als dies bisher üblich war: »Streng genommen kann uns eine Quelle nie sagen, was wir sagen sollen. Wohl aber hindert sie uns, Aussagen zu machen, die wir aufgrund der Quellen nicht machen dürfen. Die Quellen haben ein Vetorecht. Sie verbieten uns, Deutungen zu wagen oder zuzulassen, die aufgrund eines Quellenbefundes schlichtweg als falsch oder als nicht zulässig durchschaut werden können ... Quellen schützen uns vor Irrtümern, nicht aber sagen sie uns, was wir sagen sollen.«[31]

Die Hinweise auf die vermeintliche Beliebigkeit der Theoriebildung sind vor allem im Zusammenhang mit der immer wieder beschworenen Verflechtung von *Erkenntnis* und *Interesse* von Wichtigkeit. Im Rahmen der Ideologiekritik der beiden letzten Jahrzehnte ist es üblich geworden, die angeblich »positivistische« Restriktion auf endogene Erkenntnisbestände im Namen einer »dialektischen« Betrachtung des Zusammenhangs von Kognition und Pragmatik, von »Theorie« und »Praxis«, von Erkenntnis und erkenntnisleitenden Interessen neu zu sehen. Die mit dieser ideologiekritischen Perspektive gemeinte Interdisziplinarität bezog sich auf die Berücksichtigung des Zusammenhanges von Wissenschaft einerseits, von praktisch-wertenden Stellungnahmen andererseits. Heute ist der ideologiekritische Gestus der sechziger und siebziger Jahre einer akademisch anmutenden Rationalitätsdiskussion gewichen, wobei die ursprünglich geforderte Interpenetration von Erkenntnis und Interesse der Forderung nach Kommunikation zwischen den

[30] Ebenda, S. 45.
[31] Ebenda, S. 45 f.

ausdifferenzierten Rationalitätsaspekten im Namen einer Respektierung der »Einheit der Vernunft« gewichen ist. So fordert etwa Jürgen Habermas, der sich ausdrücklich als »Hüter der Rationalität« versteht, »das stillgelegte Zusammenspiel des Kognitiv-Instrumentellen mit dem Moralisch-Praktischen und dem Ästhetisch-Expressiven wie ein Mobile, das sich hartnäckig verhakt hat, wieder in Bewegung zu setzen«[32]. Wie das geschehen soll, bleibt unklar. Es ist zu hoffen, daß die Erwartung einer wechselseitigen Befruchtung, wie sie mit der geforderten Kommunikation zwischen den Bereichen der Wissenschaft, der Politik und der Kunst verknüpft wird, nicht mit der Einsicht in deren gegenseitige Sterilisierung endet.

Die soeben geäußerten kritischen Vorbehalte ändern nichts an der Notwendigkeit, Entwicklungen in »Nachbargebieten« wenigstens in großen Zügen zu verfolgen. Exemplarisch sei in diesem Zusammenhang auf die in letzter Zeit wieder außerordentlich fruchtbare Kooperation zwischen Politikwissenschaft, Rechtswissenschaft und Soziologie auf der einen, den Wirtschaftswissenschaften auf der anderen Seite hingewiesen. Die Anstöße dazu gingen von jenen Vertretern der Nationalökonomie aus, welche sich des Umstandes stets bewußt geblieben sind, daß sich ihre Disziplin nur mit einem Teil des ökonomischen Prozesses, ja oft nicht einmal mit dem wichtigsten, wohl jedoch mit dem am besten analysierbaren Teil beschäftigt. Es sind vor allem die nicht-ökonomischen Elemente in den ökonomischen Entscheidungsbildungsprozessen, die zunehmend von größerem Interesse wurden, wobei sich eben zeigen sollte, daß das Ganze des ökonomisch Relevanten größer ist als die Summe seiner ökonometrisch erfaßbaren Teile. Unter dem Namen des Neo-Institutionalismus wurde so jenem nicht-ökonomischen Element Aufmerksamkeit geschenkt, welches die Grundlage für die Kooperation jener Einheiten im wirtschaftlichen Entscheidungsprozeß bildet, die von der ökonomischen Analyse erfaßt werden. In Weiterentwicklung von Ansätzen der Klassiker der politischen Ökonomie zeigt sich heute, daß das befriedigende Funktionieren des Marktmechanismus durchaus nicht autonom erfolgt, sondern ganz im Gegenteil von der Erfüllung bestimmter sozialstruktureller, kultureller und politisch-rechtlicher Randbedingungen abhängig ist. Nur für denjenigen Bereich der

[32] Jürgen Habermas, *Moralbewußtsein und kommunikatives Handeln*. Frankfurt a. M. 1983, S. 26; vgl. auch S. 27.

Gesellschaft, in dem diese institutionellen Bedingungen erfüllt sind, gilt unter anderem jenes Zusammenfallen von Eigennutz und Gemeinnutz, welches entdeckt zu haben die große Leistung des klassischen ökonomischen Liberalismus ist[33].

Ein weiterer wichtiger Aspekt von Interdisziplinarität bezieht sich auf den für die geschichtswissenschaftliche Rekonstruktion so wesentlichen *Zusammenhang von Faktischem und Fiktivem*. Siegfried Lenz hat sich in einem anregenden Essay der von ihm als erstrebenswert angesehenen Symbiose von Geschichtswissenschaft und Literatur zugewandt[34]. Lenz weist darauf hin, daß die Einmaligkeit der historischen Situation und die Unwiederholbarkeit vielfältiger historischer Bedingungen dem Wunsch widersprechen, Geschichte zu einer Wissenschaft zu erheben. Das Dickicht menschlichen Handelns sei nicht mit übertragbaren Gesetzen zu durchdringen. Lenz wendet sich damit gegen eine bestimmte Variante des Historizismus, unterschlägt aber dabei die Tatsache, daß der Hinweis auf nomologische Elemente in der geschichtswissenschaftlichen Erkenntnis nicht auf die Replikation komplexer historischer Situationen bezogen werden muß, sondern auch bestimmte elementare Konstellationen in Situationen oder Prozessen betreffen kann. Durch Aufweisung des Regelhaften und Schablonenhaften an elementaren Konstellationen soll es möglich werden, das reale Ausmaß und den spezifischen Charakter des Neuen und Originären in der Geschichte darzustellen. Gerade um dessen Nachweis geht es auch Lenz in besonderem Maße. Dafür scheint es ihm keine geeignetere Form zu geben als die Erzählung.

Zum erzählenden Historiker gehört Imagination. Wenn hier von Imagination die Rede ist, so ist vor allem an zweierlei gedacht: an die Fähigkeit zur methodischen Suche nach dem Exemplarischen sowie an das Vermögen der quellenmäßig abgestützten, gleichwohl notwendig fiktiven Rekonstruktion der intentionalen »Innenseite« des historischen Geschehens. »Wenn Übertreibung dazu verhilft, im Einzelnen das Allgemeine aufscheinen zu lassen, dann«, so bemerkt Siegfried Lenz, »gehört auch sie dazu. Nicht lückenlose, buchhalterische Beweisführung macht Vergangenheit transparent, sondern der verdichtete

[33] Vgl. dazu exemplarisch Rüstow, *Das Versagen des Wirtschaftsliberalismus*, wo in ideengeschichtlichem Zusammenhang Auffassungen des Ordo-Liberalismus dargelegt werden.
[34] Siegfried Lenz, *Geschichte erzählen*. In: Frankfurter Allgemeine Zeitung v. 11. Oktober 1986, Beilage.

Augenblick.«[35] Natürlich ist das sehr unterschiedlich auszulegen, was man als das Exemplarische bezeichnet: Ging es den großen Historikern dabei darum, den herausragenden Geschehnissen besondere Aufmerksamkeit zu schenken, da an ihnen als besonderen Bedingungen das Verhalten des Menschen sich am trefflichsten darstellen lasse, so indiziert die heutige Rede vom Exemplarischen oftmals ein Interesse an mittleren Lagen, an unscheinbarem Dasein, an »Geschichte von unten«. Aber wie immer der Historiker nun im einzelnen »das Exemplarische« versteht – er weiß darum, daß es ihm nie gelingen kann, Geschichte in ihrer Ganzheit, in ihrer Totalität darzustellen. Er ist genötigt einzuräumen, daß es Leerstellen geben wird, daß es – mit den Worten von Golo Mann und Paul Veyne gesprochen – notwendig sein wird, Geschichte zu erzählen wie einen »wahren Roman mit Lücken«. Gerade in Anbetracht dieser Lückenhaftigkeit, so glaubt Lenz, kann die darstellende Art des Historikers eine nicht zu unterschätzende Ergänzung finden, und zwar durch erzählende Literatur.

Kann nun die Fiktion das Faktum ergänzen? Da sich Geschichte ja nicht in den bestimmbaren Wirkungen von Fakten erschöpfe, sondern vielmehr zeige, daß zu jeder Zeit auch unsichtbare, sozusagen unterirdisch-geheimnisvolle Kräfte den historischen Prozeß mitlenken, meint Lenz, daß die Fiktion dies auf besondere Weise könne: »Am erfundenen, individualisierten Schicksal wird die allgemeine Lage beschrieben, an ihm werden Stimmungen und Erwartungen ablesbar, wir werden bekannt mit der Lebensatmosphäre einer Zeit... Aus dem Ploetz zum Beispiel können wir erfahren, wann und wie die Rückführung deutscher Kriegsgefangener vor sich ging, eine Erzählung von Böll oder Borchert aber führt uns vor Augen, was es heißt, aus Krieg und Gefangenschaft heimzukehren. Erfahren wir in einem Fall Zahlen, Daten und Argumente von Verhandlungen, so erleben wir im anderen die geheime Wahrheit des ausgesetzten Menschen, sein oft nur ahnbares Verhängnis.«[36]

Der schon früher erörterte Unterschied von Strukturalismus und Intentionalismus wird hier wieder offenkundig. Wenn Siegfried Lenz hier ein Plädoyer für die Akzeptierung der Komplementarität von Geschichtswissenschaft und Literatur

[35] Ebenda.
[36] Ebenda.

vorträgt, so sollte man doch die Komplementarität dieser Beziehung jeweils auch als eine innerhalb der Geschichtswissenschaft in Grenzen realisierbare Möglichkeit betrachten. Nicht der Phantastik wird hier das Wort geredet, wohl aber einer – in großer Geschichtswissenschaft ohnehin zumeist präsenten – hypothetischen Rekonstruktion von Intentionen der in der Geschichte Handelnden und der von diesem Handeln positiv oder negativ Betroffenen. Gerade wenn es eines der leitenden Ziele geschichtswissenschaftlicher Tätigkeit ist, die Duldenden und die Handelnden in allen nur denkbaren Situationen zu verstehen, ist ein hypothetisches Denken in den Begriffen der individuellen oder kollektiven Absichten und Motive in besonderer Weise am Platz. Imagination und Kenntnis sind es, die der Geschichtsschreibung und der erzählenden Literatur gemeinsam sind, wenn sich auch die geschichtswissenschaftlichen Äußerungen eng an die Falsifizierbarkeitsforderung zu halten haben; der erzählenden Literatur ist es im Unterschied dazu gestattet, die klimatischen Bedingungen einer bestimmten subjektiven oder kollektiven Lage dadurch zum Vorschein zu bringen, daß sie die Wahrheit gleichsam erfindet.

Für den Historiker und den historisch tätigen Sozialwissenschaftler gilt es, das narrative Vermögen wieder zu rehabilitieren, und damit von den Darstellungsformen der Literaten zu lernen, ohne den Grundsätzen der eigenen Profession abzuschwören. Indem er die Erfahrungen des einzelnen anschaulich zu machen sucht, kann der Historiker in besonderem Maße dem Leser – selbst dem in anderen sozialkulturellen Milieus – die Möglichkeit geben, sich in fremde Schicksale einzufühlen und sie nacherlebbar zu machen, ohne daß dabei das Prinzip der Überprüfbarkeit durch darstellerische Finesse und Urteile durch Stimmungen zu ersetzen wären. Damit entspricht er auch weiterhin jener an seine Profession gerichteten Zumutung, diejenige Geschichte zu erzählen, die sich als die wahrscheinlichste auf die als sachlich relevant eingeschätzten Datenbestände beziehen läßt.

Schlußbemerkungen

Ein Wort zu einem spezifischen Aspekt der Ganzheit erscheint im Zusammenhang mit Überlegungen zum Fiktiven und zum Wahrheitscharakter historischer Darstellungen noch am Platz.

Geschichte als *res gestae* ist bekanntlich mehr als das durch den Quellenstand bislang jeweils Indizierte. Dies ist zwar eine triviale, aber in heuristischer Hinsicht noch nicht hinreichend ausgewertete Erkenntnisvoraussetzung.

Für jeden, der den Geschichtsverlauf betrachtet und ihn – sei es als Historiker, sei es als Vertreter einer im engeren Sinne sozialwissenschaftlichen Disziplin – zu analysieren bestrebt ist, ist es ein Gebot der Umsicht, stets mit Alternativen zu rechnen und sich nicht allein mit der quellenmäßig belegbaren historischen Faktizität zu begnügen. Damit soll nicht dem für das deutsche Denken so charakteristischen Geschichtsapriorismus das Wort geredet werden, der uns in seiner geradezu idealtypischen Form bei Fichte gegenübertritt. »Der Philosoph«, so meinte er in seiner Abhandlung *Die Grundzüge des gegenwärtigen Zeitalters,* »der als Philosoph sich mit der Geschichte befaßt, geht jenem *a priori* fortlaufenden Faden des Weltplanes nach, der ihm klar ist ohne alle Geschichte; und sein Gebrauch der Geschichte ist keinesweges, um durch sie etwas zu erweisen, da seine Sätze schon früher und unabhängig von aller Geschichte erwiesen sind: sondern dieser sein Gebrauch der Geschichte ist nur erläuternd, und in der Geschichte darlegend im lebendigen Leben, was auch ohne die Geschichte sich versteht.«[37] Die Alternative zur bloßen Berücksichtigung der historischen Faktizität ist nicht ein derartiger Geschichtsapriorismus, sondern vielmehr die Berücksichtigung der *möglichen* Geschichte gegenüber der *realen.*

Konzipiert man die Geschichte als ein Ensemble von Möglichkeiten, von welchen der realisierte Teil uns als sogenannter Geschichtsverlauf bekannt ist, so wird die geschehene Geschichte, die man als Historiker und historischer Sozialwissenschaftler nie wird verlassen können, wie ein Weg in einer weitgehend unbegangenen Landschaft erscheinen. Die historische Faktizität ist aber damit eben nur ein Teil innerhalb des durchaus nicht beliebigen Ganzen der real möglich gewesenen geschichtlichen Entwicklungen. Jeder Nachweis der kausalen Bedingtheit eines Geschichtsverlaufes geht, ebenso wie der Versuch einer moralischen Beurteilung von historisch belangvollen Handlungen oder Unterlassungen, von drei Voraussetzungen aus: daß wir in der Geschichte grundsätzlich unverwirklichte

---

[37] Johann Gottlieb Fichte, *Die Grundzüge des gegenwärtigen Zeitalters* (1806). In: Sämtliche Werke, Bd. 7, S. 139 f.

Alternativen annehmen müssen; daß wir in der Lage sind darzustellen, wie sie ausgesehen hätten; und daß wir abschätzen können, wie wahrscheinlich sie waren. Folglich wird die Historie auch, wie Alexander Demandt in seinem Buch *Ungeschehene Geschichte* bemerkte, niemals die Kritik des Wirklichen leisten, wenn sie nicht die Politik als die Kunst des Möglichen begreift[38].

Auf das engste rücken auf der Grundlage eines erweiterten Geschichtsbegriffs im erwähnten Sinne Fragen nach der Kausalität und Fragen nach der moralischen Bewertung in der Konjekturalhistorie zusammen. Die Frage danach, ob etwa Augustus Cicero opfern mußte, um Antonius zum Frieden zu bringen; ob Karl der Große das Blutbad von Verden anrichten mußte, um Widukind zur Taufe zu bewegen; ob Churchill die deutschen Altstädte zerstören mußte, um Deutschland zur Kapitulation zu zwingen[39] – diese Fragen verweisen auf die Notwendigkeit, den Grad an Wahrscheinlichkeit zu ermitteln, den die einzelnen Zukunftsperspektiven für die Akteure der Vergangenheit besaßen. Die Kräfte, die sich als geschichtsmächtig durchgesetzt haben, lassen sich nur – kausal und moralisch – beurteilen im Vergleich zu jenen, die unterlegen sind. Daher gewinnen auch die Ereignisse, welche sich historisch objektiviert haben, ihren spezifischen Charakter erst vor dem Hintergrund derjenigen, die andernfalls zu erwarten gewesen wären. So ist das Ganze der Geschichte mehr als die Summe ihrer quellenmäßig belegbaren Ereignisse, aus denen wir – aus der Vergangenheit über die Gegenwart in die Zukunft führend – eine Einbahnstraße des historischen Prozesses konstruieren; die Geschichte besteht ebenso aus der Landschaft, durch welche diese Einbahnstraße führt. Wenn wir uns hingegen – nur dem »Gegebenen« verpflichtet – den Blick auf die unbegangenen Wege und das weite Land der unverwirklichten Möglichkeiten aberziehen, so verarmt unser Geschichtsverständnis um eine ganze Dimension: Um den Preis gesteigerter Blickschärfe wird nicht mehr das Geschehene in den großen Rahmen des Ungeschehenen eingerückt, sondern man erwirbt eine Zufriedenheit, die im Genügen am Realen ihren Grund hat[40].

Wer sich den Blick auf das Ganze der geschichtlichen Mög-

---

[38] Vgl. Alexander Demandt, *Ungeschehene Geschichte. Ein Traktat über die Frage: Was wäre geschehen, wenn ...?* 2. Aufl. Göttingen 1986, S. 20.

[39] Vgl. ebenda, S. 24.

[40] Vgl. ebenda, S. 139.

lichkeiten offenhält, wird sich über den falschen Realismus derer wundern, die sich daran gewöhnt haben, ihren Winkel für die Welt und die Partikularität des zu ihnen führenden Pfades der historischen Entwicklung für das gerichtete Ganze der Geschichte zu halten.

Zweiter Teil
Teil und Ganzes in der Geschichtswissenschaft

CHRISTIAN MEIER

Notizen zum Verhältnis von Makro- und Mikrogeschichte

Was ist Makro-, was Mikrogeschichte?

Makrogeschichte, Mikrogeschichte: Jeder weiß, was das ist –
bis er es definieren soll. Zunächst scheint sich eine Feststellung
aufzudrängen: Offenkundig kommt Makrogeschichte erst vor,
seit es Mikrogeschichte gibt. Die beiden Begriffe sind aufeinander bezogen. Dies wiederum hat nur Sinn, wenn Mikrogeschichte ein Gegenstand von eigener Dignität ist, der sich, mindestens nach Meinung derer, die sich damit beschäftigen, neben
der Makrogeschichte sehen lassen kann. Von den alten Formen
der Familien-, der Dorf-, der Heimatgeschichte etc. galt das
nicht. Sie begnügten sich mit ihrer kleinen Existenz am Rande.
Sie machten der Makrogeschichte nicht das Monopol des allgemeinen historischen Diskurses streitig.
  Es ist mithin, grob gesagt, die bisherige Geschichte, die jetzt
des Näheren und des Engeren als Makrohistorie charakterisiert
wird. So geraten höchst verschiedene historische Betrachtungsweisen unter einen gemeinsamen Nenner. Einerseits gehört gewiß die herkömmliche Geschichte politischer Abläufe dazu, andererseits müssen es aber auch die Wirtschafts- und Gesellschaftsgeschichte tun, weiterhin die von Religion und Kultur,
soweit sie sich jedenfalls mit deren größeren Manifestationen
beschäftigen. Kurz: was bisher, so verschieden es war, die Geschichte darstellte, ist jetzt bloß noch die Makrogeschichte.
Darauf läuft der Anspruch der Mikrohistoriker hinaus. Ob er
berechtigt ist, ist eine andere Frage.
  Man könnte allerdings im Zweifel sein, wohin etwa die Geschichte großer Firmen gehört. Und es könnte geradezu strittig
sein, wo man die Geschichte der Mentalitäten verorten soll.
Denn wie immer man sie genauer bestimmt: Sie vollzieht sich
zum einen sehr wohl in ganzen Gesellschaften oder Kulturen
(auch wenn sich das in verschiedenen Schichten oder Klassen
verschieden niederschlägt), sie erscheint aber zum andern gerade auf den Feldern der Mikrogeschichte besonders bunt und
vielfältig, sie ist dort besonders gut dingfest zu machen, und es
gelten ihr auch die Interessen von deren Erforschern in beson-

derem Maße. Doch kann man diese Komplikationen hier wohl beiseite lassen.

Man mag sich fragen, wie wichtig eine klare Unterscheidung des einen vom andern ist. Immerhin gibt es noch keine Stellen für Mikrohistoriker, so daß man dafür ein klares Kriterium bräuchte. Und doch scheint es gut zu sein, im Sinne eines genaueren Überblicks über die Materien und Probleme der Geschichtswissenschaft einige grobe Unterscheidungen zu treffen.

Angesichts des Anspruchs der mikrohistorischen Betrachtung scheint mir, daß in der Geschichte alles »groß« ist, was nicht »klein« ist. Denn das will es doch besagen, wenn eine Opposition das bisherige Ganze zum Teil macht. »Groß« ist also alles, was Macht hat oder auf der politischen Ebene darum kämpft; alles, was sich auf die Zentren bezieht, von denen her Entscheidungen in Hinblick auf autokephale Einheiten oder deren Zusammenspiel getroffen werden; alles, was sich (etwa im geistigen oder religiösen Leben) eine irgend allgemeine Aufmerksamkeit und Einfluß zu schaffen weiß; alles, was die Strukturen von Gesellschaften oder ihren wesentlichen Teilbereichen ausmacht; schließlich alle Formen des Wandels einer gesellschaftlichen Struktur, bestünden sie nun eher in Akten bewußter Veränderung oder in prozessualen Kumulationen von Impulsen.

Unter Mikrogeschichte rangiert dagegen ein weitgespannter Komplex von Fragen, die keineswegs alle neu[1], die aber früher bei weitem nicht in solcher Bündelung, in so vielfältigen Zusammenhängen und mit solchem Anspruch vertreten worden sind. Der Ausdruck Mikrogeschichte[2] ist – sofern ich mich nicht täusche – eine eher distanzierte Bezeichnung. Die eigentliche Parole, unter der diese Geschichte in Deutschland angetreten ist, lautet Alltagsgeschichte[3]. Dieses Wort aber ist wenig genau. Denn es geht der Alltagsgeschichte nicht um den Alltag

---

[1] Dazu etwa K. Tenfelde, *Schwierigkeiten mit dem Alltag*. In: Geschichte und Gesellschaft 10 (1984), 379 ff. M. Broszat, *Nach Hitler. Der schwierige Umgang mit unserer Geschichte*. München 1986. S. 136.

[2] Siehe etwa C. Ginzburg und C. Poni, *La micro-histoire*. In: le débat 17 (1981), S. 133 ff.

[3] Die Literatur dazu ist inzwischen kaum mehr übersehbar. Ein guter Überblick bei J. Kocka, *Historisch-anthropologische Fragestellungen – ein Defizit der Historischen Sozialwissenschaft?* In: H. Süßmuth (Hrsg.), *Historische Anthropologie*. Göttingen 1984, S. 73 ff. Weiteres bei H. U. Wehler, *Aus der Geschichte lernen?* München 1988, S. 307 f. Zur Bestimmung des »Alltags«, Tenfelde, *Schwierigkeiten*, S. 389 ff. m. w. Lit.

Bismarcks, Bleichröders oder Theodor Mommsens, auch nicht etwa um den der Parlamentsarbeit, sondern um den der »kleinen Leute«. Und bei denen geht es mitnichten nur um den Alltag, sondern auch um Feste.

Gemeint sind, um eine Auswahl zu bieten, die Geschichten von Ernährung, Kleidung, Wohnen; von Kindheit, Liebe, Fortpflanzung; von Arbeit und Feierabend (auch Freizeit und Urlaub); von Alltag und Fest (um es zu wiederholen), von Tod und Krankheit; von allerhand Lebenstechniken, Hygiene, ja Gerüchen. Die Geschichte des Körpers (warum waren die Mönche im Mittelalter so dick?), des Verhältnisses zum Körper; der Gestik, Bewegungsweisen, des Sports; die Geschichte der Familie, der Altergruppen, der Frauen, des Verhältnisses zwischen den Generationen und desjenigen zwischen den Geschlechtern; auch die Geschichte des Aussteigens aus dem Alltag.

Daneben aber steht die Geschichte der Bedürfnisse und Emotionen, die in den jeweiligen Kulturen und Epochen eingeengt, erlaubt, geweckt, stabilisiert, unterdrückt, mithin recht verschieden vorgeformt werden. Was alles kann eine Gesellschaft etwa an einem so elementaren Gefühl wie der Angst modifizieren, indem sie die Freiheit gibt oder nimmt, sie zu äußern, gar auszuleben oder vielfältig zu hegen, vielleicht zu sublimieren![4] Weiterhin: Die Geschichte der Erfahrungen, Vorstellungen, Bilder, soweit sie sich im Alltag erfassen lassen, der Phantasie, des Glaubens und Aberglaubens; des alltäglichen Erzählens, Deutens, Sich-Zurechtlegens der Welt und ihrer vielen Teile; des »nomologischen Wissens«[5] und der Weisen, Wahrnehmungen darauf zu beziehen und darin zu integrieren (sowie der Probleme und Veränderungen, die dieses Wissen erfährt, sofern das nicht oder kaum mehr möglich ist).

Zumeist sucht man mehr das Gleichbleibende, Sich-Wiederholende. Aber spätestens, sobald man die Perspektive etwas weiter nimmt, stößt man dabei auf den Wandel, die Geschichte. Immer mehr von dem, was man für »natürlich« hielt, erweist sich ja inzwischen als historisch – bis hin zur Mutterliebe. Und

---

[4] Einiges dazu bei Ch. Meier, *Die Angst und der Staat. Fragen und Thesen zur Geschichte menschlicher Affekte.* In: H. Rössner, *Der ganze Mensch. Aspekte einer pragmatischen Anthropologie.* München 1986, S. 228ff. mit weiterer Literatur.

[5] Zu diesem Begriff M. Weber, *Wissenschaftslehre.* 3. Aufl. Tübingen 1968, S. 179, 192.

der erste Satz einer historischen Anthropologie muß doch wohl sein, daß der Mensch ein außerordentlich wandelbares, von vornherein wenig festgelegtes Wesen ist – bei allen Gemeinsamkeiten, die dann noch bleiben, im Normalfall wenigstens.

Es ist offensichtlich, daß eine so fragende Historie sich vielfach ähnlichen Gegenständen widmet wie die Volkskunde, folglich auch entsprechender Methoden sich bedient, und daß sich hier manche Parallele zur Ethnologie auftut[6]. Verschiedene ihrer Gegenstände sind mindestens für die Antike schon lange unter der Überschrift »Privataltertümer«, »Das Privatleben der Römer« oder auch »Darstellungen aus der Sittengeschichte Roms« behandelt worden[7]. Jacob Burckhardt[8] berichtet von August Boeckhs großem Kolleg über »Altertümer«, das von geographischen und historischen Übersichten und allgemeinen Feststellungen über den Charakter des Volkes auf die »einzelnen Verhältnisse des Lebens« zu sprechen kam: den Staat, das Kriegswesen zu Land und zur See, »hierauf das Privatleben (Maß, Gewicht, Handel, Industrie, Landbau, Hauswirtschaft samt Nahrung, Kleidung und Wohnung, Ehe, Familienwesen, Sklaventum, Erziehung, Begräbnis, Totenehren), weiterhin die Religion, den Kultus und die Feste und von den Künsten, die man im übrigen der besonderen Kunstgeschichte überließ, die Gymnastik, Orchestrik und Musik; zum Schluß wurde eine Übersicht der von den Griechen gepflegten Wissenschaften gegeben. Dies alles wurde antiquarisch, d.h. mit einem bestimmten, gleichmäßig durchzuführenden Grad der sachlichen Vollständigkeit und Reichhaltigkeit für jedes einzelne Lebensverhältnis – als Fachwerk für künftiges Spezialwissen – behandelt.« Dabei ist zu bemerken, daß Boeckh nicht »Privataltertümer«, sondern »Altertümer« schlechthin behandelte, aber er schloß darin die privaten, wie man sieht, mit ein.

[6] Dazu etwa H. Medick, »Missionare im Ruderboot«? Ethnologische Erkenntnisweisen als Herausforderung an die Sozialgeschichte. In: Geschichte und Gesellschaft 10 (1984), S. 295 ff. Vgl. Comparative Studies in Society and History 29 (1987), S. 76 ff.

[7] Vgl. etwa M. Zöller, Griechische und römische Privataltertümer. Breslau 1887. E. Pernice, Griechisches und römisches Privatleben. In: A. Gercke und E. Norden (Hrsg.), Einleitung in die Altertumswissenschaft, Bd. 2. 3. Aufl. Leipzig, Berlin 1922. H. Blanck, Einführung in das Privatleben der Griechen und Römer. Darmstadt 1976. L. Friedlaender, Darstellungen aus der Sittengeschichte Roms in der Zeit von August bis zum Ausgang der Antonine, 4 Bde. 9. Aufl. Leipzig 1919–1921.

[8] Griechische Kulturgeschichte. Darmstadt 1962, 1, 3.

Gegen die alten »Privataltertümer« wird, scheint mir, deutlich, wohin das neue historische Interesse zielt. Es setzt in die Mitte seines Fragens die Einzelnen, welche in diesen Bereichen leben. Und es schließt zugleich alles mögliche aus, was über deren engen Lebensbereich hinausweist. Es widmet sich also, positiv gesagt, sowohl den anonymen (oder wenn nicht anonymen, so doch, aufs Ganze gesehen, unwichtigen) Einzelnen wie den kleinen, beschränkten Lebenswelten, in denen sie sich normalerweise aufhalten; aufwachsen, arbeiten, essen, lieben; sich ihre Vorstellungen bilden, ihren Ängsten ausgesetzt sind, ihre Freuden haben oder auch trauern. Insofern ist es nicht wichtig, diese Bereiche genauer zu definieren. Sie können enger oder weiter sein. Entscheidend ist, scheint mir, daß sie die unmittelbaren Welten der Einzelnen sind[9].

In diesen Bereichen des Dorfes oder der Kleinstadt respektive des Stadtviertels, der Familie, des Vereins, des Betriebs hat der »kleine« Einzelne, auch wenn er bedrängt und gequält, wenn er ein »underdog« ist[10], eine *relative Größe* im Verhältnis zum Ganzen; sowohl in seinem direkten Lebenskreis wie in den Horizonten, in denen er sich bewegt und in denen ihm, wie auch immer, die Dinge der »großen Welt« erscheinen und sich – sei es als Ordnung, sei es auch als Chaos – seinen Erwartungen fügen. Er kann gleichsam an alles heranlangen. Es geht ihm die Sonne noch auf und unter. Anders gesagt: Es geht noch »ptolemäisch«, »vorkopernikanisch« zu; wie immer er es theoretisch vielleicht längst anders weiß.

Auf die immer neue Konstitution und Bekräftigung solcher kleiner Lebenswelten (Mikrokosmen) sind wir in gewissem Sinne angewiesen, schon um uns nicht ganz zu verlieren. Selbst

[9] Die Fragen, die Brecht 1934 seinen lesenden Arbeiter stellen läßt (Wer baute das siebentorige Theben? In den Büchern stehen die Namen von Königen. Haben die Könige die Felsbrocken herbeigeschleppt? . . .), gehören insofern nicht in den Bereich der Mikrogeschichte, sondern machen nur auf große Lücken der Ereignisgeschichte aufmerksam (vgl. besonders: Philipp von Spanien weinte, als seine Flotte untergegangen war. Weinte sonst niemand?). Das Problem, in welchen Häusern des goldstrahlenden Lima die Bauleute wohnten, gehört eher in die Privataltertümer. Entsprechend könnten die Fragen des Arbeiters bei der »Inbesitznahme der großen Metro durch die Moskauer Arbeiterschaft am 27. April 1935« als erledigt gelten (Bertolt Brecht, *Svendborger Gedichte.* In: Gesammelte Werke, Bd. 9. Frankfurt 1967, S. 656 f., 673 ff.)

[10] Und »mit Vorliebe ist Alltagsgeschichte eine Geschichte der Ohnmacht und der Ohnmächtigen in ihren Verhältnissen«, so Tenfelde, *Schwierigkeiten,* S. 377 ff., freilich ohne den Gesichtspunkt der »relativen Größe«, der – scheint mir – gerade angesichts möglicher Identifikationen wichtig ist.

zentrale, führende Behörden wie Ministerien, ein Generalstab oder das Bundeskanzleramt sind – abgesehen von ihren Funktionen – zugleich Mikrokosmen, sie haben ihre Routine, ihre Geburtstagsfeiern, ihre speziellen Erfahrungen und Wertschätzungen. Und man sollte diese Bereiche, in denen auch Instrumente respektive Subjekte der Makrogeschichte ihre Mikrogeschichte haben, aus dieser nicht ausschließen. »Ein widersinniges Geschlecht: Oben brennt der Dachstuhl«, schreibt Benn[11] einmal, »und unten begießen sie die Balkonpflanzen«. Sie lieben und verteidigen »ihren Alltag« wie Biedermann den seinen angesichts der Brandstifter.

Als solche Mikrobereiche aber, in denen wir primär zu leben und uns einzurichten pflegen, erscheinen sowohl unsere Außen- wie unsere Innenwelt samt unsern Vorstellungen, Erfahrungen, Weisen, die Welt aufzunehmen, unsern Ängsten. Indem sie zusammen die engere »Welt der Einzelnen« derart umfassend zum Thema machen, bilden die verschiedenen Fragestellungen der Alltagsgeschichte eine Einheit. Und sie tun es, gleichgültig, ob sie sich dem ursprünglichen Ansatz fügen, nach dem es nur um »kleine Leute« geht, oder ob sie den Begriff allgemeiner nehmen, also auch die Mikrowelten von weniger Kleinen einbeziehen. Daher ist es sinnvoll, statt von Alltags- von Mikrohistorie zu sprechen (»Historie« statt »Geschichte«, insofern es um die Forschungsrichtung geht, die die Mikrogeschichte zum Gegenstand hat).

Die kleinen Bereiche zeichnen sich zugleich dadurch aus, daß sie scheinbar leicht zugänglich, leicht registrierbar, auch leicht einfühlbar sind, daß sie sich einer »Geschichte von innen« wie »von unten« zu erschließen scheinen. Daß sie, um ein beliebtes Wort zu benutzen, »authentisch« zu fassen zu sein scheinen. Wie immer es um diesen Anspruch bestellt ist (in Wirklichkeit sind da viele Illusionen im Spiel), so bleibt doch bestehen, daß es sich in diesen Mikrokosmen um wenig Abstraktes, Abgehobenes, kaum um komplizierte Strukturen, kaum um Unüberblickbares, nie um Riesiges handelt. Schließlich scheint mir wesentlich an der Mikrohistorie, daß sie dazu tendiert, ihre Gegenstände gleichsam aus der großen Politik und den großen

[11] Gesammelte Werke, hrsg. von D. Wellershoff, Bd. 4. Wiesbaden 1961, S. 274. Benn fährt übrigens fort: »Und es gibt höchst wissenschaftliche Nationen, die haben Augenblicke, in denen sie ihre eigene Substanz analysieren und überzeugt feststellen, daß sie aus nichts weiter bestehen als aus Rasse und Turnschuhen.«

Prozessen möglichst herauszuhalten. So wie die Einzelnen sich in ihren Mikrowelten zum Teil zu verschanzen pflegen, so sollen sie offenbar auch in der Forschung wenig von Politik tangiert und wenig in übergreifenden Prozessen funktionalisiert sein.

Woher das Interesse an der Mikrogeschichte?

Die forcierte historische Beschäftigung mit der »Alltagsgeschichte« begann in der Bundesrepublik meines Wissens in den siebziger Jahren. In Frankreich geht ihr die außerordentliche Ausweitung des Blickfeldes in der Schule der *Annales* voraus, jedoch fehlt dort die spezielle Konzentration auf die »Miniwelt« (auf Benachteiligte, Unterprivilegierte), und es fehlt offenbar im Ganzen auch das spezifische Engagement, mit dem dieses Interesse verknüpft ist[12]. Entsprechendes ließe sich wohl für Großbritannien feststellen, doch ist dies hier nicht wichtig.

Bemerkenswert scheint mir zu sein, daß der Alltagsgeschichte ein bestimmtes Interesse und eine bestimmte Perspektive der westdeutschen Nachkriegsliteratur vorangegangen ist. Es sind die unzähligen Erzählungen aus der Perspektive der Clowns, Blechtrommler, Radfahrer und Obergefreiten, die in gewissem Sinne an diejenige von Hašeks Schwejk anknüpfen[13]. Als Heinrich Böll gefragt wurde, warum er nicht über große Männer schreibe, antwortete er, einen bekannten Reklamespruch zitierend, »die Großen der Welt tragen Rolex-Uhren«, das sei das einzige, was er von ihnen wisse. Man könnte in diesem Zusammenhang vieles zitieren. Hier sei es mit zwei Beispielen genug.

Bölls *Ungezählte Geliebte*[14] ist die Geschichte eines Schwerverwundeten, der einen Posten bekommt, wo er sitzen kann: Er

[12] Tenfelde S. 389.
[13] Vgl. dazu Ch. Meier, *Entstehung des Begriffs »Demokratie«. 4 Prolegomena zu einer historischen Theorie.* Frankfurt 1970, S. 212 f. Das im folgenden aufgeführte Böll-Zitat kann ich leider schriftlich nicht nachweisen, ich erinnere mich aber genau daran, es gelesen zu haben. Vgl. M. Broszat, *Nach Hitler* S. 124. Interessant ist ein Vergleich zweier fast gleichzeitig zum gleichen Thema geschriebener Bücher; des Historikers W. S. Allen, *»Das haben wir nicht gewollt«. Die nationalsozialistische Machtergreifung in einer Kleinstadt 1930–1935.* Gütersloh 1966 (englisch 1965) und des Schriftstellers Kay Hoff, *Bödelstedt oder Würstchen bürgerlich.* Hamburg 1966.
[14] Die Erzählung ist abgedruckt u. a. in Bölls Sammlung: *Wanderer, kommst Du nach Spa ...* München 1958, S. 57 ff.

soll zählen, wie viele Leute die neue Brücke passieren. Irgendeine hohe Verwaltung ist glücklich, wenn die Zahlen möglichst groß sind. Er aber zählt nicht immer zuverlässig; es hängt von seiner Laune ab, ob er jemanden unterschlägt oder ihnen auch mal ein paar schenkt. Vor allem hat er eine kleine Geliebte, die zweimal am Tag vorbeikommt. Dann kann er nicht anders: Seine Blicke folgen ihr, bis sie aus seinen Augen ist. »Diese zwei Minuten gehören mir, mir ganz allein... Und alle, die das Glück haben, in diesen Minuten vor meinen blinden Augen zu defilieren, gehen nicht in die Ewigkeit der Statistik ein.« Als er einmal kontrolliert wird (und rechtzeitig davon erfährt), kann er der Geliebten nicht nachsehen. Er muß höllisch aufpassen, um seinen Posten nicht zu verlieren. Und das Stundenergebnis stimmt, er hat nur eine(n) weniger als der Oberstatistiker. Denn die kleine Geliebte selbst konnte er auch jetzt nicht mitzählen. »Diese meine kleine Geliebte soll nicht multipliziert und dividiert und in ein prozentuales Nichts verwandelt werden.« Der Oberstatistiker ist es zufrieden. »Eins in der Stunde verzählt, macht nicht viel. Wir zählen sowieso einen gewissen prozentualen Verschleiß hinzu.« Indem hier gleichsam eine junge Frau aus den großen Zusammenhängen gerettet wird, aus der »Ewigkeit der Statistik«, in der sie nur ein »prozentuales Nichts« gewesen, ja geradezu in ein solches verwandelt worden wäre, bleibt sie gleichsam diejenige, die sie ist, in ihrer kleinen Lebenswelt, ihrer Menschengröße, ihrer Gegenwart; nicht aufgehoben in großformatigen Zusammenhängen; nicht aufgehoben nämlich in dem einzigen Sinn, den dieses dreifach zu verstehende Wort dann noch haben kann, eben: in ein Nichts verwandelt.

Und so weigert sich auf der andern Seite Bölls Clown[15], die »abstrakten Ordnungen«, die seine Geliebte ihm vorhält, als etwas anderes denn einen bloßen Vorwand anzusehen[16] oder dem Potsdamer »IR 9«[17], bei dem der Vater des häuslichen Dienstmädchens Zahlmeister gewesen war, irgendeine vorzu-

[15] H. Böll, *Ansichten eines Clowns*. Köln, Berlin 1963.
[16] Fast möchte es wie eine Replik auf die Erwägungen Innstettens im 27. Kapitel von Fontanes *Effi Briest* erscheinen: »Man ist nicht bloß ein einzelner Mensch, man gehört einem Ganzen an, und auf das Ganze haben wir beständig Rücksicht zu nehmen... Im Zusammenleben mit den Menschen hat sich ein Etwas ausgebildet, das nun mal da ist und nach dessen Paragraphen wir uns gewöhnt haben, alles zu beurteilen, die andern und uns selbst.«
[17] Heute ist es wohl schon nötig, hinzuzufügen, daß es sich um das berühmte Potsdamer Infanterieregiment »Graf 9« handelt, das die Tradition des preußischen Garderegiments zu Fuß fortsetzte.

stellende Realität zuzuerkennen: »IR 9« reicht vielmehr nur als Chiffre für ein Zwangssystem in seine Gegenwart hinein. In dem Mikrokosmos, den allein er wahrzunehmen vermag, gibt es ausschließlich konkrete Wirklichkeit. Anders gesagt: nur Mikro-, keine Makrogeschichte.

In diesem Zusammenhang verdient aber auch ein hochangesehener Einzelgänger aus dem Gebiet der Alten Geschichte erwähnt zu werden, der seit den sechziger Jahren ähnliche Fragen entwickelte. Es ist Hermann Strasburger[18] (geb. 1909). Er war »bei den ›Spänen‹ gewesen, als ›Männer, die Geschichte machen‹, ›hobelten‹«. Es findet sich bei ihm ein stark ausgeprägtes Interesse an den Opfern, den Leidenden; an den anonymen Menschen überhaupt; an den kleinen Lebensbereichen und -äußerungen. Und umgekehrt die Abneigung gegen Begriffe, Theorien, gegen die vom Konkreten abstrahierende Konstruktion von Zusammenhängen. Es findet sich das Bekenntnis zum Unpolitischen (allerdings zugleich eine starke Zuwendung zum Staat), die Suche nach einem »Gefühlsbezug«. In den Quellen wollte er das Authentische, ja das »Fluidum« auffinden, freilich ohne auf die Mittel einer höchst feinen Quellenkritik zu verzichten.

1966 bezeichnete er es in seiner Abhandlung *Die Wesensbestimmung der Geschichte durch die antike Geschichtsschreibung* als »vielleicht die Kernfrage der Historiographie überhaupt«: »Wird der Mensch über Gang und Wesen der Geschichte sachgerechter belehrt durch den Verstand oder das Gefühl, durch das Sich-Erheben zu nüchterner Betrachtung der pragmatischen Zusammenhänge von hoher Warte aus oder durch den Versuch, die Realität, welche Geschichte für die von ihr handelnd und leidend Betroffenen hatte, in voller Intensität nachzuerleben?!« Er plädierte daher auch für die hellenistische Geschichtsschreibung im Stile des Duris von Samos, der es sich zum Programm gemacht hatte, etwa anstatt kurzer Meldungen über die Einnahme einer Stadt die »potentielle Lebenswahrheit« der Bilder, die »den Leser von den Ereignissen gepackt werden läßt«, zu erzeugen: Er malt etwa die Verzweiflung, Umarmungen und Trennungen, den Jammer der Frauen, denen ihre Kinder entrissen werden, das Hin- und Herhasten der beutesüchtigen Sieger

[18] Seine Arbeiten sind gesammelt unter der Überschrift: *Studien zur Alten Geschichte,* Bd. 1/2. Hildesheim, New York 1982. Band 3 soll demnächst folgen. Die Zitate finden sich in Bd. 1, S. 421; Bd. 2, S. 1001, 997, 999. Vgl. Ch. Meier, *Gedächtnisrede auf Hermann Strasburger.* In: Chiron 16 (1986), S. 171 ff.

etc. aus, bietet gleichsam eine Mikrogeschichte höchst besonderer Art, als offenen, unmittelbaren Teil nämlich eines Ereignisses des großen politischen Geschehens. Strasburger vermutet, daß darin Aristoteles' Konstruktion der Rangfolge von Poesie und Geschichtsschreibung hätte aufgehoben werden sollen: Beides lasse sich vielmehr »ideal vereinigen, wenn die Poesie in den Dienst der Geschichtsschreibung trete«.

Die wichtigsten Gründe für das starke Interesse an der Mikrogeschichte liegen, so vermute ich, einerseits in bestimmten gesellschaftlichen und politischen Erfahrungen der Gegenwart und jüngeren Vergangenheit, andererseits im Erschlaffen bestimmter Vermittlungen des Zugangs zur Makrogeschichte[19]. Doch können auch innerwissenschaftliche Motive namhaft gemacht werden. Sie könnten freilich zugleich Funktionen der politischen und gesellschaftlichen sein. Denn die Forschung pflegt sich ja in einer Parallelität zu allgemeinen Veränderungen zu bewegen. Ich nenne einige Erfahrungen, die hier mitgesprochen haben werden[20].

Die aktuelle Erfahrung der vielfältigen Durchbrechung der Horizonte, in die unsere Mikrokosmen eingebettet sind. Damit werden diese als Forschungsgegenstand besonders interessant.

Die aktuelle Erfahrung der eigenen Kleinheit, »unseres Knirpstums« (von dem schon Jacob Burckhardt[21] zu einer Zeit sprach, da es darum noch ganz anders bestellt war. Er kontrastierte »uns« hier nur mit den Großen der Geschichte). Sie macht die relative »Größe« der Menschen innerhalb ihres Mikrokosmos wichtig. Sie vermag also eine gewisse Liebe zu den kleinen Welten, die Identifikation mit den Namenlosen früherer Zeiten verständlich zu machen. Stets gibt es das Bedürfnis, nicht allein zu sein, Vorläufer zu suchen, sich selbst in der Geschichte wiederzufinden[22]. Vielleicht ist dabei sogar eine unbewußte Suche nach Zuflucht bei Ahnen am Werke?

[19] Daher die »Herauslassung des Politischen«, Tenfelde, *Schwierigkeiten*, S. 390.
[20] Zum Teil ähnliche Vermutungen, freilich mit anderer Tendenz vorgebracht bei H. U. Wehler, *Alltagsgeschichte. Königsweg zu neuen Ufern oder Irrgarten der Illusionen?* In: *Aus der Geschichte lernen?* S. 130 ff.
[21] *Über das Studium der Geschichte*, hrsg. von P. Ganz. München 1982, S. 377.
[22] Vgl. zwei ausgefallene Stellen dazu: Jesaia 63,16; H. von Hofmannsthal, Vermächtnis der Antike. In: Ausgewählte Werke in zwei Bänden. Frankfurt 1957, Bd. 2, S. 720.

Die Erfahrung des raschen Dahinschwindens zahlreicher Anschauungen, Vorstellungen, Sitten und Gebräuche; auch vieler »Geborgenheiten«. Daraus mag ein besonderer Antrieb resultieren, sich um deren mindestens literarische Aufbewahrung zu bekümmern. Eine solche Erfahrung nannte übrigens schon Herodot[23] unter den drei Motiven, die ihn zu seiner Historie brachten. Nur, damals ging es primär – wenn auch keineswegs ausschließlich – um Gegebenheiten der Makrogeschichte, für deren Erinnerung respektive Aufbewahrung seit Herodot soviel mehr getan wird als für die »Miniwelten«. (Denn die Errichtung von Freilichtmuseen ist natürlich kein Ersatz dafür: Sie können wiederum bestenfalls »Privataltertümer« konservieren, noch dazu in durchaus künstlicher Atmosphäre. Ob die museale Behandlung der Alltagsgeschichte künftig daran etwas wird ändern können, ist noch nicht abzusehen.)

Die Erfahrung der ungeheuren Kosten des Fortschritts (der Rationalisierung, der Disziplinierung), die insbesondere den Sinn für »Widerständigkeiten« innerhalb ursprünglicher Lebenswelten schärfen (und zuweilen überscharf machen).

Die Erfahrung der schreienden Diskrepanz zwischen umfassender Verantwortung und umfassender Ohnmacht[24]. Sie ist besonders stark, wenn das, was »die Dinge« von selbst tun, nicht mehr ist, daß sie sich im ganzen gleich bleiben, sondern daß sie sich rapide verändern. So sehr sind wir bei der Beweglichkeit, der vielfältigen Interdependenz und der Geschwindigkeit des Wechsels aller Verhältnisse mehr oder weniger selbstläufigen Prozessen ausgesetzt, denen man zwar Widerstand zu leisten sich aufgerufen fühlen mag, vor denen man dann aber – zumal bei dessen geringen Aussichten – immer wieder auch in die Nischen geschlossener Mikrowelten zurückzuziehen sich versucht sieht – in der Gegenwart wie im Blick auf die Vergangenheit. Auch die Bundesrepublik ist ja zum Teil eine Nischengesellschaft, nicht nur die DDR,

[23] Praefatio. Vgl. die eindrucksvolle Äußerung Rankes: »Gäbe es solche Annalen, mit Wahrheit und Vollständigkeit ausgeführt, so wäre das ein Buch der Bücher: und es würde ein guter Teil Tods weniger in der Welt sein.« L. v. Ranke, *Aus Werk und Nachlaß*, hrsg. von W. P. Fuchs und Th. Schieder, Bd. 4: Vorlesungseinleitungen. München 1975, S. 35. – Vgl. andererseits H. Lübbe, *Zur Aufdringlichkeit der Geschichte*. Graz, Wien, Köln 1989, S. 29.
[24] E. Meier, *Das Problem der Verantwortung in der deutschen Literatur der Gegenwart*. In: Ruperto/Carola 17. Jg. Bd. 38. 1965, S. 84ff.

auch wenn es da viele wesentliche Unterschiede gibt (und wenn sich diese Nischen gelegentlich in Indien oder Südamerika finden).

Eine besondere, hier einschlägige Erfahrung ist gewiß die des NS-Regimes, das ja auch in mikrohistorischen Forschungen besonderes Interesse findet, nicht nur im Münchner Institut für Zeitgeschichte[25] und im Schülerwettbewerb des Bundespräsidenten. Hier ist es, so vermute ich, der Wunsch, sich dem im ganzen so unerhört schwer zu begreifenden Geschehen jener Zeit, die doch die Zeit der eigenen Eltern und Großeltern war, von einer Seite anzunähern, die zugänglich, konkret, »authentisch« zu sein scheint. Und hier wird, um das vorwegzunehmen, auch die Spannung zwischen dem großen Geschehen und den kleinen Räumen der Lebenswelt besonders stark.

Allen diesen – und möglicherweise andern in gleicher Richtung wirkenden – Erfahrungen sind viele gerade der jüngeren Historiker besonders ausgesetzt, zumal, wie gesagt, gewisse Vermittlungen zum Makrogeschehen, die sie kompensieren könnten, erschlafft sind. Eine der wichtigsten Vermittlungen, die weit über die Minibereiche hinausführen, ist die Identifikation mit größeren Einheiten, seien es die Nation oder der Staat, seien es aber auch große Parteien oder Gewerkschaften oder die »Bewegung des Fortschritts«. Wer sich mit solchen Großgruppen oder Kräften in eins setzt (also, mit Schiller zu sprechen, wenn er selbst kein Ganzes [in der großen Welt] sein kann, einem Ganzen sich anschließt), kann sich darin gleichsam »aufheben« lassen, um dann vermittelt nennenswert am Weltgeschehen teilzunehmen und diesem auch eine gewisse Sinnvermutung entgegenzubringen. Nicht nur als Opfer, nicht nur als »kleiner Mann«, sondern als irgendwie bedeutungsvoller Teil eines Teilhabers am großen Spiel der Kräfte.

Wenn ich recht sehe, sind solche Identifikationen dazu geeignet, den Zugang zum Verständnis politischer Geschichte zu erleichtern. Sie nehmen ihr etwas von ihrer Abstraktheit. Sie erscheint dann nicht mehr ganz so groß und fremd, nicht so abgehoben, es wird ihr ein gewisser Sinn-Bonus zuteil (wie kritisch man sie auch betrachten mag).

Ähnlich verhält es sich bei der Identifikation mit dem Fortschritt. Wo er beobachtet und begrüßt wird, stimmen Makrogeschehen und Mikrogeschichten gut zueinander. Das Kleine

---

[25] M. Broszat u. a. (Hrsg.), *Bayern in der NS-Zeit*. Bd. 1 ff. München 1977 ff.

kann dem Großen leicht zugeordnet werden, auch wenn es da Widersprüche gibt. Anders wird es in dem Moment, wo sich die Fortschrittskosten kumulieren. Dann wird nicht nur der Wandlungsprozeß, den wir erleben (und erleiden), eher unbegreiflich, sondern es ist zugleich die eigene Tätigkeit schlecht zu ihm in ein Verhältnis zu bringen, zumal dann nicht, wenn sie wider unsern Willen zu diesen Kosten beiträgt. Umgekehrt ist im starken Aufleben der Regionalismen bei uns (im Unterschied zu dem von Minderheiten in anderen Ländern) wohl ein Versuch zu sehen, einen konkreten Bezug oberhalb von Kiez und Stadt zu finden: einen Raum, dem man sich noch wirklich zugehörig fühlen kann.

Innerwissenschaftlich stellt sich, wenn ich recht sehe, mit der forciert betriebenen Strukturgeschichte leicht ein zusätzlicher Mangel an Erzählung, an Konkretion, an Vorstellbarkeit, an Beziehung auf die in diesen Strukturen lebenden Menschen ein[26]. Wo Historie unter den heutigen Umständen mit relativ existentiellen Bedürfnissen betrieben wird, kann man in den Strukturgeschichten wie in der politischen Geschichte sich selbst und seinesgleichen sehr wohl vermissen. Vielleicht muß gar die Rettung des »Projekts Moderne« an solchen Bedürfnissen ansetzen, um zu gelingen?

So ergibt sich dann eine Opposition gegen die beiden in der Bundesrepublik starken Historikerschulen (wie gegen den Staat, wie gegen die Technik, wie auch gegen die Gewerkschaften, deren Beitrag zur »Sozialdisziplinierung« vom Gesichtspunkt der Alltagsgeschichte her als suspekt erscheinen mag). Das ist auch von den Gegnern und Kritikern stark empfunden worden. Als die 35. Versammlung deutscher Historiker 1984 in Berlin »Lebensverhältnisse, Mentalitäten, Handlungsformen, Anthropologische Dimensionen der Geschichte«[27] zu ihrem Zentralthema machte, firmierte sie rasch als »grüner Historikertag«. Der Berichterstatter, den Die WELT zum darauffolgenden Trierer Historikertag 1986 (»Räume der Geschichte – Geschichte des Raums«) entsandte, vergaß nicht anzumerken: »Kuriositäten, wie sie vor zwei Jahren der ›grüne‹ Historikertag in Berlin gezeitigt hatte, blieben aus« (11. 10. 1986). Von der andern Seite kam die scharfe Kritik Hans Ulrich Wehlers[28]

---

[26] Tenfelde S. 391 ff. Broszat, *Nach Hitler* S. 239 ff.
[27] *Bericht über die 35. Versammlung deutscher Historiker in Berlin.* 3. bis 7. Oktober 1984. Stuttgart 1985.
[28] Siehe Anm. 3.

Was immer an Fragwürdigem innerhalb der Mikrohistorie geschehen mag, die angeführten – und eventuell weitere – Motive und Bedürfnisse sprechen entschieden dafür, daß die Fragen und Ansätze dieser Forschung wichtig, ja notwendig sind[29]. Wenn denn Historie immer bestrebt, ja darauf angewiesen ist, an die Vergangenheit die Fragen der Gegenwart zu richten, um daraus für diese – wie für die Fragen selbst – etwas zu lernen, um aber auch mit ihren »Antworten«, ihren Erkenntnissen, ihren Weisen, Geschichte zu schreiben, je ihrer Gegenwart deren Wichtigkeit und Interessantheit plausibel zu machen – diese Gegenwart zu erreichen. Wir stehen vermutlich vor einem ziemlich radikalen Einschnitt in der Geschichte unserer Wissenschaft, und folglich muß selbst die Geschichte entfernter Epochen anders geschrieben werden. Wenn ein Spruch wie »Stell Dir vor, es ist Krieg und keiner geht hin« den Horizont der Denkbarkeiten kennzeichnet, muß jeder Entschluß zur Kriegseröffnung, jeder Aufbruch zur Schlacht, jedes Ausharren im Schützengraben anders begründet werden als bisher. Es entstehen hier gewichtige Probleme sowohl der Sache nach wie in der Darstellung.

Das mikrohistorische Interesse ist, alles in allem genommen, wichtig, weil die kleinen Geschichten wesentliche Bedingungen der großen, weil sie wichtige Dimensionen des historischen Wandels sind (der sich in ihnen unter Umständen freilich in einem anderen Tempo vollzieht als der im Großen), weil sie aber auch einen bedeutenden Bereich der exemplarischen Konkretisierung von Geschichtsschreibung darstellen, von Ereignis- wie von Strukturgeschichte, welche in den Brechungen, die sie in der Mikrogeschichte erfahren, geradezu erzählbar werden. Die Alltagshistoriker selbst bedürfen solcher Rechtfertigungen und Begründungen zumeist wohl nicht. Jedenfalls können auf den Feldern der Historie ja viele Blumen blühen.

Doch sollte es nicht beim bloßen Nebeneinander von Makro- und Mikrohistorie bleiben. Damit wäre der Zerhüttelung der wissenschaftlichen Landschaft in historicis unnütz Vorschub geleistet – so daß unsere Wissenschaft gar am Ende Gefahr liefe, selbst zu einer Summe von Mikrowelten (wissenschaftlichen Eigenheimen, Schrebergärten und Nachbarschaften) zu verkommen. Nein, man sollte die ganze Herausforderung anneh-

---

[29] Broszat S. 239 ff. Hier liegt ein wichtiger Aspekt seines Historisierungsprogramms, auch der »qualitativen Sozialgeschichte«.

men, die sich aus der Entdeckung und Bedeutung der Mikrogeschichte und den ihr korrespondierenden Lebensweisen, Zuge-
hörigkeitsstrukturen und Anschauungen ergibt. Das aber heißt
nicht nur, daß wir die verschiedenen Hervorbringungen dieser
Richtung kritisch überprüfen, daß wir uns insgesamt mit den
methodischen Fragwürdigkeiten, dem oft leichtsinnigen Umgang mit den Quellen, dem Mangel an theoretischer Aufge-
klärtheit (soweit er besteht), den Diskrepanzen zwischen Erwartungen und Möglichkeiten auseinandersetzen[30].

Vielmehr stellt sich zugleich und dringend die Frage nach
dem möglichen Verhältnis zwischen Mikro- und Makrogeschichte. Denn es kann nicht angehen, die Mikrogeschichte
gleichsam bei sich selbst zu lassen. Sie muß zugleich mit der
übrigen Geschichte in einen Zusammenhang gebracht werden.
Und das ist, wenn ich recht sehe, sehr fruchtbar. Es kann sich
dabei freilich nur um bestimmte Teile der Mikrogeschichte handeln: um eben die, die in einer bestimmten Beziehung zur Makrogeschichte und deren Veränderungen stehen. Denn das ist
keineswegs bei allen der Fall. Schon deswegen nicht, weil sich
manches dort durch lange Zeiten starken Strukturwandels
gleichbleibt.

Zum Verhältnis zwischen Makro- und Mikrogeschichte
Das Beispiel Athens im 5. Jahrhundert v. Chr.

Es ist klar, daß die Makrogeschichte stets auf die Mikrogeschichte einwirkt. Oder die Verhältnisse müssen derart anfäng-
lich sein, daß es ein Makrogeschehen noch gar nicht gibt. Steu-
erbescheide, Gestellungsbefehle, Einquartierungen, vielerlei
Gesetze und Verwaltungsanordnungen, statistische Erhebun-
gen langen »von oben« bis in die einzelnen Häuser hinein. Die
Geschichte der Ernährung hat zumeist diejenige des Handels
zur Voraussetzung (und sei es nur der mittelalterliche Salzhan-
del). Selbst »Autonome« brauchen Wasser, Strom und andere
Gewährleistungen öffentlicher »Daseinsvorsorge«. Der saure
Regen erreicht noch den letzten Schrebergarten. Moden und
Ideologien wirken auf Sprache, Vorstellen, Denken der Einzel-

---

[30] Dazu Wehler, *Aus der Geschichte lernen?* S. 130 ff. Kocka, *Historisch-anthropologische Fragestellungen,* und *Sozialgeschichte zwischen Struktur und Erfahrung. Die Herausforderung der Alltagsgeschichte.* In: J. Kocka, Geschichte
und Aufklärung. Göttingen 1989. S. 29 ff.

nen ein. Man ist auf Schutz- und Rechtssicherheit angewiesen; jedenfalls seit die Selbsthilfe unterdrückt wurde. Mit all dem ist zugleich gesagt, daß das Makrogeschehen stets auf den Mikrowelten gründet.

Freilich können die Verhältnisse zwischen Makro- und Mikrogeschehen recht verschieden sein. Ob ein politischer Witz nur dies oder auch ein Anlaß zur Verhaftung dessen, der ihn erzählt, ist, hängt vom herrschenden Regime sowie davon ab, wieweit sich die Einzelnen gegebenenfalls zu Denunziationen hergeben (wieweit also ein totalitärer Staat bis in die Mikrobereiche hinein Erfolg hat; oder wieweit diese sich ihm zu verweigern oder ihm gar Widerstand entgegenzusetzen vermögen).

Man kann theoretisch sehr verschiedene Formen des Verhältnisses zwischen Makro- und Mikrogeschehen unterscheiden. Das Ausmaß der Abhängigkeit voneinander kann höchst unterschiedlich sein. Der Staat kann sich zum Beispiel damit begnügen, daß er bekommt, was er nach herkömmlichen Maßen braucht. Er kann aber auch den Ehrgeiz haben, die wirtschaftliche Struktur, den Glauben, das Denken stark zu beeinflussen, mithin die Mikrobereiche tief zu verändern, vielleicht gar »gleichzuschalten«. Diese können andererseits gewissen Veränderungsprozessen ausgesetzt sein, die viele (und nicht oder nicht nur staatliche) Subjekte haben, weithin sogar eher von nicht-intendierten Nebenwirkungen des Handelns als von bestimmten Absichten gespeist werden.

Das Verhältnis zwischen Makro- und Mikrowelten kann eher komplementär, es kann aber auch – mindestens in Teilen der Gesellschaft – widersprüchlich, ja gegensätzlich oder feindlich sein. Die Einzelnen können sich in ihren kleinen Bereichen gegen Ansprüche (Zumutungen) von oben verschanzen, mindestens geistig abzuschirmen versuchen. Sie können eine gewisse Schizophrenie zwischen dem, was sie äußerlich zur Schau tragen, und dem, was sie in kleinem Kreis (in ihren Nischen) denken und reden, ausbilden. Sie können in ihren kleinen Bereichen für sich bleiben, sie können aber auch aktiv auf das Makrogeschehen einzuwirken versuchen, etwa in der Form der Empörung oder auf institutionellen Wegen. Insbesondere können die kleinen Bereiche dadurch ein starkes Eigengewicht erhalten, daß in einer Gesellschaft der Raum des Privaten sich stark ausweitet.

Doch könnte es praktisch sein, statt der Aufzählung verschiedener Möglichkeiten an einem Beispiel einige der Fragen, um die es hier geht, im Zusammenhang zu entwickeln. Ich wähle einen extremen Fall, die attische Demokratie des 5. Jahrhunderts. Die Verhältnisse waren dort gründlich anders als in den Staaten der Neuzeit, recht verschieden übrigens auch vom Gros der griechischen Poleis. Doch könnten sie gerade dadurch hier von Interesse sein. Athen war relativ gesehen ein außerordentlich großes Gemeinwesen, es umfaßte 2650 Quadratkilometer. Nach unsern Maßstäben freilich war es sehr klein, kaum größer als das Großherzogtum Luxemburg (2586 Quadratkilometer). Es hatte ungefähr 35 000 männliche erwachsene Bürger (die Frauen, Nicht-Bürger und Sklaven nicht gezählt; aber die zählten ja auch politisch nichts)[31].

Trotzdem spielte Athen eine sehr große Rolle in der damaligen Welt. Es war seit dem Ende der Perserkriege die mächtigste Stadt der Griechen, lange Zeit führend in Politik und Kriegführung gegen das Persische Reich. Seine politische Aufmerksamkeit erstreckte sich weit über den Ägäisraum hinaus, vom Schwarzen Meer bis Ägypten, vom Zweistromland bis Sizilien, und es mußte sehen, sich in diesem Großraum gehörig zur Geltung zu bringen. Insofern war es ein bedeutsamer Teilhaber des damaligen Makrogeschehens, eine Großmacht.

In dieser Polis nun befanden sich Makro- und Mikrogeschehen in besonders enger Verbindung. Das ergab sich daraus, daß sich die Bürger, die Hausherren außerordentlich stark und regelmäßig in Politik und Kriegführung engagierten[32]. Freilich keineswegs alle. Wohl fielen die wichtigsten Entscheidungen in der Volksversammlung, aber das Quorum, das z. B. für Beschlüsse über Krieg und Frieden notwendig war, betrug 6000, das heißt etwa ein Sechstel der Bürgerschaft. Circa 14 000 Bürger wohnten damals in Athen und in Piräus, die meisten Bürger auf dem Lande. Die Entfernungen zur Stadt betrugen bis zu 70 Kilometern. Da kann der Besuch der Volksversammlung für das Gros kaum leicht gewesen sein, bei mindestens 30 Versammlungen im Jahr für die meisten nur selten möglich. Wenn jeder zweite Bürger aus Athen und Piräus an den wichtigsten Entscheidungen teilhatte, so war das aber schon eine relativ große Zahl. Und jedenfalls ist zu betonen, daß innerhalb der

[31] Zu den Größenverhältnissen V. Ehrenberg, *Der Staat der Griechen*. Zürich, Stuttgart 1965, S. 32 ff.
[32] Hierzu und zum folgenden Ch. Meier und P. Veyne, *Kannten die Griechen die Demokratie?* Berlin 1988. Zur Verteilung der attischen Bürgerschaft auf Stadt und Land Thukydides 2,16,1; Ehrenberg, *Der Staat der Griechen*, S. 39.

Bürgerschaft auch die Armen durchaus politisch mitzusprechen hatten.

Zudem war die gesamte Bürgerschaft im Rat der 500 vertreten[33], zu dessen Aufgaben die Vorberatung aller Volksbeschlüsse sowie die Überwachung der gesamten Verwaltung zählten. Er wurde proportional nach den Demen, das heißt – grob gesagt – den Dörfern und Stadtvierteln, zusammengesetzt. Ein Ratsmann kam auf etwa 70 Bürger. Um auch weniger Wohlhabenden die Teilnahme zu ermöglichen (oder zu erleichtern), wurden Diäten gezahlt. Jedes Jahr wurde der gesamte Rat neu besetzt, keiner sollte ihm mehr als zwei Mal angehören. 70 Bürger entsandten also im Laufe einer Generation von 30 Jahren mindestens 15 Ratsmänner. Wenn man sich genau an die Regel hielt (was schon schwer genug vorstellbar ist), kam also grob gesagt jeder 5. zwei Mal in den Rat der 500. Doch auch, wenn es jeder 10. oder jeder 15. gewesen sein sollte, war die Relation derart, daß jeder mehrere amtierende oder gewesene Ratsmänner in seinem Bekanntenkreis haben mußte. Schon das mußte dazu führen, daß Politik auch in den Mikrobereichen des Hauses und Dorfes respektive Stadtviertels stark präsent war.

Hinzu kam die für viele, freilich vor allem die in der Stadt und in ihrer direkten Umgebung Wohnenden, gegebene Möglichkeit, als Beamte oder Geschworene der Stadt zu dienen. Diäten sollten hier ebenfalls für die Abkömmlichkeit auch weniger wohlhabender Bürger sorgen. Und immer wieder nahm der Dienst im Landheer oder als Ruderer der Kriegsflotte Tausende von Athenern in Anspruch. Schließlich soll man die demokratische Arbeitsweise der Unterabteilungen nicht vergessen. In den Demen wurde eine Art *grass-root-democracy* praktiziert, und sie war auf viele Weisen auf das Geschehen in der Polis bezogen[34].

Dem quantitativen Befund entspricht ein qualitativer. Die Identität als Bürger, das Selbstverständnis als aktiver Teilhaber an der Polis und ihrer Politik muß damals außerordentlich stark ausgeprägt gewesen sein. Man fühlte, man verstand sich sehr intensiv als Bürger und entsprechend nahm man sich gegenseitig in Anspruch. So wurde über den Rang des Einzelnen entschieden; und Rang war damals ein sehr bedeutsamer Faktor. Gewiß war diese Identität in einem engeren Kreis von Bürgern

[33] P. J. Rhodes, *The Athenian Boule*. Oxford 1972.
[34] B. Haussoullier, *La vie municipale en Attique*. Paris 1883.

besonders stark konzentriert. Aber der war bestimmend für die Auffassungen der Gesamtheit. Genau gesagt: Nicht jeder mußte diese Auffassung teilen, nicht jeder sich nach ihr richten, aber insofern sie vorherrschend war, mußte man sich irgendwie auf sie einstellen. Übrigens war die Politik auch recht interessant und für Athen lange erfolgreich.

Die politische Öffentlichkeit war der einzige Bereich, in dem die Angehörigen der Mittel- und Unterschichten den Adligen gleich, wenn nicht überlegen waren. Nicht als Einzelne, aber in ihrer Menge, sofern sie nur solidarisch waren. Und das scheinen sie im ganzen gewesen zu sein. So wurde zwar die Ausführung der Politik regelmäßig von Adligen geleitet; und aus deren Reihen kamen zumeist auch die Redner, die der Volksversammlung diese oder jene Maßnahme empfahlen. Aber sie mußten dabei stark auf die Interessen der Mittel- und Unterschichten Rücksicht nehmen. Und die wußten ziemlich gut, was sie wollten.

Indem die attischen Bürger so stark und vielfach nicht ausnahmsweise, sondern regelmäßig in der Politik engagiert waren, waren sie nicht nur stark in Raum und Zeit gegenwärtig, sondern ergab sich auch eine starke Gegenwärtigkeit der Polis in ihnen[35], mußte diese auch weit in die Mikrowelt ihrer Häuser, Nachbarschaften, Dörfer und Stadtviertel hineinreichen, in ihre Gespräche, ihre Lebensführung, ihre Zeiteinteilung. Sie bestimmte den Lebensstandard mit: Denn wenn man sich stärker der Politik widmete, verdiente man weniger als durch Handwerksarbeit (die Diäten waren nicht so hoch). Andererseits konnte man Gewinne aus Kriegsbeute mit nach Hause bringen – und oft genug bescherte die intensive Kriegführung der Stadt den Häusern auch Angst um die Nächsten, wenn nicht Trauer[36]. Übrigens mag es sein, daß die »Modernität«, die gesteigerte Rationalität der politischen Praxis der Stadt zugleich das Leben und die Wirtschaft in den Häusern verwandelte. Auch die Methoden der handwerklichen Arbeit haben sich damals vermutlich stark verbessert[37].

---

[35] Ch. Meier, *Die Entstehung des Politischen bei den Griechen.* Frankfurt 1983, S. 129 ff. u. ö. Vgl. das Register, S. 505.

[36] Die Verluste im Krieg waren teilweise außerordentlich hoch.

[37] Dazu etwa P. Spahn, *Die Anfänge der antiken Ökonomik.* In: Chiron 14 (1984), S. 301 ff. Vgl. auch Spahn, *Das Aufkommen eines politischen Utilitarismus bei den Griechen.* In: Saeculum 37 (1986), S. 8 ff. Da die Handwerker am ausgeprägten »Könnens-Bewußtsein« der Griechen des 5. Jahrhunderts einen starken

Dies alles muß keineswegs ausgeschlossen haben, daß das Leben in den verschiedenen Mikrobereichen zugleich nach eigenen Gesetzen verlief. Die Häuser waren zum guten Teil Domäne der Frauen. Die aber sollten sich nach der Auffassung der Zeit möglichst wenig in der Öffentlichkeit zeigen[38]. Es muß sich auch in den Mittel- und Unterschichten ein starkes Erfahrungs- und Kenntnisgefälle zwischen den Geschlechtern herausgebildet haben. Damit könnte denn sehr wohl ein besonderes Festhalten der Frauen an alten Bräuchen und Anschauungen einhergegangen sein. Das Zusammenleben mit den Sklaven brachte einen weiteren besonderen Akzent in den häuslichen Alltag. Außerdem werden die lokalen Kulte von Bauern und die von Handwerkern ein gewisses Eigenleben bewahrt haben. Über all dies ist bei der schlechten Quellenlage sowie beim augenblicklichen Stand der Forschung nicht viel auszusagen.

Immerhin wird man vermuten können, daß die Mikrowelten in Attika im wesentlichen komplementär zum Makrogeschehen in der Stadt waren. Hier wurde primär für den Lebensunterhalt und die Reproduktion der Familien gesorgt, dort für die Politik. Die Hausherrn waren zugleich die Träger der Politik, zum Teil potentiell, weitgehend auch faktisch. Zwar war ihre Stellung hier und dort ganz unterschiedlich, einmal waren sie die Herren, das andere Mal Gleiche unter Gleichen. So mag es Spannungen gegeben haben, weil die Mütter (und Großmütter) die Kinder eher mit alten Geschichten als mit neuen Einsichten aufzogen. Und gewiß gab es auch politisch bestimmte Konflikte zwischen den Geschlechtern. Denn was uns Aristophanes' Komödien[39] davon zu bezeugen scheinen, kann, so grotesk überzeichnet es ist, nicht ganz aus der Luft gegriffen sein. Mindestens in dem Moment, als die Politik Athens im weiteren Verlauf des Peloponnesischen Krieges scheiterte, als die Verluste sich häuften, der Sinn der ausgreifenden Politik fragwürdig wurde, müssen die Zweifel der eher altmodisch denkenden Frauen stark genug gewesen sein, um die Männer zu attackieren. Dann wurde hier eine veritable Gegenposition zu den Auffassungen, die sie in ihrer Politik leiteten, mächtig. Damals war

Anteil hatten (zu diesem Bewußtsein: Ch. Meier, *Entstehung des Politischen*, S. 435 ff.), muß auch hier mit mannigfachen Veränderungen bis ins Haus hinein gerechnet werden.

[38] S. B. Pomeroy, *Goddesses, whores, wives and slaves*. New York 1975, S. 79 ff. C. Mossé, *La femme dans la Grèce antique*. Paris 1983.

[39] Vor allem Lysistrate und Ekklesiazusen.

der Schwung Athens leer gelaufen, die Kühnheit in Leichtsinn ausgeartet, und in einer Art »pathologischen Lernens« hatte man zu lange gemeint, den falschen Weg weiterverfolgen zu sollen. Eben das mußte sich auch in den Häusern auswirken, nicht zuletzt in der Unterschicht[40].

Aber aufs Ganze gesehen können sich die Mikrobereiche im Athen des 5. Jahrhunderts kaum im Gegensatz zum Makrogeschehen befunden haben. Als Kultgemeinschaften fungierten weithin die Unterabteilungen der Bürgerschaft. Die Götter waren im ganzen Götter der Stadt. Eine von der Polis unabhängige Priesterschaft war kaum vorhanden. Die Feste wurden zumeist öffentlich und gemeinsam gefeiert. Es gab nicht die Gegensätze, die den Mikrobereichen in andern Gesellschaften und zu andern Zeiten eine gewisse Eigenständigkeit gegenüber dem politischen Bereich zu verleihen vermögen; keine Kirche, die in der Lage gewesen wäre, eigene Maßstäbe gegen den Staat aufzurichten; nicht den weiten Raum innerer Auseinandersetzung, der damit unter besonderen Umständen dem christlichen Gewissen eröffnet werden konnte; keine vom Staat geschiedene Gesellschaft mit eigenen Normen; keine »bürgerliche Öffentlichkeit« mit Universitäten, Presse, grenzüberschreitenden Gedanken; auch keine Vereine und nicht jenes Ausmaß beruflicher Spezialisierung und der mit ihr korrespondierenden Individualisierung, welches in der Neuzeit so sehr dazu beitrug, den *espace privé* der Einzelnen als einen Bereich sui generis auszubauen; schließlich nicht die ganze Vielfalt geschäftlicher Beziehungen, des Zusammenschlusses in Zünften etc., die die Einzelnen in der Neuzeit verschiedenen Mikrobereichen zugleich aussetzte. Insofern fehlte es den Mikrobereichen schon an Spannweite. Sie blieben gegen die Öffentlichkeit stark abgewertet, insbesondere durch die starke Scheidung zwischen den Geschlechtern.

Andererseits standen die Polis und ihre Politik auch nicht wie der Staat abstrakt im Gegensatz zum konkreten Geschehen der unmittelbaren Umgebung. Und der Einzelne war nicht winzig im Gegensatz zum Riesenformat einer staatlichen Politik und der Welt, in die sie eingebettet war. Vielmehr war alles politische Geschehen relativ konkret, die handelnden Personen relativ gut bekannt, und es gab eine erstaunlich weitgehende Kommensurabilität, eine »Maß-Entsprechung« zwischen den Ein-

[40] Meier und Veyne, *Kannten die Griechen die Demokratie?*, S. 93, 92.

zelnen und dem Geschehen[41]. Die wichtigen Beschlüsse wurden im allgemeinen von den Bürgern gefaßt (und wer nicht anwesend war, konnte sie nachvollziehen, zumal er im Zweifelsfall mit solchen zusammenkam, die dabeigewesen waren). Und sie wurden auch von den Bürgern ausgeführt. Nur wenige Ämter waren den Wohlhabenden, Gebildeten vorbehalten, sehr viele standen jedermann offen, und häufig wurden sie verlost. Die Schlachten wurden von den Bürgern geschlagen, sowohl zu Lande wie zur See (wo freilich noch eine ganze Reihe von Nicht-Bürgern als Ruderer zusätzlich beteiligt war). Das Geschehen war also überschaubar, der Anteil des Einzelnen an ihm recht beträchtlich. Wenn normalerweise vielleicht 2000 Bürger die Volksversammlung besuchten und im Höchstfall vielleicht 20 000 Männer (beide Seiten zusammengenommen) an einer Schlacht teilnahmen, so bewegte sich der Anteil des Einzelnen an Politik und Kriegführung zwischen 1:2000 und 1:20 000. Aber die Relation konnte vielfach, so im Rat der 500 oder in den Geschworenengerichten, günstiger sein.

Zudem war die Welt überschaubar. Eine Welt des Handelns und Sich-Ereignens. Keine großen selbstläufigen Prozesse, vielmehr tendierte alle Wahrnehmung auf das Gleichbleiben der grundlegenden Verhältnisse. Nur das Politische war veränderlich, in den Poleis wie zwischen ihnen, und da galt es zu handeln. Die Welt bestand im Grunde aus lauter gleichartigen politischen Einheiten, eben den Städten. Die eine große Ausnahme, Makedonien, war schwach. Die andere, das Perserreich, war zwar sehr viel mächtiger, aber man war auch ihr gewachsen (bis gegen Ende des Peloponnesischen Krieges). Die Enden der Welt waren nicht fern, der Himmel gehorchte ähnlichen Gesetzen wie die Polis. Die Götter mochten unberechenbar sein, und zum Handeln gehörte ein bestimmtes Maß an Unberechenbarkeit, die Kontingenz der Ereignisse. Aber die Macht Athens war lange Zeit groß genug, daß es am Ende immer wieder Erfolg hatte[42]. So besaß man vermutlich einen gut gepolsterten »Sinnkredit«[43], der manche Zweifel ersparte – bis sie sich dann, allerdings erst nach der Peripetie des Peloponnesischen Krieges massierten. So konnte die Politik verstanden und verantwortet werden – bis die Mißerfolge zu groß wurden.

[41] Dazu etwa Meier, *Entstehung des Politischen*, S. 18 u.ö.

[42] Ebenda, S. 478f.

[43] Ch. Meier, *Die politische Kunst der griechischen Tragödie*. München 1988, S. 43ff., bes. S. 52.

Folglich entfielen für die Athener des 5. Jahrhunderts, aufs ganze gesehen, wichtige Herausforderungen zum intensiven Ausbau ihrer Mikrobereiche. Was an Forderungen kam, war meist von den Hausherrn selbst zu verantworten. Zumutungen »von oben« müssen sich in engen Grenzen gehalten haben. Es gab weder eine Wirtschafts- noch eine Gesellschafts-, keine Religions- und keine Schulpolitik, auch keine Ideologien, die die Einzelnen, die Familien und Bekanntenkreise von außen – oder eben »von oben« – zu Veränderungen, Anpassungen, zur Aufgabe von Traditionen und Anschauungen hätten veranlassen wollen; die ihnen vielleicht gar die Kinder hätten entfremden und zu »neuen Menschen« zu machen versucht hätten. Was an Veränderung geschah, kam vielmehr aus dem Kreis der Bürger, aus ihrer Politik. Die Kluft zwischen Ereignisgeschichte und Veränderungsgeschehen war gering[44], und so war es die Diskrepanz zwischen dem eigenen Wirkungs-, dem Erfahrungsbereich und der »großen Welt«. Wenig Anlaß also, die Mikrowelten gleichsam für den Verteidigungszustand auszubauen.

Allerdings führten die Frauen in ihren Häusern, wohl auch in ihren Nachbarschaften, ein Eigenleben. Die Nicht-Bürger werden es auf andere Weise getan haben. Wie es sich mit den Sklaven innerhalb und außerhalb der Häuser verhielt, ist schwer zu sehen. Und in einem nicht genauer eingrenzbaren Ausmaß wird sich der eine oder andere auch, weil er in Opposition zu den herrschenden Meinungen und Usancen geraten war, in Haus und Bekanntenkreis eine anspruchsvollere eigene Welt aufgebaut haben; zumal von einigen Adligen wissen wir, daß sie sich aus der Politik zurückzogen. Einige andere widmeten sich aufs stärkste ihrer Erwerbstätigkeit. Das alles ändert aber wohl nichts an der Feststellung, daß die Mikrogeschichte im damaligen Athen relativ unbedeutend war. Insgesamt sollte man auch die eigentümlichen Begrenzungen der Ausbildung von menschlicher Individualität nicht vergessen, die sich für das 5. Jahrhundert – von Außenseitern abgesehen – beobachten und erschließen lassen[45]: Sie ergänzen, scheint mir, das hier skizzierte Bild. Denn sie tragen entscheidend zur Komplementarität zwischen Haus und Polis bei.

Es wäre verkehrt, wenn man in diesen Ausführungen eine Idealisierung Athens oder der Griechen sähe. Es blieb ja Not

---

[44] Meier, *Entstehung des Politischen*, S. 318 ff. u. ö. (s. das Register, S. 509).
[45] Ch. Meier, *Politik und Anmut*. Berlin 1985, S. 85 ff.

und Problematik, Leiden und Tod, Ausbeutung und Unzuläng-
lichkeit genug. Und es handelte sich im ganzen um eine kurze
Phase der Blüte, die geradezu darauf beruht zu haben scheint,
daß sich im Erfolg schon die Erschöpfung vorbereitete. Allein,
für diese Phase scheint sich – bei allen Vorbehalten, die sich aus
Quellenlage und Forschungsstand ergeben – eben ein sehr besonderes Verhältnis zwischen Makro- und Mikrogeschichte ergeben zu haben.

Wenn ich mich nicht täusche, erschließt also die Frage nach
dem Verhältnis von Mikro- und Makrogeschichte für das Athen
des 5. Jahrhunderts einerseits in der Sache manches, was sonst
offen bliebe. Andererseits und jedenfalls aber ermöglicht sie es,
in der Darstellung sehr viel elementarer anzusetzen und damit
besser anzuknüpfen an die Verständnisschwierigkeiten einer
Zeit, die nicht ohne Grund, wie gesagt, Mikrogeschichte als
Gegenstand eigener Dignität entdeckt hat. Die eigentliche Pro-
be darauf kann freilich erst in einer umfassenden Darstellung
gemacht werden[46], nicht in einer so kurzen Skizze.

Fragen zum Schluß

Sachlich sowohl wie in der Darstellung ist die genauere Erkenntnis des Verhältnisses von Mikro- und Makrogeschichte in
den einzelnen Epochen jeweils auf den Vergleich mit andern
Epochen angewiesen. Denn die besonderen Zusammenhänge,
die sich anhand der Griechen für die Moderne vermuten lassen –
etwa der zwischen der Herausbildung von eigenen, dem Makrogeschehen gegenüber selbst-, wenn nicht widerständigen
Mikrowelten und bestimmten Zumutungen und Überforderun-
gen –, diese Zusammenhänge müßten aus der Betrachtung anderer Epochen bestätigt werden, wenn sie wirklich als wahrscheinlich gelten sollen. Und dabei geht es sowohl um vorantike
Hochkulturen wie um Mittelalter, Neuzeit und Zeitgeschichte.
Jedenfalls scheint mir, daß es sich lohnt, das Verhältnis zwischen der großen und der kleinen Geschichte für andere Gesellschaften und Epochen ähnlich – und besser – zu untersuchen.

Was macht es etwa aus, daß der neuzeitliche Staat soviel ab-

---

[46] Dazu einstweilen Ch. Meier, *Wie schreibt man heute Geschichte?* In: Nor-
ges Allmennvitenskapelig Forskningsrad. Bericht über das 4. deutsch-norwegi-
sche Historikertreffen in Berlin, Juni 1989.

strakter, größer und komplizierter ist als die Polis? Daß er von Anfang an potentiell in einem Gegensatz zur Kirche und danach zur Gesellschaft stand? Denn daraus erwächst doch sowohl Spielraum wie Spannung, und das muß sich in den Mikrobereichen stark auswirken. Was macht es aus, daß der moderne Mensch, ob Untertan oder Bürger, doch primär Privatmann ist – und nicht aufs stärkste politisch engagiert wie die attischen Bürger? Daß er Spezialist ist und oft verschiedenen Bereichen nebeneinander zugehört? Was hat es vor allem für Folgen, daß der Staat regelnd, disziplinierend, verändernd bis tief in die Häuser, die Familien, aber auch in die Arbeits- und Vorstellungswelt hineinwirkt – und daß zugleich Veränderungsprozesse, über die keiner Herr ist, dies alles und uns selbst zutiefst verwandeln?

Welche Probleme entstehen aus unserm »Knirpstum« angesichts der Tatsache, daß auch heute Politik nicht nur von denen, die sie machen, sondern auch von denen, die diese wählen und machen lassen, zu verantworten ist? Dabei muß sich die Frage zugleich auf die Instanzen richten, die grundsätzlich zwischen Mikro- und Makrogeschichte zu vermitteln vermögen, etwa Verbände, Gewerkschaften, Parteien. Wie kompensiert man die ungeheuerliche Inkommensurabilität, die sich zwischen uns und dem Weltgeschehen auftut, um von der Größe des Kosmos und der Schwierigkeit, seine Gesetze zu verstehen, ganz zu schweigen, zu schweigen auch von der Schwierigkeit, all das zu überblicken und vor allem: zu beurteilen, was wir heute in der Natur anrichten.

Doch sei es genug, zum Abschluß auf ein besonders aktuelles Problem in diesem Zusammenhang hinzuweisen: Das Verhältnis zwischen Mikro- und Makrogeschehen scheint mir zu den größten Schwierigkeiten zu gehören, mit denen das Verständnis der deutschen Geschichte zwischen 1933 und 1945 zu kämpfen hat. Einerseits klaffen die einzigartigen Verbrechen der rassistischen Massenmorde und die »Normalität« des Alltags[47] in jener Zeit weit auseinander. Jenes Alltags oder anders gesagt: jenes Wirkens in den je begrenzten Bereichen, innerhalb derer so viele meinten (und meinen konnten), im ganzen ihre Pflicht zu erfüllen, sich im ganzen »anständig« zu verhalten, wie es sich gehörte, vielleicht noch etwas besser.

[47] Vgl. dazu D. J. K. Peukert, *Alltag und Barbarei. Zur Normalität des Dritten Reiches.* In: D. Diner (Hrsg.), *Ist der Nationalsozialismus Geschichte? Zu Historisierung und Historikerstreit.* Frankfurt 1987, S. 51 ff.

Andererseits bestand die »Gleichschaltung« doch gerade darin, daß noch die privaten Bereiche der Einzelnen weitgehend nach nazistischem Muster organisiert und durchdrungen wurden[48]. Schließlich gehörte der Blockwart allemal in die Mikrobereiche des Alltagslebens. Weithin traf man überzeugte Anhänger des Regimes, weithin wurden dessen Lehren mindestens partiell übernommen, wurde denunziert oder war jedenfalls die Furcht vor Denunziationen verinnerlicht. Schließlich war auch die Zahl der Nachbarschaften nicht sehr groß, in denen keinem Juden Unrecht angetan, aus denen keine Juden abtransportiert wurden, und sonst keiner unter den Zugriffen des Regimes zu leiden hatte. Nicht zu vergessen das, was man sonst und was man zumal an den Fronten und in den Etappen des Krieges im Osten zu sehen bekam. Insofern reichte die NS-Herrschaft auch in ihren Untaten weit in die meisten Mikrobereiche hinein.

Ist es also falsch, von der »Normalität« vieler Mikrogeschichten im damaligen Deutschland zu sprechen? Ist Lüge oder wenigstens Vergeßlichkeit oder Verdrängung am Werk, wenn es uns oft so dargestellt wird? Oder gab es trotz allem einen gewissen Gegensatz zwischen der großen und den kleinen Geschichten? Indem sich die Mikrobereiche anders formten, indem man sich zum Teil auch aus ihnen in noch kleinere Bereiche zurückzog und sich dort seiner eigenen Anständigkeit und einer gewissen Selbständigkeit des Urteils vergewisserte? Indem man im übrigen, im Beruf und in den verschiedenen Teilöffentlichkeiten weithin zwar Konzessionen machte und dies und jenes übersah oder verdrängte, aber davon abgesehen zumeist doch wohl wirklich mit einigermaßen gutem Gewissen seinen Dienst tat, jedenfalls weithin? Es ist ja doch hinzuzuhalten, daß man zwar mit vielerlei Druck und Unrecht konfrontiert war, aber weithin das Ausmaß der riesigen Verbrechen nicht kannte, daß es sich wenigstens der Wahrnehmung in der Regel nur sehr schwach aufdrängte. So konnten die Abschirmungen und Anpassungen aus der Perspektive der Zeit (und des damaligen Alltags!) bei weitem nicht so gravierend erscheinen wie heute, da uns das, was damals verborgen war, als das Entscheidende erscheint[49]. Insofern sind die Behauptungen über die »Normali-

[48] Vgl. etwa H. Buchheim, *Totalitäre Herrschaft. Wesen und Merkmale.* München 1962. Einschränkend Broszat, *Nach Hitler* S. 106 f.

[49] Dazu M. Broszat in seinem Briefwechsel mit S. Friedländer *»Um die Historisierung des Nationalsozialismus«*. In: Vierteljahrshefte für Zeitgeschichte 36 (1988), S. 339 ff.

tät« des damaligen Alltags, eines Alltags freilich, wie jedoch immer, unter gewissen Vorzeichen der Zeit, nicht so unglaub-würdig[50]. Es ist wohl auch zu vermuten, daß unsere Eltern und Großeltern in der Mehrheit weder Helden noch Schurken waren. Jedenfalls aber ist anzunehmen, daß ihr Verhalten im Alltag, genaue Kenntnis vorausgesetzt, halbwegs nachvollzogen werden kann.

Es bleiben dann noch genügend Probleme. Inwiefern etwa ihre Angst (zu der sie Anlaß genug hatten) doch zu weit ging; inwiefern sie durch mangelnde Zivilcourage, wohl auch durch zu schwache Solidarität des gemeinsamen Handelns manches versäumten, was sie doch hätten tun können – so zumal am Anfang –, und manches taten, was sie doch hätten unterlassen können – so zumal im weiteren Verlauf.

Allemal aber wird, so möchte ich behaupten, über die Mikro-geschichte ein wesentlich besserer Zugang zum damaligen Deutschland zu gewinnen sein. Dann bleibt freilich das Pro-blem des Verhältnisses zwischen Makro- und Mikrogeschichte. Zweifellos wäre das Makrogeschehen nicht möglich gewesen, wenn ihm nicht in den Mikrobereichen zugearbeitet worden wäre. Das Regime hätte ja anders nicht funktioniert, die Solda-ten wären nicht zur Verfügung gewesen, die Züge nicht gefah-ren. Schließlich implizierte die »Anständigkeit« Pflichterfül-lung, und ein totalitäres Regime kann ja sogar noch beachtliche Nebenwirkungen des Handelns weitgehend für sich in An-spruch nehmen.

Zweifellos haben die damaligen Deutschen die damalige Ge-schichte zu verantworten. Zweifellos klaffte damals aber auch Makro- und Mikrogeschehen so weit auseinander, daß der Handlungs-, der Erfahrungsaspekt des Alltags bei allen Über-schneidungen sich weit vom Beteiligungsaspekt der einzelnen Handlungen zu entfernen scheint. Das macht die Frage wichtig, wie dieses Mißverhältnis seinerzeit und wie es dann rückblik-kend erfahren wurde (und wird). Was entsteht da an Umset-zungs-, an Verstehensproblematik? Wie erlebt und denkt man

---

[50] Freilich gab es auch gleitende Übergänge zwischen Verbrechen und Alltag, die nichts mehr als normal erscheinen lassen. Besonders sinnfällig wird das in den Photoalben, in denen die Hamburger Staatsanwaltschaft »zwischen den Aufnah-men von Oma, Kind und Hund ... Photographien von Exekutionen, offenen Massengräbern, übervollen Leichenkarren ... oder Ghetto-Szenen« fand. H. Garbitz, zitiert nach G. v. Arnim, *Das große Schweigen*. München 1989. S. 197.

sich selbst, stellt man sich vor bei solcher Inkommensurabilität zwischen dem, was geschieht und der eigenen Beteiligung? Welche moralischen Folgerungen hat die Tatsache der von den Einzelnen wissend und vor allem unwissend, selten willentlich, zumeist unwillentlich, aber auch widerstandslos mitverantworteten Verbrechen? Und was bedeutet eine solche Unverhältnismäßigkeit für das Verständnis des damaligen Geschehens – und von Geschichte überhaupt? Man kann sehr wohl erklären, wie jene singulären Großverbrechen möglich wurden, von Hitler wie von den maßgebenden Eliten wie von der damaligen gesellschaftlichen Struktur her. Obwohl es immer noch schwierig genug ist, nachzuvollziehen, wie sie dann in die Tat umgesetzt wurden. Aber wie soll man das Ganze verstehen, an dem das eigene Land, die eigenen Eltern und Großeltern so stark beteiligt waren?

Hier kommt ein letzter Gesichtspunkt ins Spiel, der innerhalb des Verhältnisses von Mikro- und Makrogeschichte wichtig ist, derjenige der Identifikation. Sie scheint mir, wie schon angedeutet, ein wesentliches Mittel dazu zu sein, die Kluft zwischen unserer Befangenheit in den kleinen Welten und den verschiedenen Formen des Makrogeschehens zu überbrücken[51]. Denn dies geschieht zwar einerseits durch vermittelnde Instanzen wie Parteien, Parlamente etc. Aber soviel auf diesem Weg erledigt werden kann, er reicht, scheint mir, nicht unbedingt für die Notwendigkeit einer »mentalen Vermittlung« sowie für diejenige des globalen Verstehens von Vorgängen auf der großen Ebene.

Nationale Identifikationen machten die Mitglieder der Nationen zu Teilen von Einheiten, die groß genug waren, um am Weltgeschehen nennenswert teilzuhaben. Soweit ich sehe, ist die Überbrückungsfunktion dieser Identifikationen noch keineswegs genügend erforscht; auch nicht die der Balancierung von individuellen Einseitigkeiten, die sie zu leisten vermögen. Man fragt hier in der Regel mehr nach Inhalten dieser Identität, wenn nicht nach Auswirkungen einer besonderen Zuspitzung von ihr, des Nationalismus.

Wohl kann man in seinen kleinen Mikrobereichen aufgehen, indem man sich ganz eingefügt versteht in dichte Herrschafts-

---

[51] Vgl. dazu Goethes Äußerung in den Maximen und Reflexionen (Nr. 659 Heinemann, Nr. 868 von Loeper, »Dem Menschen ist verhaßt, was er nicht glaubt selbst getan zu haben; deswegen der Parteigeist so eifrig ist. Jeder Alberne glaubt, ins Beste einzugreifen, und alle Welt, die nichts ist, wird zu was.«

verhältnisse und etwa in die christliche Gemeinde. Aber dann bleibt der Horizont begrenzt und man gehört keinem großen Verband derart an, daß man einfach durch die eigene Mitgliedschaft – unabhängig von seinen besonderen Funktionen – an der Verantwortung für das Ganze mitträgt. Dies aber ist seit dem 19. Jahrhundert weitgehend die Regel, zunächst primär für das europäische und amerikanische Bürgertum, später auch für das Proletariat. Nachdem das einmal geschehen ist, können moderne Desidentifikationen nicht einfach mehr eine Rückkehr zum Früheren bedeuten. Was den speziellen Fall angeht, so bleiben wir als Deutsche durch die Identifikation, solange wir nicht auswandern, an die Untaten des nationalsozialistischen Deutschlands gebunden[52]. Aber das ist, wie man weiß, nicht leicht auszuhalten. Die Geschichte der letzten Jahrzehnte und gerade die heutige Gegenwart zeigt ja, daß speziell die Tatsache, daß es deutsche Verbrechen waren, als neuralgisch empfunden wird. Es gibt keine NS-, sondern Nationalapologetik. Daher suchen viele, dieser Verantwortlichkeit auf irgendeinem Wege zu entkommen. Durch Schuldzuweisungen an Hitler, die Nazis oder »den Faschismus«, durch nachgeholten Widerstand oder eine Arroganz später Geburt, vielleicht aber eben auch durch den Rückzug in Mikrobereiche (obwohl der seine Ursache natürlich mehr in der Nachkriegsgeschichte und -soziologie hat).

Makrogeschichte kann zweifellos – bei aller formal gegebenen Partizipation – so übergreifend sein, daß vielen nichts mehr zu wollen übrigbleibt, als sich im eigenen Bereich irgendwie einzurichten; wie das etwa die abgebrühten Obergefreiten im Krieg zu tun pflegen. Sie mögen, was sie tun (vielleicht gar auch, was sie unterlassen), unter dem unmittelbaren Handlungsaspekt sehr gut verantworten können. Ob auch unter dem »Beteiligungsaspekt«, ist eine andere Frage. Aber das eine kann eben in ihrem Bewußtsein vom andern ganz abgespalten sein, wobei Verdrängungen mitsprechen mögen. Davon müssen auch Identifikationen mit dem Ganzen in Mitleidenschaft gezogen werden; denn wie will man mitverantworten, woran man zwar mitwirkt, womit man zwar etwas zu tun hat, was aber als Ganzes auf einem ganz andern Blatt zu stehen scheint? Andererseits aber: was ist, wenn die Verantwortung für die Handlungen des eigenen politischen Verbands nicht mehr gilt?

---

[52] Vgl. dazu einige Überlegungen bei Ch. Meier, *40 Jahre nach Auschwitz.* München 1987. 2. erw. Aufl. 1990.

Es wird hier also deutlich, wie sehr im Verhältnis von Makro- und Mikrogeschehen zugleich das Problem einer verantwortlichen Teilhabe an politischen Einheiten gestellt ist, die Frage, wie weit – bei allen möglichen Zweifeln – immerhin Bewußtsein und Kollektividentität noch auf dem gleichen Blatt stehen und wie weit sie voneinander abgekoppelt sind. Damit entstehen dann neue Verhältnisse zwischen Mikro- und Makrogeschehen, von denen noch gar nicht abzusehen ist, wie sie näher zu bestimmen sind (auch im weiteren Horizont der Europäischen Gemeinschaft).

Ich vermute, daß diese Veränderungen sehr gravierend sind und sich in verschiedenen Bereichen auswirken. Es könnte hier um Dinge gehen, von denen wir noch gar nichts wissen. Der Versuch, sie genauer zu begreifen, wird gewiß nicht ohne Einbeziehung ihrer Geschichte (und ohne Vergleiche) auskommen. Insofern ist die Geschichte des Verhältnisses zwischen Makro- und Mikrogeschehen von großem, auch aktuellem Interesse. Sie gehört wie etwa die Frage nach dem Verhältnis von Ereignisgeschichte und prozessualer Veränderung, nach den Parteiungen, nach Produktionsverhältnissen oder etwa der Relation zwischen Alltag und Fest zu den Charakteristika von Epochen. Wie immer es um die Einzelheiten, von denen hier die Rede war, steht, dies jedenfalls scheint sich mir mit Sicherheit zu ergeben.

PETER HANNS REILL

Das Problem des Allgemeinen und des Besonderen
im geschichtlichen Denken und in den historiographischen
Darstellungen des späten 18. Jahrhunderts

Die zweite Hälfte des 18. Jahrhunderts – die Spätaufklärung –
war eine Periode, die durch einen tiefgründigen, hochbedeutsa-
men Versuch zur Neubildung des Verständnisses, der wissenschaftlichen Darstellung und der Definition von Geschichte geprägt war. Es wurde bewußt ein Programm entwickelt, das die
Geschichtswissenschaft in bezug auf ihren Wahrheitsanspruch
den anderen führenden Wissenschaften gleichstellen sollte, ja
sogar in mancher Beziehung Geschichtsbeschreibung als
Grundform aller wissenschaftlichen Erklärungen zu betrachten
beanspruchte[1]. Bei der Umsetzung dieses Programmes sahen
sich die zeitgenössischen Historiker gezwungenermaßen mit
dem Problem sowohl der praktischen als auch der theoretischen
Neudefinition des Verhältnisses zwischen dem Allgemeinen
und dem Besonderen, dem Ganzen und dem Teil, sowie – in der
Erweiterung – zwischen dem Diachronischen und Synchroni-
schen konfrontiert. Im Fortgang der Auseinandersetzung boten
Geschichtstheoretiker und Geschichtsforscher eine Anzahl von
Lösungsmöglichkeiten, die auch für die gegenwärtige Debatte
über Form, Inhalt und Modus historischer Rekonstruktion und
Erklärung aufschlußreich sein können.

Das Dilemma, das sich dem spätaufklärerischen Betrachter
der Geschichtswissenschaft darbot, ist leicht zu beschreiben,
jedoch schwer zu lösen: Wie kann die Geschichtswissenschaft
solcherart umgeformt werden, daß sie die grundsätzlichen Fra-

---

[1] Diese Punkte habe ich anderswo beschrieben. Vgl. Peter Hanns Reill, *The
German Enlightenment and the rise of historicism.* Berkeley und Los Angeles
1975; ders., *Barthold Georg Niebuhr and the Enlightenment tradition.* In: German Studies Review (1980); ders., *Die Geschichtswissenschaft um die Mitte des
achtzehnten Jahrhunderts.* In: *Die Wissenschaften in Deutschland um die Mitte
des achtzehnten Jahrhunderts.* Hrsg. von Rudolf Vierhaus. Göttingen 1985;
ders., *Structure and narrative in eighteenth-century historiography.* In: History
and Theory (1986); ders., *Science and the science of history in the Spätaufklärung.*
In: *Aufklärung und Geschichte. Studien zur deutschen Geschichtswissenschaft im
18. Jahrhundert.* Hrsg. von E. Bödeker, G. Iggers, J. Knudsen und P. H. Reill.
Göttingen 1986.

gen der Zeit und der Gesellschaft beantwortet, ohne zugleich bloße literarische Beschreibung zu werden oder aber sich in einer gleichsam privilegierten Sprache aufzulösen, die nur von wenigen akademisch gebildeten »Eingeweihten« verstanden wird. Damals wie gegenwärtig wurde der gesamte Korpus historiographischer Traditionen untersucht, und das meiste davon wurde – wenig überraschend – für mangelhaft befunden. Der offensichtlichste Fehler der bisherigen Geschichtsschreibung hatte anscheinend in ihrer zielstrebigen Beschäftigung mit dem Besonderen, den Fakten gelegen – eine Betrachtungsweise, die wir heute als »naiven Positivismus« bezeichnen würden. Historiker aus aller Welt nahmen diese Kritik damals auf und gebrauchten die bissigsten Beschreibungen, die sie aufbieten konnten, um die verachtete und also abgelehnte Zunft der »Sammler« zu charakterisieren.

So beklagte im Jahre 1767 der Göttinger Historiker Johann Christoph Gatterer die Art und Weise, in der bisher die deutsche Geschichte dargestellt worden sei und geißelte »den schlechten Geschmack der meisten Teutschen in der Historie, ihren Hang zu Kleinigkeiten, ihren Eifer in Beschreibungen der Schlachten... ihre übertriebene Liebe zu Litteratur, ihre Fertigkeit, nur Gelehrsamkeit da zu zeigen, wo man Gelehrsamkeit verleugnen soll; ihre Citationssucht«[2]. Dasselbe Thema wurde zwanzig Jahre später von einem anonymen Kommentator wiederaufgenommen, der ebendiese Vorwürfe gegen »jenen trocknen deutschen Geschichtsschreiber[n]« erhob, »der... die Datas und Namen gesammelt, ein trocknes Skelet geliefert und die Seele der Geschichte vermisst«[3] habe. Das vielleicht umfassendste Urteil über die Perspektivlosigkeit der Akkumulation zusammenhangloser Fakten gab Adam Ferguson in seinem Werk *The Principles of Moral and Political Science* (1792) ab, in dem die Quintessenz seiner Gedanken über Geschichte und Gesellschaft so formuliert ist: »Vielfalt ohne Ordnung lenkt ab und verwirrt den Verstand; und die höchste Art des Leidens, das man für ein ausschließlich vernunftgelenktes Wesen ersinnen könnte, bestünde vielleicht darin, es mit einer Welt zahlloser Individuen zu konfrontieren,

---

[2] Johann Christoph Gatterer, *Vom historischen Plan.* In: Allgemeine Historische Bibliothek, Bd. I. 1767, S. 80.
[3] Anonym, in: Hannoverisches Magazin. 44. Stück. Juni 1787, S. 690.

von denen auch nicht zwei die mindeste Ähnlichkeit oder Beziehung zueinander besäßen.«[4]

Gewiß waren viele Denker der späten Aufklärung, die sich um eine Neudefinition der Geschichtswissenschaft bemühten, verunsichert, und dies traf vermutlich in einem noch höheren Maß auf die Leser historiographischer Werke zu, die mitunter wohl Fergusons höchste Stufe des Leidens erreicht haben dürften. Aber wo konnte man in der Geschichte eine Ordnung erkennen, die diese Verunsicherung beenden konnte? Nahezu einstimmig erklärten die Historiker dieser Epoche, daß ordnende Prinzipien nicht in »hypothetischem Denken«, in Abstraktionen oder »spekulativen, metaphysischen Argumentationen und Gedankengängen« gefunden werden könnten. Wenn die mechanische Ordnung von Fakten als unfruchtbar und geistlos eingestuft wurde, so hielt man die Abschweifung in den Bereich ungestützter Theorie für tödlich. Trotz des Irrweges der »Sammler« wurde doch die Stütze der Geschichtsschreibung in den Fakten, dem Besonderen anerkannt. Dieser Grundsatz wurde von vielen bekräftigt, unter anderem auch von Herder: »Dem Philosophen der Geschichte kann keine Abstraktion, sondern Geschichte allein zum Grunde liegen.« Wenn er sich nicht daran halte, laufe er »Gefahr, trügliche Resultate zu ziehen, wenn er die zahllosen Fakten nicht wenigstens in einiger Allgemeinheit verbindet«[5]. Herder wiederholte dieses Prinzip in seiner heftigen Erwiderung auf Kants vernichtende Kritik der *Ideen*: »Und sie werden die Wunder der *Metaphysica* unsers Jahrhunderts sehen. Auf kein Faktum im ganzen Buch, auf denen doch alles beruht, hat der *philosophus* sich eingelassen, thut, als ob sie nicht da ... [seien].« Und weiter versicherte er, »daß nur auf diesem Wege der Beobachtung und Analogie nach *factis* und über *facta* reelle Philosophie möglich sei«. Konsequenterweise forderte er deshalb, »daß man von dem Wortgeschwätz der Philosophie weg auf Erfahrung und *facta* komme«[6]. Abstraktion bedeutete für die damaligen Historiker, wie Ferguson es definierte, »das Feststellen bestimmter Qualitäten und Umstände, getrennt von andern Eigenschaften und Umständen, mit

---

[4] Adam Ferguson, *The Principles of Moral and Political Science*, 2 Bde. Edinburgh 1792, Bd. 1, S. 273.

[5] Johann Gottfried Herder, *Ideen*, Bd. 1, Buch 8, Vorwort S. 282.

[6] Herder an Soemmering, 28. Februar 1785. In: *Samuel Thomas Soemmerings Leben und Verkehr mit seinen Zeitgenossen*. Leipzig 1844, Bd. 1, S. 29 f.

denen sie aber natürlicherweise verbunden sind«[7]. Demzufolge begingen der Empirismus und das abstrakte Denken, wenn auch mit unterschiedlichem Ansatz, denselben Fehler. Sie trennten oder beließen getrennt, was verbunden sein sollte und blockierten den klaren Blick auf die Stellung, die das Besondere in einer »Ordnung der Dinge« einnehme, die »natürlich« und bedeutungsvoll sei. Wenn man Fergusons Kritik akzeptiert, dann stellt sich die Frage, auf welchem Weg Ordnung geschaffen werden kann und – weit wichtiger noch – worin also diese Ordnung besteht, die weder durch Empirismus noch durch Abstraktion begriffen werden kann. Ich möchte dazu näher auf die Antworten von zwei zeitgenössischen Historikern eingehen, nämlich die von Adam Ferguson (1723–1816) und August Ludwig Schlözer (1735–1809). Bei ihnen begegnen uns Vorstellungen und Definitionen, die eine Form des Denkens erkennen lassen, welche zentral ist für die Diskussionen über das Verhältnis des Besonderen und des Allgemeinen in den Auseinandersetzungen des späten 18. Jahrhunderts; ebendiese Form des Denkens wurde bisher von den Historikern der Geschichtsphilosophie und -theorie zumeist ignoriert.

Noch vor seiner Beschreibung des »Terrors« einer Vielfalt ohne Ordnung merkte Ferguson an, daß man danach streben müsse, die »allgemeine Form«, innerhalb derer das Besondere besteht, auszuarbeiten und fortzuschreiten »von besonderen Exemplaren zur allgemeinen Kombination und dem System des Ganzen«[8]. Das System der Natur und die Beziehung der einzelnen Teile zueinander beschreibt er folgendermaßen: »Die Teile, die das System der Natur konstituieren, stützen und werden gestützt, wie die Steine eines Brückenbogens, aber ihre Schönheit ist nicht von der stillen, ruhenden Art. Die Prinzipien der Bewegung und des Lebens vereinigen ihre Wirkungen in der Konstituierung einer Ordnung der Dinge, die zugleich schnell vergänglich und permanent ist ... Das Ganze ist lebendig und tätig: Die Szene verändert sich ständig, bezeigt aber in ihren Veränderungen eine Ordnung, die auffallender und verblüffender ist, als es eine bloße Stellung oder eine Beschreibung einer gänzlich ruhenden Form je zu offenbaren vermöchte.«[9] Schlö-

---

[7] Adam Ferguson, *Institutes of Moral Philosophy*. Edinburgh 1769, S. 64.

[8] Fortzuschreiten »from particular specimens to the general combination and the systems of the whole«. *Principles*, Bd. 1, S. 273.

[9] »Parts that constitute the systems of nature, like the stones of an arch, support and are supported; but their beauty is not of the quiescent kind. The

zer näherte sich dem Problem von einer eher pragmatischen Position. Er war weniger an einer Reflexion über die Natur der Geschichte interessiert, als an der Beschreibung eines Programmes, mit dessen Hilfe man mit ihr umgehen könnte, wobei es sich um nichts Geringeres als die Neuformulierung einer Universalgeschichte handelte. Aber seine Antworten waren denen Fergusons auffallend ähnlich. Wie Ferguson betonte auch Schlözer den Vorgang der Kombination, ausgehend vom individuellen Ereignis und von dort zu einem allgemeineren Bild fortschreitend: »Der Universalhistoricus hebt sie [die Weltbegebenheiten] aus dem bereits vorgearbeiteten Stoffe unzähliger Specialgeschichten heraus, sammelt sie vollständig, wählt sie zweckmässig aus und ordnet jede Geschichte in ein Verhältniss zu den übrigen Theilen und zum ganzen Plan: dies gibt ihnen Form.«[10] Genau wie Ferguson unterschied auch Schlözer zwischen zwei qualitativ verschiedenen Klassen von Ordnungen, die er als »Aggregat« und als »System« bezeichnete. Ein Aggregat entstehe, wenn »das ganze menschliche Geschlecht in Theile zerlegt, alle diese Theile vollständig enumeriert, und die von einem jeden einzelnen Theile vorhandenen Nachrichten richtig angegeben werden.«[11] Eine derartige Betrachtung der Geschichte sei jedoch unbefriedigend: »Ein Bild in Theile zerschnitten, und aufmerksam nach diesen abgesonderten Theilen betrachtet, giebt noch keine lebendige Vorstellung des Ganzen.«[12] Dieses in Teile zerschnittene Bild entspricht der Anordnung von Steinen in einem Brückenbogen in Fergusons Vergleich. Man müsse weitergehen, so argumentierte Schlözer, und ein System bilden mit einem allgemeinen »Blick, der das Ganze umfasst: dieser mächtige Blick schafft das Aggregat zum System um, bringt alle Staaten des Erdkreises auf eine Einheit.«[13]

Die bestimmenden Begriffe in beider Darstellung – Einheit, Ordnung, Leben und Tätigkeit – ergaben eine einheitliche, mit der Natur verknüpfte Vorstellung oder »Vision«. Diesem Kon-

principles of agitation and of life combine their effects in constituting an order of things, which is at once fleeting and permanent ... The whole is alive and in action: the scene is perpetually changing; but in its changes exhibits an order more striking than could be made to arise by mere position or description of any forms entirely at rest.« *Principles*, Bd. 1, S. 174.

[10] August Ludwig Schlözer, *Vorstellung seiner Universal-Historie*, 2 Bde. Göttingen 1772/73, Bd. 1, S. 15.

[11] Ebenda.

[12] Ebenda.

[13] Ebenda, S. 19.

zept eines Systems wurde zentrale Bedeutung beigemessen und machte die Verwissenschaftlichung des Studiums zur imperativen Aufgabe. In Fergusons Worten hieß das: »Die Liebe zur Wissenschaft und die Liebe zum System sind dasselbe.«[14] Präziser formuliert, bedeutet es, daß die Bewegung zur Neubildung historischer Anschauung und Deutung im späten 18. Jahrhundert in den Methoden, der Logik und den Erklärungsverfahren der Naturwissenschaften wurzelte. Aber dies auszusprechen, verursacht heute häufig Bestürzung, insbesondere wenn man die Fortdauer der beiden folgenden, in einem engen Verhältnis zueinander stehenden Auffassungen berücksichtigt: Die erste ist historisierend; sie nimmt an, daß das wissenschaftliche Denken der gesamten Aufklärung »durch ein Konzept des Rationalismus dominiert« wurde, »welches von den [Newtonschen] physikalischen Wissenschaften abgeleitet war«[15]; die zweite ist erkenntnistheoretisch begründet und leitet sich primär von Untersuchungen über die Natur historischen Wissens her, die im späten 19. Jahrhundert in Deutschland unternommen wurden. Sie setzte eine fundamentale Unvereinbarkeit der Naturwissenschaften und der Geisteswissenschaften voraus, und erhob diese Unterscheidung (die für ihre Zeit zutreffend gewesen sein mag) zu einem universalen Prinzip. Folglich wurde jedes einzelne Beispiel einer Theorieübertragung von den (Natur-)Wissenschaften auf die Geschichte mit Mißtrauen betrachtet[16]. Ich möchte darlegen, daß beide Annahmen sich als unzutreffend erweisen, wenn sie auf das historische Denken in der Spätaufklärung angewendet werden. Die spätaufklärerische Einführung eines wissenschaftlichen Modells in die Geschichtswissenschaft erbrachte einen einzigartigen Versuch zur Verbindung des Allgemeinen mit dem Besonderen, der sich von seinen Vorgängern ebenso wie vom späteren Rankeschen Historismus unterschied. Es muß jedoch betont werden, daß dieses Modell der Übertragung nicht jenem entspricht, das man allgemein mit der Aufklärung verbindet. So wurde etwa ab der Mitte des 18. Jahrhunderts quer durch Europa von einigen Denkern und Gelehrten eine neue wissenschaftliche Anschauung verbreitet, die wesentlich von dem im frühen 18. Jahrhundert propagierten me-

[14] »The love of science and the love of system are the same.« *Principles*, Bd. 1, S. 278.
[15] Hayden White, *Metahistory*. Baltimore 1973, S. 65.
[16] Beide Anschauungen verwendet Meinecke in seinem Werk *Die Entstehung des Historismus*. 2. Aufl. München 1959.

chanistischen Modell von Wissenschaft und Natur abwich. Die Neudefinition des Geschichtsverständnisses vollzog sich also innerhalb einer umfassenden Evolution wissenschaftlicher Sensibilitäten. Es scheint mir daher notwendig, diese neue Sensibilität zumindest kurz zu charakterisieren.

Ihr wesentlichster Zug bestand in der Unzufriedenheit mit mechanistischen und mathematischen Modellen des Denkens, der Anschauung und der Darstellung. Dem Rückgriff auf eine Vorstellung von der Natur, die »tot«, »statisch« und von Geist und Sinn getrennt sei, zog eine ganze Reihe von Gelehrten in den Nachbardisziplinen der Philosophie den Versuch vor, eine neue Ordnung der Dinge zu konstruieren, in der dynamische Konzepte statische ersetzten und in der Realität über komplexe Beziehungsgefüge definiert wurde. Vereinfachend gesagt, wurden die mechanischen Prinzipien der Philosophie der Natur, die sowohl durch die Cartesische als auch durch die frühe Newtonsche Wissenschaft abgesichert waren, im Namen eines, wie ich es nennen möchte, »dynamischen Vitalismus« attackiert[17]. Ich

[17] Das beste Buch über diese neue naturwissenschaftliche Auffassung: Jacques Roger, *Les sciences de la vie dans la pensée française du XVIII siècle*. Paris 1971. Vgl. auch Colin Kiernan, *The Enlightenment and science in eighteenth-century France*. In: *Studies on Voltaire and the eighteenth century*. Hrsg. von Theodore Besterman. Oxford 1973; Sergio Moravia, *From homme machine to homme sensible. Changing eighteenth-century models of man's image*. In: Journal of the History of Ideas 39 (1978); Arthur L. Donovan, *William Cullen and the research tradition of eighteenth-century Scottish chemistry*. In: *The origins and nature of the Scottish Enlightenment*. Hrsg. von R.H. Campbell and Andrew S. Skinner. Edinburgh 1982; ders., *Philosophical chemistry in the Scottish Enlightenment. The doctrines and discoveries of William Cullen and Joseph Black*. Edinburgh 1975; François Duchesneau, *La physiologie des lumières. Empirisme, modèles et théories*. In: International Archives of the History of Ideas, Bd. 95. Den Haag 1982; ders., *Vitalism in late eighteenth-century physiology. The cases of Barthez, Blumenbach and John Hunter*. In: *William Hunter and the eighteenth-century medical world*. Hrsg. von W.F. Bynum and Roy Porter. Cambridge 1985; Dietrich Engelhardt, *Die chemische Zeitschrift des Lorenz von Crell*. In: Indices naturwissenschaftlich-medizinischer Periodica bis 1850, Bd. 2. Hrsg. von Armin Gens. Stuttgart 1974; ders., *Hegel und die Chemie*. In: *Studien zur Philosophie und Wissenschaft der Natur um 1800*. Wiesbaden 1976; ders., *Historisches Bewußtsein in der Naturwissenschaft von der Aufklärung bis zum Positivismus*. Freiburg 1979; E. Guyénot, *Les sciences de la vie aux XVIIe et XVIIIe siècles. L'idée d'évolution*. Paris 1957; John Heilbron, *Electricity in the 17th and 18th centuries. A study of early modern physics*. Berkeley, Los Angeles 1979; Karl Hofbauer, *The formation of the German chemical community 1780–1795*. Berkeley, Los Angeles 1982; Peter Kapitza, *Die Frühromantische Theorie der Mischung*. München 1968; Thimothy Lenoir, *Generational factors in the origin of Romantische Naturphilosophie*. In: Journal of the History of Biology 11 (1978).

wähle diese Bezeichnung, da ich – wie später deutlich werden wird – einen Unterschied zwischen der eben geschilderten Anschauung und der üblicherweise als »Organizismus« bezeichneten Betrachtungsweise sehe.

Die Kritik an der mechanischen Philosophie der Natur wurde zuerst in den Wissensgebieten formuliert, die sich mit den Phänomenen des Lebens beschäftigten. Maupertuis, Bonnet, Whytt und Buffon gehörten zu den ersten Kritikern; Buffon war der erfolgreichste von ihnen. Seine umfangreiche und beeindruckend formulierte *Histoire Naturelle* bildete den Ausgangspunkt der Kritik vieler spätaufklärerischer Denker am »Mechanismus«. In den Naturwissenschaften wurde dieser Angriff auf verschiedenen Wegen in jene Bereiche getragen, die am engsten mit den *sciences de la vie (life sciences)* verknüpft waren und die die geringste Anhänglichkeit an den Atomismus besaßen; die Kritik pflanzte sich dann in den »strengen« Wissenschaften fort, bis selbst die Physik teilweise umgeformt wurde. In diesem Prozeß wurde ein neues linguistisches und konzeptionelles Feld geschaffen, das in deutlichem Kontrast zum frühaufklärerischen Mechanismus stand.

Es würde zu weit führen, hier eine umfassende Darstellung dieser »Sprache der Natur« (*language of nature*) zu geben, statt dessen möchte ich einige bedeutsame Punkte herausgreifen, die bedeutsam für die Neugestaltung der Geschichtswissenschaft waren. Der erste betrifft die Frage der Methode; Buffon erhob sie zum zentralen Thema des Einleitungskapitels seiner *Histoire Naturelle*, in dem er den Grundstein der Kritik des Empirismus und der Abstraktion legte, die von den Historikern später aufgegriffen und angewandt wurde. Mit dem Empirismus machte Buffon kurzen Prozeß, indem er seine offenbare Geistlosigkeit mit einem Sarkasmus geißelte, dem auch andere Historiker nacheiferten[18]. Seine Kritik der Abstraktion, oder der, wie er es nannte, mathematischen Methode, war deshalb so bedeutsam, weil sie die bisher akzeptierten Voraussetzungen dessen hinterfragte, was eine Wissenschaft als Wissenschaft qualifizierte.

[18] »Ich rede von der grossen Menge unnützer Gelehrsamkeit, mit welcher sie ihre Schriften mit Fleisse erweitern, so dass die Sache, die sie abhandeln, durch die Menge von fremden Materien erstikket wird, von welchen sie mit so großer Gefährlichkeit und mit so weniger Behutsamkeit in Ansehung ihrer Leser, vielerley vorbringen, dass es bisweilen scheinet, als ob sie das, was sie uns sagen wollten, vergessen hätten, damit sie uns dasjenige erzählen können, was andere gesaget haben.« George Louis Leclerc Buffon, *Allgemeine Historie der Natur.* Leipzig 1750, Bd. 1, S. 18.

Im späten 17. Jahrhundert hatte man die mathematische Begrifflichkeit für die ideale Symbolsprache der Wissenschaften schlechthin gehalten. Je näher eine Erklärung an einen mathematischen Beweis heranreichte, desto »evidenter« schien diese Erklärung zu sein. Mechanische Naturphilosophie gründete auf dem Imperativ, vereinzelte, »zufällige« Wissensbestände in zusammenhängende Wahrheit zu verwandeln; die vielfältigen Erscheinungen der Natur sollten auf einfache Prinzipien reduziert werden, die man in einer Symbolsprache ausdrücken konnte. Solange dieses Ideal dominant blieb, wurde geschichtlichem Wissen ein niederer Rang in der Hierarchie der Wissensgebiete zugewiesen; es war schlicht das Wissen von »Dingen«, die sich »einmal ereignet« hatten, d. h. von Fakten[19]. Buffon und viele andere kehrten die Argumentation um. Abstrakte Wahrheiten – und hierunter stellten die mathematischen Beweise das beste Beispiel dar – hielt man für Produkte der menschlichen Erfindungsgabe. Sie waren zwar korrekt aber unfruchtbar, unfähig, etwas anderes auszusagen, als ihre Ausgangsbedingungen enthielten; sie waren »bloss Erklärungs- oder Definitionswahrheiten, oder wenn man es verlanget, verschiedene Ausdrückungen von einerley Sache, und dass sie nur in Beziehung auf diejenigen Erklärungen, die wir selbst gemacht haben, Wahrheiten sind. Aus dieser Ursache haben sie den besondern Vorzug, dass sie allezeit richtig und bindig, zugleich aber abstrakt, geistig und willkürlich sind.«[20] Anstatt mathematische Überlegungen anzustellen, so argumentierte Buffon, solle man wirkliche physische Erscheinungen, die tatsächlich aufgetreten seien, beobachten. Wissenschaftliche Erklärung sei historisch in ihrer Gestalt, und die Art der Darstellung sei Beschreibung[21].

Aber was sollte man beschreiben? Sicherlich nicht die isolierten Einzelerscheinungen. Ereignisse mußten in ein System eingeordnet werden und es waren nur bedeutungsvolle Ereignisse zu wählen. Für Buffon und diejenigen, die seine Kritik teilten, mußte dieses System ein »natürliches« sein. Da sie mathematische Beweisverfahren ablehnten, lehnten sie das Konzept eines Systems ab, in dem die es konstituierenden Teile als unabhängi-

[19] So definiert Christian Wolff die Geschichte: Gesammelte Werke, Abt. I: Deutsche Schriften, Bd. 1, S. 115.
[20] Buffon, *Historie der Natur*, Bd. 1, S. 36.
[21] Sie waren, um Ferguson zu zitieren, »a species of disguised tautology, in which a subject repeated in the form of a predicate is affirmed to itself.« *Principles*, Bd. 1, S. 79.

ge Variablen galten, die man untersuchte, um dann ein Ursache-Wirkungskonzept vorzuschlagen. Ein solches »Aggregat« hielten Buffon und andere spätaufklärerische Naturwissenschaftler für willkürlich und unnatürlich. Sie schlugen ein System vor, in dem die einzelnen Elemente symbiotisch miteinander verknüpft waren. Realität dachten sie sich als eine Gruppe komplexer Verhältnisse oder Beziehungen (*rapports*), die zwischen wechselseitig abhängigen Teilen bestehen, eine Art der Kombination, die als »Synergismus« bezeichnet wurde[22]. Aufgrund der nahezu unbegrenzten Möglichkeiten von Kombination und Interaktion könne Leben nicht durch einfache, einheitliche Kategorien erfaßt werden. Es bestünde demnach aus einzelnen Zentren von Energie und Aktivität, von denen jedes seine Individualität bezeuge, obwohl es durchaus mit dem Ganzen verbunden sei. Die Verbindung zwischen den einzelnen Teilen mußte dieser Vorstellung nach nicht mechanisch (z.B. sich physisch berührend) sein, sie konnte vielmehr durch »Sympathie« auch zwischen entfernten Elementen erzeugt werden. Der alte und teilweise verpönte medizinische Begriff der Sympathie wurde also einer der bestimmenden Züge der Vorstellung des »organisierten Körpers«[23]. Der ganze Körper werde demzufolge durch einen »Instinkt-Haushalt« (*animal economy*) reguliert, der mechanistischen Gesetzen trotze und seine eigenen inneren Prinzipien und Regeln besitze[24]. Dieses Konzept eines Systems wich trotz

[22] *Synergy* wurde zuerst von Stahl benutzt und dann später von dem französischen Arzt Paul-Joseph Barthez popularisiert. Vgl. *Nouveaux éléments de la science de l'homme*, 2 Bde. Montpellier 1778. Bd. 1, S. 146.
[23] Whytt war einer der führenden Denker, der diesen Begriff wieder in Umlauf brachte. Vgl. *An Essay on the Vital and other Involuntary Motions of Animals*. London 1751. 2. Aufl. 1763. Zum Beispiel sah er eine starke Sympathie zwischen den Lungen und den Muskeln: »I think we cannot fairly ascribe the motions of the inspiratory muscles to any sympathy proceeding from a connexion or communication between their nerves and those of the lungs. Further, as the nerves of the inspiratory muscles and lungs, most certainly, do not terminate precisely in the same part of the brain, but probably in places somewhat distant from each other, any sympathy that obtains between them, as proceeding from one common origin, must be owing to something equally present in these several places, i.e. to the mind or the sentient principle« (S. 203).
[24] Whytt beschrieb dieses System in folgender Weise: »Again, the human body, in which there is no mover that can properly be called first, or whose motion depends not on something else, is a system far above the power of mechanics. The contraction of the heart is indeed the cause of the blood's motion, and consequently of the secretion of the spirits (as is supposed) in the cerebellum etc., but without these spirits, this action of the heart could not be performed: these two causes, therefore, truly act in a circle, and may be consid-

seiner Verwandtschaft mit dem späteren Organizismus in einem
wesentlichen Aspekt von diesem ab. Es war nicht eine selbständige, in sich geschlossene Einheit mit einem fixen Charakter, in
dem ein Mikrokosmos den Makrokosmos von einer bestimmten Perspektive her reflektierte. Die Vorstellung eines Kraftfel-
des gibt diese Idee am besten wieder, denn der organisierte
Körper war ebenso Bestandteil eines größeren Systems, nicht
nur aus seinen konstituierenden Elementen bestehend, sondern
auch innerhalb eines »Habitus« existierend, welcher auf das
System einwirkte, indem er veränderte, blockierte oder seine
Entwicklung förderte. So setzte dieses System wechselseitige
Aktion und Reaktion nicht nur zwischen seinen einzelnen Teilen, sondern auch zwischen dem Körper und der gesamten Umgebung voraus. Johann Blumenbach, einer der führenden deutschen Anthropologen und Physiologen dieser Zeit, hob den
Vorteil dieses Systemkonzeptes in einer anonymen Rezension
einer eigenen Arbeit hervor: »Überhaupt zieht der Hr. Hofr.
auch in diesem Theil des zoologischen Studiums das natürliche
System, wo man auf den ganzen Habitus sieht, dem künstlichen
vor, das auf einzelne abstrahirte Charaktere gebaut ist.«[25]

Dieses Konzept erschien der Wahrnehmung und Erfassung
eines organisierten Körpers in jedem gegebenen Moment adäquat zu sein. Es konnte jedoch eine Betrachtungsweise hervor-
bringen, in der Stockung als normal, Veränderung aber als Ab-
irrung eingestuft wurde. Um dem vorzubeugen, argumentierten
spätaufklärerische Denker wie Blumenbach, Barthez und Kiel-
meyer zugunsten eines – wie wir es nennen würden – *open
system*. In ihre Definition der Materie bezogen sie die Idee einer
sich selbst hervorbringenden Bewegung ein. Lebender Materie
sprach man ein immanentes Prinzip der Selbstbewegung zu,
deren Quellen in tätigen Kräften lagen, die der Materie selbst
innewohnten. Diese Kräfte dachte man sich als richtunggebend

ered naturally as cause and effect. Whence it is incumbant on those Philosophers
who ascribe the heart's motion to mechanical causes alone, to demonstrate the
possibility of a *perpetuum mobile*, since, as long as life lasts, an animal is really
such. But as perpetual motion is, in the opinion of the ablest Philosophers, above
the powers of mechanism, and inconsistent with the known laws of matter and
motion, we must be allowed to conclude, that the contraction of the heart, and
the propulsion of the blood through the body, and consequently the continuance
of life are not owing to any mechanical or even material causes alone, but to the
energy of a living principle capable of generating motion.« *Essay on Vital Force*,
S. 299 f.
[25] In Göttingische Anzeigen (1790), S. 27.

oder teleologisch wirkend und im Besitz eines impliziten Zieles zur Selbstrealisation. In Deutschland vertrat vor allem Blumenbach diese Position. Seiner Auffassung nach wurden organisierte Körper durch eine Kombination allgemeiner und spezieller vitaler Kräfte und Energien geregelt. Unter diesen Kräften machte er auch die Existenz eines Bildungstriebs geltend, der die Formierung des Organismus überwache und dann für die Aufrechterhaltung seiner Gestalt sorge; so kompensiere er etwa einen dem Organismus zugefügten Schaden, indem er entweder die geschädigten Teile ersetze oder andere so »verfeinere«, daß diese die Funktion der verlorengegangenen Teile übernehmen könnten[26]. Auf diese Weise glaubte Blumenbach eine Verbindung geschaffen zu haben bezüglich »der beiden Principium, welcher man sonst geglaubt hat unvereinbar zu seyn, nämlich der physisch-mechanischen, und der bloss teleologischen Erklärungsart der organischen Natur . . .«[27] Durch die Wiedereinführung des teleologischen Prinzips, gebunden an die Voraussetzung von Aktion und Reaktion zwischen verwandten organisierten Körpern, wurden sowohl Kontingenz als auch Entwicklung als zentrale erklärende Kategorien wiedereingesetzt. Im Grunde wurde die Natur historisiert. »Fortschritt« oder was wir als Entwicklung bezeichnen würden (man nannte es Genese oder Epigenese) war für organisierte Körper daher natürlich. Aber diese fortschreitende Entwicklung war nicht kontinuierlich, sondern machte eine Serie qualitativer Veränderungen durch, »Revolutionen«, in der sich die äußere Form stark veränderte, gefolgt von einer graduellen Entwicklung in der neuformierten Gestalt. Auf diese Weise war das kritische Übergangsstadium gekennzeichnet durch eine »überraschende Revolution fast im gesamten Haushalt des Systems«[28]. Das Bild, das häufig für diese Revolutionen gebraucht wurde, war das der Metamorphose. Nun war es zum Verständnis der Natur notwendig, eine genetische oder dynamisch-teleologische Erklärung zu finden, die qualitative Veränderungen erfaßte, üblicher-

---

[26] *Über den Bildungstrieb.* Göttingen 1789. Herder benutzte die gleiche Definition: »Bildung (*genesis*) ists, eine Wirkung innerer Kräfte, denen die Natur eine Masse vorbereitet hatte, die sie sich zubilden, in der sie sich sichtbar machen sollten.« *Ideen*, Bd. 1, 5. Buch, Teil II.

[27] Johann Friedrich Blumenbach, *Medicinische Bibliothek*, Bd. 3. Göttingen 1788, S. 722.

[28] Johann Friedrich Blumenbach, *Elements of Physiology*, 2 Bde. Philadelphia 1795, Bd. 1, S. 203.

weise in der Form einer schrittweisen Entwicklung (positiver oder negativer Art).

Eine solche Erklärung zu finden war nicht einfach, da die spätaufklärerischen Wissenschaftler die Welt mit Gruppen sich überlappender, aktiver innerer polarer Kräfte bevölkerten, die alle in komplexer Weise agierten und reagierten. Doch keine dieser inneren Kräfte konnte faßbar gemacht oder direkt wahrgenommen werden: sie waren »okkulte Kräfte«[29]. Das grundsätzliche erkenntnistheoretische Problem bestand darin, wahrzunehmen, wie diese getrennten und doch verbundenen polaren Kräfte miteinander tätig waren und ihr Spannungsverhältnis zu begreifen, ohne die Kräfte gleichsam ineinanderfallen zu lassen[30]. Um dieses Problem zu lösen, suchten die Naturwissenschaftler der Spätaufklärung nach einer Form des Verständnisses, das diese Elemente zu einer neuen harmonischen Annäherung und Würdigung zusammenbringen könnte, ohne die Einheit und Vielfältigkeit der Natur zu zerstören. Die Methoden, die man wählte, um dieses Programm verwirklichen zu können, waren die vergleichende funktionale Analyse und das analoge Schließen. Erstere erlaubte es, die Natur als zusammengesetztes System mit eigenem Charakter und eigener Dynamik zu betrachten. Ferner konnte man so über eine einfache Konzentration auf die äußere Form hinausgehen und auf diese Weise neue Ordnungsgefüge etablieren, in denen aktive, unsichtbare Kräfte tätig waren. Hier entwickelten die »life scientists« eine Zeichentheorie oder Semiotik, vermittels derer man von der äußeren Form auf die inneren Triebe schlußfolgern konnte, ohne eine

[29] Buffon beschrieb sie auf folgende Weise: »Aus dem was wir... gesagt haben, erhellet, daß sich in der Natur Kräfte... befinden, die zum Innern der Materie gehören, und mit den äußern Eigenschaften der Körper keinen Zusammenhang haben, sondern die auf die innersten Theile wirken, und solche in allen Puncten durchdringen. Diese Kräfte können, wie wir bewiesen haben, niemals unter unsere Sinnen fallen, weil ihre Wirkung auf das Innere der Körper geht.« *Historie der Natur*, Bd. 2, S. 28. Blumenbach bezeichnete den Bildungstrieb als eine »okkulte Qualität.«
»Hoffentlich ist für die mehresten Leser die Erinnerung sehr überflüssig, dass *das Wort* Bildungstrieb, so gut wie die *Worte* Attraction, Schwere etc. zu nichts mehr und nichts weniger dienen soll, als eine Kraft zu bezeichnen, deren constante Wirkung aus der Erfahrung anerkannt worden, deren *Ursache* aber so gut wie die Ursache der genannten, noch so allgemeinen anerkannten Naturkräfte, für uns *qualitas occulta* ist.« Johann Friedrich Blumenbach, *Über den Bildungstrieb.* Göttingen. 2. Aufl. 1791, S. 33 f.
[30] Zu diesen polaren Kräften zählte man viele Beispiele, die auf Elektrizität und Magnetismus gründeten.

organische Identität zwischen beiden anzunehmen. Darüber hinaus ermöglichte es dieses Konzept eines natürlichen Systems, das auszuschließen, was man nun als irrelevante Fakten betrachtete und statt dessen andere zu entdecken, die man bisher übersehen hatte. Analoges Schließen verstand man als funktionalen Ersatz für mathematische Analyse. Damit konnte man ähnliche Tendenzen zwischen nichtähnlichen Dingen erkennen, die sich Naturgesetzen annäherten, wieder ohne das Besondere im Allgemeinen auflösen zu müssen. Aber hier stießen die Naturwissenschaftler der Spätaufklärung auf ein Problem, das gelöst werden mußte, denn: Wenn die Natur eine Einheit in Mannigfaltigkeit darstellte, dann war der Naturwissenschaftler sowohl zu einer genauen Untersuchung der Vielfalt individueller empirischer Phänomene verpflichtet, wie auch zur Ausbildung schöpferischer naturwissenschaftlicher Vorstellungskraft[31].

Die vorgeschlagene Lösung hieß, beides zugleich zu tun, indem man der Interaktion zwischen beidem Raum gab, eine höhere Form des Verständnisses zu erreichen, als es durch die diskursive, formale Logik möglich war. Diese Art des Verständnisses nannte man Anschauung, *divination* oder Intuition[32]. Der Vorgang basierte auf dem Gedanken der Vermittlung, der kontinuierlichen Vor- und Zurückbewegung vom einen zum andern, wobei das eine das andere jeweils nährte oder beschränkte[33].

---

[31] »Die Erlernung der Naturwissenschaft setzet zwo solche Tugenden, die einander entgegen zu stehen scheinen, voraus, nämlich die grosse Einsicht eines feurigen Geistes, der alles in einem Augenblick zusammenfasset, und die kleine Aufmerksamkeit einer natürlichen Arbeitsamkeit, die sich nur auf ein einzelnes Stück leget.« Buffon, *Historie der Natur*, Bd. 1, S. 4.

[32] »Dieses ist die methodische Ordnung, die man bey ordentlicher Eintheilung der Naturgeschöpfe beobachten muss; wohl zu verstehen, dass die Aehnlichkeiten und Unaehnlichkeiten nicht bloss von einem Theile, sondern von dem Ganzen, hergenommen werden müssen, und dass diese anschauende Methode sich auf die Gestalt, auf die Groesse, auf das äusserliche Ansehen, auf die verschiedenen Theile, auf ihre Anzahl, auf ihre Stellung, ja so gar auf ihre Materie gründen muss.« Buffon, *Historie der Natur*, Bd. 1., S. 15.

Blumenbach betrachtete Anschauung als zentral: »Da bey Bestimmung der Varitäten im Menschengeschlecht, so gut wie in der übrigen Naturgeschichte, ohne *anschauliche Kenntnisse* kein sicherer fester Tritt gedacht werden kann, so hat der Hr. Hofr. seit den 15 Jahren, da er sich mit jener Untersuchung abgegeben, alles angewandt, um sich immer mehr und mehr Subsidien zu diesem Behuf aus der Natur selbst zu verschaffen.« In: Göttingische Anzeigen (1790), S. 25.

[33] Der Göttinger Philosoph Feder beschrieb sie in folgender Weise: »Doch der Mittelweg, auf welchem ... allein gründliche Erkenntniss entstehen kann, der Weg sorgfältiger Beobachtung der innern und äussern Natur, und vorsichti-

Es wäre verlockend, diese Position als eine Form dialektischen Denkens zu interpretieren. Sicherlich hat sie vieles mit dem dialektischen Ansatz gemein, aber diese Verbindung herzustellen – d. h. die Denker des späten 18. Jahrhunderts in Proto-Hegelianer zu verwandeln – wäre meiner Ansicht nach verfehlt. Sie betonten immer wieder die Unmöglichkeit, die »kimmerische Finsternis« der Natur zu durchdringen und durch den Gebrauch des Verstandes die Einheit hinter der Mannigfaltigkeit zu entdecken[34]. Sie umrissen eine Verständnistheorie, die die universale Anwendbarkeit binärer Systeme der Logik bestritt, d. h. auch die universale Anwendbarkeit der Dialektik. In solch einem System gibt es, wie Foucault schrieb, »kein vermittelndes Element, keine Dunkelheit, die zwischen das Zeichen und seine Bedeutung tritt«[35]. Binäre Systeme setzen voraus, daß die Distanz zwischen Signifikant und Signifikat aufgehoben werden kann und daß der Verstand sozusagen die Welt betrachten kann und diese vernunftgeordnet »zurückblickt«. Die Philosophie der Natur der späten Aufklärung setzt diese Dunkelheit zwischen Zeichen und Bezeichnetem wieder ein. Ihre Wahrnehmung gründete auf einem dreigeteilten Zeichensystem: Es »umfaßt den Signifikant, das Signifikat und die besonderen Umstände des Zusammentreffens beider (*conjuncture*)«[36]. Diese Zwischeninstanz, die »innere Form«, der Prototyp oder die *Urform*, war zwar real, zugleich jedoch unmöglich zu definieren[37]. Sie könne niemals gesehen, faßbar gemacht oder direkt identifiziert werden. Ihre Existenz sei durch die Beobachtung der Phänome bezeugt, die äußere Manifestation ihrer »Modifikation«. Bestenfalls könne man Einsicht in ihre Natur gewinnen, indem man sich in einer prozeßhaften Bewegung von einer ihrer Grenzen zu einer anderen bewege, und zwar in einem

---

ger analogischer Vermuthung, hat, wie uns dünkt, mehr Freunde als je.« In: Göttingische Anzeigen (1786), S. 66.

[34] Blumenbach, *Elements of physiology*, Bd. 1, S. 177. Vgl. auch: Karl Theodor von Dalberg, *Grundsätze der Ästhetik, deren Anwendung und künftige Entwicklung.* Erfurt 1791: »Die Aesthetik muss nämlich immer in Erklärung der Verbindungen aus empfundenen sichtbaren Würkungen, auf das Daseyn unsichtbarer innerer Ursachen und Kräfte schliessen.« (S. 7).

[35] Michael Foucault, *The order of things. An archaeology of the human sciences.* New York 1971, S. 42.

[36] Ebenda.

[37] Alle drei Begriffe dienten als Ausdruck für die nicht sehbare Mitte, die die Identität in der Mannigfaltigkeit gewährleistet. Buffon benutzte »innere Form«, Robinet den Prototyp und Goethe die *Urform*.

pulsierenden oder alternierenden Prozeß, um auf diese Weise das Verständnis der »inneren Beziehung« zwischen Signifikant und Signifikat zu erhöhen[38]. Mit diesem Vorschlag einer harmonischen Naturbetrachtung kehrten die Naturwissenschaftler der Spätaufklärung bewußt zu einer Art des Denkens über die Natur zurück, die vor der Ankunft der von Foucault als »klassisches Zeitalter« bezeichneten Periode lag, oder auch vor der wissenschaftlichen Revolution des 17. Jahrhunderts. Um den »Mechanismus« zu überwinden, mußten sie sich in gewisser Weise dem Denkansatz beugen, den der Mechanismus aus dem wissenschaftlichen Diskurs zu bannen suchte, ohne jedoch die anerkannten Fortschritte in den Wissenschaften zu bestreiten, die durch den Mechanismus erzielt worden waren. Letztlich bewirkten sie eine »Wiederbelebung« der Natur und hierdurch eine Naturalisierung der Sozial- und Geisteswissenschaften.

Diese neue »Sprache der Natur« eigneten sich die spätaufklärerischen Historiker begeistert an, denn fast einmütig glaubten sie, daß eine enge Beziehung zwischen Geschichte und Natur bestünde. Diese Annahme war für die Aufklärung insgesamt typisch, aber die Neudefinition der Natur in der Mitte des Jahrhunderts gab diesem Glauben neue Kraft; sie befreite die historische Vorstellungskraft, weil sie direkt die Belange der Geschichtswissenschaft ansprach. Die Analogie zur Natur wurde von allen Seiten mit verbissener Entschlossenheit verkündet. Herder proklamierte dies – in bekannter Manier – mit kühnen Worten in seiner Definition der Menschengeschichte: »Die ganze Menschengeschichte ist eine reine Naturgeschichte menschlicher Kräfte, Handlungen und Triebe nach Ort und Zeit.«[39] Ferguson hatte dies ebenfalls, allerdings etwas behutsamer, behauptet: »In jedem Königreich (mineralisch, pflanzlich, tierisch) besteht eine gewisse Analogie; es gibt eine Verteilung der Eigenschaften, eine Kette der Verbindung und eine gegenseitige Dienstbarkeit, die die Spur intelligenter Kräfte umso evidenter aufzeigt, da die einzelnen Teile so verschieden sind und doch

[38] Goethe ist dafür typisch: »Denn hatte ich doch in meinem ganzen Leben, dichtend und beobachtend, synthetisch, und dann wieder analytisch verfahren, die Systole und Diastole des menschlichen Geistes war mir, wie ein zweites Atemholen, niemals getrennt, immer pulsierend.« *Die Schriften zur Naturwissenschaft.* Deutsche Akademie der Naturforscher Leopoldina, Bd. 9, S. 91.
[39] Herder, *Ideen*, Bd. 2, Buch 13, Teil IV, S. 151.

zugleich so glücklich angeordnet und verbunden.«[40] Das Ausmaß, in dem Sprache und Voraussetzungen dieses natürlichen
Modells zum Normalfall geschichtswissenschaftlicher Kritik
wurde, kann an einer Rezension Christian Gottlob Heynes verdeutlicht werden, die sich mit einem Geschichtswerk über die
antike Mythologie befaßt. Dem Autor, so Heyne, möge man
applaudieren, und zwar aufgrund der folgenden Vorzüge: »die
vielen gelehrten Kenntnisse, ein gewisses glückliches Talent,
dasjenige zu ahnden, was über dunkle und rätselhafte Gegenstände des frühen Alterthums Aufschluss geben kann, dazu eine
Combinationsgabe, einzelne kleine Bruchstücke, Spuren und
Winke zusammenzustellen, *ohne Hypothese,* und erwarten, was
nun herauskommt, es an das Bekannte anzuknüpfen und gleichsam zu *naturalisiren*«[41].

Wie konnte man dieses Ziel der Naturalisierung der Geschichte erreichen? Dies führt uns zum Ausgangspunkt unserer
ursprünglichen Frage nach der Natur des Verhältnisses zwischen dem Besonderen und dem Allgemeinen zurück. Die zentrale Aussage der spätaufklärerischen Historiker lautete: »Die
Historie ist eine Wissenschaft merkwürdiger Begebenheiten.«[42]
Aber was macht ein Ereignis »merkwürdig«? Wenn man die
Sprache, die man zur Beschreibung der Natur entwickelte, und
die von den Historikern übernommen wurde, berücksichtigt,
so kann die Antwort darauf nur lauten, daß man ein Ereignis in
ein Verhältnis zu einem System oder einem Forschungsgegenstand setzt. Ehe man weiß, nach welchen Fakten man zu suchen
hat, muß man eine geschichtswissenschaftliche Frage formulieren. Diese Frage bestimmt, welche Einzelheiten beachtenswert
sind und welche als irrelevant einzustufen sind. Kein Faktum,
kein Ereignis ist an und für sich »merkwürdig«. Schlözer versuchte diesen Punkt in der Einleitung zu seiner *Universalgeschichte* zu verdeutlichen, indem er eine Unterscheidung vor-
nahm zwischen den Ebenen der Allgemeinheit und den Arten
von Ereignissen, die man jeweils beim Schreiben einer deutschen Geschichte, einer Geschichte Europas und einer Univer-

---

[40] »Throughout the whole of every kingdom [mineral, vegetable, animal]
there runs a certain analogy; there is a distribution of qualities, a chain of connec-
tion and a mutual subservency which renders the vestige of intelligent powers the
more evident, that parts are so various, while they are so happily ranged and
connected.« *Principles,* Bd. 1, S. 173.
[41] In: Göttingische Anzeigen, (1790), S. 1515.
[42] Gatterer, Handbuch der Universal-Historie. Göttingen 1761, S. 1.

salgeschichte zu beachten habe. Mit jeder Vergrößerung des Grades der Allgemeinheit, oder, wie er es nannte, der »Abstraktion«, werden ganze Bereiche von Ereignissen irrelevant, während andere möglicherweise neue Bedeutung gewinnen. Um die drei Fragen zu beantworten, »wie ward Deutschland, wie ist Europa worden, wie ward die Welt«, sollte der Historiker nach verschiedenen Typen von Ereignissen suchen. Für die Universalgeschichte gelte: »Ihr Gegenstand ist die Welt und das menschliche Geschlecht: im zweiten Falle war solche nur Europa und das Europäische Menschengeschlecht: im ersten bloss Deutschland und die deutsche Nation.«[43]

Um ein Korrelat zu dieser Unterscheidung zu schaffen, argumentierte unter anderem Schlözer, sei es notwendig, diese Begebenheiten in einen »Realzusammenhang« zusammenzufügen. Daher kritisierten er und auch andere Historiker die übliche Methode, in der historisches Material entweder in strikter chronologischer Ordnung, die ungleichartige Ereignisse auflistete, oder in der Zusammenfassung unter künstlichen Kategorien organisiert und dargestellt wurde. Die Schaffung eines Realzusammenhangs verhindere es, daß man sich etwa auf mechanistische Verallgemeinerungen verläßt, die sowohl die Zufälligkeit als auch die schlichte Aufeinanderfolge betonen. In der Geschichtswissenschaft bestand das Analogon zur mechanischen Erklärung (üblicherweise auf dem physikalischen Modell der Bewegungsübertragung basierend) in der strikten chronologischen Anordnung aufeinanderfolgender Ereignisse, in der das kausale Moment jeweils im unmittelbar vorangegangenen Ereignis angesiedelt wurde. Die Reihenfolge und Aufeinanderfolge der Ereignisse gewannen eine zentrale Bedeutung im historischen Diskurs und führten oft zu historischen Verallgemeinerungen, in denen man große Ereignisse als Resultat des Zufalls wertete, oder als Ergebnis individueller Absicht oder scheinbar belangloser oder folgewidriger Ereignisse einschätzte. Das neue Ordnungskonzept ließ jedoch keine einfache lineare Anordnung durch die Klassifizierung der Ereignisse entsprechend ihrer Allgemeinheitsebene zu. Demzufolge konnten große Ereignisse nicht adäquat durch Ereignisse unterschiedlicher Ordnung erklärt werden, gleichgültig, wie nah sie in einer einfachen, geradlinigen Zeitskala verknüpft sein mochten (so waren also Schlachten und bestimmte Verträge nicht für die Entwick-

---

[43] Ebenda, Bd. 1, S. 2f.

lung der europäischen Kultur entscheidend). Die Chronologie mußte realen Beziehungen weichen[44].

Im Ergebnis dachte man sich Geschichte nun als ein komplexes Gefüge miteinander verknüpfter Systeme, analog den vielfältigen Systemen, die einen organisierten Körper bestimmen. Wie organisierte Körper, so wurden auch diese »Wesen« durch aktive, verborgene Kräfte angetrieben und waren, wie Ferguson sie nannte, »progressive Naturen«. »Progressive Naturen sind dem Wechselspiel von Fortschritt und Niedergang ausgesetzt, aber sie sind nicht feststehend, vielleicht in irgendeiner Phase ihrer Existenz. Daher gilt für die Welt der Materie, daß organisierte Subjekte, sofern sie progressiv sind, mit dem Nachlassen einer Verbesserung niederzugehen beginnen.« Analog dazu galten Intelligenz und menschliche Gesellschaft als »progressive Naturen«, die sich kontinuierlich verbessern oder absinken, und als solche analysiert werden sollten, anders als feststehende (mechanische) Körper, die durch »eine Aufzählung der nebeneinander existierenden Teile beschrieben werden ... progressive Subjekte sind durch die Aufzählung der Schritte zu charakterisieren, die den Übergang von einer Form des Zustandes oder der Leistung zu einem anderen Teil bilden«. Keiner dieser Schritte ist jedoch mit größerer Bedeutung ausgestattet oder aufschlußreicher als ein anderer: »der natürliche Zustand eines Embryo und Foetus zum atmenden Tier, den Heranwachsenden und den Erwachsenen, durch die das Leben in all seinen Veränderungen bekanntermaßen hindurchschreitet«[45]. Schlözer argumentierte, daß die angemessene Methode zur Ordnung

---

[44] »Kein Geschichtschreiber ist schuldig, alles nach der Ordnung der Zeit zu erzählen ... Wer eine Geschichte recht fasslich ... beschreiben will, der muss bisweilen eine Geschichte mit ihren Folgen, die sie in der späteren Zeit gehabt hat, melden, und hernach wieder in die vergangene Zeit zurückgehen: oder er muss bisweilen Geschichten, die eine Aehnlichkeit haben, zusammen nehmen, ob sie gleich, in Absicht auf die Zeit, weit von einander entfernt sind.« Johann David Michaelis, *Einleitung in die göttlichen Schriften des Neuen Bundes.* 2. Aufl. Göttingen 1765, Bd. 2, S. 882.

[45] »Progressive natures are subject to the vicissitudes of advancement or decline, but are not stationary, perhaps in any period of their existence. Thus, in the material world, subjects organized, being progressive, when they cease to advance, begin to decline ... Mechanical bodies are described by the enumeration of co-existant parts ... subjects progressive are characterized by the enumeration of steps, in the passage from one form of state or excellence to another ... The natural state of a living creature includes all its known variations, from the embryo and the foetus to the breathing animal, the adolescent and the adult, through which life in all its varieties is known to pass.« *Principles*, Bd. 1, S. 190 ff.

»merkwürdiger Begebenheiten« bei der Beantwortung der Frage, wie etwas geworden sei, in einer »genetischen« Methode besteht: »Die besten Abtheilungen in den Staatengeschichten sind unstreitig die genetischen, die den stuffenmässigen Anwachs und Verfall der Staaten (ihre Metamorphosen) bestimmen.«[46] Dieses Projekt der Abfassung einer genetischen Geschichte wurde in der technischen Sprache der Zeit als »pragmatische Geschichtsschreibung« bezeichnet. Das Ideal dieser Historiographie beschrieb Gatterer:

»Der *höchste Grad des Pragmatischen* in der Geschichte wäre die Vorstellung des allgemeinen Zusammenhangs der Dinge in der Welt (*Nexus rerum Universalis*). Denn keine Begebenheit in der Welt ist, so zu sagen *insularisch*. Alles hängt an einander, wird veranlasst, wird gezeugt, und veranlasst und zeugt wieder. Die Begebenheiten der Vornehmen und der Geringen, der einzelnen Menschen und aller zusammen, des Privatlebens und der grossen Welt, ja selbst der unvernünftigen und leblosen Geschöpfe und der Menschen, alle sind in einander verschlungen und verbunden.«[47] Offensichtlich kann kein Sterblicher dieses Ziel erreichen, ein Faktum, das Gatterer bereits bewußt war. Aber es diente als Ansporn, das Verhältnis zwischen dem Besonderen und dem Allgemeinen neu zu strukturieren, es half dabei, neue wichtige Kategorien zu etablieren und führte zu neuen Formen historischer Verallgemeinerung.

Diese Formen ähnelten den »erklärenden« Gesetzen der neuen Naturwissenschaften. Sie bestanden aus zwei Kategorien: die eine richtete sich auf die Definition des Systems und die andere war dazu bestimmt, neue Gesetze über langfristige Veränderungen einzuführen. Die erste Kategorie umfaßte sowohl das Modell wechselseitiger Aktion, welches den organisierten Körper mit einem bestimmten Habitus verortete sowie die Identifizierung aktiver Kräfte in einem sozialen Körper. Der ersten Annahme zufolge wird jeder soziale Körper (vom Individuum bis zur Zivilisation) bis zu einem gewissen Grad durch die physische und soziale Umgebung, in der er existiert, geformt. Dementsprechend berücksichtigen Historiker das Klima, die Bodenbeschaffenheit, Religion, die »Meinungen« und die Kultur als jene Elemente, die einen Körper in sozialer Hinsicht formen

[46] *Universal-Historie*, Bd. 2, S. 358.
[47] *Vom historischen Plan.* In: Allgemeine historische Bibliothek, 12 Bde. Göttingen 1767–1771, Bd. 1, S. 85.

und prägen bzw. begrenzen. Die spezifisch historischen Elemente (d. h. von der sozialen und wirtschaftlichen Organisation bis zur Kultur) wurden als »erworbene Charakteristika« oder Lebensweisen behandelt. Sie waren tief eingewurzelte Determinanten, die die »Charakteristika« eines sozialen Körpers bestimmten, stellten jedoch keine ontologisch feststehenden Eigenschaften dar. Sie konnten sich zum Positiven oder zum Negativen verändern. Diese Veränderung wurde großenteils durch die aktiven Elemente innerhalb des Systems bewirkt, jene Menschen oder Gruppen, deren Aktivitäten den sozialen Körper vorwärtstreiben oder zurückwerfen. Schlözer – in der ihm eigenen stenographischen Art – gibt uns Aufschluß darüber, welche Gruppen von den Historikern der späten Aufklärung als aktiv eingestuft wurden. In seiner Erweiterung des von Gatterer entwickelten Themas universaler Wechselbeziehungen unterstrich Schlözer: »Alle Völker des Erdbodens sind immer mit einander in Verbindung gewesen, obgleich die meisten sehr mittelbar . . . . Die Gänge dieser Verbindung aber suche der Weltgeschichtsforscher ja nicht bloss, wie bisher geschehen, auf Heerstrassen, wo Conqueranten und Armeen unter Paukenschall marschieren; sondern auf Nebenwegen, wo unbemerkt Kaufleute, Apostel, und Reisende, schleichen.«[48] Apostel, Händler, Reisende, zusammen mit Handwerkern und Bauern, Gelehrten, Künstlern und Dichtern seien die wirklich treibenden Kräfte der Geschichte, äquivalent den »innewohnenden« aktiven Kräften in einem organisierten Körper.

Die Resultate dieser Aktivitäten waren nicht beliebig oder willkürlich. Sie wurden innerhalb eines Entwicklungsmusters angesiedelt, das den von den »Humanwissenschaften« entwickelten Gesetzen nachgebildet worden war. Die Historiker setzten ein allgemeines beschreibendes Muster für die Entwicklung voraus, das ein Analogon zu der Vorstellung des Aufstiegs (oder des Niedergangs) bildete. Dieses Modell umschloß unter anderem die Bewegung vom Einfachen zum Komplexen, eine Steigerung der Kommunikation zwischen den Teilen, die von einer wachsenden Spezifizierung der Funktion und einer Arbeitsteilung begleitet war, sowie die Bewegung von der naiven, über die sinnliche Wahrnehmung hergestellten Identifizierung mit der Natur hin zur rationalen Zwiespältigkeit und zur möglichen Entfremdung von ihr, die gekennzeichnet war durch den

[48] Universal-Historie, Bd. 2, S. 272 f.

Übergang von der Dichtung zur Prosa. Niedergang bedeutete die Umkehrung der meisten dieser Stadien; Zerfall, Vergröberung, Beschränkung der Kommunikation und vielleicht Zergliederung oder Eroberung durch eine fremde Macht seien das Ergebnis, wenn eine Gesellschaft »träge« und nahezu »leblos« geworden war[49]. Jedoch konnten bestimmte geistige Elemente, die durch den Prozeß der Fortentwicklung erzeugt wurden, nicht mehr zurückgenommen werden; die Rückkehr zur naiven Gefühlswelt der primitiven Gesellschaft war nicht möglich. Dementsprechend kombinierten niedergehende Gesellschaften Vernunft mit Barbarei und konnten barbarischer werden als eine unterentwickelte »primitive Gesellschaft«.

Man nahm an, daß diese Veränderungsmuster universal gültig waren, da sie vermutlich auf den der menschlichen Natur innewohnenden Trieben gründeten. Da Triebe jedoch nur im Verhältnis zu einem Objekt zu verstehen waren, konnten diese deskriptiven Formen auch nur dann Bedeutung besitzen, wenn sie in einen bestimmten Kontext gesetzt wurden. In der Welt der Natur waren diese Formen also »leer«, das heißt, sie konnten niemals die Spezifika irgendeines organischen Wesens angeben (die Flosse eines Fisches und der Flügel eines Vogels mögen in bezug auf ihre Funktion in eine Verbindung zueinander gebracht werden, aber sie haben kaum äußere Ähnlichkeit miteinander). Heyne stellte diese Annahme in einer Kritik dar, in der er die Unterschiede und Ähnlichkeiten zwischen verschiedenen mythischen Traditionen erläuterte: »Alles dies gehet aus den Trieben des Menschen zur Geselligkeit, Neugier und Wissgier, Anhänglichkeit an Autorität und Vorliebe für das Wunderbare und Ausserordentliche, aus; Triebe, die sich bey jedem Grade der Unwissenheit und der Cultur in jedem Volk, Zeitalter, in jeder Menschenclasse, unendlich mannnigfaltig modificiren. Das Instrument ist eines und dasselbe, aber die Töne sind, nach Stimmung, Verbindung und Mischung unendlich mannigfaltig.«[50] Dementsprechend waren die Gesetze der Geschichte

[49] William Robertson, *The History of the Reign of the Emperor Charles V with a View to the Progress of Society in Europe from the Submission of the Roman Empire to the Beginning of the Sixteenth Century*, 3 Bde. London 1769, Bd. 1, S. 7 f. Vgl. auch John Millar, *Observations concerning the Distinction of Ranks in Society*. London 1771: »But this only shows, that the growth and decay of society have in some respects a resemblance to each other, which, independent of imitation, is naturally productive of similar manners and customs.« (S. 178).

[50] In: Göttingische Anzeigen (1790), S. 1319.

Wegweiser, die es erlaubten, die Werkzeuge der Analogie und des Vergleichs zur Erklärung ähnlicher Formen zu gebrauchen. Wirkliche Geschichtswissenschaft mußte Form und Inhalt vereinigen und sowohl die Einheitlichkeit als auch die Vielfalt historischer Analyse bewahren.

Unter der Annahme dieses Wechselspiels zwischen geregelter Form und individueller Einzigartigkeit konnten es die Historiker der späten Aufklärung wagen, in Untersuchungsgebiete vorzudringen, in denen dokumentarische Zeugnisse dürftig oder gar nicht vorhanden waren. Die frühe Geschichte der Völker, die Geschichte der Religion, der Mythen, der Rituale, ja sogar der Sprache waren Forschungsgebiete, die sie mit enormer Energie kultivierten, angetrieben von der Verlockung analoger Schlußfolgerung und gelenkt durch Annahmen, wie etwa die eines temporären Primats der Dichtung über die Prosa. Die Ergebnisse waren sicherlich von unterschiedlichem Niveau, aber alle Historiker glaubten, daß sie solche Verallgemeinerungen unternehmen könnten, eben aufgrund der zeit- und ortsgebundenen Natur jeder Formulierung. So konnte beispielsweise Poesie immer noch als »individuelles« oder »originales« Produkt einer spezifischen Gesellschaft begriffen werden, als Resultat des aktiven menschlichen Geistes, der die äußere Welt wiedergab und neubildete. Diese Auffassung ermutigte die Historiker der Spätaufklärung dazu, Dichtung als ein Werkzeug zur Erforschung der kulturellen Charakteristika zu gebrauchen und sie sogar zur Reflexion über die politische Geschichte der Gesellschaft, in der diese Dichtung entstand, heranzuziehen. Von Homers Epen über das Nibelungenlied, die Minnesänger, Ossian und die römischen Carmina versuchten die Historiker die historische Bedeutung aus diesen Dichtungen zu extrahieren, immer auf der Grundlage der vorausgesetzten Beziehung zwischen dem Allgemeinen und dem Besonderen. In diesem Sinne kann Niebuhrs maßgebende Geschichte der römischen Republik als Gipfelpunkt der spätaufklärerischen Historiographie betrachtet werden[51].

Die Analyse des graduellen »Fortschritts« organisierter Körper wurde auch auf einzelne Fachgebiete bezogen, so auf die Kunst (Winckelmann), die Ökonomie (Smith) oder die Religion (Michaelis, Semler, Ernesti, Spittler), aber auch auf bestimmte Probleme wie die Kolonisationsfrage (Raynal, Schlözer, Hee-

---

[51] Reill, Barthold Georg Niebuhr.

ren) oder Dominanzverhältnisse zwischen Männern und Frauen (Millar); ebenso wurde diese Analogie auf Bereiche spezifisch menschlicher Aktivitäten angewandt, z.B. auf die Sprache (Schlözer, Adelung, Herder, Monboddo, Humboldt). Natürlich ist das geläufigste Beispiel die Erweiterung der Analogie organisierter Körper auf das Verhältnis zwischen Nationen und Zivilisationen (Herder, Robertson, Ferguson, von Müller). In diesem Prozeß entwerteten die Historiker der späten Aufklärung die Arbeiten früherer Historiker, die »gewöhnlich die Unternehmungen der frühen Zeitalter unbeachtet ließen, da sie es nicht verdienten, daß man sich an sie erinnere«. So verurteilten die Historiker auch jene unter ihren Vorgängern, die ihre Zeit auf äußerliche Probleme verwendet hätten, wie zum Beispiel auf »Schlachten und öffentliche Verträge«[52]. Es war wichtiger, den »Geist der Begebenheiten« zu entdecken und der »innern Verbindung und Regierung des Staatskörpers« Aufmerksamkeit zu schenken[53].

Dieser Imperativ produzierte ein anderes Problem, das die Historiker durch eine Verknüpfung des Besonderen mit dem Allgemeinen zu lösen versuchten. Um den Geist eines Zeitalters, eines Ereignisses oder einer Zivilisation zu würdigen, bedurfte es ihrer Ansicht nach einer anderen Form der Analyse als der pragmatischen. Schlözer sprach für sie alle, als er erklärte: »Mit andern Worten, jede Reihe von Begebenheiten muss auf eine gedoppelte Art gelesen werden: einmal in die Länge, vor- und rückwärts; und dann in die Breite, seitwärts oder synchro-

---

[52] Millar, *Ranks in Society*, S. XII. Millar war skeptisch gegenüber denen, die »commonly overlooked the transactions of early ages, as not deserving to be remembered«. Meiners definierte in einer Besprechung eines seiner Bücher den Gegenstand historischer Forschung in folgender Weise: »Der V. erklärt die Geschichte der Menschheit, als eine Wissenschaft, in welcher nach einleitenden Betrachtungen über den gegenwärtigen und vormaligen Zustand der Erde, und über die ältesten Wohnsitze der Menschen, die allmälige Verbreitung derselben über alle Theile des Erdbodens, sammt der ursprünglichen Unterscheidung der Völker in der Bildung des Körpers, und den Anlagen des Geistes und Herzens auseinandergesetzt, und dann die verschiedenen Grade der Cultur, die Nahrungsmittel und Getränke, die Wohnungen und Kleidungen, der Putz und merkwürdige Gewohnheiten, die Erziehung der Kinder, und Behandlung der Weiber, die Regierungsformen und Gesetze, die Sitten und Begriffe vom Wohlstand und Anstand, von Ehre und Schande, endlich die Meynungen und Kenntnisse aller Völker, besonders der unaufgeklärten, beschrieben und miteinander verglichen werden.« In: Göttingische Anzeigen (1786), S. 89f.
[53] Gatterer, *Allgemeine Historische Bibliothek*, Bd. 2, S. 32. Für Millar typisch war die Betonung des Primats der Innenpolitik: »Historians should concentrate upon the interior police and government of a country.« *Ranks in Society*, S. XII.

nistisch.«[54] Die synchrone Darstellung war dazu bestimmt, die Welt, in der eine Person »lebte und webte«, wieder zu erschaffen[55]. In den Worten des anonymen Kommentars, den ich eingangs zitierte, heißt es dazu, der Historiker »würde unter das Strohdach des Landmanns einzudringen suchen, ihm an seinen Tisch, unter seinen Kindern, bei seinem Pfluge nachfolgen, Freuden und Leiden mit ihm theilen, seiner Empfindungsart und Begriffen auf die Spur zu kommen und den Grad von Glückseligkeit, in welchem er sich befinden musste, darnach zu bestimmen suchen«[56].

Dieses Programm, das so stark an das erinnert, was wir heute als »Alltagsgeschichte« bezeichnen, erzeugte ernste Fragen bezüglich der Art und Weise, in der das so betrachtete Material dargestellt werden sollte. Synchronische Darstellung unterschied sich radikal von diachronischer Erzählweise, weil sie bewußt die Betonung kausaler Verbindungen vermied, in dem Bestreben, das Ganze mit dem zugehörigen »Geist« darzustellen. Ferguson machte dies im Jahr 1769 in seiner Definition von Geschichtswissenschaft deutlich: »Die Sammlung von Fakten konstituiert die Geschichtswissenschaft, sowohl die deskriptive als auch die narrative. Die deskriptive Geschichte gibt den Ausschnitt der miteinander bestehenden Umstände und Eigenschaften wieder. Die narrative Geschichte gibt den Ausschnitt der aufeinanderfolgenden Ereignisse wieder.«[57]

Für die spätaufklärerischen Historiker entwickelte sich die Frage der Bestimmung des erkenntnistheoretischen Status der Beschreibung zum Grundproblem in bezug auf den wissenschaftlichen Status historischer Darstellungen. Für viele bezog Beschreibung notwendigerweise den Gebrauch des Vorstellungsvermögens mit ein, und dies brachte die Geschichtswissenschaft in die Nähe der Fiktion. Ferguson gibt hier wieder ein Beispiel: »Die Vorstellungskraft behauptet, daß bestimmte Objekte gegenwärtig sind und mit allen Qualitäten und Umständen – realen oder fiktiven – ausgestattet sind.«[58] Die Frage war,

---

[54] *Universal-Historie*, Bd. 1, S. 46.
[55] In: Göttingische Anzeigen (1789), S. 541.
[56] In: Hannoverisches Magazin (1787), S. 695.
[57] »Collections of facts constitute history, either descriptive or narrative. Descriptive history is the detail of coexistant circumstances and qualities. Narrative history is the detail of successive events.« *Institutes of Moral Philosophy*, S. 60.
[58] »Immagination is stating objects as present, and invested with all the qualities and circumstances, real or fictitious.« *Institutes of Moral Philosophy*, S. 62.

wie man es vermeiden konnte, in die Fiktion zu geraten, ohne die Beschreibung aufzugeben. Gatterer versuchte sie im Jahr 1767 zu beantworten, wobei er stark von den erkenntnistheoretischen Streifzügen profitierte, die die wissenschaftlichen »Antimechanisten« unternommen hatten. Aufbauend auf der Unterscheidung zwischen abstraktem und realem Wissen argumentierte er, daß sich der Historiker damit befassen sollte, Einsicht in »individuelle Dinge« zu gewinnen: Die Geschichtswissenschaft beschäftige sich mit dem Leben, und zwar so wie es erfahren und erlebt worden war, folglich sei sie die unmittelbarste und vorzüglichste Form organisierten Wissens. Ihre Zugänglichkeit werde dadurch gewährleistet, daß auf eine Art Reservoir gegenwärtiger, sinnlich wahrgenommener Erlebnisse zurückgegriffen werden könne, welches zum Verständnis und zum Wiederleben der Vergangenheit befähige. Dieses Verständnis werde durch die Gesamtheit der menschlichen Triebe und die Existenz des Mitgefühls ermöglicht. Die historische Beschreibung müsse diese Wiederschaffung so lebendig wie möglich erhalten und die Kluft zwischen Vergangenheit und Gegenwart dadurch überbrücken, daß sie die Vergangenheit vor unseren Augen geschehen läßt; sie »bannt die Idee der Vergangenheit« durch die Schöpfung dessen, was Gatterer als »ideale Gegenwart« bezeichnete. In dieser Hinsicht seien sich der Historiker und der Dichter ähnlich, aber anders als der Dichter müsse der Historiker durch das Wirklichkeitsprinzip gelenkt werden. Den Unterschied zwischen Dichter und Historiker faßte Gatterer folgendermaßen zusammen:

»Der Dichter erschaft ein Ganzes, das unter den Umständen, wie er es zusammensetzet, niemals vorhanden ist: der Geschichtschreiber hingegen bringt durch die Evidenz seiner Erzählung ein Ganzes, das schon einmal da gewesen ist, auf eben die Art, wie es da gewesen ist, nur aufs neue zum Vorschein: er macht gleichsam das Todte wieder lebendig und das Vergangene wieder gegenwärtig, und nähert sich und seine Leser durch eine zwar schwache Nachahmung, die aber doch eine wirkliche Nachahmung ist, auf eine gewisse Art der Gottheit, in deren Verstande nichts Vergangenes, nichts Zukünftiges, sondern alles gegenwärtig, nichts Abstraktes, sondern alles individuell, alles anschauende Erkenntniss ist.«[59]

[59] Gatterer, *Von der Evidenz in der Geschichtkunde*. In: *Die Allgemeine Welthistorie, die in England durch eine Gesellschaft von Gelehrten ausgefertigt*

Sowohl für die deskriptive als auch die narrative Geschichtsschreibung wurde vorausgesetzt, daß die Analogie zwischen dem Beobachter und dem Beobachteten das Verständnis der Darstellung gewährleistet. Der Historiker partizipierte nicht nur an der sozialen Welt, sondern auch an der belebten Natur. Jedoch konnte Wissen aus eben diesem Grunde niemals absolut sein. Der höchste Grad des Wissens, zu dem man sich erheben konnte, war die »Anschauung«, eine Würdigung der Art und Weise, in der die Kräfte verbunden waren, vermittels einer dieser Kräfte verbindenden Vorstellung. Man konnte jedoch niemals die »kimmerische Finsternis« der Einheitlichkeit der Natur durchschauen; ebenso hielt man es für unmöglich, jemals die *Urform* oder innere Gestalt zu begreifen, welche das Allgemeine mit dem Besonderen verbindet. Man mußte sich damit begnügen, Phänomene sorgfältig zu beobachten, in verschiedener Weise zu verbinden und aus unterschiedlichen Perspektiven zu befragen. Die Historiker der späten Aufklärung fühlten sich nicht dazu gezwungen, zwischen Beschreibung und Erzählung oder zwischen kausaler Analyse und der Wiederschaffung vergangenen Lebens zu wählen. Beide Wege zu verfolgen konnte nur dazu beitragen, die eigene Würdigung der Paradoxie menschlichen Lebens zu verbessern. Das Geschichtsverständnis definierte man dementsprechend als das Streben danach, den Sinn der formalen Entwicklungsmuster mit einem Höchstmaß an Bewußtsein zu verbinden, welches sich auf das spezifische Kraftfeld historischer und allgemein umweltgebundener Determinanten in einem gegebenen Moment richtet. In den Begriffen wissenschaftlicher Analyse waren diese Historiker sowohl Phänomenologen als auch Instrumentalisten. Das Phänomen war das grundsätzliche Objekt der Erklärung, und die Theorie gab das Werkzeug, das Verständnis schaffen sollte, jedoch keinen

---

worden. Hrsg. von D.F.E. Boysen. Halle 1767, S. 20. Noch 55 Jahre später konnte Heeren eine ähnliche Definition liefern: »Die Quelle der Begeisterung des Dichters liegt in der Phantasie; mithin nicht in der Wirklichkeit, sondern in dem Wahrscheinlichen. Die Quelle der Begeisterung des Geschichtschreibers liegt in dem Gemüth, in der Theilnahme an dem Menschlichen; mithin nicht in der Region des Wahrscheinlichen oder Möglichen, sondern in der ihm eigenen Region des Wirklichen. Und auf diese Weise trägt der Geschichtschreiber sein eignes Ich in den Stoff hinüber, den er bearbeitet; er muss diess thun, weil er ihn sonst gar nicht würdig bearbeiten könnte; und er darf diess thun, denn weit entfernt dadurch entstellt zu werden, erzählt vielmehr sein Stoff diejenige Wahrheit, welche wir die menschliche Wahrheit genannt haben.« *Andenken an deutsche Historiker.* In: Historische Werke, Bd. 6. Göttingen 1823, S. 438 f.

Selbstzweck darstellte. In einem weiteren Sinne könnte dieser Ansatz auch als dialogisch bezeichnet werden. Die Historiker der Spätaufklärung suchten einen Dialog zwischen den verschiedenen Arten der Strukturierung des historischen Materials herzustellen und in einen Dialog mit dem Leser zu treten[60]. In beiden Fällen war das Ziel Aufklärung und nicht die Durchsetzung dogmatischer Behauptungen.

[60] Eine ausgezeichnete Besprechung dieser Position gibt Ursula A.J. Becher, *August Ludwig von Schlözer. Analyse eines historischen Diskurses.* In: *Aufklärung und Geschichte*, S. 344–362.

REINHOLD BICHLER

Das Diktum von der historischen Singularität
und der Anspruch des historischen Vergleichs
Bemerkungen zum Thema Individuelles versus Allgemeines
und zur langen Geschichte deutschen Historikerstreits[*]

Der sogenannte Historikerstreit der jüngsten Vergangenheit
war in vielfacher Weise dazu angetan, Irritation auszulösen:
moralische und politische Irritation, doch auch intellektuelle
Verstörung. Aus der Rückschau läßt sich der Kern der Debatten mit knappen Sätzen umreißen: Es geht um die Integration
der bundesdeutschen Geschichte in eine umfassendere Geschichte der Deutschen und in der Folge um eine Einordnung
gerade der jüngeren deutschen Geschichte in europäische, ja
weltgeschichtliche Zusammenhänge. Eine solche Einordnung
soll aus gesamtgeschichtlicher Perspektive erfolgen und nach
Möglichkeit Gültigkeit beanspruchen – ein angesichts der NS-
Herrschaft und ihrer beispiellosen oder nach anderer Ansicht
eben doch nicht beispiellosen Vernichtung von Menschenleben
verständlicherweise sehr schwieriges Unterfangen.

In den heftig geführten Debatten[1] bemühten nicht wenige

[*] Ich danke Winfried Schulze und Karl Acham herzlich für die Einladung zur
Teilnahme am Bad Homburger Arbeitskreis zur »Theorie der Geschichte«. Sie
gaben mir damit die Möglichkeit, meine früher entwickelten Überlegungen zur
Position des Vergleichs in der Geschichtswissenschaft an einer aktuellen Thematik fruchtbar zu machen. Einige meiner Ausführungen zur Wissenschaftsgeschichte berühren sich in der Folge enger mit: R. Bichler, *Die theoretische Einschätzung des Vergleichens in der Geschichtswissenschaft.* In: Vergleichende
Geschichtswissenschaft. Hrsg. von F. Hampl und I. Weiler, Darmstadt 1978,
S. 1–87.
[1] Der sogenannte Historikerstreit im engeren Sinne schlug sich publizistisch
zunächst in Artikeln für Tages- und Wochenzeitschriften nieder. Mit der Entwicklung der Debatte rückte auch der historische Stellenwert dieser Diskussion
stärker ins Bewußtsein der öffentlichen Diskussion, und eine Serie von Betrachtungen, die Ursachen und Verlaufsformen der Debatte selbst historisch zu verorten trachteten, reicherte den publizistischen Niederschlag der Auseinandersetzung an. Der Bekanntheit dieser Auseinandersetzung wegen verweise ich nur
pauschal auf einschlägige Sammelpublikationen: »*Historikerstreit*«. *Die Dokumentation der Kontroverse um die Einzigartigkeit der nationalsozialistischen Ju-
denvernichtung.* Hrsg. von Mitarbeitern des Piper-Verlags. München, Zürich
1987; *Vergangenheit, die nicht vergeht. Die »Historiker-Debatte«. Darstellung,
Dokumentation, Kritik.* Hrsg. von R. Kühnl. Köln 1987; *Ist der Nationalsozia-*

169

Kontrahenten methodische Grundsätze. Es schien so, als hofften sie, daß methodische Prinzipien Klarheit zu schaffen und Positionen zu legitimieren oder zu attackieren vermöchten, die doch letzten Endes auf moralisch-politischen Standards und Erwartungen aufgebaut waren. Gegen die Intention, die Massenvernichtung der NS-Ära zu anderen Massenvernichtungen gerade dieses Jahrhunderts in Beziehung zu setzen und solcherart zu historisieren, wurde die Singularität der NS-Verbrechen gegen die Menschlichkeit geltend gemacht. Dagegen nahm man auf die Freiheit der forschungsleitenden Aspekt-Wahl Rekurs und verteidigte die heuristische Funktion des historischen Vergleichs, ohne den man schwerlich zu allgemeinerer Einsicht und zu umfassenderer Analyse gelangen könne. Demgegenüber hieß es wiederum, der Vergleich müsse in jedem Falle auf seine erkenntnisfördernde Fruchtbarkeit hin geprüft werden und dürfe nicht mißbräuchlich erfolgen.

Singularität oder Vergleichbarkeit? Es sind vertraute Kategorien, die da in der Auseinandersetzung um ein öffentliches und intellektuell tonangebendes Geschichtsbewußtsein bemüht wurden; Kategorien, die schon im bald hundert Jahre zurückliegenden klassischen Methodenstreit in der deutschen Geschichtswissenschaft eine gewichtige Rolle spielten. Wer freilich mit wissenschaftsgeschichtlichem Bewußtsein auf die aktuellen Kontroversen blickt und dabei der Versuchung nicht widerstehen kann, die Kontrahenten politisch oder zumindest gesellschaftspolitisch einzuordnen, könnte leicht irritiert werden: Haben sich da nicht vertraute methodologische Fronten verkehrt?

Der Primat des Besonderen, in gewisser Hinsicht Einzigartigen, bildet einen zentralen Aspekt jener traditionellen, auf Nation und Staat und das verantwortliche Wirken der großen Akteure konzentrierten Historie, die wir mit dem Signum des Historismus zu umreißen gewohnt sind und die sich in wachsendem Maße mit national-konservativen Einstellungen verband. Die Forderung nach historischer Vergleichung geriet dagegen schnell zum Ausdruck einer liberal-oppositionellen Haltung, die die Nähe der Geschichtswisssenschaft zu systematisch-ge-

lismus Geschichte? Zu Historisierung und Historikerstreit. Hrsg. von D. Diner. Frankfurt a.M. 1987. Zu den ersten monographischen Betrachtungen über den geschichtlichen Hintergrund der Kontroverse zählt die Schrift meines althistorischen Fachkollegen Ch. Meier, *40 Jahre nach Auschwitz. Deutsche Geschichtserinnerung heute.* München 1987.

neralisierenden Kultur- und Geisteswissenschaften suchte. Systematische Vergleichung nimmt nun einmal auf allgemeinere theoretische Einsichten Bezug und stellt damit ein beträchtliches Hindernis für die Konzeption einer Historie dar, als deren legitimes Interessengebiet allein das Individuelle in Betracht kommt. Liegen die Dinge nun auf einmal anders? Oder war es überhaupt verfehlt, direkte Korrelationen zwischen konkreten methodologischen Positionen und dem gesellschaftlich-politischen Hintergrund bestimmter Überzeugungen über Wesen und Funktion der Geschichtswissenschaft zu erwarten? Oder bildete vielleicht das antagonistische Verhältnis von Individuellem und Allgemeinem – und im weiteren das Verhältnis von Einzigartigkeit und Vergleichbarkeit des historischen Geschehens – nie ein rein methodologisches Problem?

Diese Fragen sollen uns nun auf eine kleine Tour d'horizon durch die Geschichte der Entwicklung des methodologischen Selbstverständnisses unserer Geschichtswissenschaft begleiten.

Die Bindung der Historie an das Individuelle und Besondere hat eine ehrwürdige Tradition. Man kann bis Aristoteles zurückgehen, der in seiner Poetik der Poesie mehr den Bereich des Allgemeinen – *ta katholou* – zuwies, der Historie dagegen den des jeweils Besonderen – *ta kath'hekastou* (Poetik 9, 1451 b)[2]. Wer den Kreis der Betrachtung einengen möchte, kann immerhin noch mit Friedrich Meinecke die Wurzeln des Historismus als der »Ersetzung einer generalisierenden Betrachtung geschichtlich-menschlicher Kräfte durch eine individualisierende Betrachtung« bis ins ausgehende 17. Jahrhundert verfolgen[3]. Und auch jene kritische Distanz zu den Vernunftidealen der Aufklärung, die die romantische Begeisterung für die Schöpferkräfte des Individuums und die romantische Perspektive von den Nationen als organisch wachsenden Superindividuen formte, in der etwa Carlo Antoni eine maßgebliche Grundlage des Historismus erkannte[4], reicht weit zurück. Doch das Verhältnis

[2] Aristoteles wird in diesem Sinne etwa zitiert bei Georg G. Iggers, *Deutsche Geschichtswissenschaft. Eine Kritik der traditionellen Geschichtsauffassung von Herder bis zur Gegenwart* (engl. 1968). München 1971, S. 43 mit Anm. 1.

[3] Friedrich Meinecke, *Die Entstehung des Historismus* (1936, 1946). Hrsg. von C. Hinrichs. München 1959 (= Werke, Bd. 3), S. 2. Vgl. dazu bes. Ernst Schulin, *Das Problem der Individualität. Eine kritische Betrachtung des Historismus-Werkes von Friedrich Meinecke*. In: Historische Zeitschrift 197 (1963), S. 102–133.

[4] Vgl. das Aufsatzwerk von Carlo Antoni, *Der Kampf wider die Vernunft* (ital. 1942). Stuttgart 1951.

von Aufklärung und Gegenaufklärung überlasse ich gern kompetenteren Betrachtern. Nur zwei Stimmen aus dem ausgehenden 18. Jahrhundert möchte ich hier zu Gehör bringen, die in exemplarischer Weise jene Bruchlinie markieren, welche fortan in so folgenschwerer Weise den aufklärerischen Rekurs auf die allgemeine Natur des Menschen und seiner sittlichen Welt von der stärker romantisch inspirierten liebevollen Versenkung in die letztlich unergründbare menschliche Individualität trennen sollte.

In seiner berühmten Jenaer Antrittsvorlesung drückte Friedrich Schiller noch seine Überzeugung von der »Gleichförmigkeit und unveränderlichen Einheit der Naturgesetze und des menschlichen Gemüths« aus. Diese Einheit war ihm Gewähr dafür, »daß also von den neuesten Erscheinungen, die im Kreis unserer Beobachtung liegen, auf diejenigen, welche sich in geschichtslosen Zeiten verlieren, rückwärts ein Schluß gezogen und einiges Licht verbreitet werden kann«[5]. Von daher empfahl er der historisch-vergleichenden Forschung, sich – wenn auch mit gebotener Behutsamkeit – an die Erschließung der Universalgeschichte zu wagen. Das war 1789. Wenige Jahre darauf deklarierte der junge Wilhelm von Humboldt in einer programmatischen Schrift zum *Plan einer vergleichenden Anthropologie* das Ziel, »die mögliche Verschiedenheit der menschlichen Natur in ihrer Idealität auszumessen«[6].

Gerade Humboldt legte – in späteren Schriften zur Weltgeschichte und vor allem in *Über die Aufgaben des Geschichtschreibers* – das Prinzip der individualisierenden Historie für Generationen fest[7]. Um so wichtiger muß uns seine Begrün-

[5] Friedrich Schiller, *Was heißt und zu welchem Ende studiert man Universalgeschichte?* (1789); zit. nach Schillers Werke, Nationalausgabe, Bd. 17. Hrsg. von K.-H. Hahn. Weimar 1970, S. 359–376, bes. S. 373.
[6] Wilhelm von Humboldt, *Plan einer vergleichenden Anthropologie* (1795). In: Gesammelte Schriften. Hrsg. von A. Leitzmann. Bd. 1, Berlin 1903, S. 377–410, bes. S. 388.
[7] In der Einschätzung von Humboldts Wirkung auf die deutsche geschichtswissenschaftliche Tradition historistischer Prägung folge ich Iggers, *Deutsche Geschichtswissenschaft*, S. 62 ff. Es liegt mir indes fern, mit der obigen Skizze eine angemessene Einschätzung von Humboldts Position im Spannungsfeld zwischen Aufklärung und Romantik geben zu wollen. Vgl. dazu die – in Aspektwahl und Urteil durchaus divergierenden – Urteile über Humboldt in den Beiträgen von P.H. Reill und O.G. Oexle im vorliegenden Band. Zur Gesamtthematik der Veränderungen im Übergang vom Geist der Aufklärungszeit zu den beherrschenden Tendenzen besonders der deutschen Historie des 19. Jahrhunderts vgl. etwa auch die Sammelpublikation *Von der Aufklärung zum Historismus.* Zum

dung dieses Prinzips sein. Konstituierend erscheint eine Scheidung von zwei Sphären, die durch Notwendigkeit und Freiheit charakterisiert sind und deren Scheidelinie mitten durch Mensch und Geschichte verläuft. Auch die »willkührlichen Handlungen« der Menschen folgen Gesetzen der Natur. So herrscht eine »bewunderungswürdige ... Regelmäßigkeit« in jenem Bereich des weltgeschichtlichen menschlichen Daseins, das von dessen Naturhaftigkeit geprägt wird. Humboldt führte dazu Beispiele an, die sich wie ein antizipiertes Inhaltsverzeichnis für ein Handbuch empirischer Soziologie ausnehmen: Heiraten, Geburten, Verbrechen, Todesfälle etc., sie alle figurieren als regelmäßig verlaufende Handlungs- und Ereignisabfolgen, die sich uns unter dem Aspekt des Allgemeinen erschließen[8]. Demgegenüber aber sah Humboldt die Historie der Sphäre menschlicher Freiheit und Schöpferkraft verpflichtet, in der die die Weltgeschichte leitenden Ideen wirksam werden. Im Blick auf diese Ideen vermögen wir – das höchste Ziel des Historikers! – die »Pläne der Weltregierung« zu erahnen[9]. Diese Ideen aber wirkten eben – und darin liegt ein romantisches Grundprinzip – auf die menschlichen Individuen bzw. auf umfassendere Einheiten solcher Individuen, nämlich Völker und Nationen, die Humboldt als »Superindividuen« auffaßte.

Ist so der Aspekt des Allgemeinen mit dem Prinzip der Notwendigkeit verknüpft, so auch umgekehrt der Aspekt des Individuellen mit dem Prinzip menschlicher Freiheit und – vermöge der Ideenlehre – mit dem göttlichen Plan der Weltgeschichte. Mit dieser doppelten Verknüpfung wurde ein Paket von Gedanken geschnürt, in dem sich – in höchst folgenschwerer Weise – methodische, ontologische und weltanschaulich-wertende Prinzipien miteinander vermengten. Denn während große Männer und vereinzelt dann auch große Frauen nunmehr eben-

Strukturwandel des historischen Denkens. Hrsg. von H. W. Blanke und J. Rüsen. Paderborn, München, Wien, Zürich 1984. Der gängige Begriff des Historismus ist freilich alles andere denn in sich homogen und klar. Vgl. dazu Otto Gerhard Oexle, *»Historismus«. Überlegungen zur Geschichte des Phänomens und des Begriffs.* In: Jahrbuch der Braunschweigischen Wissenschaftlichen Gesellschaft. Göttingen 1986. S. 119–155.

[8] Wilhelm von Humboldt, *Betrachtungen über die bewegenden Ursachen in der Weltgeschichte* (1818?). In: Gesammelte Schriften, Bd. 3. Berlin 1904, S. 360–366, bes. S. 362.

[9] Wilhelm von Humboldt, *Ueber die Aufgabe des Geschichtschreibers* (1821). In: Gesammelte Schriften, Bd. 4. Berlin 1905, S. 35–56, bes. S. 50; zum Verhältnis Ideen – Individuen vor allem S. 54.

so wie bestimmte zu Superindividuen erhobene Struktureinheiten, voran Völker und Nationen, als Verkörperung des freiheitserfüllten Individuellen figurieren, sehen sich Angehörige der breiten Masse zur Verkörperung des naturhaften Allgemeinen degradiert, d.h. dem legitimen Interesse der Historie entzogen. Erscheint doch – ich zitiere nochmals Humboldt – die »Freiheit ... mehr im Einzelnen, die Naturnothwendigkeit mehr an Massen«[10].

Das von vornherein nicht als methodologisch in unserem Sinne begründete Prinzip der individualisierenden Historie erhielt seine Weihe durch die höchsten Autoritäten der Zunft, so durch Leopold von Ranke und durch Johann Gustav Droysen.

Bei Ranke tritt eine religiöse Fundierung dieses Prinzips deutlich hervor, besonders in den nachgelassenen, fragmentarischen Betrachtungen zur *Idee der Universalhistorie*. Nach seiner Überzeugung »erkennt die Historie in jeder Existenz ein Unendliches an; in jedem Zustand, jedem Wesen ein Ewiges, aus Gott kommendes ... Darum wendet sie sich ... dem Einzelnen mit Neigung zu« und setzt ein »particulares Interesse« dem universalen Interesse der Philosophie gegenüber[11]. Dieses universale Interesse führt, auf die Welt der Historie bezogen, in die Aporie. Denn dieses Interesse gelte dem »Causalnexus« zwischen den historischen Phänomenen und gelte schließlich ihrer »Totalität«. Den Schlüssel zu deren Erkenntnis sieht Ranke in Humboldtscher Tradition in den »Ideen« gelegen. Doch diese Ideen entziehen sich dem Zugriff des Historikers: »Die Weltgeschichte weiß allein Gott.«[12]

Auch Droysen rekurriert auf die Grundfesten seiner Weltanschauung, wenn er das Individualitätsprinzip zu einem regelrechten Leitgedanken der »Historik« entwickelt. Der »Wert«, der den »Tatsachen der Geschichte« zuzumessen ist, resultiert aus ihrem Anteil am historischen Gesamtprozeß, der als »Kon-

---

[10] Wilhelm von Humboldt, *Betrachtungen über die bewegenden Ursachen in der Weltgeschichte*, S. 365.

[11] Vgl. Rankes nachgelassene, 1930 erstmals mit *Idee der Universalgeschichte* überschriebene veröffentlichte Fragmente der dreißiger Jahre (vielleicht 1831), publiziert bei Eberhard Kessel, *Rankes Idee der Universalgeschichte*. In: HZ 178 (1954), S. 269–308, insb. 290ff.; Zitate 295.

[12] Ranke, *Idee der Universalgeschichte*, S. 296ff., bes. S. 301. Vgl. zur religiösen Fundierung von Rankes welthistorischer Sicht Gerhard Masur, *Rankes Begriff der Weltgeschichte*. München, Berlin 1926 (= HZ, Beiheft 6), S. 52ff.; Kessel, *Rankes Idee der Universalgeschichte*, S. 289f.; Iggers, *Deutsche Geschichtswissenschaft*, S. 104ff.

tinuität der fortschreitenden geschichtlichen Arbeit« begriffen wird. Die Singularität des historischen Prozesses und der individuelle Charakter der schöpferischen Kräfte, die diesen ständigen Prozeß des Werdens formen, bedingen es, daß nur jenen Tatsachen der Geschichte Wert zugemessen wird, »die individueller Art sind«[13]. Gegenüber stellt ihnen Droysen jene historischen Tatsachen, die unter dem Aspekt des Allgemeinen zu sehen sind und die ganz dem entsprechen, was wir mit dem Begriff der Strukturen zu erfassen pflegen: Gesetz, Verfassung, Normen der Wirtschaft, Kriegswesen, Kirchenwesen, Institutionen der Politik, Standards des Kunstlebens etc. »Für alle diese Dinge gibt es Wissenschaften, die sie behandeln und begründen«, hält Droysen fest und reserviert damit der Historie den Bereich des Individuellen[14].

Am solcherart gewonnenen Primat des Individuellen müssen bei Droysen auch die Ambitionen einer systematisch betriebenen historischen Komparatistik scheitern. Dabei erfüllt der Vergleich im Rahmen der Droysenschen Historik noch durchaus eine wichtige Funktion für Heuristik und Quellenkritik. Doch es bleibt eine dienende Funktion[15]. Denn der dem Vergleichen innewohnende Rekurs auf Regelmäßigkeiten im historischen Erscheinungsbild führt ins Terrain des im Sinne Droysens Allgemeinen und führt damit aus dem legitimen Interessenbereich der Geschichtswissenschaft hinaus. So scheitert bei Droysen die Entfaltung der Komparatistik in ähnlicher Weise am Primat des Individuellen und am Dogma von der Singularität des historischen Prozesses wie bei Ranke die Entfaltung der Universalgeschichte.

Dabei war die Begründung dieses Individualitätsprinzips äußerst problematisch. Mit der Unterscheidung von individuellen und allgemeinen Tatsachen gerieten methodische und ontologische Kategorien in ein heikles Gemenge. Dazu kommt die will-

[13] Vgl. Johann Gustav Droysen, *Historik, Vorlesungen über Enzyklopädie und Methodologie der Geschichte* (München 7. Aufl. 1937). Hrsg. von R. Hübner. Darmstadt 1974, S. 17 ff.; Zitate, S. 29. Droysen hat diese Vorlesung ab 1857 wiederholt gehalten; der Leitfaden zur Vorlesung wurde erstmals 1858 mit dem Titel *Historik* gedruckt.

[14] Droysen, *Historik*, S. 28. Vgl. zu Droysens Historik etwa Jörn Rüsen, *Begriffene Geschichte. Genesis und Begründung der Geschichtstheorie J. G. Droysens.* Paderborn 1969; Herbert Schnädelbach, *Geschichtsphilosophie nach Hegel. Die Probleme des Historismus.* München 1974, S. 89 ff.

[15] Näheres dazu bei Bichler, *Die theoretische Einschätzung des Vergleichens in der Geschichtswissenschaft,* S. 5 ff.

kürliche Bindung des historisch legitimen Interesses an diesen prekären Begriff des Individuellen, dem zu alledem noch dezidiert jene Werthaftigkeit zuerkannt wurde, die dem konträren Begriff des Allgemeinen nach dieser Überzeugung abgeht.

Doch so fragwürdig die Begründung jenes Individualitätsprinzips war, so sehr setzte es sich in den Köpfen derer fest, die über Aufgabe und Charakter der Geschichtswissenschaft das entscheidende Wort in der Öffentlichkeit zu sprechen hatten. Die heftigen Debatten im sogenannten Methodenstreit der Wilhelminischen Ära endeten auf ganzer Linie mit dem Sieg dieses Prinzips. Die Waffenhilfe, die den engagierten Kämpfern für eine ans Individuelle gebundene Historie seitens renommierter Philosophen, voran Windelband und Rickert, zuteil wurden, trug das ihre zu diesem Erfolg bei.

Karl Lamprechts Forderung, neben den Willensentscheidungen der großen Akteure auch die materiellen und geistigen »Zustände« als treibende Faktoren im historischen Prozeß anzuerkennen, wurden abgeschmettert. Seine Überzeugung, die »zuständlich-kollektiven ... Willenäußerungen« seien für den »geschichtlichen Verlauf« von stärkerer Bedeutung als die »genialindividuellen«[16], kam zu sehr in den Verdacht von Konzessionen an die Kategorien des Sozialismus, als daß sie akzeptiert worden wären. Animosität gegen die in Westeuropa unter dem Signum des Positivismus gedeihenden anthropologisch-systematischen Forschungen tat das ihre zur Abwehr Lamprechts. Und nicht zuletzt wirkte immer noch der Schauder vor spekulativ erschlossenen Bildern eines gesetzmäßig ablaufenden Geschichtsprozesses, die die historische Zunft mit Hegels Namen assoziierte. So verfiel Lamprechts Vision einer durch sozialpsychische Faktoren vorangetriebenen, regelmäßige Entwicklungsstufen durchschreitenden deutschen Geschichte dem Spott der Zunftgenossen.

Kurt Breysig in Berlin erging es nicht minder schlimm. Ihm, der auf kulturgeschichtlich-vergleichender Basis gesetzmäßige

---

[16] Karl Lamprecht, *Das Arbeitsgebiet geschichtlicher Forschung*. In: Die Zukunft 4 (1896) 27, S. 2; zitiert nach Winfried Schulze, *Soziologie und Geschichtswissenschaft*. München 1974, S. 24; vgl. zum Lamprecht-Streit selbst etwa Friedrich Seifert, *Der Streit um Karl Lamprechts Geschichtsphilosophie*. Augsburg 1925, bes. S. 15 ff.; Herbert Schönebaum, *Karl Lamprecht*. In: Archiv für Kulturgeschichte 37 (1955), S. 269–305, bes. S. 274 ff.; Gerhard Oestreich, *Die Fachhistorie und die Anfänge der sozialgeschichtlichen Forschung in Deutschland*. In: HZ 208 (1969), S. 320–363, bes. S. 346 ff.

Entwicklungsstufen im Leben der Völker dokumentieren und solcherart den »Stufenbau der Welt-Geschichte« dokumentieren wollte, wurde die Gründung eines eigenen Seminars für vergleichende Geschichtsforschung verwehrt[17].

Das alles ist im wesentlichen bekannt und längst schon Thema wissenschaftsgeschichtlich-kritischer Rückschau geworden. Doch möchte ich einen Aspekt an diesem klassisch gewordenen Methodenstreit etwas schärfer beleuchten, zeigt sich darin doch ein frappanter Zusammenhang mit aktuellen Problemen des Umgangs mit unserer Wissenschaft. Der Streit geht au fond um jene gesellschaftlich-politisch vermittelten Wertstandards, die als Leitlinie historischer Analyse und Interpretation öffentlich Geltung finden sollen. Doch offensichtlich lockt die Versuchung, die Wertdiskussion nicht als solche zu führen, sondern sich auf scheinbar autonome methodologisch-fachwissenschaftliche Positionen zurückzuziehen und von dorther Autorität in Anspruch zu nehmen – eine Tendenz, die leicht zu einer gefährlichen Bewußtseinstrübung führen kann.

Im klassischen Methodenstreit standen ganz deutlich Wert- und Zielvorstellungen zur Debatte; doch verlief die Auseinandersetzung so, als ließen sich die Streitfragen aus der besseren Einsicht in Wesen und Funktion der Historie methodisch-wissenschaftlich klären. Dabei hatte schon das sogenannte »Vorgefecht« zum Methodenstreit[18], die Kontroverse zwischen dem Dilthey-Schüler Eberhard Gothein als Anwalt kulturgeschichtlicher Universalität und Dietrich Schäfer als Repräsentanten einer militanten Nationalgeschichte, recht klar signalisiert, worum es ging: um den von Schäfer vehement verfochtenen Vorrang des Staates und seiner Machtmittel Militär und Politik. Dabei korrespondierte Schäfers Bindung der Historie an ein nationalstaatliches und der Machtpolitik ergebenes Engagement mit dem traditionellen Wissenschaftsverständnis. Denn die Gotheinsche Forderung nach universaler kulturhistorischer Ausrichtung ließ sich leicht mit dem Diktum vom Allgemeinen als dem Interessenfeld jenseits der legitimen Aufgaben der Geschichtswissenschaft abweisen, während sich im Gegenzug das Individuelle als das erklärtermaßen ureigene Aufgabengebiet

---

[17] Vgl. dazu vor allem Bernhard von Brocke, *Kurt Breysig. Geschichtswissenschaft zwischen Historismus und Soziologie*. Lübeck, Hamburg 1971 (= Historische Studien, Bd. 417), S. 76 ff.

[18] Vgl. dazu vor allem Oestreich, *Die Fachhistorie und die Anfänge der sozialgeschichtlichen Forschung*, S. 326 ff.

der Historie mit Schäfers Position verbinden ließ: mit dem Anspruch der Nationalgeschichte.

Bemerkenswerterweise waren sich einige namhafte Verfechter des Grundsatzes von der Individualität des Historischen und den daraus abgeleiteten Aufgaben einer individualisierenden Geschichtswissenschaft durchaus darüber im klaren, daß sie ihre Argumente nicht aus einem rein methodologischen Bewußtsein bezogen, sondern von einer weltanschaulich-wertenden Position her.

Wilhelm Windelband etwa begründete seine so berühmt gewordene Abgrenzung der Historie als des Prototyps »idiographischer« Wissenschaft von den »nomothetischen« Disziplinen ausdrücklich damit, »daß sich alles Interesse und Beurteilen, alle Wertbestimmung des Menschen auf das Einzelne und das Einmalige bezieht«[19]. Es sind ihre spezifischen Interessen, nicht aber die logischen Strukturen der elementaren Argumentationsformen, die demnach die Historie von den nomothetischen Disziplinen trennen[20].

So analysierte Windelband den Erklärungsbegriff in einer Art und Weise, als spräche ein Anhänger der später so genannten *Covering Law Theory* in der Tradition C. G. Hempels. Ein Zitat: »In der Causalbetrachtung nimmt jegliches Sondergeschehen die Form eine Syllogismus an, dessen Obersatz ein Naturgesetz bzw. eine Anzahl von gesetzlichen Notwendigkeiten, dessen Untersatz eine zeitlich gegebene Bedingung oder ein Ganzes solcher Bedingungen, und dessen Schlußsatz dann das wirkliche einzelne Ereignis ist.« Auch die »idiographischen Wissenschaften« haben ein Bedürfnis nach »allgemeinen Sätzen«, um die Funktion von Erklärungen wahrnehmen zu können. Doch müssen sie diese den »nomothetischen Disciplinen

[19] Wilhelm Windelband, *Geschichte und Naturwissenschaft*. Rede. In: Das Stiftungsfest der Kaiser-Wilhelms-Universität. Straßburg 1894, S. 17–41, bes. S. 35.

[20] Das ungelöste Problem der Wert-Begründung bleibt so das Kardinalproblem jener neukantianischen Geschichtstheorie, von deren Methodologie im engeren Sinne sich durchaus Beziehungen zu den methodologischen Traditionen einer analytischen Geschichtsphilosophie knüpfen lassen. Vgl. dazu Schnädelbach, *Geschichtsphilosophie nach Hegel*, S. 137 ff., bes. S. 158 f. sowie Gerald Mozetič, *Probleme und Aktualität der idiographischen Methode*. In: *Der Mensch und die Wissenschaften vom Menschen*. Hrsg. von G. Frey und J. Zelger. Innsbruck 1983 (= Beiträge zum 12. Deutschen Kongreß für Philosophie 1981), Bd. 2, S. 777–787.

entlehnen«[21]. Ihr forschendes Interesse ist eben nicht darauf gerichtet, dem Allgemeinen nachzuspüren.

Weit mehr als das Problem geschichtswissenschaftlicher Erklärung, das ja in der Regel durch den Verweis auf das forschende Verstehen als adäquates methodisches Korrelat zum naturwissenschaftlichen Erklären beiseite geschoben werden konnte, bereitete der historische Vergleich Schwierigkeiten. Liegt es doch in der Logik systematischen Vergleichens, wie es nun nicht nur im Sinne Lamprechts und Breysigs, sondern auch nach dem Willen führender Sozialwissenschaftler, gerade auch Max Webers, für die Historie forciert und fruchtbar gemacht werden sollte, auf ein Allgemeines zu rekurrieren, das jeweils im *tertium comparationis* angesprochen ist. Aber auch hier setzte sich im Zuge des Methodenstreits eine weithin verbindliche Marschroute durch, wobei man charakteristischerweise wiederum auf die erkenntnisleitenden Interessen der Historie Bezug nahm, ohne sich in methodische Fragen im engeren Sinne einzulassen.

Eine glatte und elegante Formel, die immer wieder zitiert wird, ist Otto Hintze zu verdanken, der in den damaligen Grundsatzdiskussionen recht allgemein auf Ausgleich mit den Anliegen der Sozialwissenschaften bei gleichzeitiger Wahrung des Primats einer individualisierenden Historie bedacht war: »... man kann vergleichen, um ein Allgemeines zu finden, das dem Verglichenen zugrunde liegt; und man kann vergleichen, um den einen der verglichenen Gegenstände in seiner Individualität schärfer zu erfassen und von dem andern abzuheben. Das erstere tut der Soziologe, das zweite der Historiker.«[22]

Die Elastizität dieser Formel ließ den Verfechtern einer rigorosen Beschränkung auf die Wahrnehmung des Individuellen ihr vermeintliches Recht, ohne diejenigen zu entmutigen, die den Spielraum vergleichender Forschung besser genutzt wissen wollten. Aber es kann kein Zweifel bestehen, daß sich die große Mehrheit der Zunft mit den Warnungen identifizierte, die Georg von Below, seinerzeit ein besonders heftiger Gegner Lamprechts, rückschauend ausgesprochen hatte: Warnungen

---

[21] Windelband, *Geschichte und Naturwissenschaft*, S. 38 und S. 37.
[22] Otto Hintze, *Soziologische und geschichtliche Staatsauffassung. Zu Franz Oppenheimers System der Soziologie* (1929). In: Hintze, *Soziologie und Geschichte*. Hrsg. von G. Oestreich. Göttingen. 2. Aufl. 1964 (= Gesammelte Abhandlungen, Bd. 2), S. 239–305, bes. S. 251. Zum Lamprecht-Streit hatte Hintze bereits 1897 eine um Ausgleich bemühte Stellungnahme vorgelegt (vgl. S. 181 f.).

vor dem »Mißbrauch, der mit der vergleichenden Methode getrieben wird«, wobei das Mißbräuchliche vor allem im leichtfertigen Rekurs des Historikers auf Kulturverlaufs-Typen und Entwicklungs-Stufen gelegen sei[23].

So war es nur konsequent, wenn eine systematisch betriebene Komparatistik, wie sie besonders im Ambiente von Diltheys Bemühen um eine Systematik der Geisteswissenschaften von philosophischer Seite gefordert wurde, als eigentlich nicht mehr zur Geschichtswissenschaft gehörig galt. Erich Rothacker etwa sprach sich in seiner *Logik und Systematik der Geisteswissenschaften* von 1927 für eine Unterscheidung zweier Arten von Historie aus. In der »Fachhistorie« bleibe das »unverbrüchliche Recht der Historie, den Finger auf die Besonderheit aller Erscheinungen zu legen«, gewahrt. Die mit einer anderen »Interessenrichtung« verbundene »allgemeine Historie« könne dagegen die vergleichende Methode pflegen, deren »Stärke« in ihrer Rolle als Schlüssel zu theoretischer, d. h. aufs Allgemeine gerichteter Erkenntnis liege[24]. Bemerkenswerterweise hatte bereits Rothackers Lehrer Heinrich Maier in einer Grundsatzrede über *Das geschichtliche Erkennen* im Jahr 1914 die vergleichende Geschichtswissenschaft mit Rücksicht auf das Dogma, daß es die Historie »mit dem Individuellen als solchem« zu tun habe, als gar nicht mehr »zur Geschichte selbst« gehörig deklariert. Sie nehme vielmehr eine »Mitte zwischen Historie und Theorie« ein und bilde immerhin »die Grundlage für die geisteswissenschaftlichen Theorien«[25].

Die Probleme des Unterfangens, eine nicht ans Allgemeine

[23] Georg von Below, *Die vergleichende Methode.* In: Historische Vierteljahrsschrift 21 (1922/23), S. 129–138, bes. S. 132. Vgl. dazu auch Ingomar Weiler, *Der Vergleich und vergleichende Aspekte in der Wirtschafts- und Sozialgeschichte.* In: Hampl und Weiler (Hrsg.), *Vergleichende Geschichtswissenschaft,* S. 243–283, bes. S. 248 f.
[24] Erich Rothacker, *Logik und Systematik der Geisteswissenschaften.* In: Handbuch der Philosophie. Hrsg. von H. Baeumler und M. Schröter, Abt. II, 1927, S. 101 f. Vgl. auch Rothacker, *Die vergleichende Methode in den Geisteswissenschaften.* In: Zeitschrift für vergleichende Rechtswissenschaft 60 (1957), S. 13–33, wo das Grundproblem – die »ewige Spannung von historisch Individuellem und Ähnlichem, Regelhaftem (auf dessen Erlebnis die ganze vergleichende Methodik beruht)« – nochmals aufgegriffen wird, aber völlig offen bleibt; Zitat S. 31.
[25] Heinrich Meier, *Das geschichtliche Erkennen.* Göttingen 1914 (Rede vom 27. 1. 1914, August-Wilhelm-Universität), S. 14 f. Vgl. zur Komparatistik bei Dilthey, Meier und Rothacker auch Bichler, *Die theoretische Einschätzung des Vergleichens,* S. 25 ff.

gebundene, sondern ganz dem Individuellen verpflichtete Historie zu konstituieren, waren durchaus sichtbar geworden. Doch der Primat des Individuellen als des angestammten und für sie spezifischen Interessenbereichs der Geschichtswissenschaft stand nach dem Lamprecht-Streit offensichtlich nicht mehr zur Diskussion.

Um so wichtiger ist es, nochmals in Erinnerung zu rufen, daß dieser Primat des Individuellen auf zwei äußerst brüchigen Säulen errichtet wurde: auf einer Kontamination methodischer und ontologischer Kategorien, wonach individuelle und allgemeine Objekte des wissenschaftlichen Interesses unterschieden werden; und auf einer Identifikation dieser individuellen Objekte mit den allein legitimen, da werterfüllten Objekten des historischen Interesses. Ich gehe auf die sich daraus ergebenden Probleme für die Fundierung einer »individualisierenden Geschichtswissenschaft« nun näher ein.

1. Die Kontamination der Aspekte des Individuellen und Allgemeinen mit unterschiedlichen Objektbereichen der Forschung saß so tief in den Köpfen fest, daß selbst die erklärten Gegner einer rein individualisierenden Historie in entsprechenden Kategorien dachten. So stellte Karl Lamprechts Forderung nach einer »mehr dem kausalen Denken« verbundenen »kollektivistischen« – und das hieß für ihn: generellen Phänomenen zugewandten – Historie das genaue Pendant zur »individualistischen« Historie dar[26]. Die Projektion der disjunktiven Kategorien des Allgemeinen und Individuellen auf die Ebene des historischen Objektbereichs blieb ein fixes Denkmuster[27]. Zudem verbinden sich Allgemeines und Individuelles in dieser Anschauung mit den Kategorien des Vergleichbaren und des Singulären.

[26] Karl Lamprecht, *Was ist Kulturgeschichte? Beitrag zu einer empirischen Historik* (1896/97). In: Ausgewählte Schriften. Hrsg. von H. Schönebaum. Aalen 1974, S. 257–327, bes. S. 268.
[27] Es ist demgegenüber aber zu betonen, daß es »vom Aspekt, auf den wir unsere Aufmerksamkeit lenken«, abhängt, ob wir das Allgemeine oder das Individuelle an einem historischen Zustand oder Vorgang in den Blick rücken; so Karl Acham, *Der Wissenschaftsbegriff der Geschichtswissenschaft.* In: *Der Wissenschaftsbegriff in den Natur- und in den Geisteswissenschaften.* Wiesbaden 1975 (Studia Leibnitiana, Sonderheft 5), S. 196–237, bes. S. 212; weitere Verweise zu dieser äußerst komplexen Thematik u. a. bei Bichler, *Die theoretische Einschätzung des Vergleichens,* S. 62 ff.; vgl. zur Kritik am Individualitätsdogma der traditionellen Historik auch Josef Meran, *Theorien in der Geschichtswissenschaft.* Göttingen 1985, bes. S. 101 ff.

Es ist geradezu frappierend zu sehen, wie etwa Otto Hintze, der zwischen Lamprechts Plädoyer für eine »kollektivistische Geschichtswissenschaft« und dessen traditionalistisch bestimmten Gegnern eine ausgleichende Position bezog, mit diesem Problem kategorialer Vermengung rang. Hintze sprach sich gegen eine scharfe Trennung individualistischer und kollektivistischer Methoden und gegen eine Unterscheidung zweier getrennter Sphären des Handelns aus, deren eine von individuellen Kräften der Geschichte geprägt sei und das Singuläre darstelle, deren andere, von Kräften des »kollektiven Geschehens« erfüllt, das Generelle repräsentiere. Doch sein entscheidendes Argument, generelle und individuelle »Vorgänge« seien im geschichtlichen Leben stets miteinander vermischt, läßt genau jene Vermengung von Aspekt und Objektstruktur bestehen, die eigentlich die methodischen Probleme schafft[28].

Vielleicht ist es gar nicht so verfehlt, auch in Max Webers berühmtem Instrumentarium des »Idealtypus« einen au fond problematischen Versuch zu sehen, gerade diesem Dilemma zu entrinnen und dem für den Einsichtigen offensichtlichen Bedarf der Historie nach theoretisch-allgemeiner Betrachtung gerecht zu werden, ohne die traditionelle Bindung der Historie an das Individuelle aufzugeben. Soll doch der Idealtypus nach Max Webers Worten nicht zuletzt dazu dienen, »historische Individuen ... in genetische Begriffe zu fassen«[29].

Doch ich gehe nochmals zu Otto Hintze zurück, den mit Weber unter anderem ein lebhaftes Bewußtsein für den Wert umfassender historischer Vergleichung verband. Auch hier ge-

---

[28] Otto Hintze, *Über individualistische und kollektivistische Geschichtsauffassung* (1897). In: *Soziologie und Geschichte*. Hrsg. von G. Oestreich. Göttingen. 2. Aufl. 1964, S. 315–322, bes. S. 318 ff. Zur aktuellen Rezeption von Hintzes geschichtstheoretischen Konzeptionen verweise ich auf die Referate von Hagen Schulze, Winfried Schulze und Jürgen Kocka in der Tagungs-Publikation: *Otto Hintze und die moderne Geschichtswissenschaft*. Hrsg. v. O. Büsch und M. Erbe. Berlin 1983 (Einzelveröffentlichungen der Historischen Kommission zu Berlin, Bd. 38), S. 123–188.
[29] Max Weber, *Die ›Objektivität‹ sozialwissenschaftlicher und sozialpolitischer Erkenntnis* (1904). In: Gesammelte Aufsätze zur Wissenschaftslehre. Hrsg. v. J. Winckelmann. Tübingen. 4. Aufl. 1973, S. 146–214, bes. S. 194. Zur Funktion des Idealtypus bei Weber vgl. u. a. Wolfgang J. Mommsen, *Max Weber*. In: *Deutsche Historiker*. Hrsg. von H. U. Wehler, Bd. 3. Göttingen 1972, S. 65–90, bes. S. 73 ff.; Jürgen Kocka, *Max Webers Bedeutung für die Geschichtswissenschaft*. In: *Max Weber, der Historiker*. Hrsg. von Kocka. Göttingen 1986 (Kritische Studien zur Geschichtswissenschaft, Bd. 73), S. 13–27, bes. S. 20 f. mit weiteren Verweisen.

riet Hintze in Konflikt mit seiner Bindung an die traditionelle Methodenlehre. Deswegen setzte er dem Vergleich in der Theorie weit engere Grenzen, als er sie – dankenswerterweise – in der Praxis beachtete. Vor allem muß seiner Ansicht nach eine als konstituierendes Element zum Aufbau einer Weltgeschichte gedachte »vergleichende Geschichte der Nationen« grundsätzlich scheitern. Denn die Entwicklung der Nationen verkörpere nur in »Ansätzen«, die noch dazu nur die »Frühzeit der Völker« betreffen, jene generellen Vorgänge, in denen Hintze das notwendige Substrat des Vergleichs erblickte[30]. Mit der Vorstellung, frühzeitlich-primitive Phasen im Leben von Völkern und Nationen seien durch generelle Vorgänge bestimmt, Epochen hoher Kultur hingegen durch individuelle Vorgänge, greifen wir das zweite vorhin angesprochene Dogma der damals aktuellen Historik auf: die Identifikation von werterfüllten Objekten der Forschung mit dem Individuellen.

2. Die zuletzt in der Formulierung Windelbands zitierte grundlegende These, daß sich »alle Wertbestimmung des Menschen auf das Einzelne und Einmalige bezieht«[31], erfuhr durch Heinrich Rickert eine besonders eindrucksvolle Gestaltung. Rickerts Referat über *Kulturwissenschaft und Naturwissenschaft* ging davon aus, daß alle Kultur-Objekte durch eine »Werthsetzung« ausgezeichnet seien, die den Natur-Objekten nicht eigne. Dementsprechend gelte das Interesse der Naturwissenschaften »der Wirklichkeit, mit der keine Werthe verknüpft sind«. Diese Wirklichkeit aber lasse sich mit dem Mittel »empirischer Vergleichung« adäquat erfassen und in allgemeinen, gesetzeshaltigen Aussagen zur Darstellung bringen. Die Historie habe es demgegenüber mit Objekten zu tun, »welche in ihrer individuellen Eigenart ... selbst Kulturwerthe verkörpern«[32].

Daraus ergeben sich bemerkenswerte Folgerungen. Die ganze Welt der Kultur-Werte läßt sich dem Zugriff analytisch-genereller Aussagemöglichkeiten entziehen und zum Objekt einer Kulturwissenschaft erklären, als deren Grundlage »Einheit und Objektivität unserer Werthungen« postuliert wird[33] und in der

---

[30] Hintze, *Über individualistische und kollektivistische Geschichtsauffassung*, S. 321 f.

[31] Windelband, *Geschichte und Naturwissenschaft*, S. 35.

[32] Heinrich Rickert, *Kulturwissenschaft und Naturwissenschaft. Ein Vortrag.* Freiburg i. Br. 1899; Zitate S. 21, 45, 35, 47.

[33] Rickert, *Kulturwissenschaft und Naturwissenschaft*, S. 63. Zur Problematik der Verflechtung von Methodologie und Wertlehre bei Windelband und Rickert

das Individuelle als Träger dieser angesprochenen Werte figuriert. Konsequenterweise wird das Allgemeine aus dieser Wertwelt verbannt.

Für die praktizierende Historie heißt dies, daß sie sich von den systematischen Sozialwissenschaften und den anthropologisch orientierten Disziplinen abkoppeln soll. Diese Wissenschaften beschäftigten sich sehr stark mit primitiven Völkern und Kulturen und wiesen dementsprechend starke »nomothetische Komponenten« auf, ist ihr Objektbereich doch durch Elemente typischer Abläufe und durch Massencharakter geprägt. Für die Historiker wäre es grundverkehrt, in solch anthropologischen Interessen nun die »eigentliche wissenschaftliche Forschung zu sehen«[34].

Rickerts Verdikt kam den herrschenden Tendenzen zur Isolierung der Historie durchaus entgegen. Kein Geringerer als Eduard Meyer, der hochberühmte und universal gebildete Althistoriker zu Berlin, im übrigen ein erbitterter Gegner Kurt Breysigs, zollte dem Rickertschen Verdikt Tribut. Der gesamte erste Band seiner großangelegten *Geschichte des Altertums* galt dem Studium ethnologisch-anthropologischer Einsichten, welche Meyer als eine Grundlage für die weitere Beschäftigung mit den Hochkulturen fruchtbar gemacht wissen wollte[35]. Aber Meyer zögerte nicht, diese Interessen als rein »anthropologisch« von den eigentlichen Fachinteressen strikt abzugrenzen: Das »historische« Interesse gebühre allein den Kulturvölkern[36].

Doch Rickerts Intentionen gingen weiter, als die Historie allein auf die Kulturvölker auszurichten. Auch die Primitiven innerhalb der Kulturvölker verdienten kein kulturwissenschaftliches Interesse. Da nun einmal – so Rickert – das »historische Wesen des Bauern und Fabrikarbeiters« nicht durch individuelle Werthaftigkeit geprägt sei, sondern »allen einzelnen Exemplaren« dieser Gesellschaftsschichten gemeinsam sei[37], könne ihm auch kein historisches Interesse gelten. Damit war die

vgl. etwa Igor S. Kon, *Die Geschichtsphilosophie des 20. Jahrhunderts. Kritischer Abriß*, Bd. 1 (aus dem Russ.). Berlin-Ost 1964, S. 109 ff.; vgl. auch Iggers, *Deutsche Geschichtswissenschaft*, S. 192 ff.

[34] Rickert, *Kulturwissenschaft und Naturwissenschaft*, S. 56 und S. 59.

[35] Eduard Meyer, *Geschichte des Altertums* I, 1: Einleitung. Elemente der Anthropologie. Stuttgart. 6. Aufl. 1953 (= 2. Aufl. 1907); vgl. bes. die Partie: Die Geschichte und die Geschichtswissenschaft, ebenda S. 184 ff.

[36] Eduard Meyer, *Zur Theorie und Methodik der Geschichte* (1902), verändert in: Kleine Schriften, Bd. 1. Halle 1910. S. 1–67, bes. S. 57.

[37] Rickert, *Kulturwissenschaft und Naturwissenschaft*, S. 59.

»Masse« als interesseheischender Faktor aus der Historie eliminiert und der Weg frei für die Konzentration auf die großen Akteure und die Fragen von Macht, Staat und Nation.

Rickert war sich sehr wohl bewußt, daß er damit alle von der aktuellen sozialen Frage motivierten Stimmen nach Neu-Orientierung des historischen Interesses abzuwehren suchte, zog er doch expressis verbis gegen jene »spezifisch sozialdemokratische[n] Wünsche« zu Felde, Fragen von Wirtschaft und Gesellschaft als vorrangig in der Geschichtswissenschaft zu betrachten. Diese Bereiche bergen seines Erachtens die »mehr animalischen Werthe«, die nur »vom Standpunkt des Proletariats« aus solches Interesse erheischen[38]. Dagegen verwahrte sich Rickert objektive Wertlehre denn energisch.

Aus rückschauender Distanz läßt sich – und Gerhard Oestreich hat dies schon vor zwei Jahrzehnten gründlich dokumentiert[39] – die Virulenz der sozialen Frage als ein treibendes Moment im klassischen Methodenstreit der deutschen Geschichtswissenschaft wahrnehmen. Es spricht einmal mehr für Max Webers souveränen Blick, daß er diese Einsicht als Zeitgenosse schon zu einer allgemeineren Form stilisierte, als er ganz offen aussprach, »daß auf dem Gebiet der Sozialwissenschaften der Anstoß zur Aufrollung *wissenschaftlicher* Probleme erfahrungsgemäß regelmäßig durch *praktische* ›Fragen‹ gegeben wird«[40]. Das böse Wort von Georg Iggers, daß sich die traditionelle Historie lange Zeit nicht »des kulturellen Grabens zwischen den zeitgenössischen Realitäten der technisierten Massengesellschaft und einer historischen Anschauung [bewußt war], in der sich die Überbleibsel der aristokratischen Arroganz des preußischen Bildungsbürgertums ... widerspiegelten«[41], bedarf eines Zusatzes. Wer unter den Zeitgenossen schärfer sah, empfand sehr wohl, daß im Streit der Historiker um eine gesellschaftlich-politische Orientierung ihrer Wissenschaft gerungen wurde, auch wenn die großen Debatten dann ihrer Eigengesetzlichkeit folgten und sich nicht unbedingt und in jedem Fall auf sozialökonomisch spezifizierte Positionen reduzieren lassen[42].

[38] Ebenda, S. 60.
[39] G. Oestreich, *Die Fachhistorie und die Anfänge der sozialgeschichtlichen Forschung.*
[40] Max Weber, *Die ›Objektivität‹*, S. 158.
[41] Iggers, *Deutsche Geschichtswissenschaft*, S. 366.
[42] Zu einer drastischen Reduktion der Grundsatzdiskussionen auf ökonomische Basis-Phänomene neigen etwa Ernst Engelberg, *Zum Methodenstreit um*

Jedenfalls war die von Windelband und Rickert philosophisch aufgerüstete, der Tradition verpflichtete Lehre über Wesen und Funktion der Geschichtswissenschaft auf ganzer Linie siegreich aus den Debatten innerhalb der Zunft hervorgegangen. Für Jahrzehnte blieb das Dogma von der individualisierenden Historie aufrechterhalten. Die klassischen Lehrbücher der historischen Methode – vor allem ist zunächst an Ernst Bernheim zu erinnern, dann auch an Wilhelm Bauer und andere[43] – vermittelten die Grundsätze einer dem Individuellen verpflichteten Historik Generationen von angehenden Forschern. Ihre Wirkung erstreckt sich von der Wilhelminischen Ära über die ganze Zwischenkriegszeit und die Ära des Nationalsozialismus hinaus bis in die sechziger Jahre.

Durch Statements der Grand Old Men unserer Zunft bekräftigt, lebte die Überzeugung vom Primat einer individualisierenden Historie nach dem »Zusammenbruch« von 1945 regelrecht auf. In ersten – mehr suchenden als klare Wege weisenden – Grundsatzerklärungen zur deutschen Geschichtswissenschaft auf dem Boden der sich eben formierenden Bundesrepublik dominierte nämlich die Zuflucht zu den Grundfesten der traditionellen Historik. So sprach Gerhard Ritter die »streng individualisierende Methode« als eine der nach wie vor »wichtigsten Voraussetzungen deutscher Historie« an und verwahrte sich mit Nachdruck gegen alle Konzessionen an eine Suche nach gesetzesartigen Beziehungen zwischen wirtschaftlichen, gesellschaftlich-politischen und kulturellen Verhältnissen oder gar nach Regularitäten im historischen Prozeß. Solche Bestrebungen würden das »Lebensprinzip« der Historie bedrohen[44]. Und Friedrich Meinecke hielt fast verzweifelt daran fest, daß »alles Gottverwandte im Menschen« einen »individuellen Charakter«

Karl Lamprecht. In: *Die bürgerliche deutsche Geschichtsschreibung von der Reichseinigung von oben bis zur Befreiung Deutschlands vom Faschismus.* Hrsg. von J. Streisand. Berlin-Ost 1965, S. 136–152, sowie Frank Fiedler, *Methodologische Auseinandersetzungen in der Zeit des Übergangs zum Imperialismus (Dilthey, Windelband, Rickert).* In: Ebenda, S. 153–178.

[43] Ernst Bernheim, *Lehrbuch der historischen Methode und der Geschichtsphilosophie.* Leipzig. 3. Aufl. 1903; 6. Aufl. 1908 (repr. New York 1960); Wilhelm Bauer, *Einführung in das Studium der Geschichte.* Tübingen. 2. Aufl. 1928 (repr. Frankfurt a. M. 1961).

[44] Gerhard Ritter, *Gegenwärtige Lage und Zukunftsaufgaben deutscher Geschichtswissenschaft.* In: HZ 170 (1950), S. 1–22, bes. S. 7. Die typische Wendung gegen westeuropäischen Positivismus und östlichen Marxismus kommt dort besonders zum Tragen.

trage und deshalb innerstes Anliegen unserer Disziplin bleiben müsse. Rankes Scheu davor, mit dem menschlichen Intellekt die göttlichen Pläne hinter der Weltgeschichte ergründen zu wollen, lebte wieder auf; doch die einstige Zuversicht, der Geschichtsprozeß sei in der sicheren Hand Gottes gelegen und im Grunde vom Guten geprägt, war zerbrochen[45].

Bis in die frühen sechziger Jahre wurde die traditionelle Überzeugung vom Primat individualisierender Geschichtswissenschaft aufrechterhalten. Ein perhorreszierter westlicher Positivismus und ein mit östlichem Totalitarismus konnotierter Sozialismus bewährten sich als Feindbilder in der historisch-wissenschaftlichen Orientierung. Bezeichnenderweise wurde in alter Manier auch der historische Vergleich streng an die Kandare genommen, um nicht ein irregeleitetes Interesse an historischer Regularität zu evozieren. Ein Zitat von Fritz Wagner mag die damalige Vorstellungswelt anschaulich machen. Wagner wollte die vergleichende Methode dazu genutzt wissen, um uns an »Urphänomene« heranzuführen, ja um uns »an die Transzendenz selbst« zu verweisen und warnte eindringlich vor dem Mißbrauch der historischen Vergleichung: »Wie der Forscher Mensch, Welt und Gott sieht..., so wird er auch sein Handwerk betreiben... Die Zweideutigkeiten, mit denen heutzutage... Analogien betrieben... werden, sind Zeichen einer tiefgreifenden, auch den Fortbestand der Wissenschaft bedrohenden Verwirrung und Haltlosigkeit.«[46] In ähnlicher Drastik verwahrte sich z. B. auch Reinhard Wittram gegen alle gleichmacherische Vergleichung: »Das Schema tötet die Individualität der Person und verdunkelt die Besonderheit der geschichtlichen Stunde.«[47]

Solche beschwörenden Mahnungen, das Individuelle und Einzigartige als innerstes Ziel der Historie zu respektieren, dürfen nicht darüber hinwegsehen lassen, daß sich ein immer intensiveres Interesse am – um in den Kategorien zu bleiben – Allgemeinen und Zuständlichen durchsetzte, je weiter es in die sechziger Jahre ging. Eine Zeitlang konnten die methodologischen Traditionen durchaus mit dieser Entwicklung Schritt halten.

---

[45] Friedrich Meinecke, *Irrwege in unserer Geschichte?* (1949). In: *Zur Theorie und Philosophie der Geschichte* (= Werke, Bd. 4). Hrsg. v. E. Kessel. Stuttgart 1959, S. 205–211, bes. S. 209.
[46] Fritz Wagner, *Analogie als Methode geschichtlichen Verstehens.* In: Studium Generale 8 (1955), S. 703–712, bes. S. 712.
[47] Reinhard Wittram, *Das Interesse an der Geschichte.* Göttingen 1958, S. 51.

Denn die vielzitierte »historistische Historik« war durch die Ausweitung des Begriffs des Individuellen »auf überindividuelle soziale Kollektive« elastisch genug gewesen, Spielraum für strukturgeschichtliche Betrachtung zu schaffen[48]; einen Spielraum, in dem sich begriffsgeschichtliche Traditionen, Impulse, die vom Werk Max Webers ausgingen, und nun auch Einflüsse vor allem der französischen sozialhistorischen Schule sammelten.

Als sich schließlich gegen Ende der sechziger Jahre eine auf dem Rücken bis dahin ungeahnter ökonomischer Prosperität und materiell fundierter Zukunftshoffnung hochgekommene, kulturrevolutionär ambitionierte Traditionskritik auf breitester Front entfaltete und nicht nur die Wertordnung der bundesrepublikanischen Universitätslandschaft erschütterte, da geriet auch die traditionelle Historik unter intensiven Beschuß. Die bereits angelaufene, stark von angloamerikanischen Vorbildern analytischer Philosophie beflügelte wissenschaftstheoretische Diskussion über den Status der Sozialwissenschaften und der Historie erhitzte sich in der Konfrontation mit neomarxistisch inspirierter Theorie und schien zu einem grundlegenden Wandel des bisherigen Selbstverständnisses der (bundesdeutschen) Geschichtswissenschaft zu führen.

Die Fragwürdigkeit einer Verstehens-Lehre als Ersatz expliziter Erklärung und Analyse, der im Wesen der Erklärung gelegene Rekurs auf gesetzesartige Zusammenhänge und nomologisches Wissen wie überhaupt die theoretischen Elemente wissenschaftlicher Argumentationsformen rückten ins Zentrum lebhafter Diskussion, in deren Verlauf das methodologische Grundgerüst der klassischen Auffassung vom individualisierenden Charakter der Historie erschüttert wurde. Ein entsprechender Wandel vollzog sich im Objektbereich des historischen Interesses: Die strukturelle Bedingtheit menschlichen Verhaltens und nicht die Willensentscheide der großen Akteure sollten vorrangige Beachtung erfahren; Strukturgeschichte verdrängte die personalisierende Ereignisgeschichte. Das hieß auch die Interessen an systematisch-vergleichender Geschichtsforschung zu forcieren, anstatt sie durch die Regression aufs Individuelle und Einzigartige zu blockieren.

Vor allem aber gedieh die Hoffnung, die Historie auf eine

[48] Vgl. dazu Lutz Vordermayer, *Geschichte und Gesetzmäßigkeiten.* Frankfurt a. M., Bern, New York 1986, S. 203 ff., bes. S. 219.

emanzipatorische Rolle verpflichten zu können. Ihre erkenntnisleitenden Interessen und Wertstandards sollten an Grundüberzeugungen aufgeklärter Humanität und sozialer Fortschrittlichkeit ausgerichtet werden. Gerade gegenüber ihrer eigenen Vergangenheit sollte die Geschichtswissenschaft solcherart dazu befähigt werden, ideologiekritisch zu wirken. So schien es, als sei nicht nur das methodologische Instrumentarium des Historismus, sondern auch jener Wertrelativismus obsolet geworden, der für das Individualitätsprinzip von ausschlaggebender Bedeutung war und zur tiefsten Krise des Historismus geführt hatte: zum Verlust des Bewußtseins, daß die Ebene der Bewertungen und Normen, in die der historische Prozeß eingebunden ist, die sich mit diesem Prozeß wandeln und die seine Überlieferung an uns bereits mitbestimmen, daß diese Ebene der historischen Werte und Normen von derjenigen zu lösen ist, in die der Historiker selbst eingebunden ist.

Auch diese Programmatik ist längst ein Stück Geschichte geworden. Unter der Renaissance des Erzählens und der liebevollen Präsentation eigener wie fremder Vergangenheit gewinnen die konstruktiven Elemente der historischen Darstellung an Interesse. Funktionale und kausale Analyse zu forcieren, um ein emanzipatorisches Potential zur Gegenwartskritik und Zukunftsgestaltung zu gewinnen, eine solche Devise genießt nicht mehr den Kurswert von einst. Hingegen mahnen nicht ungewichtige Stimmen, uns vertrauensvoller in den Strom der Geschichte zu stellen und uns getrost in jene Traditionen einzubinden, die unserem Wertempfinden entsprechen.

Doch wieweit sind wir frei, die Aspekte unserer Geschichtsbetrachtung nach unserem Ermessen zu wählen? Wieweit sind wir verpflichtet, die erkenntnisleitenden Interessen, die Intention und Tiefe unserer historischen Analyse und Rekonstruktion prägen, auf bestimmte Standards und Erwartungen auszurichten?

Wir stehen damit erneut vor der notorischen Wertproblematik in der Geschichtswissenschaft und sind zugleich am Ausgangspunkt unserer Betrachtung angelangt, dem aktuellen Historikerstreit, der sich uns ja in einem entscheidenden Aspekt als Orientierungs- und Werturteilsstreit erschließt. Ich hoffe, daß wir nun auch in zwei Fragen, die sich uns eingangs stellten, etwas klarer sehen können: Erstens, warum uns in diesem Historikerstreit die Forderung nach Vergleichbarkeit und Allgemeinheit der Betrachtung just dort begegnet, wo wir neohistoristische Einstellungen verspüren, während sich die Kritiker des alten und eines neuen Historismus auf das doch für diesen so signifikante Postulat der Besonderheit und Einzigartigkeit des thematisierten historischen Geschehens berufen, und zweitens, warum die verschiedentlich vorgebrachten Appelle, die Diskussion doch auf eine sachlich-methodologische Ebene zu beziehen, nicht fruchten konnten und die Erwartung, aus sachlich-methodischen Positionen heraus ein entscheidendes Wort sprechen zu können, trügerisch blieb.

1. Nach dem sogenannten Zusammenbruch bestand noch geraume Zeit wenig Bereitschaft dazu, das Versagen christlich wie humanistisch geprägter Werttraditionen vor der totalen Machtentfaltung des NS-Staats auf einer systematisch-sozialwissenschaftlichen Ebene zu analysieren. Die Klärung des verstörten historischen Bewußtseins wurde vor allem auf einer personalisierend-moralischen Ebene versucht. Die Tradition, das jeweils Besondere des historischen Geschehens zu akzentuieren, wirkte dabei hilfreich: Die schreckliche jüngste Vergangenheit ließ sich isolieren, was eine erste kritische Distanzierung erlaubte.

Mit dem Aufbau einer traditionskritischen Analyse des langen Weges, der zur Durchsetzung des NS-Regimes führte und seine alle Kategorien sprengende Menschenvernichtung schließlich möglich machte, setzte sich seit den sechziger Jahren in heftigen Debatten das Bild vom deutschen Sonderweg als einem Weg in die katastrophale Entfaltung von Unrecht und Vernichtung im historischen Bewußtsein weiterer Kreise fest. Obwohl in der gleichzeitigen Theoriediskussion systematische Vergleichung, Analyse prozessualer Regularität und der Rekurs auf allgemeine sozialwissenschaftliche Einsicht als Grundbausteine einer erneuten Geschichtswissenschaft forciert wurden, blieb das Bild von der Singularität der Entwicklung zum Nationalsozialismus und seiner schrecklichen Hinterlassenschaft aufrecht. Es bildete ein Mahnbild der Schuld, geeignet, eben die Neuorientierung auf ein Wertgefüge zu sichern, das den verhängnisvollen Traditionen entgegenstand. Daher mußten sich – sieht man nur auf die Antagonismen von Individuellem und Allgemeinen und Singularität und Vergleichbarkeit – zwangsläufig die Frontlinien verkehren, als sich ein erneuter Streit um unsere historische Orientierung manifestierte. Eine neuerdings vermehrt zur Diskussion gestellte Integration der jüngeren deutschen Geschichte und der deutschen Nachkriegsgeschichte ins historische Gesamtgeschehen stört sich an der deklarierten Sonderstellung des Weges, der zu den Gewalttaten der NS-Zeit führte.

Vielleicht verstehen wir nun besser, warum im Historikerstreit so heftig über Einzigartigkeit oder Vergleichbarkeit der nationalsozialistischen Menschenvernichtung und damit verbunden über Normalität oder Singularität der jüngeren deutschen Geschichte debattiert wurde. Es waren nicht die methodischen Fragen und schon gar nicht reine Sachfragen, die wirklich zur Debatte standen. Schließlich setzt jede tiefere Erkenntnis Vergleichung voraus und kann systematische Vergleichung nur wiederum erkenntnisfördernd sein. Es lassen sich *alle* historischen Begebenheiten unter dem Aspekt ihrer Besonderheit und unter dem ihrer Allgemeinheit und Vergleichbarkeit betrachten[49]. Der Streit ging und geht um die Frage, welche Wertstandards unsere historische Forschung leiten, ging um übergeordnete Aspekte der historischen Einordnung und Bewertung. *Diese* stehen zur Diskussion, wenn Saul Friedländer auf den Historikerstreit bezogen die Frage stellt: »But isn't historisation natural and necessary? Shouldn't history look for parallels, integrate the singular phenomenon within the complex and general pattern of a narrative in which the singularity loses its sharp characteristics?« und uns antwortet: »Indeed, but this does not mean historisation *at any cost*.«[50]

2. Die Frage, wie man Geschichte, nicht nur die deutsche Geschichte, darstellen soll, hat eminent werthaft-politischen Charakter. Der Historikerstreit rückte dies nur besonders prägnant ins öffentliche Bewußtsein. Wir könnten wenigstens aus ihm lernen, Wert- und Orientierungsdebatten als solche zu führen und auf die Illusion zu verzichten, sie ließen sich durch Rekurs auf methodologische Prinzipien oder gar aus der besseren Einsicht in »die Sache selbst« entscheiden.

Je stärker sich die professionelle Historie dazu bemüht sieht, aktuelle Ansprüche auf Geltung bestimmter Identitätsformeln und Geschichtsbilder zu legitimieren oder kritisch in Frage zu

[49] Vgl. dazu etwa Adam Przeworski und Henry Teune, *The logic of comparative social inquiry*. New York, London, Toronto, Sidney 1970, bes. S. 10: Gesellschaftliche Phänomene besitzen nicht die Eigenschaft der Vergleichbarkeit oder Unvergleichbarkeit, sondern es kommt auf den Gesichtspunkt an, unter dem sie betrachtet werden.

[50] Saul Friedländer. »*A past that refuses to go away*«. On recent historiographical debates in the Federal Republic of Germany about National-Socialism and the Final Solution. In: Zeitschrift für Religions- und Geistesgeschichte 39 (1987), S. 97–110, bes. S. 99.

stellen, desto stärker erweist sich allerdings auch ihre Verletzlichkeit. Eine moralisierende Historie läuft leicht Gefahr, als Magd von Faktionen unfreien Dienst leisten zu müssen. Eine urteilslose, und das kann au fond nur heißen: amoralische Historie kann freilich eine noch kläglichere Rolle spielen. So schwer es fallen mag, zwischen Skylla und Charybdis das Steuer zu halten, um eine bewußte und im besten Sinne aufklärerische Diskussion ihrer eigenen Wertstandards kommt die Historie nicht herum.

Vergangenheit läßt sich nicht nach Belieben rekonstruieren, wenn die Historie nicht ihren Anspruch, eine verantwortliche Disziplin zu sein, preisgeben möchte. Das gilt gegen die Beliebigkeit dessen, was zur Formung eines Geschichtsbilds als tauglich gelten soll. Und das gilt gegen die verlockende historistische Illusion, die Verantwortung historischer Bewertung auf die Wertstandards der forschend wie darstellend erhellten Vergangenheit rückverweisen zu können. Als freie und verantwortliche Disziplin wird sich die Historie aber auch nicht ihre maßgebenden Wertstandards durch eine dogmatische Theorie verordnen lassen wollen, auch wenn eine solche Theorie den Monopolanspruch auf Moralität suggeriert. Aufklärung beruht – und ich bitte dies als ein versöhnlich gemeintes Schlußwort aufzunehmen – auf selbstverantworteter und nicht auf dekretierter Mündigkeit.

Winfried Schulze

Der Wandel des Allgemeinen: Der Weg der deutschen Historiker nach 1945 zur Kategorie des Sozialen[1]

Daß Geschichtswissenschaft in hohem Maße abhängig ist von der Art und Weise, wie »flexible Allgemeinbegriffe« formuliert und eingesetzt werden, ist eine Trivialität, die kaum eines ausführlichen Beweises bedarf. Ob der Historiker z. B. gesellschaftliches Handeln mit Organismusvorstellungen deutet oder sich Gesellschaft mit Hilfe des Systembegriffs vorstellt, ist von erheblicher Bedeutung für sein Interpretationsverfahren und präjudiziert seine Ergebnisse. Gleichwohl verfügen wir auf dem Gebiet der Geschichtswissenschaft noch über zuwenig empirisches Material, um den Wandel solcher erkenntnisleitender Allgemeinbegriffe analysieren und in seinen Auswirkungen abschätzen zu können.

Ganz gewiß hat die partielle Rezeption von Thomas Kuhns Begriff des Paradigmas hier eine gewisse Umorientierung eingeleitet. Seitdem ist bekanntlich der Begriff des Paradigmenwechsels in der Geschichtswissenschaft zum geflügelten Wort für Umorientierungsphasen auch der deutschen Geschichtswissenschaft geworden[2]. Es ist auch versucht worden, den Begriff der »disziplinären Matrix« für die Geschichtswissenschaft nutzbar zu machen[3]. Freilich bedeutet diese partielle Rezeption des Kuhnschen Leitbegriffs noch keineswegs, daß damit auch schon die Analyse solcher Prozesse im Detail sehr viel weiter gekommen wäre. Die Komplexität wissenschaftshistorischer Determinanten in der Geschichtswissenschaft ist zwar theoretisch analysefähig geworden, doch bei der Umsetzung solch komplexer

---

[1] Dieser Beitrag entstand noch während der Arbeit an einem Buch über die deutsche Geschichtswissenschaft nach 1945, das inzwischen erschienen ist als *Deutsche Geschichtswissenschaft nach 1945*. München 1989.

[2] Kritisch zum Begriff: Wolfgang Weber, *Priester der Klio. Historisch-sozialwissenschaftliche Studien zur Herkunft und Karriere deutscher Historiker und zur Geschichte der Geschichtswissenschaft 1800–1970*. Frankfurt a. M. 1984, S. 19 ff. Vgl. auch K. Repgen, *Kann man von einem Paradigmenwechsel in der Geschichtswissenschaft sprechen?* In: Leidinger (Hrsg.), *Theoriedebatte und Geschichtsunterricht*, S. 29–77.

[3] Jörn Rüsen, *Rekonstruktion der Vergangenheit. Grundzüge einer Historik II: Die Prinzipien der historischen Forschung*. Göttingen 1986, S. 9 ff.

Modelle in die Wirklichkeit von Geschichtsschreibung ist trotz einiger interessanter neuerer Arbeiten insgesamt noch kein vergleichbarer Fortschritt erzielt worden[4].

Dabei scheint mir vor allem der hier im Mittelpunkt stehende und für die Geschichtsschreibung interessanteste Spezialfall der Erfahrung raschen, revolutionären oder katastrophenhaften Wandels in Politik, Kultur oder Gesellschaft noch nicht berücksichtigt. Ich bin auch unsicher, ob Reinhart Kosellecks Versuch, zwischen drei Erfahrungsebenen, nämlich der kurzfristigen Überraschungserfahrung, der generationenspezifischen Erfahrung und der langfristigen Erfahrung zu unterscheiden, schon unser Problem löst, Umbrüche welthistorischen Charakters in ihrer Bedeutung für die Veränderung von Geschichtsschreibung zu analysieren. Eher sehe ich in einer kritischen Grundhaltung gegenüber dem »Paradigmenwechsel« Thomas Kuhns zugunsten eines akkumulativen Modells von Veränderung einen nützlichen Ausgangspunkt einschlägiger Untersuchungen[5]. Schließlich verleitet mich die Beobachtung höchst unterschiedlicher Formen in der historiographischen Verarbeitung der Erfahrung von Brüchen zu der Vermutung, daß es vorderhand durchaus sinnvoll sein kann, mit dem theoretisch geschärften Auge des empirisch arbeitenden Historikers auch an dieses Problem des »neuen Allgemeinen« heranzugehen. Dies bedeutet, konkrete Untersuchungen der beobachtbaren Wirkungen in der historiographischen Verarbeitung von Brüchen zu unternehmen.

Jeder Versuch, das jeweilige gesellschaftliche Subsystem Geschichtswissenschaft in die Veränderungen der realen Geschichte einzuordnen, wird uns auf ein generelles Problem der möglichen Fortentwicklung unserer Wissenschaft hinweisen, das durch den erwähnten Begriff des »Paradigmenwechsels« in Anlehnung an Kuhn eher verdeckt als erhellt wird. Der Gesamtbestand der Forschungsmethoden der Geschichtswissenschaft ist niemals als ein einheitlicher Block zu betrachten. Er ist vielmehr durch ein ständiges Nebeneinander von traditionellen und mehr

---

[4] Vgl. etwa Gerhard Oestreich, *Die Fachhistorie und die Anfänge der sozialgeschichtlichen Forschung in Deutschland.* In: Historische Zeitschrift 208 (1969), S. 320–363 und die Beiträge in: N. Hammerstein (Hrsg.), *Deutsche Geschichtswissenschaft um 1900.* Stuttgart 1988.

[5] R. Koselleck, *Erfahrungswandel und Methodenwechsel. Eine historisch-anthropologische Skizze.* In: J. Rüsen und Chr. Meier (Hrsg.), *Historische Methode.* Theorie der Geschichte, Bd. 5. München 1988, S. 13–61, hier vor allem S. 52 f.

oder weniger partiell akzeptierten Methoden und Leitbegriffen gekennzeichnet. Zwar mag durch die jeweilige Dominanz einzelner Allgemeinbegriffe und Leitfragen der Eindruck eines herrschenden »Paradigmas« erweckt werden, tatsächlich aber zeigt sich bei genauerer Betrachtung, daß gerade in der Analyse der modernen Geschichtswissenschaft immer wieder das Nebeneinander von traditionellen und weiterführenden Methoden gilt. Dies läßt sich für die Geschichtswissenschaft des späteren 16. Jahrhunderts feststellen, in der vordergründig ein theologisches Weltbild dominiert, tatsächlich aber schon eine breite empirische Orientierung der *cognitio historica* auf alle Lebensbereiche zu beobachten ist[6]. Während die politische Theoriebildung des 16. und 17. Jahrhunderts noch ganz überwiegend in Organismusmodellen denkt, koexistiert zumindest seit Melanchthon ein abstrakter *societas*-Begriff. Giambattista Vicos revolutionierende Entdeckung der von Menschen gemachten und deshalb von ihnen erkennbaren »historischen Welt« (1725) oder die antizipierende Entdeckung des »Sehepunktes« durch Johann Martin Chladenius (1752) bestätigen diese These ebenso wie die Formulierung der »relativ historischen Begriffe« bei dem Neukantianer Heinrich Rickert, der für die scharfe Trennung von idiographischer und nomothetischer Methode kämpfte, dabei aber den Weg für die idealtypische Begriffsbildung ebnete[7].

Auch andere Beispiele aus dem Bereich der speziellen Forschungsmethoden ließen sich anführen. Die aus makrohistorischen Forschungsinteressen heraus entwickelten Methoden im Bereich der demographischen Forschung haben ungewollt die Voraussetzungen für eine neue mikrohistorische Forschungsrichtung geschaffen[8]. Mit dieser Theorie des Nebeneinanders von Tradiertem und Innovation erklärt sich zumindest teilweise auch die oftmalige und durchaus umkehrbare interessante Beobachtung von politischem Konservatismus und methodischer Innovationsfähigkeit.

Gerade dieses Gemenge von alten und neuen Methoden ist nun die Voraussetzung für die besondere Bedeutung von kom-

[6] Dies ist der Ertrag von A. Seifert, *Cognitio historica*.
[7] Vgl. W. Schulze, *Soziologie und Geschichtswissenschaft. Einführung in die Probleme der Kooperation beider Wissenschaften*. München 1974, S. 220 f.
[8] Vgl. dazu W. Schulze, *Mikrohistorie vs. Makrohistorie? Anmerkungen zu einem aktuellen Thema*. In: Meier und Rüsen (Hrsg.), *Historische Methode*, S. 319–341.

plexen Erfahrungsschüben in der Geschichtswissenschaft. So wie der Besiegte – um in der Sprache Kosellecks zu reden – eher in die Lage versetzt wird, nach allen Gründen seiner Niederlage zu forschen, so einsichtig ist es, daß der Angehörige einer ethnischen, konfessionellen oder politischen Minderheit eine geschärfte Aufmerksamkeit für vergleichbare Phänomene in der Geschichte entwickelt. Um so stärker wird man diese Wirkungen beim Einbruch revolutionärer Veränderungen oder beim Vorherrschen realer sozialer Strukturveränderungen erkennen können. Die neue Wirklichkeit eröffnet auch der historischen Arbeit neue Beobachtungskategorien, sie wird zuweilen ein ganz anderes Bild der historischen Wirklichkeit ermöglichen. Freilich wird sich auch hier der ambivalente Fundus der historischen Methoden und Leitkonzepte als Korrektiv bewähren. Seit der Mitte des 19. Jahrhunderts existieren nebeneinander der Staatsbegriff eines Leopold von Ranke und der neue Gesellschaftsbegriff eines Lorenz von Stein, eines Wilhelm Heinrich Riehl und eines Karl Marx. So scheint insgesamt ein komplizierteres Bild des Zusammenhangs von Erfahrungswandel und davon abhängigen Allgemeinbegriffen einerseits und der historischen Forschung andererseits notwendig, als gerade das des schnellen Umschlags, wie er durch den Begriff des Paradigmenwechsels konnotiert wird. Günstiger erschiene die Vorstellung einer wechselseitigen Kontrolle der jeweils für sich innovativen Potentiale von »kritischer Methode« und »historischer Erfahrung«, um zunächst nur auf diese beiden Konstituenten historischer Forschung abzuheben.

Ich will im folgenden auf Probleme eingehen, die sich für die deutschen Historiker nach der vielzitierten »deutschen Katastrophe« von 1945 ergaben[9]. Notgedrungen muß ich hier sehr komplexe Probleme in kurzen Bemerkungen zusammenfassen[10].

Der Blick auf die Geschichtswissenschaft der westlichen Zonen nach 1945, bis zur Neuorganisation des Historikerverban-

[9] Für den Zusammenhang, der hier angesprochen wird, verweise ich auf W. Schulze, *Deutsche Geschichtswissenschaft nach 1945* und die dort nachgewiesene ältere Literatur. Ich habe hier den Versuch einer ersten Bilanz dieses komplizierten Themas unternommen, die sowohl auf inhaltlich-methodologische als auch auf forschungsorganisatorische Fragen eingeht.
[10] Vgl. zuletzt dazu E. Schulin (Hrsg.), *Deutsche Geschichtswissenschaft nach dem Zweiten Weltkrieg (1945–1965).* Schriften des Historischen Kollegs. Kolloquien, Bd. 14. München 1989.

des und der parallel erfolgten Neugründung des Geschichtslehrerverbandes[11], hat eine Fülle von Absichtserklärungen und wichtigen moralischen Impulsen ergeben. Doch alle diese Erklärungen verblieben im Rahmen des tradierten methodologischen Konsensus und der »bewährten« forschungsleitenden Begriffe, wenn sich hier auch manche Differenzierungen erkennen lassen, die in der zeitgenössischen Diskussion nicht beachtet wurden. Zwar finden sich bei Gerhard Ritter und anderen Hinweise auf das »großartige Werk Max Webers«, doch wird in der Summe der Ausführungen sehr klar, daß damit keineswegs die Empfehlung verbunden war, in Zukunft mit Weberschen Kategorien zu arbeiten. Von daher erklären sich auch die erkennbaren Aversionen gegen alle Formen der Annäherung an *social* oder *political science*. So könnten wir unseren Bericht über diese Periode an diesem Punkt beruhigt abschließen und allfällige Innovationen späteren Entwicklungsphasen zuweisen.

Doch ein solches Vorgehen träfe nicht den wirklichen Stand der Dinge, wie er sich zumindest für die Zeit von 1949 bis 1953 erkennen läßt. Wesentliche Voraussetzungen und Anregungen zu der nach 1950 einsetzenden Diskussion um Sozial-, Kultur- und Strukturgeschichte waren schon vorher gegeben. Die Diskussion um diese Begriffe ist keineswegs eine Folge der Rezeption französischer Ansätze – wie üblicherweise angenommen wird –, sondern ist eher als eine Neuformulierung und Weiterführung von Forschungsansätzen zu bezeichnen, die schon vor und während des Dritten Reichs entwickelt worden waren. Diese These soll im folgenden belegt werden.

Ansatzpunkt unserer Beobachtung ist der zweite Nachkriegshistorikertag in Marburg von 1951, auf dem eine Sektion mit dem durchaus überraschenden Titel »Soziologie und Historie« durchgeführt wurde[12]. Die Vorgeschichte dieser Sektion läßt

[11] Der Verband wurde ebenfalls in München neugegründet. Sein erster Vorsitzender, der Detmolder Oberstudiendirektor Dr. Gerhard Bonwetsch, äußerte sich in der Gründungsversammlung eindeutig über den »schuldhaften Irrweg, der nicht erst mit Hitler begann«. Das Protokoll der Gründungsversammlung in AVHD (Archiv des Verbandes der Historiker Deutschlands im Max-Planck-Institut für Geschichte in Göttingen, Aktenordner) 1.

[12] So der Titel der Sektion im Bericht über die 21. Versammlung deutscher Historiker in Marburg, der damals zum erstenmal als Beiheft zur Zeitschrift Geschichtswissenschaft und Unterricht erschien, S. 25. Das Verbandsrundschreiben vom Januar 1950 (gez. Grundmann) sprach dagegen noch von »Geschichte und Gesellschaftswissenschaft« (Nachlaß W. Mommsen). Eine Sektion war auch für »Probleme der zeitgeschichtlichen Forschung« vorgesehen.

sich nach den verfügbaren Quellen so weit erschließen, daß Gerhard Ritter – der Vorsitzende des Historikerverbands – schon im Juni 1950 einen ungefähren Plan für den nächsten Historikertag entwickelte, der auch eine Sektion für »Wirtschafts- und Sozialgeschichte« vorsah. Diese kam jedoch trotz deutlicher Kritik am Münchener Historikertag von Werner Conze zunächst nicht zustande. Conze hatte gegenüber dem Hamburger Wirtschafts- und Sozialhistoriker Hermann Aubin zum einen den Wunsch nach mehr Diskussionsmöglichkeit und zum anderen nach mehr Sozialgeschichte ausgesprochen. Dabei ließ er auch keinen Zweifel daran, um welche Art von Sozialgeschichte ihm hier zu tun war. Sicher sei die Aufgliederung des nächsten Historikertags in Sektionen zu begrüßen, doch könne das für die Sozialgeschichte gerade negative Konsequenzen haben. »Insbesondere würde ich es für die Sozialgeschichte für gefährlich halten, wenn sie an die Sonderinteressierten in einer Sektion abgegeben würde. Sie müßte weit stärker als bisher das Ganze durchdringen.«[13] Ganz sicher schwebte hier Conze eine Sozialgeschichte im Sinne von Gesellschaftsgeschichte vor und nicht etwa der traditionellen Wirtschafts- und Sozialgeschichte im Sinne der *Vierteljahresschrift für Wirtschafts- und Sozialgeschichte,* dem schon seit 1904 erscheinenden Publikationsorgan dieser Spezialdisziplin[14].

Im Oktober des gleichen Jahres lud Ritter dann den Soziologen Hans Freyer ein, auf dem Marburger Historikertag einen Vortrag zu halten: »Es schwebt uns vor, daß hier ein Bericht gegeben werden sollte über die Rolle, die die Soziologie, vor allem in West-Europa und Amerika, in der Geschichtswissenschaft spielt im Gegensatz zu den Traditionen der Ranke-Schule.« Gleichzeitig nahm er Kontakt mit Theodor Schieder auf, der ein kritisches Korreferat zu Hans Freyer und Siegfried Landshut halten sollte, dem die Präsentation der marxistischen Theorien obliegen sollte. Ihn hatte Ritter erst kurz zuvor bei einer Tagung kennengelernt, und er befreite ihn aus der Verlegenheit, einen Marxisten zu finden. »Es ist ja so schwierig, einen Marxisten als Korreferenten zu finden, Herr Landshut ist

---

[13] Conze an Aubin vom 19. 10. 1949 in AVHD 2.
[14] Vgl. dazu die Bewertung von Conzes Arbeit durch Wolfgang Schieder, Sozialgeschichte zwischen Soziologie und Geschichte. Das wissenschaftliche Lebenswerk Werner Conzes. In: Geschichte und Gesellschaft 13 (1987), S. 244–266.

zwar keiner, aber wenigstens Marx-Kenner.«[15] Wie der Kontakt zwischen Ritter und Freyer hergestellt wurde und wie die Sektion definiert wurde, läßt sich aus dem verfügbaren Quellenmaterial nicht näher erschließen.

Mit dem bis 1938 in Leipzig als Nachfolger von Karl Lamprecht und Walter Goetz tätigen Soziologen und Historiker Hans Freyer[16] betrat ein bemerkenswerter Mann die Bühne des Marburger Historikertages. Seine Rolle bei der Formulierung einer »deutschen Soziologie« während des Nationalsozialismus ist gerade in letzter Zeit intensiv diskutiert worden, während seine Rolle als Kulturhistoriker nach 1949 bislang weniger Beachtung fand. Er hatte nach dem Krieg bereits mit einer zweibändigen *Weltgeschichte Europas*[17] die Aufmerksamkeit auf sich gelenkt, die gerade unter Historikern wie Alfred Heuß, Georg Stadtmüller, Hermann Heimpel und Percy-Ernst Schramm breite Zustimmung gefunden hatte[18]. Das »geschlagene Deutschland« schulde ihm Dank für dieses Werk, schrieb ihm Heimpel 1949. Carl Schmitt sah in dem Werk vor allem ein »Dokument geistiger Überlegenheit des Besiegten, der auch in der Niederlage seine Sieger besser kennt als sie sich selbst«[19]. Freyer kann zwar nicht als Mitglied der Zunft im engeren Sinne

[15] Der Briefwechsel mit Freyer, Schieder und Landshut in: AVHD 3 und 4.

[16] Zu Freyer ist inzwischen heranzuziehen Elfriede Üner, *Jugendbewegung und Soziologie. Wissenschaftssoziologische Skizzen zu Hans Freyers Werk und Wissenschaft bis 1933*. In: Rainer M. Lepsius (Hrsg.), *Soziologie in Deutschland und Österreich 1918–1945. Materialien* (Kölner Zeitschrift für Soziologie und Sozialpsychologie. Sonderheft 23). Opladen 1981, S. 131–159, sowie die zu erwartende größere Arbeit der Verf. über Freyer und andere Beiträge dieses Bandes. Der Versuch einer Analyse durch W. Gure, *Das politische Denken Hans Freyers in den Jahren der Zwischenkriegszeit*. Phil. Diss. Freiburg 1967 ist jetzt überholt durch die gründliche und materialreiche Studie von Jerry Z. Muller, *The other god that failed. Hans Freyer and the deradicalization of German conservatism*. Princeton 1987, auf deren Ergebnisse in vielen Einzelpunkten zu verweisen ist.

[17] Wiesbaden 1949. Vgl. auch ders., *Weltgeschichte*. In: Die Sammlung 2 (1947), S. 143–152. Diese »Weltgeschichte Europas« war vor allem während Freyers Budapester Aufenthalt (1938–1944) entstanden. Noch bei Kriegsende, das Freyer in der Nähe Leipzigs erlebt hatte, schrieb er am Schlußkapitel des Buches. Nach kurzer Lehrtätigkeit in Leipzig, die durch Entnazifizierungsmaßnahmen unterbrochen wurde, gelang Freyer 1948 der Übertritt nach Westdeutschland. 1953 wurde der 66jährige in Münster zum Ordinarius ernannt, 1954/55 lehrte er an der Universität Ankara, 1955 wurde er in Münster emeritiert. Freyer starb 1969.

[18] Dazu die Briefe von den genannten Historikern im Nachlaß Freyer in der UB Münster, Kapsel 1.

[19] Ebenda vom 6. 4. 1949.

bezeichnet werden, doch er erfreute sich hoher Wertschätzung unter den deutschen Historikern, wie auch private Kontakte und Briefwechsel bezeugen.

Hervorzuheben ist an der Marburger Soziologiediskussion auch, daß für Theodor Schieder dieser kurze Vortrag in einem engen Zusammenhang mit der Arbeit an seinem Artikel über den *Typus in der Geschichtswissenschaft* stand, der im folgenden Jahr publiziert wurde[20]. Da dieser Artikel sowohl für Theodor Schieder als auch für seine Schüler und darüber hinaus für einen wesentlichen Teil der bundesrepublikanischen Geschichtswissenschaft zum Beginn einer methodologischen Neuorientierung wurde, soll hier noch einmal näher auf diese Sektion, mehr aber noch auf ihren Hintergrund und ihre Begleitumstände, eingegangen werden.

Hans Freyer deutete die Soziologie als »Produkt des 19. Jahrhunderts, konkreter gesprochen: [als] ein Produkt der bürgerlichen Revolutionen«. Lorenz von Stein, Karl Marx und Wilhelm Heinrich Riehl hatten um 1848 die neue Bedeutung der »Gesellschaft« erkannt, die sich vom Staat abzulösen begann. In Anlehnung an Wilhelm Dilthey sah Freyer über den engeren Entstehungszeitraum der bürgerlich-industriellen Gesellschaft nun die Möglichkeit, alle historischen »Sachzusammenhänge« auch systematisch zu erfassen: »Das ganze Material, mit dem es der Historiker zu tun hat, ist sozusagen systematisch quergestreift.«[21] Mit Beispielen unterlegt, plädierte Freyer für eine systematische Anwendung dieser Kategorien, sowohl von der Soziologie als auch von der Historie aus; natürlich verwies er auch auf Max Weber. Die eigentliche Bedeutung von Freyers Vortrag war aber, daß er den Historikern das Studium der industriellen Gesellschaft und ihrer elementaren Prozesse empfahl.

Anders als Freyer ging Schieder von einer langen Tradition der Gegeneinanderentwicklung von Geschichte und Soziologie aus, Droysen und Treitschke wurden als Beleg herangezogen, weil gerade Treitschke in einer speziellen Lehre von der Gesellschaft 1859 ein Sichabfinden mit dem Fehlen eines deutschen Nationalstaats befürchtete. Schieder begrüßte Freyers historisch begründete Soziologie, wobei er dessen »Sachzusammenhänge« als Strukturen übersetzte. An Ranke und Burckhardt anknüpfend, sah er die Notwendigkeit, neben der historischen

---

[20] Veröffentlicht in: Studium Generale 5 (1952), S. 228–234.
[21] Vgl. GWU 3 (1952), S. 16. Kurzfassung in Bericht Marburg, S. 25 f.

Individualität auch die »Individualität des Menschlichen« schlechthin – also Strukturen anthropologischer Art – zu erkennen, auch deshalb, um sich in der fragwürdigen Lage der Gegenwart durch den systematischen Vergleich besser informieren zu können. Freyers »Soziologie als Wirklichkeitswissenschaft«[22] und Otto Hintzes Arbeiten seien Beispiele für wichtige, sich ergänzende Überschneidungen beider Disziplinen[23]. Die hier von Schieder behauptete Verschränkung Freyerscher und Hintzescher Ansätze bei der Erfassung gesellschaftlicher Strukturen ist ein bemerkenswerter Hinweis auf die Genese des historischen Strukturdenkens in der Bundesrepublik Deutschland nach 1950[24].

Marburg war gewiß ein wichtiger Versuch, zu einer Klärung und – vor allem auch – Propagierung der neuen Ideen zu gelangen. Während Michael Freund in der Diskussion einen »ernsthaften Gegensatz« zwischen individualisierender typisierendsoziologischer Betrachtungsweise« bezweifelte, wollte Gerhard Ritter als Ergebnis der Diskussion, bei aller Aufgeschlossenheit für die Probleme der Soziologie, »eine wachsame Kritik ihrer Methoden und Ergebnisse« nicht ausschließen[25]. Schieder und Conze, der schon 1952 seinen Aufsatz über die *Stellung der Sozialgeschichte in Forschung und Unterricht* publizierte und sich darin deutlich positiv zur französischen *Annales*-Schule äußerte[26], ergriffen behutsam die Fahne der neuen Richtung, auf der in großen Buchstaben »Typus, Struktur, Sozialgeschichte« zu lesen stand und hielten sie im einsetzenden Gegenwind

---

[22] *Soziologie als Wirklichkeitswissenschaft. Grundlegung des Systems der Soziologie.* Leipzig, Berlin 1930.
[23] O. Hintze, *Soziologie und Geschichte. Gesammelte Abhandlungen zur Soziologie, Politik und Theorie der Geschichte.* Hrsg. und eingel. von G. Oestreich (Gesammelte Abhandlungen, Bd. 2). 2. Aufl. Göttingen 1964.
[24] Zu Schieder vgl. W. J. Mommsen, *Vom Beruf des Historikers in einer Zeit beschleunigten Wandels. Das historiographische Werk Theodor Schieders.* In: A. Hillgruber (Hrsg.), *Vom Beruf des Historikers in einer Zeit beschleunigten Wandels.* Akademische Gedenkfeier für Theodor Schieder am 8. 2. 1985 in der Universität zu Köln. München 1985, S. 33–59, hier S. 42 ff.
[25] Bericht Marburg, S. 27 f.
[26] Conze in GWU 3 (1952), S. 648–657, seine Äußerung zu Braudel ebenda, S. 656. Vgl. auch seine Rezension von Braudels Mediterranée-Buch, dessen methodische Relevanz Conze würdigte. In: HZ 1972 (1951), S. 358–362. Im gleichen Jahr brachte die Zeitschrift *Welt als Geschichte* einen relativ ausführlichen Bericht des *Annales*-Mitarbeiters Paul Leuilliot, *Moderne Richtungen in der Behandlung der neueren Geschichte in Frankreich. Mit einem bibliogr. Anhang.* In: WaG 12 (1952), S. 122–131.

hoch. Dieses Bild mag das Diskussionsklima charakterisieren, das angesichts der sehr kritischen Äußerungen Ritters gegenüber den *Annales*-Historikern und der Kulturgeschichte entstanden war[27], sich jedoch nicht auf die Bemühungen Conzes oder Schieders übertrug. Dies ist zumindest partiell mit dem Verzicht Conzes auf kritische Stellungnahmen gegenüber den Traditionen des deutschen Historismus zu erklären[28]. In privaten Äußerungen machte Ritter aus seiner sehr kritischen Haltung gegenüber den Interessen der *Annales*-Historiker keinen Hehl. Ludwig Dehio gegenüber äußerte er sich nach der Lektüre einiger neuerer *Annales*-Hefte enttäuscht vom nachgelassenen Aufsatz Marc Blochs, »revolutionär, aber sehr dilettantisch und phrasenhaft« empfand er sogar die Beiträge von Charles Morazé[29]. Hinweise auf etwaige kritische Äußerungen Gerhard Ritters gegenüber Schieder oder Conze oder über deren neue Interessen lassen sich im verfügbaren Material jedoch nicht finden. Ritters Urteil über Schieder blieb außerordentlich positiv, von seiner Äußerung im Jahre 1947, als er ihn Rassow für Köln empfahl, bis zu seinem Versuch, ihn als seinen Nachfolger nach Freiburg zu holen.

Nach der Diskussion des Marburger Historikertages von 1951 könnte es so aussehen, daß die dort begonnene Soziologie-Diskussion eine Folge der Erfahrungen der deutschen Historiker auf dem Pariser Historikertag von 1950 gewesen wäre, wo sie zweifelsohne mit kontroversen französischen Auffassungen konfrontiert wurden. Die Geschichte präsentierte sich 1950 in Paris nach dem kritischen Urteil Karl-Dietrich Erdmanns als »Demographie, Mentalitäts-, Wirtschafts-, Sozial-, Kultur- und Institutionengeschichte«. Es schien ihm, daß »die politische und die Ereignisgeschichte völlig an den Rand des historischen Interesses gerückt seien«[30]. Die Einladung von Jacques Droz

---

[27] Vgl. Gerhard Ritter, *Zur Problematik gegenwärtiger Geschichtsschreibung.* In: ders., *Lebendige Vergangenheit.* München 1958, S. 89–112.

[28] Vgl. dazu die Selbstinterpretation Conzes in: *Mein Weg zur Sozialgeschichte nach 1945.* In: Chr. Schneider (Hrsg.), *Forschung in der Bundesrepublik Deutschland. Beispiele, Kritik, Vorschläge.* Weinheim 1983, S. 73–81, hier S. 74.

[29] Brief an Dehio vom 30. 5. 1952, Postscriptum in AVHD, Mappe 1952–1960.

[30] So noch das Urteil Erdmanns in: GWU 30 (1979), S. 549. Vgl. dazu die abweichende Einschätzung Hermann Heimpels, der in seinem kurzen Bericht über die Pariser Tagung die Dominanz der »historischen Anthropologie« offensichtlich weniger besorgniserregend fand und sich wunderte, daß auf dem Kongreß keine Marxisten auftraten. Der Bericht in: GWU 1 (1950), S. 556–559. Über

zum Bremer Historikertag 1953, der dort im Rahmen einer Sektion »Methodologie und Geschichtsphilosophie« in kritischer Absicht über »gegenwärtige Probleme der französischen Forschungen zur Neueren Geschichte« sprechen sollte, ist gewiß ein Indiz dafür. Ritter hatte schon während des Pariser Kongresses – aller vorher vereinbarten Zurückhaltung zum Trotz – aus seinem Dissens mit dem Rapport von Pierre Francastel über »Kulturgeschichte« keinen Hehl gemacht. In einer sehr langen »Diskussionsbemerkung« – nach der Beobachtung eines ausländischen Teilnehmers erheblich zu lang – hatte er an Ort und Stelle seine Bedenken vorgetragen, in einer der insgesamt nur drei Interventionen deutscher Historiker auf diesem Kongreß. Er glaube nicht an die Möglichkeit einer allgemeinen Kulturgeschichte ohne Verbindung zur Geistesgeschichte und halte die Kulturgeschichte schlechthin nicht für realisierbar, hatte er schroff repliziert[31].

Nach der Rückkehr vom Pariser Kongreß hatte er seine kritischen Bemerkungen *Zum Begriff der Kulturgeschichte* verfaßt, in denen er sich noch einmal mit dem kritisierten Rapport von Francastel auseinandersetzte. Die Bemühungen der französischen Kollegen, mit Begriffen wie *mode de vie* und *façon d'agir* so etwas wie Mentalitätsgeschichte zu ermöglichen, erschienen Ritter ganz unverständlich, wie sein Kommentar verdeutlicht: »Vor allem: was heißt überhaupt *mode de vie* oder *façon d'agir*? Zuletzt hat jede ausgeprägte, starke Persönlichkeit ihre eigene Art, ›de se comporter‹.«[32]

Auf dem Bremer Historikertag hielt jedoch auch Otto Brunner seinen Vortrag über das »Problem einer europäischen Sozialgeschichte«. Der Vortrag Brunners ersetzte eine für Bremen eigentlich geplante, eigene Sektion über Sozialgeschichte, die offensichtlich auf Ritters Betreiben hin nicht realisiert wurde. Er schlug in einem Rundschreiben an die Mitglieder des Vorstands des Verbands der Historiker Deutschlands im November 1952 vor, die ursprünglich geplante 5. Sektion für Sozialgeschichte (Vorsitz Conze, Referent Steinbach) abzusagen und dafür einen eigenen Vortrag Otto Brunners anzusetzen. »Bei

das Vortragsangebot gibt das Programm des Internationalen Historikertages Auskunft, Paris 1950.
[31] *Actes IXe Congrès International 1950*. Paris 1951, S. 164f. Die Protokolle der einzelnen Sektionen verzeichnen überhaupt nur drei Diskussionsbeiträge der deutschen Teilnehmer (Ritter, Heimpel und Hepner).
[32] In: HZ 171 (1951), S. 293–302, hier S. 295.

der Bedeutung Brunners« sei das gerechtfertigt, und man könne Conze, Steinbach, Erich Keyser und vielleicht Walter Schlesinger über den Vortrag diskutieren lassen. Über die Absage der Sektion war vor allem Aubin besorgt, ohne damit freilich bei Ritter eine Änderung zu erreichen. Immerhin teilte er dem Vorsitzenden seine wohlbegründeten Bedenken gegen diesen Plan mit: »Die Sozialgeschichte hat in Deutschland bisher nie einen Boden gehabt, und eine solche Kundgebung, wie sie die Bildung einer eigenen Sektion ist, schien mir äußerst erwünscht.« Mit Conze und Steinbach seien auch Forscher benannt worden, »die auf diesem Gebiet etwas Eigenes zu sagen haben.« Er könne das jetzt vorgeschlagene Programm (also Brunner einen Hauptvortrag über das »Problem einer europäischen Sozialgeschichte« halten zu lassen) nur dann akzeptieren, wenn über den Vortrag Brunners und vielleicht über das von Franz Steinbach erbetene Thema in einer eigenen Sektion diskutiert werden könne. Letztlich gab er sich jedoch mit der Heraushebung der Sozialgeschichte »für dieses Jahr« zufrieden. Im übrigen sah Aubin in der Tatsache, daß Ritter Brunner zu einem Vortrag eingeladen hatte, einen Beweis dafür, »daß die Sektion für dieses Fach notwendig ist«[33]. Aubin konnte nicht wissen, daß Ritter am gleichen Tag, an dem er ihn und die Vorstandskollegen über die geplante Änderung informierte, schon an Otto Brunner einen Brief schrieb, in dem er ihm mitteilte, daß sein Vortragsthema eigentlich den Gegenstand einer eigenen Sektion bilden sollte. Brunner selbst, der gewiß froh war, durch diesen Vortrag aus seiner Isolierung herauszukommen, versicherte Ritter im Januar des folgenden Jahres, daß er mit seinem Vortrag keinen »Methodenstreit entfachen« wolle. Am wenigsten wolle er die Sozialgeschichte gegen die politische Geschichte ausspielen, wie dies Hans Proesler in seinen *Hauptproblemen der Sozialgeschichte* in »recht naiver Weise« getan habe[34].

Mit Otto Brunner und seinem ohne jeden Zweifel wichtigen Beitrag zur Neuformulierung eines Programms der Sozialgeschichte oder »Strukturgeschichte«, wie er später – sich Conze

---

[33] Das Rundschreiben Ritters vom 20. 11. und die Antwort Aubins vom 26. 11. 1952 in AVHD 2. Im Rundschreiben des Schatzmeisters an die Mitglieder vom Januar 1953 war freilich sowohl der Vortrag Brunners als auch die Sektion Conzes angekündigt (Nachlaß Wilhelm Mommsen, Bochum). Der Bericht zeigt jedoch, daß die Sektion ausfiel.

[34] Das Buch war 1951 in Erlangen erschienen.

anschließend[35] – zu sagen pflegte, hatten seine bisherigen Interpreten einige Schwierigkeiten. Die überwiegend negativen Charakterisierungen Brunners als »Neohistorist« sind jedoch kaum dazu geeignet, den Kern seiner Aussagen zu treffen, die Otto Gerhard Oexle in einem interessanten Beitrag nach Brunners Tod (1982) noch einmal im Zusammenhang interpretiert hat[36]. Das Problem, das gerade in letzter Zeit erfreulicherweise erneut das Interesse der Forschung gefunden hat[37], braucht deshalb hier nur knapp skizziert zu werden. Brunners Ausgangspunkt war die Kritik der bisherigen, vorwiegend juristisch bestimmten Erforschung spätmittelalterlich-frühneuzeitlicher Herrschaftsverhältnisse, für ihn eine Konsequenz der im 19. Jahrhundert üblichen liberalen Trennung von Staat und Gesellschaft. In den sechziger und siebziger Jahren wurde diese Auffassung Brunners geradezu als die klassische ideologiefreie Zauberformel zur Analyse mittelalterlicher und frühneuzeitlicher Herrschaftsverhältnisse gelehrt.

Was ergibt die nähere Prüfung von Brunners methodischem Vorgehen? Dem obsoleten Verfahren der Trennung von Staat und Gesellschaft setzte Brunner sein Konzept einer – wie er bereits 1943 formuliert hatte – »politischen Volksgeschichte« entgegen: »Nicht politische Geschichte, nicht Rechtsgeschichte, Wirtschaftsgeschichte usf., die in einem antipolitischen, liberalen Sinne im Sammelbegriff der Kulturgeschichte äußerlich zusammengefaßt wurden, sondern politische Volksgeschichte heißt das Gebot der Stunde. Volksgeschichte aber kann nicht geschrieben werden ohne Darstellung der inneren Volksordnung, durch die das Volk seine jeweilige geschichtliche For-

[35] Conzes Beitrag zur Formulierung der modernen deutschen Sozialgeschichte ist jetzt von Wolfgang Schieder genauer untersucht worden, der dabei auch auf die meist vernachlässigte begriffliche Unterscheidung von Sozial- und Strukturgeschichte hinweist. Vgl. W. Schieder, *Sozialgeschichte zwischen Soziologie und Geschichte.* Vgl. auch Jürgen Kocka, *Werner Conze und die Sozialgeschichte in der Bundesrepublik Deutschland.* In: GWU 37 (1986), 595–602. Zuletzt zur Entwicklung der »modernen deutschen Sozialgeschichte« Gerhard A. Ritter, *Die neuere Sozialgeschichte in der Bundesrepublik Deutschland.* In: J. Kocka (Hrsg.), *Sozialgeschichte im internationalen Vergleich,* Darmstadt 1988, S. 19–88.
[36] O. G. Oexle, *Sozialgeschichte – Begriffsgeschichte – Wissenschaftsgeschichte. Anmerkungen zum Werk Otto Brunners.* In: Vierteljahrsschrift für Wirtschaftsgeschichte 71 (1984), S. 305–341.
[37] Vgl. Chr. Dipper, *Otto Brunner aus der Sicht der frühneuzeitlichen Historiographie.* In: Annali dell'Istituto storico italo-germanico/Jahrbuch des italienisch-deutschen historischen Instituts in Trient 13 (1987), S. 73–96.

mung erfährt.«[38] Aus der »politischen Volksgeschichte« des Jahres 1943 wurde in der vierten Auflage von 1959 die »Strukturgeschichte« im Sinne Werner Conzes. Damit ersetzte Brunner nach eigener Aussage die bislang von ihm verwendeten Begriffe »Geschichte der Volksordnung« und »Sozialgeschichte« und lieferte zugleich eine implizite Genealogie der modernen Sozialgeschichte[39]. Noch 1949 verwendete Werner Conze ganz selbstverständlich den Begriff der »Volksordnung«, um damit das zu kennzeichnen, was wenige Jahre später als Sozialstruktur angesprochen wurde[40].

Selbst wenn es für den heutigen Leser »peinigend« ist – wie Oexle formulierte – festzustellen, daß Brunners diesbezügliche Äußerungen seit 1936/37 auf dem theoretischen Boden der »Volksgemeinschaft« nationalsozialistischer Prägung entstanden sind, führt doch kein Weg an dieser Tatsache vorbei. Sicherlich aufbauend auf der diffusen Verbreitung des Völkischen schon seit 1918[41], der Entdeckung des »eigenständigen Volkes« durch Max Hildebert Boehm im Jahre 1932[42] und der amtlichen Definition der »völkischen Geschichte« durch Erich Keyser im Jahre 1933, aber erst ermuntert durch die vom Nationalsozialismus propagierte Verschmelzung von Staat und Gesellschaft in Form der »Volksgemeinschaft« und die intensive Wiederbelebung ständischer Gesellschaftsvorstellungen gerade im Wien der zwanziger und dreißiger Jahre, konnte Brunner zu der Erkenntnis vorstoßen[43], daß der Widerspruch zwischen politischer und Sozialgeschichte ein Nachfolgeproblem des liberalen Staatsverständnisses war, und nur deshalb sah er sich in der

---

[38] So Brunner in der 3. Aufl. von *Land und Herrschaft. Grundfragen der territorialen Verfassungsgeschichte Südostdeutschlands im Mittelalter*. Brünn, München, Wien 1943, S. 188. Zur Interpretation dieses Punktes vgl. auch den Beitrag von K. Schreiner in dem Sammelband von Lundgreen (Hrsg.), *Wissenschaft im Dritten Reich*. Frankfurt a. M. 1985, S. 208 ff.

[39] *Land und Herrschaft*. 5. Aufl. Wien 1965, S. 164 mit Verweis auf W. Conze, *Die Strukturgeschichte des technisch-industriellen Zeitalters*. Opladen 1957.

[40] *Die Wirkungen der liberalen Agrarreformen auf die Volksordnung in Mitteleuropa im 19. Jahrhundert*. In: VSWG 38 (1949/50), S. 2–43.

[41] Dazu M. Broszat, *Die völkische Ideologie und der Nationalsozialismus*. In: Deutsche Rundschau 84 (1958), S. 53–68.

[42] M. H. Boehm, *Das eigenständige Volk. Volkstheoretische Grundlagen der Ethnopolitik und Geisteswissenschaften*. Göttingen 1932.

[43] Über die »Anfälligkeit der Gebildeten für den Sirenengesang von der ›Volksgemeinschaft‹« vgl. auch Jerry Z. Muller, *Enttäuschung und Zweideutigkeit. Zur Geschichte rechter Sozialwissenschaftler im Dritten Reich*. In: GG 12 (1986), S. 289–316, hier S. 289.

Lage, es mit dem historischen Schwung von 1933 vom Tisch zu wischen. Der Begriff des Volkes in seiner politisch-empirischen Variante war seit den frühen Jahren der Weimarer Republik ubiquitär geworden. Seit dem Beginn der dreißiger Jahre drang er auch zunehmend in die Sprache der wissenschaftlichen Forschung ein und wurde dort Kennzeichen »moderner« Fragestellungen, deren Anziehungskraft sich auch Gegner des Nationalsozialismus nicht zu entziehen vermochten. Der Münsteraner Kirchenhistoriker Georg Schreiber, der 1935 aus seinem Lehramt verdrängt wurde, zog sich z.B. in sein Deutsches Institut für Volkskunde zurück, das er erst 1933 gegründet hatte[44].

Angesichts der unbestreitbaren Faszination, die Brunners methodische Anweisungen auf Mediävistik und Frühneuzeitforschung ausgeübt haben, verwundert es nicht, wenn diese Voraussetzungen des Brunnerschen Ansatzes in der Rezeption seiner Arbeiten kaum zur Kenntnis genommen wurden. Allein Wolfgang Mommsen stellte 1971 die Frage, warum Brunner seine scharfsinnige Methode »nicht auch gegen sich selbst gekehrt« habe[45]. An der Zeitbedingtheit des Brunnerschen Vorgehens ist kaum zu zweifeln[46]. Auf dem ersten und letzten deutschen Historikertag unter nationalsozialistischer Regie (Erfurt 1937) griff der spätere Verdun-Preisträger (1941) im Rahmen seines unverfänglichen Themas »Politik und Wirtschaft in den deutschen Territorien des Mittelalters« das Problem auf und stellte den Zeitbezug seiner Methodik auf folgende Weise her: »Was in dieser Wirklichkeit um uns geschieht, kann auch die Historie nicht übersehen. Wir erleben heute einen wissenschaftlichen Prozeß, der die Grundbegriffe der Staatswissenschaften im weitesten Sinn einer tiefgreifenden Umformung unterwirft. Angesichts einer neuen Wirklichkeit versinken vor uns die Begriffe einer Zeit, die den Anspruch erhob, an ihren Grundkate-

---

[44] Hierzu der instruktive biographische Rückblick von R. Morsey, *Georg Schreiber, der Wissenschaftler, Kulturpolitiker und Wissenschaftsorganisator.* In: Westfälische Zeitschrift 131/132 (1981/82), S. 121–159, hier S. 144. Vgl. auch G. Schreiber, *Nationale und internationale Volkskunde.* Münster 1930. Daß Schreiber in seinem Institut und in der neugegründeten Sektion der Görres-Gesellschaft natürlich nicht die »völkische« Volkskunde im Sinne Alfred Rosenbergs betrieb, braucht nicht eigens betont zu werden.

[45] W. J. Mommsen, *Die Geschichtswissenschaft jenseits des Historismus.* Düsseldorf 1971, S. 23, Anm. 39.

[46] Vgl. dazu R. Jütte, *Zwischen Ständestaat und Austrofaschismus. Der Beitrag Otto Brunners zur Geschichtsschreibung.* In: Jahrbuch des Instituts für Deutsche Geschichte 13 (1984), S. 237–262.

gorien jede geschichtliche Wirklichkeit zu messen ... Worum es heute geht, ist eine Revision der Grundbegriffe.«[47]

Im übrigen bediente sich Brunner durchaus der Forderungen des Soziologen Freyer nach einer historisch gesättigten Begriffssprache, die dieser schon 1930 in seinem Buch *Soziologie als Wirklichkeitswissenschaft* – freilich für eine historische Soziologie – aufgestellt hatte. Ein Jahr später hatte Freyer in *Revolution von rechts* das Prinzip des Volkes gegen das Prinzip der (industriellen) Gesellschaft gesetzt und damit die Linien vorgezogen, denen viele weitere Interpreten folgten[48].

Es darf jedoch nicht übersehen werden, daß Brunner in diesen Jahren neben Freyer und Ipsen auch Wilhelm Dilthey und Theodor Litt, gewiß auch Otto Hintze rezipiert hatte. Auch mit Mannheims Soziologie setzte er sich kritisch auseinander[49]. Von daher war ihm der natürliche Doppelcharakter des Gegenstandes Geschichte, seine historische und systematische Analysefähigkeit, fest vertraut und zudem landeshistorisch immer präsent[50]. Damit berühren wir ganz allgemein die Bedeutung, die die Landesgeschichte für die Entwicklung eines umfassenden, ja »totalen« Bildes von Geschichte gehabt hat. Aus dem hier inzwischen erreichten Raffinement der Kombination siedlungshistorischer, verfassungs- und bevölkerungsgeschichtlicher, aber auch sprachgeschichtlicher Methoden ließ sich am ehesten der Weg zu einer umfassenden Erfassung von Gesellschaft finden.

Die Tatsache, daß der Beginn sozialgeschichtlicher Forschungen in der Bundesrepublik Deutschland eng mit den Namen von Hans Freyer, Otto Brunner und Werner Conze verbunden ist, lenkt den Blick auf die relativ enge Verbindung von Soziologie und Geschichtswissenschaft während des Dritten Reiches[51],

[47] In: Vergangenheit und Gegenwart 27 (1937), S. 404–422, hier S. 421 f.

[48] H. Freyer, *Revolution von rechts*. Jena 1931.

[49] Dies wird deutlich aus seinem Beitrag über sozialgeschichtliche Forschungsaufgaben, erörtert am Beispiel Niederösterreichs, in: Anzeiger der Phil.-Hist. Klasse der Österr. Akademie der Wissenschaften 1948, Nr. 23, S. 335–362, bes. S. 347 und 351 und dem schon zit. Erfurter Vortrag in: Vergangenheit und Gegenwart 27 (1937), hier S. 421.

[50] Zu Brunners akademischem Werdegang vgl. den Nachruf von Adam Wandruszka. In: Almanach der Österreichischen Akademie der Wissenschaften für das Jahr 1982. Wien, 132 (1983), S. 387–397.

[51] Dazu jetzt die Untersuchung von O. Rammstedt, *Deutsche Soziologie 1933–1945*. Frankfurt a. M. 1986, S. 59, Anm. 13, wo Rammstedt vor allem auf die Soziologisierung der Geschichtswissenschaft hinweist, die in den Projekten des »Ahnenerbes« und des Reichsinstituts für Geschichte des neuen Deutsch-

wie sie sich in den Namen von Hans Freyer und Gunther Ipsen spiegelt, deren methodische Vorbildfunktion für Werner Conze nicht zu bezweifeln ist.

Werner Conze hatte nach dem Ende des Krieges keine Probleme mit seiner disziplinären Zuordnung. Er hatte zwar zu einer Gruppe deutscher Soziologen gehört, die unter der Leitung Ipsens am Internationalen Soziologenkongreß teilnehmen sollte, der für 1939 in Bukarest geplant war, dann aber nicht mehr stattfand[52], doch nach dem Kriege hatte sich Conze in Göttingen sofort wieder der Geschichtswissenschaft zugewandt. Angesichts der nach Conzes damaligem Eindruck weiterhin starken »Tradition des deutschen Historismus« schien es ihm vonnöten, seine »Sicht einer sozial-, daneben auch verfassungs- und wirtschaftsgeschichtlichen Duchdringung der nach [s]einer damaligen Auffassung bezüglich der Frage geschichtlicher Konditionierungen unzulänglichen deutschen Historie« zu entwickeln[53].

Bedenkt man diese personellen Konstellationen, die enge Verbindung von Freyer und Ipsen seit der gemeinsamen Leipziger Zeit, die ganz offensichtliche starke Beeinflussung Conzes durch Ipsen, die Bekanntschaft Conzes mit Brunner von seinem – wenn auch kurzen – Habilitationsaufenthalt in Wien her, dann wird man die Auftritte Freyers auf dem Historikertag von 1951 und erneut auf dem Ulmer Historikertag von 1956 neu bewerten müssen. Dort trat Freyer als Redner in einem der großen Vormittagsvorträge auf, er sprach über »Das soziale Ganze und die Freiheit des Einzelnen unter den Bedingungen des industriellen Zeitalters«[54]. Hatte Freyer im Rahmen seiner »deutschen Soziologie« 1935 den Gegensatz von Staat und Gesellschaft sich noch im neuen »Volks«-Begriff auflösen sehen, so sprach er jetzt davon, daß sich dieser Gegensatz von beiden Seiten her in der »ausgereiften industriellen Gesellschaft« auflö-

lands aufscheint. Vgl. auch C. Klingemann, *Vergangenheitsbewältigung oder Geschichtsschreibung? Unerwünschte Traditionsbestände deutscher Soziologie zwischen 1933 und 1945.* In: S. Papcke (Hrsg.), *Ordnung und Theorie. Beiträge zur Geschichte der Soziologie in Deutschland.* Darmstadt 1986, S. 223–279.

[52] Die Beiträge wurden trotzdem gedruckt in D. Gusti (Hrsg.), *Arbeiten des XIV. Internationalen Soziologenkongresses. Bukarest 1940/41.* Der Beitrag Conzes über die »ländliche Überbevölkerung in Polen« erschien in Band B/I. Diese Angaben nach Rammstedt, *Deutsche Soziologie,* S. 22.

[53] Conze, *Mein Weg zur Sozialgeschichte,* S. 73.

[54] Dieser Vortrag bot im wesentlichen eine Zusammenfassung der Grundgedanken von Freyers Theorie des gegenwärtigen Zeitalters. Stuttgart 1955.

se. Über diesen Vortrag entbrannte eine ausgesprochen heftige Diskussion zwischen Freyer, Gerhard Ritter, Wolfram Fischer, Oskar Anweiler u. a. einerseits und den DDR-Historikern Leo Stern und Alfred Meusel andererseits, die Freyer eine »Apotheose der zweiten industriellen Revolution« vorhielten. Freyer warf daraufhin Stern und Meusel vor, »allzu ideologisch« zu argumentieren. Erstaunlicherweise griff keiner der Diskutanten dabei auf die älteren, gewiß »ideologischen« Äußerungen Freyers zurück[55]. Bedenkt man diese Zusammenhänge, das besondere Eintreten Werner Conzes für die Sozialgeschichte bzw. für das Konzept der Strukturgeschichte, die bedeutende Rolle Otto Brunners bei der Formulierung einer spezifischen Untersuchungsstrategie der vorindustriellen Gesellschaft und seines Anstoßes für begriffsgeschichtliche Forschungen, dann wird man die »Sozialgeschichte« kaum als eine Neuschöpfung der Nachkriegszeit bezeichnen können[56]. Während Freyer in den dreißiger Jahren das »Volk« als »das soziale Ganze« gesehen hatte, war es jetzt der Begriff der Gesellschaft bzw. der Industriegesellschaft, der als umfassende Kategorie verwendet wurde. Conzes programmatischer Aufsatz des Jahres 1957, der eine »Strukturgeschichte des industriellen Zeitalters« forderte, war inhaltlich stark durch Freyers Vorstellung von der »Zeitschwelle« um 1800, seiner Sicht der doppelten Revolution in Frankreich und England und seiner neuen Perspektive der Industriegesellschaft beeinflußt. Schon 1949 hatte Conze in einer Rezension von Freyers *Weltgeschichte Europas* die »begriffliche Schärfe« im »anschaulichen Erfassen der individuellen Vielfalt alles Geschichtlichen« gelobt und das Werk als einen »Höhepunkt« dessen bezeichnet, »was in Deutschland nach dem Kriege aus einem neuen historischen Bewußtsein gesagt worden ist«[57]. Aus gutem Grund hat Werner Conze deshalb geurteilt, daß die »Erschütterungen des Jahres 1945« insgesamt »keinen Neubeginn oder Kontinuitätsbruch« bedeuten, sondern sie »die im Gange befindliche Richtung vielmehr bestätigt und verstärkt« hätten[58].

---

[55] Vgl. Bericht Ulm, S. 42f. und HZ 183 (1957), S. 97–115, das Zitat S. 108. Der Aufsatz erschien auch als selbständige Schrift Göttingen 1957. Vgl. auch die Kritik von L. Stern, *Die bürgerliche Soziologie und das Problem der Freiheit*. In: Zeitschrift für Geschichtswissenschaft 5 (1957), S. 677 ff.

[56] Zu dem gleichen Ergebnis kommt jetzt auch Muller, *The other god that failed*, S. 357.

[57] So Conze in: Deutsche Universitäts-Zeitung 4 (1949) 23, S. 16.

[58] Conze, *Mein Weg zur Sozialgeschichte*, S. 78.

Nach dem Kriege war es Gerhard Ritter, der 1950 ganz unbefangen die Bedeutung nationalsozialistischen Gedankenguts als »Anstoß« zu »neuen Forschungsrichtungen und Fragestellungen« hervorhob, die er besonders auf dem Gebiet der »Volks- und Bevölkerungsgeschichte, (der) Siedlungsgeschichte und Sippenkunde« sah[58]. Tatsächlich ergibt die Untersuchung der einschlägigen methodischen Anleitung von Ipsen und Kuhn eine durchaus bemerkenswerte »Verbindung von historischer, soziologischer, volkskundlicher und statistischer Methode«, wie Werner Conze 1934 im Vorwort seiner Studie über die deutsche Sprachinsel Hirschenhof in Livland feststellte[59]. Als Hans Rothfels 1950 in der *Historischen Zeitschrift* Rudolf Stadelmanns *Soziale und politische Geschichte der Revolution von 1848* rezensierte, griff er bei seinem Lob für die – wie wir heute sagen würden – »sozialgeschichtlichen« Qualitäten des Buches wie selbstverständlich zu den alten Termini: »Es hat weiter seine Stärke in der Anschaulichmachung von Massenbewegungen der kleinen Leute, in einer ›Volkstumsforschung‹, die nichts von dem Überheizten hat, das diesem Begriff noch vor kurzem anhaftete.«[60] Heinrich von Srbik sprach noch 1964 in seinem großen Überblick über die Geschichte der deutschen Geschichtsschreibung davon, daß die »nationalsozialistische Welle« doch »manche gesunde Erkenntnisfortschritte für die Erkenntnis der deutschen Volksgeschichte und für die abendländische und europäische Lebensgliederung« gebracht habe[61]. Reinhart Koselleck hat noch kürzlich die offensichtliche Fruchtbarkeit des Volksbegriffs in Brunners Werk bestätigt und er hat damit dieses

[58] So Ritter, *Deutsche Geschichtswissenschaft im 20. Jahrhundert*, S. 133. Diese Formulierung Ritters hat 1981 Günther Franz noch einmal aufgegriffen, um die Bedeutung seiner eigenen agrargeschichtlichen Forschungen herauszustellen. Vgl. G. Franz, *Das Geschichtsbild des Nationalsozialismus und die deutsche Geschichtswissenschaft.* In: O. Hauser (Hrsg.), *Geschichte und Geschichtsbewußtsein.* Göttingen 1981, S. 91–111, hier S. 106.
[59] W. Conze, *Hirschenhof. Die Geschichte einer deutschen Sprachinsel in Livland.* 2. Aufl. Hannover 1963 (zuerst 1934). Wichtig dafür auch G. Ipsen, *Gedanken zur soziologischen Erforschung des Deutschtums in Ostmitteleuropa.* In: Deutsche Hefte für Volks- und Kulturbodenforschung 3 (1933), S. 145 ff. und S. 241 ff.
[60] In: HZ 170 (1950), S. 383–385.
[61] H. v. Srbik, *Geist und Geschichte vom deutschen Humanismus bis zur Gegenwart,* Bd. 2. München, Salzburg 1964, S. 264.

»neue« Konzept in die Geschichte der »elastischen Allgemeinbegriffe« eingeordnet[63].

In den bislang vorgelegten Überblicken über die Genese sozialgeschichtlicher Forschungen sind zwar immer wieder die
Namen von Brunner und Conze genannt worden, die sich um
die theoretische Klärung und Fundierung der Sozialgeschichte
erfolgreich bemühten, doch ist dabei die bemerkenswerte Kontinuität zwischen den methodologischen Konzeptionen und
thematischen Schwerpunkten einer Soziologie der »Volksgemeinschaft« und der Sozialgeschichte der Nachkriegszeit zu
wenig beachtet worden[64]. Gerade im Zusammenhang zwischen
der intensiven soziologischen »Landvolk«-Forschung während
des Dritten Reiches und der intensivierten agrargeschichtlichen
Forschung seit 1947/48 läßt sich diese Kontinuität belegen[65].
Erst kürzlich hat Hartwig Brandt in seiner kritischen Würdigung der *Deutschen Verfassungsgeschichte* Ernst Rudolf Hubers zu Recht auf die »eigentümliche Verschränkung von Fortschritt und Beharrung« in der Entwicklung der deutschen Geschichtswissenschaft der Nachkriegszeit hingewiesen, die sich
in der Tatsache äußere, daß Nationalkonservative wie Meinecke
und Ritter dem Nationalsozialismus distanziert gegenüberstanden, aber nach 1945 auf das »herkömmliche Individualitäts-
axiom« zurückgriffen, während die Begründer der neueren Sozialgeschichte vom Dritten Reich »nicht unbeeinflußt« geblieben waren[66].

Ich will, selbst auf die Gefahr von Verkürzungen und Über-
pointierungen hin, den Versuch einer Bewertung dieser ersten

[63] R. Koselleck, *Begriffsgeschichtliche Probleme der Verfassungsgeschichts-
schreibung*. In: Der Staat, Beih. 6. Berlin 1983, S. 16, Anm. 3.

[64] Die verschiedenen Beiträge in H. U. Wehler (Hrsg.), *Moderne deutsche
Sozialgeschichte*. Köln, Berlin 2. Aufl. 1968, die sich mit der Genese dieser Sozialgeschichte befassen (die Einleitung Wehlers und die Beiträge von Werner
Conze und Hans Mommsen) schenken dieser Kontinuität keine Beachtung. Sie
wird in diesem Band jedoch durch die Aufnahme des Beitrags von Hans Linde
dokumentiert, eines Schülers von Hans Freyer, der zuletzt interessante Beobachtungen über die Arbeit des Leipziger Instituts unter Freyers Leitung in den
frühen dreißiger Jahren vorgelegt hat. Vgl. H. Linde, *Soziologie in Leipzig 1925–
1945*. In: Lepsius, *Soziologie in Deutschland und Österreich 1918–1945*, S. 102–
130.

[65] Vgl. etwa G. Ipsen, *Das Landvolk. Ein soziologischer Versuch*. Hamburg
1933, und ders., *Programm einer Soziologie des deutschen Volkstums*. Berlin
1933.

[66] H. Brandt, *Ernst Rudolf Hubers »Deutsche Verfassungsgeschichte«*. Eine
methodologische Betrachtung. In: VSWG 74 (1987), S. 229–241.

Epoche der Nachkriegsgeschichtswissenschaft unternehmen. Ihre Bedeutung liegt nur auf den ersten Blick in jener moralischen Erhebung, die die Zeitschriften, Bücher und Broschüren zum Thema der »Um- und Ab- und Irrwege« – wie schon 1951 Karl Dietrich Erdmann kritisch formulierte[67] – heute noch so beeindruckend widerspiegeln. Wenn man von den ersten drei Nachkriegsjahren absieht, als sich beinahe alle Historiker und die kritische Öffentlichkeit in der verbalen Forderung nach einer »Revision des Geschichtsbildes« einig waren, dann tut sich ein Widerspruch auf zwischen den in Zeitschriften verbreiteten Forderungen nach einer Korrektur des Bildes der deutschen Geschichte und der Grundhaltung der Historiker, die unter dem Eindruck einer sich stabilisierenden staatlichen Ordnung immer weniger Anlaß zum Revisionismus sahen. Die Diskussion um die »Irrwege« begann schnell »zu verblassen«, sie wich einer Variante von Geschichtswissenschaft, die sich in gleicher Weise von nationalsozialistischen Fehldeutungen distanzierte wie sie an den tradierten Themen der politischen Geschichte festhielt. Friedrich Meinecke, der 1946 noch in bemerkenswerter Schärfe den preußischen Militarismus attackiert hatte, zog sich 1949 auf die verschwommene Kategorie der »Tragik« in der deutschen Geschichte zurück und wollte von »Irrweg« da nicht mehr sprechen, wo es doch eigentlich um legitime »Selbstbehauptung« gegangen sei[68].

Um so wichtiger wurde es deshalb, daß sich mindestens seit der Neukonstituierung der bundesrepublikanischen Historikerschaft – wenn auch zögernd – eine neue Sehweise von Gesellschaft in der Geschichtswissenschaft anbahnte und in ihren methodologischen Konsequenzen reflektiert wurde. Dabei hätte man beachtliche, aber verschüttete deutsche Traditionen reaktivieren können, wie sie in der kritischen Diskussion des Historismuskonzepts von Karl Lamprecht bis Otto Hintze formuliert worden waren. Es hat jedoch den Anschein, daß es die Erfahrung des Nationalsozialismus war, die auf diesem Feld für den entscheidenden Durchbruch sorgte. Der Nationalsozialismus bedeutete nicht nur die lang aufgeschobene »soziale Revolution« für die deutsche Gesellschaft, von der Ralf Dahrendorf,

---

[67] In: GWU 2 (1951), S. 211.
[68] F. Meinecke, *Irrwege in unserer Geschichte?* In: Der Monat 2 (1949/50), S. 3–6. Meineckes Beitrag löste eine Debatte aus, an der sich u. a. Hajo Holborn (kritisch gegenüber Meinecke!), G. P. Gooch und G. Barraclough beteiligten.

David Schoenbaum und andere gesprochen haben[69], sondern diese Erfahrung erzwungenen Wandels bewirkte auch den definitiven Durchbruch einer neuen Auffassung von Gesellschaft, die sich fundamental von den älteren Konzeptionen Ritters und Meineckes unterschied, für die Gesellschaft gleichbedeutend mit »Vermassung« war. Im weitesten Sinne »völkische« Fragestellungen der »deutschen Soziologie« der Zwischenkriegszeit hatten einer neuen Sehweise von Gesellschaft den Weg auch in die Geschichtswissenschaft bereitet.

Mit dieser Beobachtung kommen wir wieder auf die eingangs gestellten Fragen nach den komplexen Bedingungen für den Zusammenhang von der Erfahrung historischer Umbrüche und der Entwicklung von Geschichtswissenschaft, also die Voraussetzungen für den Wandel zentraler forschungsleitender Konzepte zurück, für die die deutsche Nachkriegsentwicklung ein vorzügliches Beispiel darstellt. Die Geschichtswissenschaft auf dem Gebiet der späteren Bundesrepublik Deutschland erlebte 1945 zwar eine starke moralische Besinnungsphase, keinesfalls aber einen radikalen Umbruch ihrer methodischen Grundorientierungen. Sie unterlag aber den langfristig sehr viel tiefer reichenden Wirkungen der Erfahrung einer gesellschaftlichen Umstrukturierung durch die Herrschaft des Nationalsozialismus und seinen Zusammenbruch. Diese Wirkungen waren letztlich weitreichender, als jeder vielleicht möglich gewesene radikale personelle Neubeginn der deutschen Geschichtswissenschaft sie hätte durchsetzen können.

Notwendigerweise war die Geschichtswissenschaft unter dem Erfahrungsschub des Nationalsozialismus eine andere geworden. Erst damit hatten die mannigfachen gesellschaftlichen Umbrüche seit der Mitte des 19. Jahrhunderts jene Konsequenzen auf das Begriffssystem der Geschichtswissenschaft gezeitigt, die in anderen Ländern schon früher wirksam geworden waren. Zwar waren auch in Deutschland schon früher solche Forderungen aufgestellt worden – die bereits erwähnte Reihe der Namen von Karl Lamprecht bis Otto Hintze müßte noch einmal genannt werden – doch hatten sie sich letztlich nicht durchsetzen können. Erst nach der Erfahrung des Nationalsozialismus war die »Geschichte des Menschentums« – wie sie

[69] D. Schoenbaum, *Die braune Revolution. Eine Sozialgeschichte des Dritten Reiches. Mit einem Nachwort von Hans Mommsen.* München 1980 (zuerst 1966); Ralf Dahrendorf, *Gesellschaft und Demokratie in Deutschland.* 3. Aufl. München 1974, S. 431 ff.

1945 der greise Friedrich Menecke forderte – »als große historische Zukunftsaufgabe« möglich geworden. Gewiß konnte diese Einsicht noch nicht unmittelbar umgesetzt werden. Sie wurde – wenn ich das richtig sehe – zuerst von Theodor Schieder in den sechziger Jahren reflektiert, als er die Rolle des »Menschen in der Geschichte« zu bestimmen versuchte. Hier wurde erstmalig eine auf den Menschen orientierte Geschichtswissenschaft theoretisch zu begründen versucht, die ihn in den von ihm geschaffenen »sozialen Gebilden« fand und damit die unfruchtbare Alternative von Individualismus und Kollektivismus überwand[70].

Dieser Erfahrungsschub konnte sich zunächst allerdings nur in sehr beschränktem Maße durchsetzen. Die Fülle der Fragen nach den Gründen des Nationalsozialismus lenkte zunächst einmal das historische Interesse auf die Kategorien des Machtstaats, der Außenpolitik, auf den Widerspruch von Zentralismus und Föderalismus in der deutschen Geschichte. Das Bismarck-Problem diente für diese Fragen als Brennpunkt. Auch die Einbeziehung der Zeitgeschichte in Forschung und akademischen Unterricht bedeutete zunächst durchaus keine Modifizierung dieser Grundkategorien. Die Kontroversen der späten vierziger und noch der fünfziger Jahre verbleiben im weiteren Fragenspektrum des Politischen und der »Dämonie der Macht«. Es ist geradezu auffallend, daß die Konfrontationslinien in der Historikerschaft bis in die Mitte der fünfziger Jahre dem Muster von konfessioneller und föderalistischer Bismarck-Verteidigung und -kritik folgt, das aus dem späten 19. Jahrhundert überliefert ist.

Der Zugang zur Sozialgeschichte konnte erst durch eine Operation gewonnen werden, die man als eine »Entnazifizierung des Volksbegriffs« bezeichnen könnte. Hier konnten vor allem jene Historiker aktiv werden, denen als Kennern der vorindustriell-ständischen Gesellschaft der Zerfall dieses Ordnungssystems besonders bewußt geworden war. Die Strukturveränderungen der ländlichen Welt seit dem späteren 19. Jahrhundert hatte den Blick geschärft für die Bedingungen dieses Umwälzungsprozesses im ländlichen wie im frühindustriellen Bereich, so daß die Frage nach den prägenden Strukturelementen der agrarischen und der industriellen Welt nahelag. Diese Frage-

---

[70] Th. Schieder, *Geschichte als Wissenschaft. Eine Einführung.* München 1965, hier vor allem S. 89 ff.

richtung stellte jedoch nur einen Teil jenes Bündels von Anregungen dar, das in den frühen fünfziger Jahren wirksam werden konnte. Daneben traten die Impulse, die sich aus der Rezeption von methodischen Überlegungen ergaben, die sich im liberalen Flügel der Geschichtswissenschaft in der Weimarer Republik durchgesetzt hatten: der Zusammenhang von Außen- und Innenpolitik staatlicher Gebilde, die sozialgeschichtliche Fundierung der Militärverfassung eines Staates oder die sozialen Bedingungen der Produktion und Rezeption von Ideen. Es charakterisiert diesen Rückgriff auf die entwickelte Theoriebildung der Weimarer Zeit, daß emigrierte Historiker wie Hans Rosenberg ihre ersten Kontakte ins Nachkriegsdeutschland dazu ausnutzten, der während des Kriegs erschienenen gesammelten Aufsätze Otto Hintzes habhaft zu werden oder daß Felix Gilbert und Fritz Epstein sich 1948 davon überzeugt gaben, daß »Otto Hintze will more and more be recognized« as one of the greatest German historians in the modern times«[71].

---

[71] So äußerte sich Epstein in einem Brief an J. Dow über eine Feststellung Gilberts in der *American Historical Review* (BAK NL Epstein, Nr. 59).

Dritter Teil
Zur Methodologie von Teil und Ganzem

Hans Albert

Methodologischer Individualismus und historische Analyse

Der methodologische Individualismus gehört zu den wesentlichen Komponenten bestimmter Erkenntnisprogramme der theoretischen Sozialwissenschaften. Es handelt sich um die Forderung, alles soziale Geschehen auf die Handlungen der beteiligten Individuen zurückzuführen, ohne dabei auf kollektive Wesenheiten zurückzugreifen. Wenn diese Forderung sinnvoll ist, müßte sie sich auch in historischen Analysen bewähren.

Meine Untersuchung dieser Frage gliedert sich in drei Abschnitte. Zunächst werde ich in Auseinandersetzung mit dem methodologischen Historismus auf die Bedeutung des theoretischen Denkens für die historische Erkenntnis eingehen. Dann werde ich im Anschluß an die Ideen Max Webers den methodologischen Individualismus und die auf seiner Grundlage mögliche Art der Analyse historischer Erscheinungen charakterisieren. Und schließlich werde ich etwas über die Analyse individueller Handlungen und das Problem der verstehenden Erklärung sagen.

Geschichte als hypothetische Rekonstruktion vergangenen Geschehens

Mein Ausgangspunkt ist die Aufgabe der Geschichtswissenschaft oder – anders ausgedrückt – die Zielsetzung historischer Erkenntnis. Ich will damit keineswegs der Geschichtsschreibung gewissermaßen von außen her – etwa auf Grund eines bestimmten wissenschaftstheoretischen Vorurteils – ein Programm andienen, das mit der tatsächlichen Praxis der historischen Forschung nichts zu tun hat. Das, was ich – in aller Kürze – zu sagen habe, steht vielmehr im Einklang mit dem, was Historiker selbst dazu geäußert haben, wenn auch natürlich nicht mit allem, was dazu von ihnen gesagt wurde, und zwar schon deshalb nicht, weil sie teilweise einander zu widersprechen pflegen. Und es steht, wie ich glaube, auch – zumindest teilweise – im Einklang mit ihrer Forschungspraxis, wenn auch nicht mit allen Deutungen dieser Praxis.

Diese Deutungen waren lange Zeit durch den Historismus bestimmt, eine außerordentlich einflußreiche geistige Strömung, mit der ein eigenes Erkenntnisprogramm nicht nur für die Geschichtswissenschaft im engeren Sinne, sondern darüber hinaus für die Geistes- oder Kulturwissenschaften im allgemeinen verbunden war. Seine methodische Konzeption stand im Gegensatz zum Naturalismus, dem Erkenntnisprogramm, das sich im Bereich der Naturwissenschaften unter den verschiedensten Einflüssen entwickelt hatte und schließlich – vor allem unter dem Einfluß des Erfolgs der theoretischen Physik seit Newton – zum herrschenden Erkenntnisideal wurde: dem Programm der theoretischen Erklärung aller Phänomene auf der Basis von Gesetzmäßigkeiten. Um das Erkenntnisprogramm des Historismus von der historischen Gesamterscheinung mit diesem Namen abzugrenzen, spreche ich vom methodologischen Historismus[1].

Seit dem vorigen Jahrhundert gibt es in den Kulturwissenschaften ständig Methodenkontroversen, die man auf die Interferenz der beiden erwähnten Erkenntnisprogramme zurückführen kann; Kontroversen, die, soweit ich sehe, weniger die Geschichtswissenschaft im engeren Sinne als die anderen Kulturwissenschaften – vor allem die Nationalökonomie und die Soziologie – in Mitleidenschaft gezogen haben, da der Historismus, wie schon erwähnt, dazu tendierte, alle diese Wissenschaften auf sein Erkenntnisprogramm festzulegen, während der Naturalismus darauf bestand, sie dem in den Naturwissenschaften herrschenden Ideal der theoretischen Erklärung zu unterwerfen.

Im Grunde genommen ist diese Diskussion immer noch im Gang. Man denke nur an den Streit über den Narrativismus und an die Debatte über Verstehen und Erklären, die unter dem Einfluß hermeneutischer Strömungen der Philosophie neu angefacht wurde, aber auch unter dem Einfluß analytischer Lehren, die durch den späten Wittgenstein und andere Denker in-

---

[1] Diese methodische Konzeption ist in deutlicher Formulierung vor allem in dem einflußreichen Werk Johann Gustav Droysens zu finden: *Historik. Vorlesungen über Enyzklopädie und Methodologie der Geschichte* (1868). 4. Aufl. München 1960. Vgl. dazu und zum folgenden meinen Beitrag *Geschichte und Gesetz. Zur Kritik des methodologischen Historismus.* In: Kurt Salamun (Hrsg.), *Sozialphilosophie als Aufklärung. Festschrift für Ernst Topitsch*, Tübingen 1979, S. 111–132, in leicht geänderter Form als 5. Kapitel in meinem Buch *Kritik der reinen Erkenntnislehre*. Tübingen 1987.

spiriert sind. Innerhalb der Geschichtswissenschaft scheint allerdings der methodologische Historismus im Rückzug begriffen zu sein[2].

Wie dem auch sei, ich möchte hier zur Kritik des Historismus nur auf drei Argumente hinweisen, die gleichzeitig zu einer meines Erachtens adäquaten Deutung der historischen Methode im Zusammenhang mit der Zielsetzung der historischen Erkenntnis beitragen können[3]. Alle drei gehen von Thesen aus, die Droysen seinerzeit zu fundamentalen Sätzen der Geschichtswissenschaft erhoben hat, die aber zu anderen Konsequenzen führen, als er sie damals gezogen hat. Es geht dabei (1) um den Charakter des Verstehens, (2) um die Bedeutung der Quellen und (3) um die Eigenart des Allgemeinen in der historischen Erkenntnis.

(1) Der Historismus hat methodisch vor allem das Verstehen betont und es an die Stelle der Erklärung gesetzt[4]. Wenn man nach einer Charakterisierung dieser Methode sucht, dann stößt man auf die ältere Hermeneutik, deren Möglichkeit, soweit ich sehe, auch vom Historismus nie in Frage gestellt wurde. Diese Hermeneutik wurde aber von ihren führenden Vertretern als eine Kunstlehre aufgefaßt, die auf allgemeine Einsichten über das Funktionieren der sprachlichen Verständigung zurückgeht. Damit wurde also derselbe Zusammenhang zwischen Kunstlehre (Technologie) und ihrer theoretischen Grundlage angenommen, wie er im Rahmen der heutigen Wissenschaftslehre akzeptiert zu werden pflegt. Eine technologische Disziplin ist nur möglich, wenn es in dem betreffenden Problembereich entsprechende Gesetzmäßigkeiten gibt; dann sind aber in diesem Bereich auch Erklärungen möglich. Also ist die Existenz einer Hermeneutik der erwähnten Art mit dem methodologischen Historismus unvereinbar, der ja gerade für den Bereich der verstehenden Methode die Existenz von Gesetzmäßigkeiten ausschließt. Das Argument läßt sich so erweitern, daß es auf das Verständnis allen sinnvollen Verhaltens zutrifft. Der Historis-

---

[2] Vgl. dazu etwa Georg Iggers, *Deutsche Geschichtswissenschaft. Eine Kritik der traditionellen Geschichtsauffassung von Herder bis zur Gegenwart.* München 1971; Ders., *Neue Geschichtswissenschaft. Ein internationaler Vergleich.* München 1978.

[3] Vgl. dazu im einzelnen die in Anm. 1 genannten Arbeiten.

[4] Vgl. dazu Droysens zweiten Fundamentalsatz der Geschichte: »Unsere Methode ist forschend zu verstehen.« *Historik,* S. 22, und die Erläuterungen, die er dazu gibt.

mus scheitert also an den Konsequenzen von Annahmen, die seiner eigenen methodischen Konzeption zugrunde liegen.

(2) Das gilt auch für das zweite Argument. In der Geschichtswissenschaft geht es bekanntlich darum, früheres Geschehen auf der Basis von Quellen – also Überresten der Vergangenheit – zu rekonstruieren[5]. Das ist natürlich keine spezifisch historistische These, aber eine These, der auch die Vertreter des Historismus zuzustimmen pflegen. Wie läßt sich dieses Ziel erreichen? Die Idee, daß man von den Quellen auf die Ereignisse »zurückschließen« müsse – eine Idee, die mitunter in diesem Zusammenhange auftaucht –, muß nach dem, was wir heute aus der Logik wissen, zurückgewiesen werden. Es würde sich dabei nämlich um eine gehaltserweiternde Schlußweise handeln, die zu ungültigen Schlüssen führen müßte. Es bietet sich aber eine andere Lösung des Problems an. Man kann nämlich die historische Methode so auffassen, daß sie auf Versuche hinausläuft, früheres Geschehen hypothetisch so zu rekonstruieren, daß sich die Existenz und die Eigenart der vorhandenen Quellen daraus erklären lassen. Dazu müßte man aber wie bei jeder Erklärung auf entsprechende Gesetzmäßigkeiten zurückgreifen. Schon die hypothetische Rekonstruktion des Geschehens involviert also eine Erklärungsleistung: die Erklärung der heutigen Quellenlage, die durch Suche nach weiteren Quellen prüfbar sein kann. Diese Lösung des Problems ist aber mit dem methodologischen Historismus unvereinbar, und zwar aus den gleichen Gründen wie im Falle des ersten Arguments.

(3) Nun zum dritten Argument. Es ist eine auch von Vertretern des Historismus oft zugestandene These, daß die Geschichtswissenschaft über das Wissen konkreter Tatsachen hinaus allgemeine Einsichten benötige[6]. Diese allgemeinen Einsichten können aber keineswegs im Wissen über Tatbestände institutionellen Charakters oder über die Kontinuität von Tatsachenzusammenhängen bestehen, wie Droysen meinte, denn erstere sind selbst historisch wandelbar und letztere ist bestenfalls ein erklärungsbedürftiger Tatbestand. Die einzig sinnvolle Antwort auf die Frage nach den für die historische Forschung erforderlichen allgemeinen Einsichten scheint mir der Verweis auf die Möglichkeit zu sein, bekannte Gesetzmä-

[5] Vgl. dazu Droysens ersten Fundamentalsatz. Ebenda, S. 20 ff. und S. 37 ff.
[6] Vgl. Droysens dritte Frage zur historischen Methode. Ebenda, S. 26 f.

ßigkeiten zu verwerten – wieder im Widerspruch zur Grundauffassung des methodologischen Historismus.

Alle drei Argumente führen also zu der Konsequenz, daß
man, um die Zielsetzung der historischen Forschung zu realisieren – und zwar auch die in der historistischen Konzeption enthaltene Zielsetzung – auf die Verwertung theoretischer Einsichten angewiesen ist, das heißt: auf Erklärungen auf der Grundlage nomologischen Wissens. Die Rekonstruktion des geschichtlichen Geschehens auf der Basis von Quellen involviert die Verwertung unserer Kenntnis von Kausalzusammenhängen und
damit Erklärungsleistungen – sogar dann, wenn man auf Erklärungen dieses Geschehens selbst verzichten und sich auf »Verstehen« beschränken möchte. Es ist aber durchaus sinnvoll,
darüber hinaus nach Erklärungen dieses Geschehens selbst zu
suchen, und zwar unter Heranziehung allen erreichbaren Wissens – was viele Historiker auch tatsächlich tun.

Mit der Widerlegung des methodologischen Historismus ist
also keineswegs der Versuch verbunden, die Eigenart der Geschichtswissenschaft zu beseitigen: ihre besondere Zielsetzung,
die sich auf die Erkenntnis des individuellen konkreten Geschehens bezieht und daher Gesetzmäßigkeiten nur verwertet, um
konkrete Zusammenhänge aufzudecken und infolgedessen
nicht primär an ihnen interessiert ist. Hier kann man mit Recht
die Max Webersche Aussage anführen: »Wo immer die kausale
Erklärung einer ›Kulturerscheinung‹ in Betracht kommt, da
kann die Kenntnis von *Gesetzen* der Verursachung nicht
Zweck, sondern nur *Mittel* der Untersuchung sein. Sie erleich-
tert und ermöglicht uns die kausale Zurechnung der in ihrer
Individualität kulturbedeutsamen Bestandteile der Erscheinungen zu ihren konkreten Ursachen.«[7] Das vom Historismus betonte Interesse am Individuellen – an konkreten Konstellationen und konkreten Entwicklungen – braucht also nicht bestritten zu werden. Es geht nur um das Verfahren, Einsichten dieser
Art zu erreichen. Und dazu kann man mit Max Weber heute
noch sagen: »... wenn die kausale Erkenntnis des Historikers
Zurechnung konkreter Erfolge zu konkreten Ursachen ist, so
ist eine *gültige* Zurechnung irgendeines individuellen Erfolges
ohne die Verwendung ›nomologischer‹ Kenntnis – Kenntnis der

[7] Vgl. dazu Max Weber, *Die »Objektivität« sozialwissenschaftlicher und sozialpolitischer Erkenntnis.* In: Ders., *Gesammelte Aufsätze zur Wissenschaftslehre.* 2. Aufl. Tübingen 1951, S. 178. Nicht alles, was Max Weber in diesem Zusammenhang sagt, ist allerdings heute noch akzeptabel.

Regelmäßigkeiten und kausalen Zusammenhänge – überhaupt nicht *möglich*.«[8]

Aufgabe der Geschichtswissenschaft bleibt also die hypothetische Rekonstruktion des vergangenen Geschehens einschließlich kausaler Zusammenhänge in diesem Geschehen unter Verwertung des zur Verfügung stehenden faktischen und theoretischen Wissens, das heißt: auf der Grundlage der Quellen und der bekannten Gesetzmäßigkeiten. Nebenbei gesagt bedient sich der Historiker nach der von mir vertretenen Deutung ebenso wie die Vertreter anderer Disziplinen der hypothetisch-deduktiven Methode.

Max Weber und der methodologische Individualismus

Wenn man heute über die Bedeutung des methodologischen Individualismus für die Untersuchung sozialer und kultureller Phänomene und damit auch für die historische Analyse nachdenkt, dann scheint mir der beste Anknüpfungspunkt immer noch das Werk Max Webers zu sein, zumal es von Historikern und von Vertretern der theoretischen Sozialwissenschaften als gemeinsamer Bezugspunkt in Betracht gezogen werden kann, und zwar nicht nur, was seine methodologische Konzeption, sondern auch was seine konkreten Forschungen angeht. Nun ist sein Werk in beiderlei Hinsicht ein Torso geblieben, und gerade seine methodologische Konzeption ist wohl der Teil seines Werkes, dessen Verständnis die größten Schwierigkeiten bereitet. Jedenfalls läßt sich in bezug auf diese Konzeption zweierlei feststellen, nämlich, daß er mit ihr einerseits dem in den Sozialwissenschaften weit verbreiteten Hantieren mit Kollektivwesenheiten einen rigorosen methodologischen Individualismus entgegengesetzt hat, der darauf abzielte, alle sozialen Erscheinungen aus dem Zusammenspiel individueller Handlungen zu erklären, und daß er gleichzeitig bei der Erklärung dieser Handlungen dem Verstehen einen Platz einzuräumen suchte, und zwar mit Hilfe einer Lehre von der verstehenden Erklärung, die allerdings an keiner Stelle seines Werkes in einer systematisch hinreichend ausgearbeiteten Version zu finden ist[9].

[8] Ebenda, S. 179.
[9] Für eine gründliche Analyse vgl. neuerdings Clausjohann Lindner, *Max Weber als Handlungstheoretiker*. In: Zeitschrift für Soziologie 15 (1986), S. 151–166.

Der methodologische Individualismus ist allerdings keineswegs eine durch Max Weber eingeführte Neuerung in den Sozialwissenschaften, obwohl Weber sicherlich als der bedeutendste Vertreter dieses Programms in der modernen Soziologie gelten darf. Er ist vielmehr schon bei den schottischen Moralphilosophen des 18. Jahrhunderts zu finden, die überdies eine Version des naturalistischen Programms in den Sozialwissenschaften vertraten[10]. Vor allem in der Nationalökonomie hat sich dieses Programm teilweise durchgesetzt und zu einem interessanten theoretischen Ansatz geführt, auf den ich noch zurückkommen werde[11].

Die Idee der verstehenden Erklärung war bei Weber mit einer – allerdings, wie schon erwähnt, nur in Fragmenten entwickelten – Handlungstheorie verbunden, deren im einzelnen sehr interessante Bestandteile bisher noch von niemandem zu einer tragfähigen Konzeption ausgearbeitet werden konnten. Was den methodologischen Individualismus angeht, so kann er sich als Bestandteil eines Erkenntnisprogramms natürlich nur insoweit bewähren, als die im Rahmen dieses Programms entwickelte theoretische Tradition sich als fruchtbar erweist, also zu brauchbaren Theorien, Modellen und Erklärungen führt, das heißt zu solchen, die sich entsprechenden Problemlösungen aus kollektivistischer Perspektive überlegen erweisen. In diesem Zusammenhang ist allerdings mit Recht darauf hingewiesen worden, daß leistungsfähige Erklärungsansätze kollektivistischen Charakters nicht zu finden sind[12] und daß sogar die in dieser Richtung formulierten Erklärungsversuche ohne implizite Annahmen über individuelles Verhalten nicht auszukommen scheinen[13]. Moderne Versuche, handlungs- und systemtheoretische Betrachtungsweisen zu integrieren, um dadurch den methodologischen Individualismus zu überwinden, gehen mitunter auf Mißverständnisse über die Möglichkeiten individualisti-

[10] Vgl. dazu Alfred Bohnen, *Individualismus und Gesellschaftstheorie. Eine Betrachtung zu zwei rivalisierenden soziologischen Erkenntnisprogrammen.* Tübingen 1975, S. 22 ff. und passim; Viktor Vanberg, *Die zwei Soziologien. Individualismus und Kollektivismus in der Sozialtheorie.* Tübingen 1975.
[11] Vgl. dazu meinen Aufsatz *Individuelles Handeln und soziale Steuerung. Die ökonomische Tradition und ihr Erkenntnisprogramm.* In: Hans Lenk (Hrsg.), *Handlungstheorien – interdisziplinär*, Bd. 4. München 1977, S. 177–225.
[12] Vgl. Bohnen, *Individualismus und Gesellschaftstheorie*; Vanberg, *Die zwei Soziologien*; Lindner, *Max Weber*, S. 154.
[13] Vgl. dazu etwa Sigwart Lindenberg, *Three psychological theories of a classical sociologist.* In: Mens en Maatschappi (1975), S. 113–143.

scher Erklärungen und auf Illusionen über den Erklärungswert von Spekulationen über soziale Systeme zurück[14], die sich nicht selten als bloße Begriffsexerzitien erweisen.

Wenn im Rahmen des methodologischen Individualismus versucht wird, zur Erklärung stets auf individuelles Verhalten – auf Handlungen, Einstellungen und Dispositionen aller Art von Individuen – zu rekurrieren, dann bedeutet das keineswegs, daß das Vorhandensein kollektiver Phänomene geleugnet wird. Daß es so etwas wie soziale Gebilde – Staaten, Gemeinden, Unternehmungen und andere Organisationen, Märkte usw. – gibt, daß es soziale Prozesse und Ereignisse gibt – Schlachten, Revolutionen, Reformationen, Konjunkturen, Inflationen, Differenzierungsprozesse usw. – und daß es sozialstrukturelle Tatbestände gibt – wie die soziale Schichtung, die Einkommensverteilung, soziale Ordnungen usw. – wird natürlich nicht in Abrede gestellt. Es wird nur behauptet, daß sich alle diese Phänomene auf individualistischer Grundlage theoretisch deuten lassen. Soziale Gebilde und Prozesse lassen sich als Phänomene des sozialen Zusammenspiels von Individuen – als Handlungsverflechtungen und Handlungsverkettungen – auffassen, und strukturelle Tatbestände der genannten Art lassen sich als Resultate eines solchen Zusammenspiels unter bestimmten Bedingungen auffassen und auf diese Weise erklären.

Dabei muß zweierlei betont werden: Erstens bedeutet die prinzipielle Reduzierbarkeit von Kollektivphänomenen auf individuelles Verhalten nicht, daß eine derartige Reduktion bei jedem Erklärungsversuch durchgeführt werden muß, so daß die Bezugnahme auf solche Phänomene mit Hilfe der betreffenden Kollektivbegriffe – wie Staat, Markt, Klasse, Inflation usw. – nicht mehr in Betracht kommt. Wie weit man in dieser Beziehung geht, hängt vielmehr von der jeweiligen Problemstellung ab. Wer zum Beispiel die Gesetzmäßigkeiten des internationalen Kräftespiels eruieren will, wird Staaten ebenso wie andere Großorganisationen weitgehend als kollektive Akteure behandeln, auch wenn er sich darüber klar ist, daß sich die Aktionen solcher Großgebilde letzten Endes in individuelle Handlungen auflösen und auf individuelle Entscheidungen zurückführen

[14] Vgl. dazu Alfred Bohnen, *Handlung, Lebenswelt und System in der soziologischen Theoriebildung. Zur Kritik der Theorie kommunikativen Handelns von Jürgen Habermas.* In: Zeitschrift für Soziologie 13 (1984), S. 191–203. Vor allem die Konzeption von Talcott Parsons hat sich hier als außerordentlich einflußreich erwiesen.

lassen[15]. Ähnliches gilt etwa für Unternehmungen bei der Analyse von Marktvorgängen. Wer sich dagegen das interne Funktionieren solcher Organisationen zum Problem macht – und das kann sich durchaus auch dann als notwendig erweisen, wenn es nicht zum ursprünglichen Ziel der Untersuchung gehört –, der muß auf jeden Fall die Reduktion weiter treiben, wie das ja auch tatsächlich im Rahmen individualistischer Programme immer wieder geschieht[16].

Wenn man etwa die Feldzüge des Jahres 1914 analysiert, dann kann man sich natürlich in manchen Zusammenhängen einfach darauf beziehen, daß die Schlachten bei Tannenberg und an den Masurischen Seen im August und September 1914 zur Vernichtung der russischen Narew-Armee und zum Zurückdrängen der Njemen-Armee und damit zur Säuberung Ostpreußens von russischen Truppen geführt haben. Um aber zum Beispiel den Sieg von Tannenberg zu erklären, muß man genauer auf Einzelereignisse wie den Durchbruch bei Usdau eingehen, durch den das 1. russische Korps vom Gros der Narew-Armee abgeschnitten wurde, ein für den Ausgang der Schlacht entscheidendes Unternehmen. Schließlich kommt man dabei zur Analyse individueller Entscheidungen, die zu diesem Ereignis geführt haben, wobei die Rolle einzelner Personen wichtig werden kann.

Daß man faktisch niemals das ganze Geflecht der Einzelhandlungen aufdröseln kann – schon auf Grund der Quellenlage – ist selbstverständlich. Aber das ist auch keineswegs erforderlich. Weder in der theoretischen Sozialwissenschaft noch in der historischen Analyse wird man darauf verzichten können, abkürzend, zusammenfassend und vereinfachend unter Verwendung von Kollektivbegriffen auf Phänomene dieser Art Bezug zu nehmen. Es kommt jedoch darauf an, daß sich prinzipiell in jedem Falle eine Erklärung im Sinne des individualistischen Programms durchführen ließe, wenn die entsprechenden Kenntnisse vorhanden wären.

Und zweitens bedeutet die prinzipielle Reduzierbarkeit auf individuelles Verhalten nicht, daß die tatsächlichen Ergebnisse sozialer Prozesse, die sich aus solchen Handlungen zusammensetzen, den Absichten der betreffenden Personen oder auch nur ihren Erwartungen entsprechen. Viele soziale Tatbestände sind

[15] Vgl. dazu z.B. Peter Bernholz, *The international game of power. Past, present and future.* Berlin, New York, Amsterdam 1985, S. 10ff. und passim.
[16] Vgl. dazu etwa Richard M. Cyert und James G. March, *A behavioral theory of the firm.* Englewood Cliffs 1963.

vielmehr unbeabsichtigte und darüber hinaus oft auch unerwartete und vielfach sogar weitgehend unbekannte Resultate des Zusammenspiels individueller Handlungen, zum Beispiel: die soziale Schichtung, die Einkommens- und Vermögensverteilung in einer Gesellschaft, Veränderungen der Arbeitsmoral, der Kriminalität, des Wohlstandes oder des Legitimitätsglaubens, der eine soziale Ordnung stützt. Die Berücksichtigung dieses Umstands in sozialwissenschaftlichen Erklärungsversuchen gehörte schon zum Erkenntnisprogramm der schottischen Moralphilosophen. Sie ist seitdem ein wesentlicher Bestandteil der individualistischen Tradition und anderer Ansätze.

Wenn man sich verdeutlichen will, wie im Rahmen eines individualistischen Erkenntnisprogramms eine Erklärung kollektiver Phänomene aussieht, dann kann man meines Erachtens noch heute mit Gewinn auf die Erklärungsskizze zurückgreifen, die Max Weber in seinem Vortrag zum Thema *Die sozialen Gründe des Untergangs der antiken Kultur* geliefert hat[17], und zwar nicht etwa, weil sie eine in jeder Hinsicht zutreffende Darstellung enthielte[18], sondern weil sie zeigt, wie ein solches Problem grundsätzlich angegangen werden kann.

Die These in Webers Vortrag ist, daß lange vor dem politischen Zerfall des römischen Reiches in der Völkerwanderung die innere Selbstauflösung der antiken Kultur stattgefunden habe, und zwar auf Grund einer Entwicklung der sozialen Struktur der antiken Gesellschaft, die notwendige Bedingungen für die Stabilität des politischen Verbandes beseitigt habe. Um das zu zeigen, geht Weber zunächst auf bestimmte strukturelle Grundzüge der antiken Kultur ein. Sie sei (1) eine Stadtkultur mit ursprünglich lokaler Versorgung gewesen, das heißt, die Deckung des Bedarfes erfolgte im wesentlichen aus dem ländlichen Umland. Sie sei (2) darüber hinaus eine Küstenkultur mit einem ausgedehnten internationalen Handel in hochwertigen Artikeln gewesen, an dem aber nicht die Massen mit ihren Alltagsbedürfnissen interessiert waren, sondern nur eine dünne Schicht von Besitzenden. Und sie sei (3) schließlich eine Sklavenkultur gewesen, eine Kultur also, deren Wirtschaft weitgehend auf der Sklavenarbeit beruhte.

Der wirtschaftliche Fortschritt, der hier – wie auch sonst –

---

[17] Vgl. dazu Max Weber, *Gesammelte Aufsätze zur Wirtschafts- und Sozialgeschichte*. Tübingen 1924, S. 289–311.

[18] Das scheint nach dem heutigen Stande der Forschung jedenfalls nicht der Fall zu sein.

mit zunehmender Arbeitsteilung verbunden war, vollzog sich nach Weber nicht durch eine mit der Entwicklung des internationalen Handels einhergehende intensive Ausgestaltung des Marktnetzes, sondern durch die »Zusammenballung unfreier Arbeit im Sklavenhaushalt«[19], das heißt durch die Bildung von auf Sklaverei beruhenden wirtschaftlichen Großgebilden, die ihren Bedarf selbst deckten, im Gegensatz zur ökonomischen Entwicklung im Mittelalter, wo sich, wie Weber feststellt, »zunächst die freie Arbeitsteilung innerhalb des lokalen Wirtschaftsgebietes der Stadt auf Grundlage der Kundenproduktion und des Lokalmarktes *intensiv* weiter[entwickelte]«, und dann »der zunehmende Verkehr nach außen mit interlokaler Produktionsteilung ... Betriebsformen für den Absatz auf *fremdem* Markte auf der Grundlage *freier* Arbeit entstehen« ließ.

Dadurch, daß auf Grund der römischen Eroberungen der Bevölkerungsschwerpunkt der Antike in das Binnenland rückte, das für einen intensiven Güterverkehr über völlig unzureichende Verkehrsverbindungen verfügte, wurde die Kulturbedeutung der unfreien Arbeit nach Weber in entscheidender Weise verstärkt. So ist, wie er sagt, der »Sklavenhalter der ökonomische Träger der antiken Kultur geworden«, und »die Organisation der Sklavenarbeit bildet den unentbehrlichen Unterbau der römischen Gesellschaft«, mit deren sozialer Eigenart er sich dann näher beschäftigt. Diese Sklavenhalter sind Großgrundbesitzer, die ihre Betriebe verwalten lassen und in der Stadt von der Rente leben. Auf ihren Gütern werden, soweit für den Absatz produziert wird, hochwertige Produkte angebaut – Öl, Wein, Gartengewächse usw. Die Arbeit wird im wesentlichen von kasernierten, eigentums- und familienlosen Sklaven geleistet, so daß der Sklavenmarkt, auf dem Arbeitskräfte rekrutiert werden, eine unentbehrliche Voraussetzung dieser Art von Wirtschaft ist.

Hier haben wir nach Weber gewissermaßen die Achillesferse der römischen Kultur: die Abhängigkeit dieser Wirtschaftsweise von der Sklavenzufuhr und damit gleichzeitig von der Expansion des Reiches durch Eroberungskriege. Das Ende dieser Expansion hat nach Weber zur Austrocknung der Sklavenmärkte geführt. Mit »der inneren und – in der Hauptsache auch –

[19] Dieses und die folgenden Zitate aus Weber, *Die sozialen Gründe des Untergangs der antiken Kultur.*

äußeren Befriedung des antiken Kulturkreises schrumpft die regelmäßige Versorgung der Sklavenmärkte mit Menschenmaterial. Ein gewaltiger *akuter* Arbeitermangel scheint schon unter Tiberius die Folge gewesen zu sein ... Wichtiger war die langsam, aber mächtig sich vollziehende *chronische* Wirkung: die Unmöglichkeit des Fortschreitens der Produktion auf Grundlage der Sklavenkasernen.«

Max Weber schildert dann (1) die dadurch erzwungene langsame Entwicklung der Güter in Richtung auf den Typ des mittelalterlichen Fronhofs mit erbuntertänigen Bauernfamilien als Arbeitskräften, der nicht mehr imstande war, für den Absatz zu produzieren, (2) den Verfall der Städte, (3) den Übergang zur zunehmend naturalwirtschaftlichen Deckung des staatlichen Finanzbedarfs und (4) die Beschränkungen, die sich daraus für die Aufrechterhaltung des notwendigen Beamtenapparates und der Armee ergaben. »Der Zerfall des Reiches war« nach Weber »die notwendige politische Folge des allmählichen Schwindens des Verkehrs und der Zunahme der Naturalwirtschaft. Er bedeutet im wesentlichen nur den Wegfall jenes Verwaltungsapparates und damit des geldwirtschaftlichen politischen Überbaus, der dem naturalwirtschaftlichen ökonomischen Unterbau nicht mehr angepaßt war.«

Das ist eine notwendigerweise unvollständige, skizzenhafte Rekonstruktion einer geschichtlichen Entwicklung: eine Erklärungsskizze, noch dazu in meiner Zusammenfassung stark verkürzt. Dabei wird zunächst die Funktionsweise einer Gesellschaft dargestellt, die eine bestimmte Sozialstruktur hat und deren Funktionieren von bestimmten Bedingungen abhängig ist. Es wird dann geschildert, wie sich unter dem Druck bestimmter Änderungen – Beendigung der politisch-militärischen Expansion, relative Befriedung des Reiches, Austrocknung des Sklavenmarktes – allmählich diese Struktur veränderte, das heißt sich an die neuen Bedingungen anpaßte, wobei die Grundlagen der Funktionsfähigkeit des politischen Verbandes unterminiert wurden.

Dabei hat sich Max Weber weitgehend auf allgemeine Einsichten aus dem Bereich des ökonomischen und soziologischen Denkens gestützt, die der individualistischen Tradition entstammen. Er hat – mehr oder weniger implizit – auf Gesetzmäßigkeiten dieser Art Bezug genommen, zum Beispiel wenn er mit dem Hinweis auf die Billigkeit der Sklavenarbeit auf die Kostenvorteile der Großgüter verweist, die auf dieser Grundlage produzieren, wenn er Rentabilitätsgesichtspunkte für die Spezialisierung der Produktion in diesen Gütern auf hochwertige Produkte für die kaufkräftige Oberschicht der römischen Gesellschaft – statt auf Getreide – ins Spiel bringt und wenn er die Notwendigkeit betont, die Sklaven, die offenbar kein Eigeninteresse an ihrer Arbeit haben konnten, zur Disziplinierung in »Kasernen« zu halten.

Damit hat er sich also auf Situationen bezogen, die aus strukturellen Gründen in dieser Gesellschaft typischerweise auftraten, und unter Verwertung vorhandenen nomologischen Wissens – über in derartigen Situationen enthaltene Anreize für bestimmte Verhaltensweisen – das Auftreten typischer Reaktionen der betreffenden Individuen als Träger sozialer Rollen verständlich gemacht, mit bestimmten Konsequenzen für das Funktionieren und für die Entwicklung der Gesellschaft im Ganzen, die als unbeabsichtigte Resultate des sozialen Zusammenspiels anzusehen sind. Hinter diesem sozialen Gesamtgeschehen stehen immer die Interessen der beteiligten Individuen, die ihre Situation entsprechend deuten und daher in typischer Weise handeln, wobei die Verflechtung aller dieser Einzelhandlungen zu der erwähnten Transformation der Gesellschaft führt. Nirgends braucht für die Erklärung auf unreduzierbare kollektive Wesenheiten zurückgegriffen zu werden, wie das in holistischen Erklärungsversuchen üblich ist.

Es handelt sich, wie gesagt, um eine Erklärungsskizze, die überdies natürlich nur bestimmte Vorgänge herausgreift, die Weber auf Grund seiner theoretischen und historischen Kenntnisse im Rahmen seiner Problemstellung unter dem Gesichtspunkt der Kausalrelevanz für ausschlaggebend hielt. Schon seine Problemstellung bedingte eine Selektion bestimmter Aspekte eines Gesamtgeschehens – wie das bei jeder wissenschaftlichen Untersuchung der Fall ist –, hinter der ein bestimmtes historisches Erkenntnisinteresse stand[20]. Außerdem führten ihn die Quellenlage und sein theoretisches Wissen zu einer Selektion kausalrelevanter Faktoren und zu einer interessanten Problemlösung, die natürlich der Diskussion offensteht, etwa im Zusammenhang mit einer anderen Beurteilung der Quellenlage –

---

[20] Das Wort »Erkenntnisinteresse« verwende ich hier in dem Sinn, in dem Weber dieses Wort benutzt hat, also ohne Anspruch auf so etwas wie »transzendentale« Bedeutung im heute vielfach üblichen Sinne.

zum Beispiel an Hand neu entdeckter Quellen – oder einer Kritik des verwerteten theoretischen Wissens[21].

Ohne diese Art von Abstraktion ist überhaupt keine Erkenntnis – weder theoretische noch historische – möglich. Aber man kann natürlich versuchen, eine solche Erklärungsskizze zu vervollständigen, zum Beispiel dadurch, daß man das das darin verwertete theoretische Wissen explizit macht und damit die theoretische Grundlage der von Max Weber gezogenen Konsequenzen herausarbeitet. Im Endeffekt würde das zu einem Modell der Wirkungszusammenhänge führen, die Weber in seiner Skizze angedeutet hat. Der Gebrauch solcher Modelle ist heute von den Naturwissenschaften in die Sozialwissenschaften übernommen worden[22]. Ich will hier nicht näher darauf eingehen, sondern nur betonen, daß dagegen schwerlich etwas eingewendet werden kann, wenn man in der Lage ist, problemadäquate Modelle zu konstruieren – das heißt solche, die wirklich als Erklärungsmittel geeignet sind – und nicht einem Modell-Platonismus huldigt, wie das vielfach der Fall ist.

Die Analyse des individuellen Handelns und das Problem einer verstehenden Erklärung

Wenn gemäß dem individualistischen Programm letzten Endes stets auf die Verhaltensweisen von Individuen zurückgegangen werden muß, dann stellt sich natürlich die Frage, welche theoretischen Grundlagen es für die Analyse dieser Verhaltensweisen gibt. Damit kommen wir zu der anderen Problematik, zu der Max Weber seinerzeit in dezidierter Weise Stellung genommen hat, nämlich zu der Frage, inwieweit es möglich ist, individuelle Handlungen im üblichen Sinne zu erklären oder inwieweit an die Stelle solcher Erklärungen eine Identifikation des Sinnes solcher Handlungen durch Verstehen treten muß, wie es vor allem der Historismus betont hat.

Auf diese Frage bin ich anfangs bereits eingegangen und habe in diesem Zusammenhang auf die nomologische Grundlage allen Verstehens hingewiesen[23], ohne auf die Antwort Max We-

---

[21] Vgl. dazu Kapitel 5 meines Buches *Kritik der reinen Erkenntnislehre*, das der Erkenntnis des historischen Geschehens gewidmet ist.

[22] Ebenda, S. 108 ff., und die dort genannte Literatur.

[23] Vgl. dazu auch meinen Aufsatz *Hermeneutik und Realwissenschaft. Die Sinnproblematik und die Frage der theoretischen Erkenntnis* (1971), abgedruckt

bers einzugehen. Damit ist natürlich die Legitimität verstehender Verfahrensweisen keineswegs in Frage gestellt. Nur die historistische Behandlung der Verstehensproblematik, die solche Verfahrensweisen in einen Gegensatz zu Erklärungen üblicher Art bringen und sie an ihre Stelle setzen möchte, habe ich zurückgewiesen. Max Weber selbst hat eine Problemlösung vorgeschlagen, bei der das Verstehen innerhalb von Erklärungsversuchen eine Rolle spielt, so daß man dabei von »verstehender Erklärung« sprechen kann, also eine Lösung, die prinzipiell mit einem naturalistischen Programm vereinbar ist[24]. Ich kann hier nicht im Detail auf die sehr komplexen Überlegungen Webers zu diesem Problem eingehen[25].

Daß Max Weber innerhalb solcher Erklärungen dem Verstehen eine bestimmte Funktion einzuräumen versucht hat, hängt mit seiner durchaus plausiblen Auffassung zusammen, das menschliche Handeln enthalte sinnhafte Komponenten, die man durch Verstehen identifizieren könne, und solche Komponenten spielten eine kausale Rolle in diesem Verhalten, so daß man sie in adäquaten Erklärungen berücksichtigen müsse[26]. Wenn dem so ist – und ich glaube, daß wir, auch auf Grund heutiger psychologischer Forschungsergebnisse, dazu berechtigt sind, das zu akzeptieren –, dann haben wir allen Grund, nach Gesetzmäßigkeiten zu suchen, die diese sinnhaften Komponenten mit den anderen kausalrelevanten Faktoren verbinden. Dabei ist es natürlich keineswegs selbstverständlich, daß auch solche Gesetzmäßigkeiten dem Verstehen zugänglich sind,

in meinem Sammelband *Kritische Vernunft und menschliche Praxis.* Stuttgart 1977, S. 125–179.

[24] Vgl. ebenda. Es ist meines Erachtens irreführend, wenn Weber heute immer wieder von Kritikern dieses Programms in Anspruch genommen wird.

[25] Eine ausgezeichnete Analyse der handlungstheoretischen Konzeption Webers, die einerseits ihre Lücken erkennbar macht und andererseits auch die Ansatzpunkte für eine mögliche Weiterentwicklung aufzeigt und den Zusammenhang mit neueren Forschungen in Psychologie, Soziologie und Ökonomie herstellt, enthält der oben erwähnte Aufsatz von Lindner, *Max Weber als Handlungstheoretiker.* Aus ihm geht hervor, daß Weber (1) für menschliches Handeln Erklärungen im üblichen Sinne – d. h. auf nomologischer Grundlage – angestrebt hat, daß er (2) im Rahmen solcher Erklärungen dem Verstehen einen Platz einräumen wollte, daß er (3) empirische Prüfungen der dabei verwendeten Deutungshypothesen ins Auge gefaßt hat und schließlich, daß (4) seine Konzeption gewisse Lücken und Mängel enthält, die Ergänzungen und Änderungen erforderlich machen.

[26] Zu der Frage, ob Gründe unter Umständen als Ursachen fungieren können, gibt es eine ausgedehnte Diskussion, die heute noch andauert; vgl. dazu zum Beispiel Ansgar Beckermann, *Gründe und Ursachen.* Kronberg 1977.

auch wenn sie sich in verstehbaren nomologischen Aussagen darstellen lassen. Und es ist schon gar nicht selbstverständlich, daß wir schon in unserem Alltagswissen über alle diese Gesetzmäßigkeiten verfügen und daher einen besonderen Zugang zu ihnen haben. Die Erklärung menschlichen Verhaltens ist bekanntlich ein Problemkreis, mit dem sich eine ganze Reihe von Disziplinen befassen, von der Biologie, der Psychologie und der Soziologie bis zur Ökonomie. Auch in diesem Bereich kann die Forschung zur Korrektur von Vorstellungen beitragen, die in unserem Alltagsdenken vorherrschen.

Die meisten heutigen Theorien über menschliches Verhalten scheinen zumindest darin übereinzustimmen, daß sie außer den motivationalen Faktoren – wie Bedürfnissen, Motiven, Zielen – noch kognitive Faktoren – Wahrnehmungen, Erwartungen, Wissen – und mitunter normative Faktoren – Normen, Regeln, Maximen, Werte – unterscheiden, von denen das Verhalten in bestimmter Weise abhängt. Alle diese Faktoren sind auch bei Weber zu finden. Die Vielfalt der Theorien zu diesem Problemkreis beruht wohl nur zum Teil darauf, daß sie konkurrierende Lösungen für dieselben Probleme ins Auge fassen. Sie scheint teilweise auch damit zusammenzuhängen, daß sie verschiedene Aspekte des Verhaltens behandeln und insoweit keineswegs miteinander unvereinbar sein müssen. In vielen Fällen werden ganz bewußt drastische Vereinfachungen und Idealisierungen in Kauf genommen, da man damit die betreffenden Probleme lösen zu können meint, weil es zum Beispiel nur darauf ankomme, Kollektivphänomene – etwa eine inflationäre Entwicklung – zu erklären, für deren Erklärung gewisse Züge des Einzelverhaltens nicht relevant zu sein scheinen, die in anderen Fällen durchaus wichtig erscheinen können. Das scheint insbesondere für das ökonomische Denken zu gelten, das wir im Zusammenhang mit der Weberschen Analyse des Untergangs der Antike schon einmal berührt haben und dessen Resultate auch in neueren Forschungen eine erhebliche Rolle spielen[27].

Die ökonomische Tradition ist in unserem Zusammenhang besonders interessant, weil sie eine theoretisch hoch entwickelte Version des individualistischen Ansatzes darstellt und überdies – im Gegensatz zur Einschränkung auf den sogenannten »wirtschaftlichen Bereich«, den ihre Bezeichnung suggeriert – als ein

---

[27] Vgl. dazu etwa Emmanuel Le Roy Ladurie, *Die Bauern des Languedoc*. Stuttgart 1983, und andere Werke aus der Annales-Schule.

allgemeines Paradigma der Sozialwissenschaften aufzufassen ist[28], so daß heute zum Beispiel ökonomische Theorien der Demokratie, der Bürokratie, der Revolution, der Kriminalität, der Familie usw. diskutiert werden, die mit den bisher üblichen soziologischen Erklärungsversuchen dieser Phänomene konkurrieren. Ich möchte daher näher auf diese Tradition eingehen, die auf jeden Fall für die Wirtschaftsgeschichte, vermutlich aber für die historische Forschung insgesamt von Interesse sein dürfte[29].

Die Verhaltenstheorie, die sich in der neoklassischen Phase der Geschichte des ökonomischen Denkens – also seit den siebziger Jahren des vorigen Jahrhunderts – herausgebildet hat, dient als Grundlage für die Erklärung sozialer Steuerungsvorgänge verschiedener Art, wobei das Funktionieren von Märkten meist im Zentrum des Interesses stand. Aber diese Einschränkung ist inzwischen weggefallen. Diese Theorie sucht die Entscheidungen der Individuen und damit ihr Verhalten aus dem Zusammenwirken von Präferenzen und Restriktionen zu erklären: Präferenzen, in denen die individuellen Bewertungen, und Restriktionen, in denen die für das Handeln relevanten situativen Gegebenheiten und die damit verbundenen Möglichkeiten zum Ausdruck kommen, wobei die Menge dieser Möglichkeiten eventuell noch durch Produktionsfunktionen mitbestimmt wird, in denen das vorhandene technische Wissen verkörpert ist. Man geht also davon aus, daß in jeder Situation eine begrenzte Menge von Möglichkeiten – Handlungsalternativen und ihre Konsequenzen – gegeben ist, die vom Individuum bewertet werden, woraus dann eine bestimmte Entscheidung resultiert. Das sieht einerseits plausibel, andererseits aber auch trivial aus. Was diese Art der Analyse interessant macht, ist die Art und Weise, wie diese Komponenten im einzelnen spezifiziert und verwertet werden. Das begriffliche Instrumentarium der Ökonomie hat sich als außerordentlich gut geeignet zur Konstruktion mathematischer Modelle erwiesen, die für die Erklärung sozialer Steuerungsvorgänge – also die Erklärung kollektiver Phänomene auf individualistischer Grundlage – benutzt werden können, wobei als elementare Ereignisse sinnvolle und damit grundsätzlich verstehbare Verhaltensweisen – menschli-

---

[28] Vgl. dazu meinen Aufsatz *Individuelles Handeln und soziale Steuerung.*
[29] Vgl. dazu Douglas C. North, *Structure and change in economic history.* New York, London 1981.

che Handlungen – auftreten[30]. Soweit solche Erklärungsversuche gelingen, müssen sie natürlich prinzipiell auch für die Analyse historischer Vorgänge in Betracht kommen, denn alle diese Phänomene sind ja – als konkrete Phänomene – Teil der menschlichen Geschichte.

Nun gibt es aber innerhalb und außerhalb des ökonomischen Denkens eine ganze Reihe von Einwänden gegen den neoklassischen Denkstil, die gerade die Erklärungsleistung dieser Konzeption tangieren. Und es gibt neuere Entwicklungen, die diesen Einwänden Rechnung tragen sollen. Einer der wesentlichen Einwände – vorgebracht von seiten »heterodoxer« Theoretiker aus dem Lager des Marxismus, des Historismus und des Institutionalismus – war seit langer Zeit der, daß die betreffenden Modelle auf ein Operieren im sozialen Vakuum hinausliefen, weil sie die institutionellen Gegebenheiten – zum Beispiel die kausalrelevanten Züge der jeweils vorliegenden Rechtsordnung – nicht hinreichend berücksichtigten, auf die übrigens Max Weber stets besonderen Wert gelegt hat.

Als Reaktion auf Einwände dieser Art hat sich seit einiger Zeit eine Richtung entwickelt, die sich damit befaßt, die für das tatsächliche Geschehen relevanten rechtlichen Regelungen in die der Erklärung dienenden Modelle einzubauen, um sie auf diese Weise realistischer zu machen[31]. Die betreffenden rechtlichen Regelungen werden dabei in Einschränkungen möglichen individuellen Verhaltens übersetzt, so daß sich bei Änderungen dieser Regelungen die Menge der den Individuen zur Verfügung stehenden Handlungsalternativen ändert. Es geht hier also stets um die konkrete Bestimmung der Restriktionen, während die Präferenzstrukturen davon nicht berührt werden.

Nun gibt es aber seit langer Zeit eine Kontroverse um die ökonomische Wertlehre, die sich in der Neoklassik herausgebildet hat, in der ganz andere Einwände eine Rolle spielen. Diese Lehre scheint nämlich – auch nach Aussagen vieler Ökonomen –

---

[30] Jürgen von Kempski hat daher mit einem gewissen Recht von der mathematischen Wirtschaftstheorie behauptet, sie mache genau das, was die »verstehende Ökonomie« machen müsse, wenn sie sich selbst verstünde, sie sei nämlich als Theorie wirtschaftlicher Handlungen aufzufassen; vgl. dazu Kempski, *Handlung, Maxime und Situation. Zur logischen Analyse der mathematischen Wirtschaftstheorie* (1954). In: Albert (Hrsg.), *Theorie und Realität*, 2. Aufl. Tübingen 1972, S. 139–152.
[31] Vgl. Willi Meyer, *Entwicklung und Bedeutung des Property-Rights-Ansatzes in der Nationalökonomie.* In: Alfred Schüller (Hrsg.), *Property rights und ökonomische Theorie.* München 1983.

eine Art »Logik des Handelns« zu sein, die sich völlig unabhängig gemacht hat von dem, was die psychologische Forschung zu solchen Problemen zu sagen hat, obwohl sie selbst aus einer bestimmten psychologischen Tradition, nämlich der des Utilitarismus, hervorgegangen ist. Einer der Einwände, die in diesem Zusammenhang erhoben wurden, ist der, diese Lehre habe die Tatsache nicht genügend berücksichtigt, daß menschliche Entscheidungen durch den Erwartungshorizont der Handelnden mitbedingt sind. Die für das tatsächliche Handeln relevante Wahrnehmung der Situation ist ja nicht einfach die Registration bestimmter faktischer Gegebenheiten, sondern sie involviert eine Deutung, in der zukünftige Möglichkeiten vorweggenommen werden. Und diese Vorwegnahme involviert, wie schon Max Weber festgestellt hat, »ontologisches« und »nomologisches« Wissen, oder – anders ausgedrückt: Tatsachenwissen und Theorien[32]. Man darf also nicht einfach unterstellen, daß die betreffenden Indidivuen über die relevante Information verfügen, wie das vielfach üblich ist, und auch nicht, daß sie diese Information adäquat verarbeitet haben[33]. Auch in dieser Beziehung gibt es Verbesserungsvorschläge und Versuche, Forschungsresultate anderer Disziplinen zu verwerten[34].

Und schließlich gibt es noch Einwände gegen die neoklassische Behandlung des Präferenzproblems, durch die man die in der Psychologie umstrittene Motivationsproblematik gewissermaßen umgehen zu können glaubte. Wer mit der Annahme gegebener Präferenzstrukturen arbeitet, will damit meist keineswegs leugnen, daß die Dynamik der menschlichen Willensbildung schwierige psychologische Probleme aufwirft, die eingehende Forschung erforderlich machen. Man will im allgemeinen nur behaupten, daß das Ergebnis solcher Prozesse mit für die Erklärung bestimmter kollektiver Phänomene hinreichender Annäherung jeweils durch eine Funktion darstellbar ist, in der die daraus resultierenden Bewertungen möglicher Alternativen zum Ausdruck kommen. Wichtig ist dabei vor allem, daß man bestimmte Eigenschaften solcher Funktionen angeben kann, die diese These gehaltvoller machen und die es erlauben, bei Anwendung auf konkrete Situationen bestimmte Konse-

[32] Vgl. dazu Manfred Tietzel, *Wirtschaftstheorie und Unwissen. Überlegungen zur Wirtschaftstheorie jenseits von Risiko und Unsicherheit.* Tübingen 1985.
[33] Vgl. dazu Herbert Simon, *Reason in human affairs.* Oxford 1983.
[34] Vgl. dazu Wolfgang Stroebe und Willy Meyer (Hrsg.), *Social psychology and economics.* Leicester 1982.

quenzen hinsichtlich der Entscheidungen zu ziehen, die sich daraus ergeben. Diese Anwendung macht jedoch meist die Verwendung zusätzlicher Annahmen erforderlich, die zum Teil höchst problematisch sind.

Man kann nun in verschiedener Weise verfahren, um den Forschungsergebnissen anderer Disziplinen Rechnung zu tragen. Einerseits kann man versuchen, das Instrumentarium des ökonomischen Denkens im wesentlichen beizubehalten und diese Resultate in diesem Rahmen zu verwerten, indem man zum Beispiel die betreffenden Nutzenfunktionen entsprechend konkretisiert[35]. Andererseits kann man versuchen, eine ganz andere Verhaltenstheorie zu entwickeln, die sich nicht mit Hilfe von Nutzenfunktionen formulieren läßt[36]. Eines der wichtigsten Probleme in diesem Zusammenhang scheint mir das der Internalisierung von Normen und der Verankerung bestimmter Werthaltungen in gemeinsamen Systemen der Weltorientierung zu sein. Auch dieses Thema hat bekanntlich schon Max Weber angeschnitten, vor allem in seinen religionssoziologischen Untersuchungen und in seiner Analyse der Arten des Legitimitätsglaubens und ihrer Bedeutung für die Stabilität der Herrschaft[37].

Auch von Vertretern des ökonomischen Denkens wird heute vielfach anerkannt, daß die bisher dominierenden neoklassischen Verhaltensannahmen inadäquat sind, weil sie einige Faktoren nicht berücksichtigen, die für die Bestimmung individueller Entscheidungen erhebliche Bedeutung haben dürften, und zwar vor allem kognitive und normative Überzeugungen, die einen Einfluß darauf haben, wie die betreffenden Individuen ihre jeweilige Problemsituation sehen. Das berührt aber keines-

---

[35] Vgl. dazu etwa George A. Akerlof, *An economist's book of tales.* Cambridge 1984, wo zum Beispiel die Theorie der kognitiven Dissonanz und die Homanssche Forschungen über die Rolle von Gruppennormen so verwertet werden.

[36] Vgl. dazu etwa Jack Wiseman (Hrsg.), *Beyond positive economics.* Houndsmill, London 1983, oder die Forschungen zum Problem der Leistungsmotivation; vgl. dazu John W. Atkinson, *Introduction to motivation.* Princeton 1964; und meinen Aufsatz *Erwerbsprinzip und Sozialstruktur.* In: Jahrbuch für Sozialwissenschaft 19 (1968), S. 1 ff.

[37] Vgl. dazu North, *Structure and change in economic history,* der zeigt, daß die neoklassische Ökonomie hier eine erhebliche Lücke aufweist. Sie berücksichtigt nämlich nicht die Tatsache, daß ein wirksamer Moralkodex der Zement der sozialen Stabilität ist, der ein Wirtschaftssystem lebensfähig macht. Es ist nach North überdies schwer, im Rahmen der üblichen ökonomischen Verhaltensannahmen die enormen Investitionen zu erklären, die jede Gesellschaft zur Aufrechterhaltung des erforderlichen Legitimitätsglaubens zu machen pflegt (S. 47).

wegs die allgemeinen Züge des Erkenntnisprogramms, das sich im ökonomischen Denken entwickelt hat, nämlich die Kombination von methodologischem Individualismus und theoretischem Institutionalismus, deren Wurzeln schon im klassischen Denken zu finden sind, also die Auffassung, daß individuelle Handlungen als Reaktionen auf soziale Situationen zu betrachten sind, die – zum Teil auf Grund der vorliegenden institutionellen Regelungen – bestimmte Anreize dafür enthalten, so daß bestimmte Verhaltensweisen dadurch prämiiert, andere dagegen ausgeschlossen oder zurückgedrängt werden. Wenn daher – etwa aus sozialstrukturellen Gründen – bestimmte typische Situationen gegeben sind, sind entsprechende typische Reaktionen zu erwarten, mit denen auch der Historiker bei seiner Analyse konkreter Zusammenhänge rechnen kann, zumal auch bestimmte typische Arten von Quellen auf Grund solcher Verhaltensweisen zustandezukommen pflegen[38].

Soweit der Historiker die Entscheidungen einzelner Personen rekonstruieren muß, die eine besondere Rolle für den Ablauf des vergangenen Geschehens gespielt haben – zum Beispiel: Religionsstifter, Gesetzgeber, Feldherren, Großunternehmer, Forscher usw. –, steht der methodologische Individualismus nicht zur Diskussion. Hier muß ohnehin die jeweilige Problemsituation der betreffenden Personen analysiert, es müssen die Einsichten und Absichten, die Erwartungen und Bewertungen, die Maßstäbe und Maximen rekonstruiert werden, die zu diesen Entscheidungen geführt haben. Für diese Rekonstruktion hat natürlich das relevante nomologische Wissen – und haben damit die Resultate theoretischer Wissenschaften – ebenso Bedeutung wie für die Analyse der sozialen Konsequenzen solcher Entscheidungen, die auf Grund typischer Reaktionen zustandekommen. Was dabei wohl nicht erklärt werden kann, sind neue Problemlösungen, die aber selbst wieder als Kausalfaktoren in den historischen Prozeß eingehen. Sie können verstanden und ihre kausale Rolle kann analysiert werden, aber ihr jeweiliger Inhalt scheint mir einer Erklärung im üblichen Sinne des Wortes nicht zugänglich zu sein.

---

[38] Zum Beispiel die Flurbücher, die Le Roy Ladurie für seine Untersuchungen über die Entwicklung im Languedoc seit dem 15. Jahrhundert ausgewertet hat; vgl. *Die Bauern des Languedoc;* zu typischen Verhaltensweisen vgl. dort besonders S. 177 ff.

GERALD MOZETIČ

Individualismus und Kollektivismus
Eine methodologische Kontroverse
und ihre pragmatische Valenz

I.

»If methodological individualism means that human beings are supposed to be the only moving agents in history, and if sociological holism means that some superhuman agents or factors are supposed to be at work in history, then these two alternatives are exhaustive.«[1] Der Artikel von J. W. N. Watkins, in dem diese Alternative angeboten wird, erschien 1957. Die sogenannte Debatte um den methodologischen Individualismus, von I. C. Jarvie zu den »lebhaftesten« gerechnet, »die in der Philosophie der Sozialwissenschaften stattfanden«[2], bewegte sich auf einen Abschluß ohne definitives Ergebnis zu. Angesichts des an den Beginn gestellten Zitates wird man beides vielleicht nicht so recht glauben wollen – nämlich weder die Lebhaftigkeit noch das offene Ende der Debatte. Im Rahmen eines freien wissenschaftlichen Diskurses sollte irgend jemand noch vor wenigen Jahren ernsthaft die Position verteidigt haben, in der Geschichte seien »superhuman agents« am Werke? Sehen wir uns ein weiteres Beispiel an. Nach J. Agassis Auffassung (1960 publiziert) sind die methodologischen Kollektivisten oder Holisten[3] bereit, folgender Konklusion zuzustimmen: »If ›wholes‹ exist *then* they have distinct aims and interests of their own.«[4] Zwar gibt Agassi zu, daß diese Aussage »is not

---

[1] J. W. N. Watkins, *Historical explanation in the social sciences* (1957). Abgedruckt in: J. O'Neill (Hrsg.), *Modes of individualism and collectivism*. London 1973, S. 166–178, Zitat S. 168. Da in O'Neills Sammelband die meisten Beiträge der Kontroverse abgedruckt sind, zitiere ich – sofern mir keine Übersetzungen ins Deutsche zugänglich waren – vornehmlich nach dieser Ausgabe.

[2] I. C. Jarvie, *Die Logik der Gesellschaft*. München 1974, S. 265.

[3] Diese beiden Termini werden hier, dem methodologischen Sprachgebrauch folgend, synonym verwendet, obwohl sie begriffsgeschichtlich unterschiedlichen Ursprungs sind. (»Holismus« ist ein Wort unseres Jahrhunderts und wurde zunächst von Biologen verwendet.)

[4] J. Agassi, *Methodological individualism* (1960). In: O'Neill, *Modes of individualism and collectivism*, S. 185–212, Zitat S. 186.

explicitly stated by writers on the present controversy« – gemeint ist die Debatte um den methodologischen Individualismus –, aber sie sei »often implicit in many works on the controversy, old and new«[5]. Leider verschweigt uns Agassi, wen er da im Sinn hat.

Werfen wir nun umgekehrt einen ersten Blick auf die Position des methodologischen Individualismus. Es handelt sich dabei, wie K. R. Popper ausführt, um die »ganz unangreifbare Doktrin, daß wir versuchen müssen, alle kollektiven Phänomene als auf Aktionen, Interaktionen, Zielsetzungen, Hoffnungen und Gedanken von Individuen zurückführbar zu verstehen und als Resultat von Traditionen, die von Individuen geschaffen und bewahrt werden«[6]. Wie man in bezug auf die oben zitierte Version eines metaphysisch anmutenden Holismus nicht glauben kann, daß sie heute noch jemand ernsthaft verteidigen wollte, so ist es hinsichtlich der Grundthese des methodologischen Individualismus nicht zu begreifen, daß sie heute von jemandem ernsthaft attackiert werden könnte. Wie Felix Kaufmann schon 1936 lapidar anmerkte, seien die Thesen des Individualismus »in ihrer Grundauffassung derart einfach, daß sie keiner weiteren Erläuterung bedürfen«[7], und neuerdings hat St. Lukes von einem »truistic social atomism« gesprochen[8]. Es erscheint nun um so rätselhafter, worüber denn in der Debatte um den methodologischen Individualismus tatsächlich diskutiert wurde. Im Versuch, diese Frage zu beantworten, wird noch im einzelnen zu prüfen sein, auf welcher argumentativen Ebene die Kontroverse sich entfaltete. Erst nach einer derartigen Rekonstruktion kann etwa darüber entschieden werden, ob es sich um ein aus heutiger Sicht völlig überflüssiges und unfruchtbares Scheingefecht handelte, oder ob nicht doch wichtige methodologische Probleme einer Lösung nähergeführt werden konnten. Da aber in dieser Debatte gewisse Argumenationsstrategien und -schwerpunkte anzutreffen sind, die dem heutigen Leser sonderbar vorkommen müssen, beziehungsweise überhaupt nur einsichtig gemacht werden können, wenn man auf den breiteren Kontext Bezug nimmt, ist es zum besseren Verständnis erfor-

[5] Ebenda, S. 187.
[6] K. R. Popper, *Das Elend des Historizismus*. Tübingen 1965, S. 123.
[7] F. Kaufmann, *Methodenlehre der Sozialwissenschaften*. Wien 1936, S. 205.
[8] St. Lukes, *Methodological individualism reconsidered*. In: British Journal of Sociology 19 (1968), S. 119–129, Zitat S. 120. Vgl. auch vom selben Autor: *Individualism*. Oxford 1973.

derlich, über den methodologischen Kern der Debatte hinaus-
zugehen und auch deren Vorgeschichte kurz zu skizzieren.

II.

Die Ausdrücke »Individualismus« und »Kollektivismus« kamen zuerst im 19. Jahrhundert in Frankreich in Gebrauch. Ersterer soll zunächst von den Saint-Simonisten verwendet worden sein, um den von ihnen kritisierten Atomismus der Aufklä-
rungsphilosophie des 18. Jahrhunderts zu charakterisieren; diesem »individualisme« setzten sie die Idee der »association« entgegen[9]. Damit ist eine Bedeutungskomponente akzentuiert, die
in der weiteren Karriere des Begriffs nie ganz verloren ging,
wenn er auch so manche intensionale Anreicherung und Ver-
schiebung erfuhr. Auch wurde die pejorative Konnotation, die
der Terminus für die Saint-Simonisten besaß, durch andere Kritiker des Liberalismus und Kapitalismus noch verstärkt; andererseits wurde ihm die Funktion zugedacht, eine der Haupter-
rungenschaften der bürgerlichen Gesellschaft positiv auf den
Begriff zu bringen. Verfechter und Gegner der neuen Gesellschaftsformation waren sich ja prinzipiell darin einig, daß der
Individualismus ein wesentliches Ergebnis der Entwicklung
darstelle.

Ähnliches gilt für den Begriff »collectivisme«. Um die Mitte
des 19. Jahrhunderts nachweisbar[10], bedienten sich seiner diver-
se politische Strömungen. So versuchte etwa M. Bakunin, damit
seine Lehre vom Marxismus und Mutualismus terminologisch
eindeutig abzugrenzen (was ihm allerdings nicht gelang). Erst
relativ spät setzte sich jene heute dominierende Bedeutungsva-
riante durch, die das schlagende Argument einer erfolgreichen
sozialistischen Revolution hinter sich wußte und so aus pragmatischen Gründen die Oberhand behielt. Auch mit Bezug auf
den »Kollektivismus« zeigt sich jene Polarität der Bewertung,
die für den »Individualismus« charakteristisch ist.

In der Ausdifferenzierung der politischen Positionen, die die
Entwicklung des Kapitalismus reflektierten und begleiteten –
sei es, daß sie ihn begrüßten und vorantreiben wollten, sei es,

---

[9] Vgl. den Artikel »Individualismus«, in: Historisches Wörterbuch der Philosophie, Bd. 4. Basel, Stuttgart 1976, Sp. 289.
[10] Vgl. den Artikel »Kollektivismus, Kollektiv«, in ebenda, Sp. 884f.

daß sie reaktionären oder revolutionären Antikapitalismus propagierten –, waren die neuen Begriffe willkommene Schlagworte, die wesentliche Kennzeichen der neuen Gesellschaft knapp und treffend zusammenfaßten. Es ist nun wichtig, die Mehrdimensionalität zu beachten, die mit dem Gebrauch der neuen Terminologie verbunden war. Diese wurde nämlich nicht nur zur politischen Positionsbestimmung eingesetzt, sondern erwies sich schon bei der vorgängigen deskriptiven Erfassung und sozialtheoretischen Interpretation vieler Phänomene der »Moderne« (wie wir heute zu sagen pflegen) als hilfreich[11]. Unter »Individualismus« firmierte etwa das neue, sich seit der Renaissance immer stärker durchsetzende Menschenbild, das neue Selbstverständnis und -bewußtsein des sich ökonomisch und politisch emanzipierenden Bürgers und das neue Lebensgefühl der Künstler. Während der Konnex von Freiheit, Konkurrenz und Leistung mit dem liberalen Denken offensichtlich ist, liegt der deskriptive Gehalt von »Kollektivismus« nicht gleichermaßen auf der Hand. Aber wenn dieser Terminus auch nicht dieselbe Resonanz erfährt wie sein individualistisches Gegenstück, so bezieht er sich als Allgemeinbegriff doch auf eine Reihe gesellschaftlicher Erscheinungen, die mit dem Individualismus gemeinsam auftreten: Die fortschreitende Arbeitsteilung und Industrialisierung bewirkt nicht nur Isolierung, Atomisierung, Individualisierung, sie erzeugt auch neue ökonomische Abhängigkeiten und jene Vereinheitlichung von Lebenslagen, die die objektive Grundlage für die Formation der sozialen Klassen im Kapitalismus bildet.

In einer sich rapid urbanisierenden Gesellschaft, in einer Gesellschaft, in der die politische Organisation von Interessen immer weitere Kreise erfaßt, und in der sich die technischen Voraussetzungen kollektiven Handelns entscheidend verbessern – in einer derartigen Gesellschaft wird beispielsweise die *Masse* zu einem sozialen Phänomen, dem die Zeitgenossen teils fasziniert, teils verunsichert gegenüberstehen. Die Signatur des neuen Zeitalters wies eine Verknüpfung von individualistischen und kollektivistischen Tendenzen auf, und alle, die damals ihre Zeit verstehen oder auf sie einwirken wollten, bemühten sich

[11] In diesem Zusammenhang ist von Interesse, daß im Englischen »individualism« erstmals in einer Übersetzung von A. de Tocquevilles Schrift über die Demokratie in Amerika aufgetaucht sein soll. Vgl. den Artikel »Individualism« in der Encyclopaedia of the Social Sciences. Hrsg. v. E. R. A. Seligman, Bd. 7. New York 1932, S. 674–680, Hinweis S. 674.

um eine Analyse und Interpretation dieser Phänomene. Man denke exemplarisch nur an de Tocqueville, J. St. Mill oder an Karl Marx – bei allen Differenzen, ja Gegensätzlichkeiten ist ihnen gemeinsam, daß sie sensibel die sozialen, ökonomischen und politischen Veränderungen in der sich herausbildenden und unaufhaltsam fortschreitenden kapitalistischen und demokratischen Gesellschaft registrieren und sich ferner der anspruchsvollen Aufgabe zuwenden, Trends oder gar Gesetzmäßigkeiten dieses umfassenden Wandels auszumachen. Oder man betrachte die großen Themen, die am Anfang der Soziologie stehen, die von der sogenannten »Klassiker«-Generation in Angriff genommen wurden, bei Durkheim und Max Weber, bei Georg Simmel und Ferdinand Tönnies: wie unterschiedlich im einzelnen die Ergebnisse auch ausfallen, es ist unverkennbar, daß These vom Wandel der Solidaritätsformen und des Kollektivbewußtseins ebenso wie das Konzept der Rationalisierung der okzidentalen Welt, die Analyse des Zusammenhanges von Geldwirtschaft und Individualisierungsprozessen ebenso wie die Polarität von Gemeinschaft und Gesellschaft, zutiefst von der Überzeugung geprägt ist, daß nur die Berücksichtigung beider Transformationsgesichtspunkte, von Individualisierung und sozialer Kollektivierung, eine adäquate Analyse des gesellschaftlichen Wandels in den Bereich des Möglichen rückt.

Zugleich treten damit Probleme des Handlungs- und Steuerungspotentials in den Vordergrund. Wie weit reichen die Eingriffsmöglichkeiten der Menschen angesichts eines Prozesses, der über ihre Köpfe hinweg seine Eigengesetzlichkeit zu besitzen scheint und diese dem Individuum in machtvoller Weise demonstriert? Welche Verschiebungen erfahren in diesem Prozeß die Grenzen dessen, was als gegebenes, auferlegtes Schicksal bloß hingenommen werden kann? Welche Ressourcen stehen zur Verfügung oder können neu gewonnen werden, um vermeintliches Schicksal in selbstgewählte Entscheidungsfolgen umzuwandeln und die Zukunft disponibler zu machen? »Handlungsfreiheit und Gesellschaftsgestaltung« – darüber entfaltet sich ein neuer Diskurs, der einerseits die sozialökonomischen und politischen Parameter der bürgerlich gewordenen Gesellschaft reflektiert, der andererseits aber auch davon abhängig ist, für welchen Kompetenzbereich sich die diversen Wissenschaften zuständig erklären und welchen Methoden wissenschaftliche Dignität zuerkannt wird. Es ist vielleicht ein Gemeinplatz, zu sagen, daß die methodologischen Konzepte in den Human- und Sozialwissenschaften des 19. Jahrhunderts in engem Konnex mit sozialtheoretischen Prämissen und gesellschaftspolitischen Optionen entstanden. Das heißt nicht, daß man die Korrektheit oder Adäquatheit der einschlägigen Erkenntnisprogramme nicht an ihrem propositionalen Gehalt überprüfen sollte. Allerdings wird man auch nicht der Frage ausweichen dürfen, inwiefern die Kriterien dieser Überprüfung der wissenssoziologisch konstatierbaren Verankerung im Sinne der »Seinsgebundenheit« entzogen werden können. Konzediert man etwa der wissenssoziologischen Perspektive, Licht auf die Bedingtheit materialer Analysen zu werfen, während gleichzeitig die Meta-Ebene der Wissenschaftslogik der wissenssoziologischen Relationierung als nicht zugänglich erachtet wird, muß man die Beweislast für eine derartige Zweiweltenlehre auf sich nehmen: wie ist eine Grenzziehung zwischen den sozial indexierbaren Aussagen und den »reinen«, sozial nicht tangierten Aussagen zu rechtfertigen? Auf dieses Problemfeld frühzeitig aufmerksam zu machen, erscheint schon darum geboten, weil es sich bei einer Diskussion über das Verhältnis von methodologischen und politischen, theoretischen und praktischen Gesichtspunkten schlechterdings nicht vermeiden läßt. Groß ist daher die Gefahr, Ad-hoc-Lösungen einzuführen, die analytisch weit unter den Möglichkeiten rationaler Erörterung bleiben.

III.

Halten wir fest, daß »Individualismus« und »Kollektivismus« vor allem auf drei Verwendungsebenen anzutreffen sind: Erstens dienen sie zur Charakterisierung von empirisch aufweisbaren Merkmalen einer Gesellschaft, wobei hier zwischen spezifischen Ausformungen oder Arten von Individualismus/Kollektivismus und deren quantitativ eruierbaren Ausprägungen zu unterscheiden ist. Für jede Gesellschaft wäre demnach ein bestimmtes Mischungsverhältnis individualistischer und kollektivistischer Phänomene signifikant. Zweitens können die Ausdrücke Individualismus/Kollektivismus auf Einstellungen, Bewertungen und politische Ideologien gemünzt werden, wobei in diesem Falle – bei allen Abstufungen und Differenzen – immer auch die Handlungsrelevanz, von persönlichen Handlungskalkülen bis zu politischen Programmen und Aktionen, mitangesprochen sind. Drittens werden die Termini Individualismus/Kollektivismus dann auch ins Methodologische gewendet und kennzeichnen spezifische Zugangsweisen und Wissenschaftsprogramme, mit denen die Struktur und Dynamik der Gesellschaft aufgeschlüsselt werden soll.

In der Wissenschaftsgeschichte des 19. Jahrhunderts lassen sich diese unterschiedlichen Argumentationsstränge deutlich rekonstruieren, und dabei zeigt sich, daß einzelne Wissenschaftsdisziplinen sich methodisch auf das eine oder andere Programm festlegen, damit Abgrenzungskriterien generieren und so sowohl Außenseiter innerhalb des eigenen Faches stigmatisieren als auch Reviere gegen Attacken von außen markieren und absichern können. Dabei ist die Festlegung auf Individualismus oder Kollektivismus in der Regel nur eine Vorentscheidung, die innerhalb der jeweils gewählten Paradigmen noch reichlich Spielraum zur Disposition stellt. Durch eine Anreicherung mit weiteren Grundlagenfragen der Geistes- und Sozialwissenschaften – etwa der Debatte um den Stellenwert idiographischer und nomothetischer Verfahren[12] – entsteht ein Problemgeflecht, das zahlreiche Variationen zuläßt. Der individualistische Standpunkt kann zum einen kombiniert werden mit einer spezifisch geistes- oder kulturwissenschaftlichen Methode, dem »Verstehen«, zum anderen mit Annahmen nomothetischen Charakters über die Natur des Menschen, seine Weltorientierung oder Handlungsmotivationen. Der kollektivistische Standpunkt wiederum kann organizistische Züge tragen oder ideelle Entitäten wie den Volksgeist einführen, er kann aber auch zur Postulierung genuin sozialer Sachverhalte führen, wobei man dann unterschiedlicher Auffassung darüber sein kann, ob beziehungsweise bis zu welchem Grade im Sozialen strikte Gesetzmäßigkeiten zum Ausdruck kommen. Da hier nicht im einzelnen nachgezeichnet werden kann, wie in den wissenschaftlichen Fächern die Kontroverse zwischen individualistischen und kollektivistischen Auffassungen verlief, seien nur exemplarisch einige Hauptargumentationslinien erwähnt.

Am klarsten formuliert findet sich die individualistische Me

---

[12] Die Literatur dazu ist so reichhaltig, daß man es dem Autor nachsehen möge, wenn er nur auf eine eigene Arbeit verweist: *Probleme und Aktualität der idiographischen Methode.* In: G. Frey und J. Zelger (Hrsg.), *Der Mensch und die Wissenschaften vom Menschen.* Die Dokumentation der Beiträge des XII. Deutschen Kongresses für Philosophie in Innsbruck vom 29. September bis 3. Oktober 1981. Bd. 2: Die kulturellen Werte. Innsbruck 1983, S. 777–787.

thode im ökonomischen Denken seit der schottischen Moralphilosophie und der klassischen politischen Ökonomie. Sie bildet gewissermaßen einen harten Kern dieser Wissenschaft, der
von Entwicklungen innerhalb der Ökonomik, etwa der Ablö-
sung der objektiven Wertlehre durch einen subjektivistischen
Ansatz nicht tangiert wurde. Die individualistische Denkweise
war also in der ökonomischen Theorie bereits fest verankert, als
J. A. Schumpeter 1908 den Terminus »methodologischer Individualismus« prägte. Gemeint ist damit »nur, daß man bei der
Beschreibung gewisser wirtschaftlicher Vorgänge von dem
Handeln der Individuen ausgehe«[13]. Schumpeter versuchte,
strikt zwischen dem methodologischen und einem politischen
Individualismus zu unterscheiden. Hingegen fällt es ihm nicht
ein, dem Kollektivismus die wissenschaftliche Existenzberech-
tigung generell abzusprechen. Explizit meint er, »daß gar nichts
leichter ist, als beide Auffassungen mit allgemeinen Gründen zu
verteidigen«[14]. Der methodologische Individualismus enthalte
keine Aussagen über Tatsachen, sage »nichts darüber aus, was
für das Handeln des Menschen bestimmend sei«[15]. Für die reine
ökonomische Theorie könne man auf den methodologischen
Individualismus nicht verzichten, doch »sobald wir die Grenzen der reinen Theorie überschreiten, gestaltet sich die Sache
anders. In der Organisationslehre z. B. und überhaupt in der
Soziologie käme man wohl mit dem Individualismus nicht
weit.«[16] Die Auffassung, soziale Erscheinungen müßten als
Summe individueller Handlungen begriffen werden, wird von
Schumpeter »ausdrücklich« abgelehnt[17]. Er schränkt also den
Anwendungsbereich des methodologischen Individualismus
weitgehend ein und erklärt letzteren *nicht* zur allgemeinen
Grundlage des sozialwissenschaftlichen Arbeitens überhaupt.
Es wäre der Nachprüfung wert, ob Schumpeter, der ja nicht nur
zu den großen Ökonomen unseres Jahrhunderts zählt, sondern
auch mit wichtigen soziologischen Beiträgen hervorgetreten ist,
in diesen tatsächlich auf den methodologischen Individualismus
verzichtet.

Auf der anderen Seite steht auch für einen der Begründer der

---

[13] J. Schumpeter. *Das Wesen und der Hauptinhalt der theoretischen Nationalökonomie*. 2. Aufl. Berlin 1970, S. 90 f.
[14] Ebenda, S. 93.
[15] Ebenda, S. 94.
[16] Ebenda, S. 95.
[17] Ebenda, S. 98.

modernen Soziologie, für Emile Durkheim, völlig außer Frage, daß es metaphysisch wäre, die Bedeutung individuellen Handelns für die Existenz einer Gesellschaft zu leugnen. »Tatsächlich werden soziale Verhältnisse nur durch Menschen verwirklicht. Sie sind ein Erzeugnis menschlicher Tätigkeit.«[18] Für Durkheim ist evident, daß »die einzigen Elemente, aus denen die Gesellschaft gebildet ist, die Individuen sind«[19].

Es hat sich also die interessante Konstellation ergeben, daß einer der Begründer kollektivistischen Denkens in der Soziologie individualistischen Kernthesen zustimmt, während umgekehrt ein dem Individualismus verpflichteter Ökonom die Brauchbarkeit kollektivistischer Methodik betont[20]. Doch in der Regel nehmen die Vertreter des Individualismus für sich in Anspruch, in einer Tradition zu stehen, in der es erstmals gelang, Gesellschaft wissenschaftlich zu erfassen. »Erst die liberale Gesellschaftsphilosophie hat es vermocht«, schreibt Ludwig von Mises[21], »die Gesellschaft aus dem Handeln der Menschen heraus zu erklären, ohne Metaphysik in Anspruch nehmen zu müssen«. Der der Metaphysik bezichtigte Hauptgegner ist die kollektivistische, universalistische und organizistische Gesellschaftsauffassung, die von Mises folgendermaßen charakterisiert: »Nach der Lehre der Universalisten und Kollektivisten wäre die Gesellschaft ein Gebilde, das unabhängig und gesondert von den Einzelnen ein eigenes Leben lebt und für sich

[18] E. Durkheim, *Die Regeln der soziologischen Methode*. Hrsg. u. eingel. v. R. König. 6. Aufl. Darmstadt, Neuwied 1980, S. 117.

[19] Ebenda, S. 186.

[20] Daß sich Durkheims Untersuchungen auf der Basis individualistischer Methodologie rekonstruieren lassen, ist des öfteren festgestellt worden. Vgl. etwa R. Boudon, *Die Logik des gesellschaftlichen Handelns. Eine Einführung in die soziologische Denk- und Arbeitsweise.* Darmstadt, Neuwied 1980, S. 21: »Es ließe sich in der Tat ohne weiteres nachweisen, daß die meisten Theorien und Ergebnisse von Durkheim problemlos in die Sprache der Handlungssoziologien rückübersetzt werden können, also der Soziologien, bei denen soziale Akteure oder Agenten Atome und Interaktionssysteme logische Moleküle darstellen.« (Dieses Zitat ist leider auch ein Beleg für eine nicht eben als geglückt einzustufende Übersetzung aus dem Französischen.) In einer Rekonstruktion und Kritik von Durkheims Programm kommt S. Lindenberg, *Zur Kritik an Durkheims Programm für die Soziologie.* In: Zeitschrift für Soziologie 12 (1983), S. 139–151, Zitat S. 144 f., zu folgender Einschätzung: »Durkheim schiebt das Individuum und Entscheidungsverhalten sowie Annahmen über Präferenzen in das Hintergrundwissen«, wo gewissermaßen eine individualistische »Schatten-Methodologie« entsteht.

[21] L. v. Mises, *Die Gemeinwirtschaft. Untersuchungen über den Sozialismus.* Nachdruck der 2., umgearb. Aufl. 1932. München 1981, S. 477.

handelt, um seine Zwecke zu erreichen, die von denen der Einzelnen verschieden sind.«[22]

Als Carl Menger, der Begründer der Österreichischen Schule der Nationalökonomie, in den achtziger Jahren des vorigen Jahrhunderts seine *Untersuchungen über die Methode der Socialwissenschaften und der Politischen Ökonomie insbesondere* anstellte, war der organizistischen Gesellschaftsauffassung eine gewisse Verbreitung nicht abzusprechen, und er sah sich daher genötigt, diese einer eingehenden Kritik zu unterziehen. In der »Übertragung von Forschungsergebnissen der Physiologie und Anatomie per analogiam in die Politische Ökonomie« erblickte er einen solchen »Widersinn, dass kein methodisch Gebildeter denselben auch nur einer ernstlichen Widerlegung würdigen wird«[23], und keineswegs günstiger beurteilt Menger die Versuche von Schäffle und von Lilienfeld, von einer »durchgängigen *realen* Analogie zwischen den natürlichen und den sogen. socialen Organismen« auszugehen[24]. Gegenüber derartigen kollektivistischen Konstruktionen grenzte also Menger seinen Individualismus als die einzig wissenschaftliche Methode in den Sozialwissenschaften ab. Die theoretische Forschung, explizierte er, »sucht die *einfachsten Elemente* alles Realen zu ergründen«, und zwar »ohne Rücksicht darauf, ob dieselben in der Wirklichkeit als *selbständige* Erscheinungen vorhanden« sind[25]. Im Rahmen der exakten Richtung der theoretischen Forschung wird so vorgegangen, »dass wir die Menschheitsphänomene auf ihre ursprünglichsten und einfachsten constitutiven Factoren zurückführen« und »die Gesetze zu erforschen suchen, nach welchen sich aus jenen einfachsten Elementen [...] *complicirtere* Menschheitsphänomene gestalten«[26].

In diesen frühen Auseinandersetzungen um die Relevanz individualistischer und kollektivistischer Sichtweisen für die Ge-

[22] L. v. Mises, *Nationalökonomie. Theorie des Handelns und Wirtschaftens*. Nachdruck der 1. Aufl. 1940. München 1980, S. 116.

[23] C. Menger, *Untersuchungen über die Methode der Socialwissenschaften, und der Politischen Oekonomie insbesondere* (1883). Nachdruck als Band 2 von Mengers Gesammelten Werken. Hrsg. v. F. A. Hayek. Tübingen 1969, S. 149f.

[24] Ebenda, S. 150.

[25] Ebenda, S. 41.

[26] Ebenda, S. 43. Hier ist an Mengers Wissenschaftsklassifikation zu erinnern, die auf dem Gebiete der Volkswirtschaftslehre zwischen dem historischen, dem praktischen und dem theoretischen Zugang unterscheidet, wobei letzterer entweder nach der »realistisch-empirischen« oder der »exacten« Richtung erfolgen kann.

sellschaftswissenschaften war einer der Hauptadressaten der individualistisch inspirierten Kritik also der Organizismus, der das Soziale in Analogie zum Biologischen brachte. Zwar hatte schon ein Auguste Comte die Soziologie in die Nähe der Biologie gerückt, aber ihm kam es gerade darauf an, den autonomen Status der neuen Wissenschaft sicherzustellen. Hierin folgte ihm bekanntlich Durkheim, der, wie bereits erwähnt, für den Individualismus durchaus Platz in seiner Konzeption fand – er stimmte daher auch dem Urteil zu, daß zweifellos »keine kollektive Erscheinung entstehen (kann), wenn kein Einzelbewußtsein vorhanden ist«[27]. Doch diese notwendige Bedingung von Gesellschaft ist noch keine hinreichende: »Die einzelnen Psychen müssen noch assoziiert, kombiniert und in einer bestimmten Art kombiniert sein; das soziale Leben resultiert also aus dieser Kombination und kann nur aus ihr erklärt werden.«[28] In diesem Zusammenhang fallen bei Durkheim dann auch jene Worte, die zu den meistdiskutierten und umstrittensten seiner Soziologie gehören: »Ein Ganzes ist eben nicht mit der Summe seiner Teile identisch; es ist ein Ding anderer Art, dessen Eigenschaften von denen der Teile, aus denen es zusammengesetzt ist, verschieden sind.«[29] Ob dies nun eine mißverständliche Formulierung ist, mag dahingestellt bleiben; denn selbst wenn dies der Fall sein und ferner Durkheims Einführung eines »Kollektivbewußtseins« den Verdacht, hier habe sich ein Stück Metaphysik eingeschlichen, verstärken sollte, so müßte auf dem so entstandenen Diskussionsfeld ein Austausch von Argumenten und Gegenargumenten in einigermaßen sachlicher Weise möglich sein. Rein wissenschaftlich geht es zunächst um das Problem der adäquaten Einheiten sozialwissenschaftlicher Forschung und die methodologischen Konsequenzen der kontroversen Standpunkte. Natürlich wurde auch diese Diskussion geführt, die sich unter anderem ja schon darum nicht vermeiden ließ, weil es unterschiedliche Spielarten individualistischen und kollektivistischen Denkens gibt. Beispielsweise sei darauf hingewiesen, daß F. A. von Hayeks »kompositive Methode« zwar an Menger anschließt, daß in ihr aber der von diesem methodologisch konzipierte Atomismus eine ontologische Färbung bekommt. Den »einfachsten Elementen alles Realen«, die für Menger Ergebnis

---

[27] Durkheim, *Die Regeln der soziologischen Methode*, S. 187.
[28] Ebenda.
[29] Ebenda.

einer aus theoretischen Gründen erforderlichen Reduktion sind, schreibt Hayek Realitätscharakter im Sinne eines ontologischen Atomismus zu. Die Kombinationen dieser Elemente zu Ganzheiten oder Systemen stellen dann eine bloße »Konstruktion unseres Geistes« dar[30]. Von solchen Differenzen kann sich die methodologische Diskussion ebenso ihren Stoff besorgen wie aus unterschiedlichen Auffassungen über die Bedeutung der Psychologie für die Sozialwissenschaften oder dem eigentümlichen Versuch Ludwig von Mises', eine individualistische Handlungstheorie als aprioristische Praxeologie zu konstituieren[31].

Die mit dem Thema Individualismus/Kollektivismus verbundene Brisanz läßt sich freilich nicht aus solchen innerwissenschaftlichen Differenzen ableiten; viel plausibler erscheint die These, daß der Diskussionsverlauf der Debatte ohne Bezugnahme auf den weltanschaulich-politischen Kontext sowie Disziplinenrivalitäten und andere soziale Phänomene des Wissenschaftsgeschehens gar nicht zu begreifen ist. Gibt man sich mit einer immanenten Rekonstruktion zufrieden, für welche – wie etwa Viktor Vanberg in seiner beachtenswerten Stellungnahme für eine individualistisch-verhaltenstheoretische Soziologie ausführt – die Erörterung des Zusammenhanges zwischen sozialtheoretisch-methodologischen und politisch-pragmatischen Gesichtspunkten aus dem »interessierenden Rahmen bereits herausführt«[32], wird die Dynamik, Emotionalität und Verständnislosigkeit, von der die Debatte zwischen Individualisten und Kollektivisten über weite Strecken geprägt ist, nur Unverständnis hervorrufen können.

IV.

Wie hier als bekannt vorausgesetzt werden kann, waren sich die frühen Protagonisten einer soziologischen Erkenntnisweise keineswegs darüber einig, wie man in dieser neuen Wissenschaft

[30] F. A. v. Hayek, *Mißbrauch und Verfall der Vernunft*. Frankfurt 1959, S. 69.

[31] Vgl. Mises, *Nationalökonomie*, wo die Praxeologie entfaltet wird und es u. a. heißt (S. 39): »Die allgemeine Wissenschaft vom menschlichen Handeln ist Theorie und nicht Geschichte, sie ist apriorische Erkenntnis und nicht Erfahrungswissenschaft.« Dieser Apriorismus stellt wohl nur eine Episode in der individualistischen Tradition dar, denn er fand viele Kritiker, aber kaum Befürworter.

[32] V. Vanberg. *Die zwei Soziologien. Individualismus und Kollektivismus in der Sozialtheorie*. Tübingen 1975, S. 209.

vorzugehen habe; es rivalisierten im Gegenteil höchst unterschiedliche Entwürfe um die Position eines soziologischen Paradigmas. In unterschiedlichen Disziplinen ihre wissenschaftliche Prägung erfahrend, in unterschiedlichem Maße von den Programmen des Historismus und des Positivismus affiziert und mit unterschiedlichen Einschätzungen der zweckmäßigen Grenzziehungen wissenschaftlicher Arbeitsteilung ans Werk gehend, entfalteten die frühen Soziologen einen Reichtum an Lehrmeinungen, angesichts dessen ein gemeinsames Anliegen oder ein basaler Konsens oft nur schwer auszumachen war. Nicht alle diese Entwürfe stellten die neue Wissenschaft in Opposition zu einer individualistischen Methodik. Daß dennoch die kollektivistische Position als essentieller Bestandteil des soziologischen Selbstverständnisses erscheinen konnte, lag (und liegt?) daran, daß eine methodisch kollektivistische Grundlegung der Soziologie aufs engste mit der Forderung nach Autonomie für diese Disziplin im Kanon der Wissenschaften verknüpft war. Es handelt sich dabei nicht um Extremfälle von marginaler Bedeutung – auch wenn einer der Hauptvertreter einer eigenständigen Soziologie, Ludwig Gumplowicz, institutionell vollkommen isoliert blieb –, sondern um eine Richtung, der es gelang, für die Entwicklung der Soziologie und die Konstituierung einer Fachidentität folgenreiche Weichenstellungen vorzunehmen, deren Wirkung bis auf den heutigen Tag spürbar ist.

In erster Linie ist hier an Emile Durkheim zu denken, demzufolge der Soziologie nur dann eine »Daseinsberechtigung« zugesprochen werden könne, »wenn sie eine von den übrigen Wissenschaften nicht erforschte Gattung von Tatbeständen zum Stoffe hat«[33]. Erst mit dem Nachweis eines genuin Sozialen könne die Soziologie als »eine besondere und autonome Wissenschaft«[34] etabliert werden. Durkheim ist sich der Schwierigkeiten bewußt, auf die ein solches Programm stoßen muß. »Da jedoch die einzigen Elemente, aus denen die Gesellschaft gebildet ist, die Individuen sind, so wird man einwenden, daß der Ursprung der soziologischen Tatbestände nicht anders als psychologisch erklärt werden kann.«[35] Den Versuch, die Existenz spezifisch sozialer Tatbestände aufzuweisen und zu begründen,

---

[33] Durkheim, *Die Regeln der soziologischen Methode,* S. 221.
[34] Ebenda.
[35] Ebenda, S. 186.

daß Soziales nur durch Soziales erklärt werden kann, wird man nicht als durchweg gelungen betrachten können. Er ist auch nur dann verständlich, wenn man Durkheims Geringschätzung der zeitgenössischen Psychologie und der utilitaristischen Tradition in Rechnung stellt.

Diese neue Soziologie beansprucht also einen eigenen Kompetenzbereich; ihre Vertreter begeben sich auf Kollisionskurs und attackieren etablierte Disziplinen. Ein überzeugter Soziologe wie Gumplowicz, der die Auseinandersetzung mit diesen ohne das geringste Anzeichen von Kompromißbereitschaft führte und der daher heftige Gegenkritik auf sich zog, ging wie Durkheim davon aus, daß eine »individuelle Tatsache [...] nie eine soziale erzeugen« wird, denn »nur eine soziale Einwirkung erzeugt einen sozialen Zustand«[36]. Nicht das Individuum, sondern die Gruppe ist das »Urelement aller sozialen Entwicklung«, der »elementarste Faktor des Naturprozesses der Geschichte«[37]. Die Annahme, der Mensch denke, bezeichnete Gumplowicz als »größte(n) Irrtum der individualistischen Psychologie«; in Wirklichkeit könne der Mensch *»nicht anders denken* als so, wie es aus den in seinem Hirn sich konzentrierenden Einflüssen der ihn umgebenden sozialen Umwelt mit Notwendigkeit sich ergibt«[38]. Daher sei auch das Handeln des Individuums gleichsam »nur eine optische Täuschung«, kämen darin doch stets »nur die Anschauungen, Gesinnungen und Tendenzen einer Gruppe« zum Ausdruck[39]. Mit sichtlicher Genugtuung über die Illusionslosigkeit der von ihm konzipierten Soziologie zog Gumplowicz die radikal erscheinenden Konsequenzen: »Auf dem Altar ihrer Erkenntnis opfert die Soziologie – den Menschen«, denn der Mensch »sinkt in der Soziologie zu einer bedeutungslosen *Null* herab«[40]. Aus einer derartigen

---

[36] L. Gumplowicz, *Grundriß der Soziologie* (1885). Innsbruck 1926 (= Ausgewählte Werke, Bd. 2). Nachdruck Aalen 1978, S. 18. Vgl. zu Gumplowicz meine Arbeiten *Ludwig Gumplowicz: Das Programm einer naturalistischen Soziologie.* In: *Tradition und Herausforderung. 400 Jahre Universität Graz.* Hrsg. v. K. Freisitzer u. a. Graz 1985, S. 189–210, und *Ein unzeitgemäßer Soziologe: Ludwig Gumplowicz.* In: Kölner Zeitschrift für Soziologie und Sozialpsychologie 37 (1985), S. 621–647.

[37] L. Gumplowicz, *Soziologische Essays. Soziologie und Politik.* Innsbruck 1928 (= Ausgewählte Werke, Bd. 4), S. 218.

[38] L. Gumplowicz, *Grundriß der Soziologie,* S. 172.

[39] L. Gumplowicz, *Die soziologische Staatsidee.* 2., vermehrte Aufl. Innsbruck 1902. Nachdruck Aalen 1969, S. 205.

[40] L. Gumplowicz, *Soziologische Essays,* S. 192.

Perspektive erschien es dem Soziologen unvermeidlich, der traditionellen Geschichtsschreibung die Wissenschaftlichkeit glatt abzusprechen. Die individualistisch vorgehenden Historiker preisen »die Taten großer Männer, ohne zu ahnen, daß es nur Marionetten sind, die von geheimen Fäden eines ewigen Naturgesetzes hin und her geschoben werden«[41]. Gumplowicz spitzt seinen Anti-Individualismus schließlich auf die These zu: »Geschichtliche Ereignisse werden nicht von Menschen gemacht, ebensowenig wie Naturereignisse von Gott.«[42] Diese Auflösung der menschlichen Geschichte in einen reinen Naturprozeß erschien den attackierten Historikern als eine geradezu absurde Verirrung des Geistes; Otto Hintze konnte sicher sein, das allgemeine Urteil seiner Zunft auszusprechen, als er die »Unhaltbarkeit dieses Systems« konstatierte, »das in seiner Einseitigkeit und Konsequenz doch etwas Groteskes hat«[43].

Eine so radikal anti-individualistische und naturalistische Soziologie wie die von Ludwig Gumplowicz konnte jene Bedenken und Animositäten, die die Historiker gegenüber dem sozialwissenschaftlichen Denken mehrheitlich schon lange gehegt hatten, nur noch weiter verstärken. Der »Gesellschaftswissenschaft« hatte ja Heinrich von Treitschke schon 1859 eine klare Absage erteilt. Dabei ging es allerdings nicht um die Methodik im engeren Sinne, sondern darum, zu verhindern, daß aus den Staatswissenschaften eine eigene Lehre von der Gesellschaft herausgerissen werde. »Der Satz von der Untrennbarkeit von Staat und Gesellschaft ist streng festzuhal-

[41] L. Gumplowicz, *Der Rassenkampf. Soziologische Untersuchungen* (1883). Innsbruck 1926 (= Ausgewählte Werke, Bd. 3). Nachdruck Aalen 1973, S. 160.

[42] L. Gumplowicz, *Grundriß der Soziologie*, S. 262.

[43] O. Hintze, (Rezension von) *Gumplowicz: Soziologie und Politik (1892)* und *Die sociologische Staatsidee (1892)*. In: Jahrbuch für Gesetzgebung, Verwaltung und Volkswirtschaft im Deutschen Reich 21 (1897), S. 715f., Zitat S. 716. Vgl. auch die negative Stellungnahme von Ernst Bernheim, *Lehrbuch der Historischen Methode und der Geschichtsphilosophie*, 5. und 6., neu bearb. und verm. Aufl. Leipzig 1908. Gumplowicz erblickte die Daseinsberechtigung einer individualistisch verfahrenden Geschichtsschreibung einzig in ihrem Vermögen, Gefühlsbedürfnisse zu befriedigen, um dann aber fortzusetzen (*Die soziologische Staatsidee*, S. 176): »Der eine liest Zola und der andere Ranke: sie sind ja beide Künstler, an denen man Gefallen finden kann. In wessen Schilderungen mehr Wahrheit ist, ist noch die Frage. Die Historiker citieren in den Noten ihre ›Quellen‹: Zola thut das nicht. Trotzdem scheint mir Zola wahrer zu sein als alle grossen Historiker. Berechtigt sind aber beide Arten Schilderungen des Lebens.«

ten«, postuliert Treitschke, denn »er rettet die Notwendigkeit des Staates«[44], und er soll offenbar auch so gelesen werden, daß er den Monopolanspruch einer gesellschaftliche Phänomene ohnehin zur Genüge berücksichtigenden Staatswissenschaft begründet. »Die Staatswissenschaft hat zum Gegenstande das gesamte Volksleben in seiner einheitlichen äußeren Ordnung. Sie betrachtet also die äußere Machtstellung *aller* im Völkerleben hervortretenden sozialen Erscheinungen.«[45] Gegen Robert von Mohl, Lorenz von Stein, Wilhelm Heinrich Riehl und andere, die die Notwendigkeit einer eigenständigen Sozialwissenschaft behaupteten, gerichtet, spielte Treitschkes Schrift eine wichtige Rolle in der Behinderung der Entwicklung der Sozialwissenschaften in Deutschland; um diese schmale Habilitationsschrift nicht überzubewerten, muß freilich darauf verwiesen werden, daß sie einer weitverbreiteten Distanz und Verständnislosigkeit gegenüber den Sozialwissenschaften Ausdruck verlieh und wohl nur darum wirksam werden konnte.[46]

Genau 60 Jahre nach Treitschke setzt sich ein anderer Historiker, Georg von Below, vehement gegen die aus seiner Sicht drohende Einführung soziologischer Professuren in Deutschland zur Wehr. Die Soziologie ist für ihn ein Kind des Positivismus, und daß damit über sie ein vernichtendes Urteil gesprochen ist, war jedem klar, der über die Rolle von Belows im Lamprecht-Streit Bescheid wußte. So wenig wie von Treitschke stellte von Below in Abrede, daß es soziale Phänomene gibt; der positivistischen Soziologie sei vielmehr vorzuwerfen, daß sie sich naturalistischer Methoden bediene, die nicht gegenstandsadäquat seien. »Gegenüber den Aufklärungen, die wir der deutschen Wissenschaft über das Problem der menschlichen Gemeinschaftsbeziehungen [...] verdanken, treten die Leistungen des Positivismus ganz zurück. Sollen wir etwa des Soziologen Gumplowicz gedenken, der sich als einer der ersten als Soziolo-

[44] H. v. Treitschke, *Die Gesellschaftswissenschaft. Ein kritischer Versuch* (1859). Nachdruck der Ausgabe Halle/Saale 1927. Darmstadt 1980, S. 72.
[45] Ebenda, S. 87.
[46] S. Papcke vertritt in seinem Vorwort zum Nachdruck, S. XII, die These, Treitschke habe »in Deutschland die Etablierung der Soziologie bis 1918 entscheidend behindert«, ohne jedoch »die überragende Bedeutung« von Treitschkes Schrift »für die Geschicke der Soziologie in Deutschland« (ebenda, S. IX) im einzelnen zu belegen und nachzuweisen.

gen bezeichnete?«[47] Die Soziologie, gegen die sich von Below
wendet, ist eine, die in Frankreich und England heimisch sei,
»in Deutschland dagegen in wissenschaftlichen Kreisen so gut
wie gar nicht vertreten wird, von Gumplowicz und Lamprecht
vertreten wurde und noch heute die offizielle Auffassung des
Sozialismus ist«[48]. Hier haben wir also eine ganze Reihe von
Feindbildern versammelt: Die Soziologie entspräche nicht dem
deutschen Denken, sie sei eine fremdländische, minderwertige
Doktrin; Gumplowicz und Lamprecht könnten nicht als ernst-
hafte Wissenschaftler gelten; und die Soziologie sei aufs engste
mit dem Sozialismus verbunden. Der Historiker von Below,
»dessen Polemiken die Anti-Soziologie des 19. bruchlos ins
20. Jahrhundert verlängern«[49], behauptete, daß »in der deutschen Wissenschaft das Problem der menschlichen Gemeinschaftsbeziehungen die ausgiebigste Behandlung erfahren hat«[50]
und daß »das Brauchbare, was die moderne ›Soziologie‹ enthält,
aus der Romantik stammt«[51].

Die Kluft zwischen positivistischer Soziologie und, wie wir
sagen könnten, »deutscher Wissenschaft von den menschlichen
Gemeinschaftsbeziehungen« ist nicht durch eine Dichotomie
zwischen individualistischer und kollektivistischer Auffassung
im allgemeinen entstanden. Zwar wird auch dieses Thema in
von Belows anti-soziologischer Schrift angesprochen: »Wo die
romantische Auffassung einen Spielraum für die Betätigung des
Einzelnen ließ, wo sie in der Bestimmung des Verhältnisses des
Einzelnen zur Gemeinschaft Zurückhaltung übte, da fährt der
Positivismus mit rauher Hand hinein, löscht die Einzelpersön-
lichkeit ganz aus und will nur die Herrschaft grober Gewalten
anerkennen.«[52] Aber gerade das romantische Denken selbst sah
sich in Opposition zum strikten Individualismus der Aufklä-
rungsphilosophie: »Die Romantik lehnte die einseitige Herlei-
tung der historischen Erscheinungen aus bewußten Handlungen der einzelnen Menschen ab, indem sie auf unbewußte Kräfte, objektive Mächte als deren Quell hinwies. Es genügt, an die

[47] G. v. Below, *Soziologie als Lehrfach. Ein kritischer Beitrag zur Hochschul-
reform.* In: Schmollers Jahrbuch für Gesetzgebung, Verwaltung und Volkswirtschaft im Deutschen Reiche 43 (1919), S. 1271–1322, Zitat S. 1286.
[48] Ebenda, S. 1290.
[49] W. Lepenies, *Die drei Kulturen. Soziologie zwischen Literatur und Wissenschaft.* München, Wien 1985, S. 303.
[50] v. Below, *Soziologie als Lehrfach,* S. 1283. Ähnlich auch S. 1289 und 1311.
[51] Ebenda, S. 1276.
[52] Ebenda, S. 1279.

Theorie vom Volksgeist zu erinnern, als dessen Ausprägung die Romantik das Recht, die Sprache, die Kunst deutete, die ein Volk besitzt.«[53]

Der Gegensatz zwischen Individualismus und Kollektivismus erweist sich hier als viel zu pauschal, um den Verlauf der wirklich umkämpften Fronten wiedergeben zu können. Denn während einerseits die Romantiker und die ihnen nachfolgenden Historiker und Gemeinschaftskundler es für angemessen erachteten, als historische Individualität das Kollektivgebilde »Volk« einzuführen, verwahrte sich andererseits der soziale Gruppen zur Grundeinheit historisch-sozialen Geschehens erklärende Gumplowicz gegen die aus seiner Sicht metaphysischen Konstruktionen von »Gesellschaft« oder »Volksgeist«. Natürlich ist die Entscheidung für größenmäßig spezifizierte Einheiten der Untersuchung keine Nebensächlichkeit, zumal sich darin das jeweilige Verständnis von empirischer Forschung konkretisiert. Aber der für die Schärfe der Diskussion eigentlich verantwortliche und neuralgische Punkt, an dem sich die Geister scheiden, liegt meines Erachtens anderswo. Wie bei Gumplowicz so klar hervortritt, beruht sein Anti-Individualismus auf einem soziologischen Determinismus, und es ist diese Komponente seines Werkes, die Auflösung individueller Vorgänge in ein soziales Naturgeschehen, die die heftigsten Reaktionen ausgelöst hat. Insofern wird man vermuten dürfen, daß die eigentliche Provokation einer derartigen Soziologie (nicht nur) für die Historiker im naturalistisch soziologisierten Menschenbild und in den sich daraus ergebenden Konsequenzen für die Beurteilung alltäglicher Handlungen und der politischen Praxis insbesondere lag.

Gerade das, was spezifisch menschlich ist: das Denken, Wollen und Handeln des Individuums, zur Resultierenden sozialer Kräfte zu erklären, das ist mehr als eine wissenschaftsinterne Entscheidung mit bloß methodologischen Konsequenzen. In von Belows Verdikt, die positivistische Soziologie sei bestens dafür geeignet, die Sache des Sozialismus zu befördern, wird der Konnex zwischen Wissenschaft und Politik explizit hergestellt. Denkt man an Gumplowicz, wirkt diese Einschätzung zwar reichlich deplaciert, weil dieser, mit ähnlichen Vorwürfen sowie der Unterstellung, ein Anarchist zu sein, konfrontiert,

---

[53] Ebenda, S. 1274. Auf die Romantik, insbesondere auf Adam Müller, verwies beispielsweise auch ein so kraß anti-individualistischer Sozialphilosoph wie O. Spann immer wieder (der sich mit Below in der Bekämpfung des Positivismus einig wußte).

sehr plausibel auf seine Differenz zu diesen politischen Strömungen verweisen konnte[54]. Aber unabhängig davon, ob man
dem Soziologisten eine persönliche Nähe zum Sozialismus
nachsagen konnte, erwies sich die Behauptung, die Soziologie
komme jedenfalls der sozialistischen Weltanschauung zugute
und schaffe die geistigen Voraussetzungen für deren Akzeptanz, als eine wissenschaftspolitische Waffe, mit der bis in unsere Zeit scharf geschossen wurde (mit welchem Ergebnis, kann
hier nicht erörtert werden). So bediente sich ihrer auch der
Soziologe Helmut Schelsky, als er zum Anti-Soziologen geworden war: »Das scheinbar primitive Mißverständnis, Soziologie
sei politisch von vornherein Sozialismus, wird über die Tatsache, daß die Soziologie den geistigen Aspekt auf die Person
verdunkelt, den Bezug auf das Soziale überbelichtet, eben doch
zur Wahrheit: Wer soziologisch denkt, muß die soziale Gerechtigkeit überbewerten, muß die Grundrechte unserer Verfassung
primär auf soziale Zustände, nicht aber auf den Handlungsraum
der Person bezogen auslegen und landet folgerichtig in sozialistischen Vorstellungen.«[55]

Mit Schelskys Befund grundsätzlich übereinstimmend, hat
ein anderer prominenter Soziologe unserer Tage, F. H. Tenbruck, die fatalen Konsequenzen beklagt, die sich aus einem die
Person zur Marionette degradierenden Soziologismus ergeben;
Soziologie führt in diesem Verständnis zwar nicht notwendig
zum Sozialismus als gesellschaftspolitischem Modell, aber ihre
Auswirkungen sind eigentlich noch gravierender, weil global:
»Radikaler als der Marxismus hat die Soziologie die Entpersön-
lichung der Geschichte vollzogen, jedenfalls in der westlichen
Welt als gültiges Geschichtsbild durchgesetzt mit entsprechend
revolutionären und globalen Konsequenzen [...] Der Verlust
des Zutrauens zur eigenverantwortlichen Lebensführung ist die

[54] Gegen den Sozialismus gerichtet: der Kampf der sozialen Gruppen sei ein
ewiger, durch keinen gesellschaftlichen Umbau zu beseitigender; gegen den An-
archismus gerichtet: der Staat entstehe aus den Gruppenkämpfen mit Notwendigkeit und sei nicht eliminierbar. Interessant ist in diesem Zusammenhang vielleicht, daß ein Sohn des Soziologen, Ladislaus Gumplowicz, für einige Zeit
anarchistische Positionen vertrat.

[55] H. Schelsky, *Die Arbeit tun die anderen. Klassenkampf und Priesterherr-
schaft der Intellektuellen.* München 1977, S. 354. Vgl. dazu auch meine Arbeit
»Die Soziologie, diese unglückliche Wissenschaft...«. *Überlegungen zu Helmut
Schelskys Kritik der Soziologie.* In: O. Weinberger und W. Krawietz (Hrsg.),
Helmut Schelsky als Soziologe und politischer Denker. Stuttgart 1985, S. 23–56.

unvermeidliche Folge der soziologischen Botschaft.«[56] Auch wenn der strikte soziologistische Determinismus, wie er bei Gumplowicz anzutreffen ist, im Fach selbst eine Randerscheinung ist und sich die meisten Soziologen nicht explizit auf ihn festlegen (lassen wollen), besteht für Tenbruck kein Zweifel, daß jede Soziologie, die nicht die deutsche Alternative zum Positivismus, nämlich das Webersche Programm einer Wirklichkeitswissenschaft, zum Wegweiser nimmt, tendenziell zur »Abschaffung des Menschen« beiträgt.

Berücksichtigt man diese Facetten des Themas Individualismus und Kollektivismus, drängt sich wohl die Frage auf, ob nicht Urteile über die vermeintlichen Konsequenzen methodologischer Programme die eigentliche Basis für eine Entscheidung zugunsten der einen oder der anderen Position abgeben. In die Debatte um die methodologisch korrekte Perspektive tritt man dann schon mit Prämissen ein, die eine wirklich unvoreingenommene Abschätzung gar nicht erlauben. Dies hieße aber, daß die Wahrscheinlichkeit größerer Positionsverschiebungen innerhalb der methodologischen Kontroverse (kraft Akzeptanz von Argumenten) gering ist, oder anders betrachtet, daß ein Diskurs auf der Meta-Ebene der erwähnten Prämissen geführt werden müßte, um die tiefe pragmatische Verankerung kontroverser Auffassungen sichtbar zu machen und dadurch eine adäquate Darstellung der Diskussionsdynamik und der Macht und Ohnmacht rationaler Argumentation zu ermöglichen. Gerade weil methodologische Differenzen eine erstaunliche »Zähigkeit« an den Tag legen, empfiehlt es sich, gelegentlich die methodologieimmanente Ebene zu verlassen und sich die Frage vorzulegen, ob die »toten Punkte« einer Debatte allein auf kognitive Inferioritäten zurückgeführt werden können oder ob nicht der Schlüssel zum Verständnis in dieser hier vielleicht allzu pauschal als pragmatisch bezeichneten Dimension zu finden wäre.

V.

Als Hayek und Popper in den vierziger Jahren jene Arbeiten verfaßten, an die die Debatte um den methodologischen Indivi-

---

[56] F. H. Tenbruck, *Die unbewältigten Sozialwissenschaften oder Die Abschaffung des Menschen.* Graz u. a. 1984, S. 239 und 241.

dualismus in den fünfziger Jahren unmittelbar anschloß, feierte der politische und ökonomische Kollektivismus totalitäre Triumphe, und es erschien ihnen geradezu als ein Gebot der Stunde, den methodologischen Kollektivismus nicht nur als eine unzulängliche, metaphysische Doktrin zu bekämpfen, die den wissenschaftlichen Fortschritt behindere, sondern ihn als eine Geisteshaltung zu entlarven, die anfällig für die kollektivistische Politik mache und die in letzter Konsequenz zu einer Legitimation totalitärer Maßnahmen in einer geplanten Gesellschaft führen müsse. *The road to serfdom* und *The open society and its enemies* – diese beiden Buchtitel drücken schon die Relevanz aus, die die politische Dimension für die methodologisch-wissenschaftliche Erörterung gewonnen hatte. Der Methodologe als Moralist, als Verteidiger einer demokratischen und liberalen Gesellschaft, so kann man die Aufgabe und das Selbstverständnis der Individualisten Hayek und Popper wohl korrekt beschreiben. Hayeks *Weg zur Knechtschaft* richtet sich an die »Sozialisten in allen Parteien«, Poppers *Elend des Historizismus* ist »dem Andenken ungezählter Männer, Frauen und Kinder aller Länder, aller Abstammungen, aller Überzeugungen« gewidmet, die »Opfer von nationalistischen und kommunistischen Formen des Irrglaubens an unerbittliche Gesetze eines weltgeschichtlichen Ablaufs« wurden. Es besteht kein Zweifel, daß die methodologischen Argumente hier einen politischen Stellenwert besitzen (sollen).

Wenn Hayek den methodologischen Kollektivismus als die Methode bezeichnet, »to treat ›wholes‹ like ›society‹ or the ›economy‹, ›capitalism‹ (as a given historical ›phase‹) or a particular ›industry‹ or ›class‹ or ›country‹ as definitely given objects about which we can discover laws by observing their behaviour as wholes«[57], so klingt schon jener Konnex an, der von Popper systematisch hergestellt wurde: der Kollektivismus oder Holismus ist Teil eines Konstrukts »Historizismus«. Darunter versteht Popper die Auffassung, die gesellschaftliche Entwicklung lasse sich durch den Nachweis immanenter Gesetzmäßigkeiten präzise prognostizieren. Grundsätzlich eine Mixtur von antinaturalistischen und pronaturalistischen Elementen darstellend, lasse sich der Historizismus in mehrere Spielarten unterteilen, in Abhängigkeit davon, welchen Determinanten

---

[57] F. A. v. Hayek, (Auszüge aus) *Scientism and the study of society* (1942/43). In: O'Neill, *Modes of individualism and collectivism*, S. 27–67, Zitat S. 44.

(im Sinne des Psychologismus oder Ökonomismus oder Biologismus oder Soziologismus) die Kraft zugeschrieben wird, den Gang der Geschichte zu bestimmen. Der Kern des Historizismus ist ein deterministisches Geschichtsverständnis, das eine Rechtfertigung für alle politischen Richtungen bereithält, die als Vollzugsorgane der vermeintlich historischen Notwendigkeit auftreten und sich über die Freiheit, die Bedürfnisse, die Pläne der Individuen bedenkenlos hinwegsetzen.

Unabhängig davon, ob man Poppers idealtypisches Konstrukt »Historizismus« insgesamt für besonders gelungen hält, steht außer Zweifel, daß manche Elemente historizistischen Denkens tatsächlich eine historische Bedeutung erlangten. Andererseits ist es keine neue oder gar originelle Kritik, wenn man darauf hinweist, daß Poppers Rekonstruktion der geistesgeschichtlichen Tradition des Historizismus von einseitigen Urteilen geradezu durchzogen ist und auch groteske Fehlinterpretationen enthält. Schließlich trägt die Auseinandersetzung mit dem Historizismus auch die Züge einer verengten geistesgeschichtlichen Perspektive – so etwa, wenn die »modernen totalitären Theorien und Praktiken« als »nur eine Episode des ewigen Aufstandes gegen die Freiheit und gegen die Vernunft« geradezu verharmlost werden[58].

Was Hayeks Analyse betrifft, so gründet sie auf einem liberalistischen Credo und geht daher von Prämissen aus, die es zum Beispiel überhaupt nicht mehr zulassen, immanent marktwirtschaftliche Prozesse als krisenerzeugende oder -auslösende Momente in Betracht zu ziehen. Daß der Vormarsch kollektivistischer Mentalität auch eine endogen verursachte Entwicklung innerhalb einer kapitalistisch organisierten Marktwirtschaft darstellen könnte, erscheint Hayek als völlig ausgeschlossen.

Es ist nicht nötig, hier auf diese umstrittenen Thesen näher einzugehen. Die Relevanz des pragmatischen Hintergrundes ist offenkundig, auch wenn man den ökonomischen Liberalismus gewiß nicht aus dem methodologischen Individualismus ableiten kann. Aus soziologiehistorischer Perspektive verdienen drei Aspekte des Individualismus bei Popper und Hayek besondere Beachtung. Erstens ist einer der soziologischen Hauptadressaten ihrer Kritik Karl Mannheim. Popper hält die Wissenssoziologie Mannheims für so irreführend und gefährlich, daß er ihr in

[58] K. R. Popper, *Die offene Gesellschaft und ihre Feinde II. Falsche Propheten. Hegel, Marx und die Folgen.* München 1977, S. 78.

der *Offenen Gesellschaft* ein eigenes Kapitel widmet[59]; Mannheims Werk *Man and society in an age of reconstruction* ist für ihn sogar »die ausführlichste Darstellung eines holistischen und historizistischen Programms, die ich kenne«[60], und dasselbe Buch nimmt auch Hayek in seinem *Weg zur Knechtschaft* kritisch unter Beschuß[61]. An Mannheim mißfällt Popper und Hayek einerseits das ab den dreißiger Jahren immer stärker werdende Votum, die demokratische Antwort auf Faschismus und Totalitarismus könne nur in bewußten und verstärkten planerischen Eingriffen in die Gesellschaft liegen, andererseits der Soziologismus, der der Wissenssoziologie grundsätzlich inhärent sei[62].

Mit seinem Blick »für die tief volontaristische Verankertheit jeder Theorie«[63] setzte Mannheim jene Kritik fort, die schon Schopenhauer und Nietzsche an der kontemplativen Art, die Entwicklung von Ideen rein immanent zu betrachten, geübt hatten. Suchte man nach einem Motto, mit dem eine Gegenposition zur Popperschen Logik der Forschung prononcierten Ausdruck finden könnte, der nachstehende Satz Mannheims wäre kein schlechter Kandidat: »... und es gehört zur Soziologie des Geistes, zu sehen, daß auch in der Methodologie – im Gewande der Denkschemata – letzten Endes soziale Kräfte und Impulse sich gegenüberstehen«[64].

Zweitens enthält Poppers Plädoyer für den methodologischen Individualismus eine klare Absage an jede psychologische Fundierung der Sozialwissenschaften. Meine man, »daß alle Gesetze des sozialen Lebens letztlich auf die psychologischen Gesetze der ›menschlichen Natur‹ reduzierbar sein müßten«[65], so sei man letztlich »*gezwungen [...], historizistische Methoden anzunehmen*«[66]. Dieser psychologistische Determinismus sei um keinen Deut besser als der ökonomistische oder soziologi-

[59] Ebenda, Kap. 13: Die Wissenssoziologie.
[60] Popper, *Das Elend des Historizismus,* S. 54, Anm. 22.
[61] F. A. v. Hayek, *Der Weg zur Knechtschaft.* 4. Aufl. Landsberg a. L. 1981, S. 40f., 96ff.
[62] Mannheim selbst meinte freilich, »keineswegs einem übertriebenen Soziologismus verfallen« zu sein; vgl. seinen Vortrag *Die Bedeutung der Konkurrenz im Gebiete des Geistigen.* In: Verhandlungen des 6. Deutschen Soziologentages. Tübingen 1929, S. 39.
[63] Ebenda, S. 60.
[64] Ebenda, S. 57.
[65] Popper, *Die offene Gesellschaft,* S. 112.
[66] Ebenda, S. 116 (Hervorhebung im Original).

stische. Popper erweist sich hier sogar als Befürworter einer von Psychologie unabhängigen, d. h. autonomen Soziologie, die, auf einen institutionalistischen Individualismus verpflichtet, im wesentlichen Analysen der »Logik der Situation« vorlegen solle.

Diese Ablehnung der Psychologie sowie die angebotene Alternative haben zwar bei einigen Popperianern, wie z. B. Agassi, Zustimmung gefunden; dennoch handelt es sich dabei um einen Teil des Popperschen Werkes, der auch bei vielen seiner Anhänger kritische Reaktionen ausgelöst hat. Bei der Besprechung der Debatte um den methodologischen Individualismus und der verhaltenstheoretischen Soziologie wird darauf noch einzugehen sein.

Drittens schließlich, und das setzt die antipsychologische Argumentation fort, wird erklärt, die Sozialwissenschaften strebten keine Erklärung menschlichen Handelns an, sondern untersuchten deren Resultate, und zwar insbesondere die unbeabsichtigten, ungeplanten Folgen menschlichen Handelns. In diesem Punkt sind sich Hayek und Popper einig[67], und sie setzen damit eine Denktradition fort, in der vor allem Ökonomen anzutreffen sind. Die Adam Smithsche Formel von der »unsichtbaren Hand«[68] bezieht sich genau auf diese Problemklasse; für Carl Menger war das »merkwürdige, vielleicht das merkwürdigste Problem der Socialwissenschaften«, nämlich wie soziale Institutionen entstehen können, ohne daß es einen »Gemeinwillen« gibt, der sie begründet, nur dadurch zu lösen, daß eine »*sociale* Institution als das unreflectirte Ergebniss, als die unbeabsichtigte Resultante specifisch *individueller* Bestrebungen der Mitglieder einer Gesellschaft« begriffen wird[69].

Es ist das Auseinanderfallen von Intentionalität und Faktizität, von Handlungszielen und Handlungsresultaten, durch das für Hayek und Popper überhaupt erst der Bedarf für eine Sozialwissenschaft entsteht: »Eine Handlung, die genau wunschgemäß verläuft, führt zu keinem Problem für die Sozialwissen-

[67] Vgl. etwa ebenda, S. 121, und Hayek, *Mißbrauch und Verfall der Vernunft*, S. 28, 42.

[68] Die Fülle der Literatur zu diesem Thema ist, zumal für einen Nicht-Ökonomen, kaum zu überblicken. Vgl. daher zur Einführung St. Böhm, *Das Beispiel der »unsichtbaren Hand«*. In: K. Acham (Hrsg.), *Gesellschaftliche Prozesse. Beiträge zur historischen Soziologie und Gesellschaftsanalyse*. Graz 1983, S. 149–159.

[69] Menger, *Untersuchungen über die Methode der Socialwissenschaften*, S. 163 und 178.

schaften«, heißt es bei Popper[70], und Hayek stellt fest: »Wenn die sozialen Erscheinungen keine andere Ordnung zeigen würden, als insofern sie bewußt entworfen wurden, wäre allerdings kein Raum für theoretische Wissenschaften von der Gesellschaft.«[71]

Es ist an dieser Stelle aufschlußreich, einen kurzen vergleichenden Blick auf den Marxismus zu werfen. Daß die ganze bisherige Geschichte durch eine Diskrepanz zwischen den Absichten und Zielen der Menschen auf der einen und den kollektiven Ergebnissen auf der anderen Seite gekennzeichnet sei, war ja die feste Überzeugung von Marx und Engels[72]. Aber bei ihnen wird diese Diskrepanz, die für Autoren wie Hayek und Popper ein ubiquitäres Phänomen darstellt, zu einer bloß für Klassengesellschaften geltenden Limitation erklärt: Ist erst einmal die »Vorgeschichte« der Menschheit, d.h. das Zeitalter der anarchischen Produktionsweise abgeschlossen, können die Menschen in einer klassenlosen Gesellschaft ihr Geschick endlich selbst bestimmen, ihre Zukunftsvorstellungen mittels rationaler Planung verwirklichen. Marxisten wie Rosa Luxemburg und Rudolf Hilferding haben daraus die Konsequenz gezogen, daß eine theoretische Wissenschaft von der Ökonomie in einer sozialistischen Gesellschaft überflüssig werden müßte. Verwandeln sich nämlich die ökonomischen Beziehungen der Menschen zueinander in »unmittelbar gesellschaftliche Verhältnisse«, die auch *»unmittelbar* verstanden« werden können, so herrscht eine Überschaubarkeit und Rationalität des gesellschaftlichen Lebens, angesichts welcher nicht-intendierte Effekte entweder sich gar nicht einstellen oder sogleich beseitigt

[70] Popper, *Die offene Gesellschaft*, S. 121.
[71] Hayek, *Mißbrauch und Verfall der Vernunft*, S. 49 f.
[72] Ich erwähne hier nur eine berühmte Stelle aus F. Engels' *Ludwig Feuerbach und der Ausgang der klassischen deutschen Philosophie*: »In der Geschichte der Gesellschaft sind die Handelnden lauter mit Bewußtsein begabte, mit Überlegung oder Leidenschaft handelnde, auf bestimmte Zwecke hinarbeitende Menschen; nichts geschieht ohne bewußte Absicht, ohne gewolltes Ziel [...] Nur selten geschieht das Gewollte, in den meisten Fällen durchkreuzen und widerstreiten sich die vielen gewollten Zwecke oder sind diese Zwecke selbst von vornherein undurchführbar oder die Mittel unzureichend. So führen die Zusammenstöße der zahllosen Einzelwillen und Einzelhandlungen auf geschichtlichem Gebiet einen Zustand herbei, der ganz dem in der bewußtlosen Natur herrschenden analog ist. Die Zwecke der Handlungen sind gewollt, aber die Resultate, die wirklich aus den Handlungen folgen, sind nicht gewollt, oder soweit sie dem gewollten Zweck zunächst doch zu entsprechen scheinen, haben sie schließlich ganz andre als die gewollten Folgen.« (MEW 21, S. 296 f.)

werden können. Nur aufgrund dieser neuen Übersichtlichkeit kann eine geplante Ökonomie überhaupt funktionieren und eine sozialistische Gesellschaft verwirklicht werden[73].

Hier zeigt sich mit aller Deutlichkeit, wie zentral das Thema der nicht-intendierten Konsequenzen menschlichen Handelns auch für den Marxismus ist, in dem Popper »die bis jetzt reinste, am weitesten entwickelte und gefährlichste Form des Historizismus« erblickte[74]. Es gibt keine Theorietradition, die auf die Einsicht, daß Handlungen auch nicht-intendierte Konsequenzen haben, einen Monopolanspruch erheben könnte. Nicht darüber, *daß* es solche Konsequenzen gibt, gehen die Meinungen auseinander – das eigentlich interessante und divergent behandelte Problem lautet vielmehr, welche Bedeutung ihnen im Rahmen einer Sozialtheorie zukommt.

VI.

Betrachtet man das Bild, das sich die auf der Seite des methodologischen Individualismus stehenden Autoren in der angelsächsischen Diskussion der fünfziger Jahre vom Holismus machen, so tauchen darin – die am Beginn dieser Arbeit wiedergegebenen Zitate belegen dies – nahezu alle Merkmale auf, die schon Hayek und Popper beschrieben und kritisiert hatten. Es wäre nun nicht nur spekulativ, sondern wohl auch denunziatorisch, den methodologischen Individualisten Watkins und Agassi zu

[73] »Die Gesetze ihres eignen gesellschaftlichen Tuns, die ihnen bisher als fremde, sie beherrschende Naturgesetze gegenüberstanden, werden dann« – Engels, von dem diese Zeilen stammen, bezieht dies auf die sozialistische Gesellschaft (MEW 19, S. 226) – »von den Menschen mit voller Sachkenntnis angewandt und damit beherrscht. Die eigne Vergesellschaftung des Menschen, die ihnen bisher als von Natur und Geschichte aufgenötigt gegenüberstand, wird jetzt ihre freie Tat. Die objektiven, fremden Mächte, die bisher die Geschichte beherrschten, treten unter die Kontrolle der Menschen selbst. Erst von da an werden die Menschen ihre Geschichte mit vollem Bewußtsein selbst machen, erst von da an werden die von ihnen in Bewegung gesetzten gesellschaftlichen Ursachen vorwiegend und in stets steigendem Maß auch die von ihnen gewollten Wirkungen haben. Es ist der Sprung der Menschheit aus dem Reich der Notwendigkeit in das Reich der Freiheit.« Vgl. zu den Konsequenzen, die sich daraus für die Wissenschaft von der Ökonomie ergeben sollen: R. Hilferding, *Zur Problemstellung der theoretischen Ökonomie bei Karl Marx.* In: Die Neue Zeit 23/1 (1904/05), S. 101–112, insbes. S. 105; vgl. ferner R. Luxemburg, *Einführung in die Nationalökonomie* (1925). In: dies., Gesammelte Werke, Bd. 5: Ökonomische Schriften, Berlin (Ost) 1975, S. 524–778, insbes. S. 587.

[74] Popper, *Die offene Gesellschaft,* S. 102.

unterstellen, sie hätten mit ihren Stellungnahmen eine ideologische Aufgabe im Rahmen des Kalten Krieges erfüllen wollen. Aber verblüfft darf man schon sein, in Watkins' und Agassis Beiträgen einen metaphysisch-freiheitsbedrohenden Kollektivismus als zu bekämpfenden Widerpart anzutreffen, der von keinem der Kontrahenten in dieser Kontroverse verteidigt worden wäre. Was M. Mandelbaum, L. J. Goldstein, E. A. Gellner u. a. zeigen wollten, war ja gerade, daß es Argumente gegen den methodologischen Individualismus gibt, deren Akzeptanz *nicht* auf einen holistischen Historizismus verpflichtet. Diesen lehnten sie ebenso scharf ab wie die Individualisten[75].

Die Position des methodologischen Individualismus wird von Watkins folgendermaßen beschrieben: »According to this principle, the ultimate constituents of the social world are individual people who act more or less appropriately in the light of their dispositions and understanding of their situation. Every complex social situation, institution, or event is the result of a particular configuration of individuals, their disposition, situation, beliefs, and physical resources and environment. There may be unfinished or half-way explanations of large-scale phenomena (say, inflation) in terms of other large-scale phenomena (say, full employment); but we shall not have arrived at rock-bottom explanations of such large-scale phenomena until we have deduced an account of them from statements about the dispositions, beliefs, resources, and interrelations of individuals. (The individuals may remain anonymous and only typical dispositions, etc., may be attributed to them.)«[76] Die Psychologie besitzt bei Watkins ihren festen Platz, denn soziale Prozesse und Ereignisse sollen erklärt

[75] Vgl. L. J. Goldstein, *The inadequacy of the principle of methodological individualism.* In: O'Neill, *Modes of individualism and collectivism*, S. 264–276, deutsch in: K. Acham (Hrsg.), *Methodologische Probleme der Sozialwissenschaften.* Darmstadt 1978, S. 49–67, das folgende Zitat S. 50: »Der vorliegende Aufsatz versucht herauszuarbeiten, daß sich die Sozialwissenschaften Problemen gegenübersehen, die Lösungen erfordern, die einer individualistischen Analyse nicht zugänglich sind, und die dennoch weder holistisch noch historizistisch sind.« Ähnlich auch M. Mandelbaum, *Societal laws.* In: O'Neill, *Modes of individualism and collectivism*, S. 235–247, Zitat S. 238: »It is important to see that a rejection of methodological individualism does not entail an acceptance of an organismic or historicist view of society.«

[76] Watkins, *Historical explanation.* In: O'Neill, *Modes of individualism and collectivism*, S. 167 f.

werden »by being deduced from (a) principles governing the behaviour of participating individuals and (b) descriptions of their situations«[77].

Agassis methodologischer Individualismus ist ganz der anti-psychologischen, institutionalistischen Auffassung Poppers verpflichtet. »The main difficulty of psychologism stems from the impossibility of explaining different social set-ups psychologically. Admitting institutions as an element of sociological explanation, institutionalist-individualism does not encounter this difficulty.«[78] Poppers »Idee einer Situationslogik und eines methodischen Individualismus, der sich noch von der Psychologie freihält«[79], ist mit der Auffassung verbunden, daß »sich unsere Handlungen nicht ohne Berücksichtigung unserer sozialen Umgebung, sozialer Institutionen und ihrer Funktionsweise erklären (lassen)«[80].

Um nun die Kritik am methodologischen Individualismus in den fünfziger Jahren systematisch zusammenzufassen, ist es zweckmäßig, an M. Brodbecks Unterscheidung zwischen deskriptiver und explanatorischer Emergenz zu erinnern[81]. Individualisten und Holisten vertreten kontroverse Auffassungen einerseits darüber, ob die Termini der Sozialwissenschaften, die sich auf Kollektive beziehen, emergente, d.h. nicht auf Individuen rückführbare Eigenschaften zum Ausdruck bringen, und andererseits darüber, ob sozialwissenschaftlichen Erklärungen Emergenzcharakter zukommt, worunter die Nichtrückführbarkeit auf Erklärungen über individuelles Verhalten zu verstehen ist. Der methodologische Individualismus leugnet die Möglichkeit deskriptiver Emergenz aus Gründen der Begriffslogik. Nur wenn Kollektivmerkmale prinzipiell aus Merkmalen von Individuen rekonstruierbar sind, so lautet das Argument, wissen wir bei Verwendung von Kollektivbegriffen überhaupt, wovon wir reden. Die methodologischen Individualisten verstehen ihre Verneinung einer deskriptiven Emergenz als Verteidigung des für alle Realwissenschaften grundlegenden Empirismus.

[77] Watkins, *Ideal Types and Historical Explanation*. In: Ebenda, S. 143–165, Zitat S. 149.

[78] Agassi, *Methodological individualism*. In: Ebenda, S. 205.

[79] Popper, *Das Elend des Historizismus*, S. 119.

[80] Popper, *Die offene Gesellschaft*, S. 114.

[81] M. Brodbeck, *Methodological individualisms: Definition and reduction*. In: O'Neill, *Modes of individualism and collectivism*, S. 287–311, deutsch in: B. Giesen und M. Schmid (Hrsg.), *Theorie, Handeln und Geschichte. Erklärungsprobleme in den Sozialwissenschaften*. Hamburg 1975, S. 189–216.

M. Mandelbaum wendet sich gegen die psychologistische Variante des Individualismus, wenn er erklärt, soziologische Begriffe könnten »nicht *restlos* in psychologische Begriffe übersetzt werden«[82]. Bei der Beschreibung individuellen Verhaltens benutze man »natürlich Begriffe, die sich auf einen Aspekt der institutionellen Organisation unserer Gesellschaft beziehen«[83], und die sich nicht auf psychologische Begriffe reduzieren lassen. Auch L. J. Goldsteins Verweis auf eine in der ethnologischen Literatur anzutreffende Verwandtschaftsterminologie, die »nicht psychologistisch (ist), da alle ihre Begriffe ausschließlich der soziokulturellen Ebene angehören und in keiner Weise auf den psychologischen Dispositionen der einzelnen Menschen basieren«[84], richtet sich gegen einen psychologischen Begriffsreduktionismus.

Mandelbaum diskutiert drei Einwände gegen die These der Nicht-Reduzierbarkeit. Den *ontologischen* Einwand kann man so formulieren, daß gesellschaftlichen Sachverhalten kein eigener Status zugesprochen werden dürfe, da sie ohne die Existenz und das Handeln von Menschen nicht denkbar wären. Diesen Einwand hält Mandelbaum für nicht triftig, denn »das Eingeständnis, daß alle gesellschaftlichen Sachverhalte die Existenz menschlicher Wesen voraussetzen, die über bestimmte Denk- und Handlungsfähigkeiten verfügen, schließt keineswegs die Behauptung aus, daß diese Sachverhalte nicht auf Individualverhalten reduziert werden können«[85]. Ein *epistemologischer* Einwand könnte lauten, in einer empirischen Wissenschaft müßten alle Begriffe letztlich auf direkt Beobachtbares zurückgeführt werden können. Diese Position, die man auch als »harten« methodologischen Individualismus im Hinblick auf die bedeutungstheoretische Ebene klassifiziert hat[86], ist sichtlich einem strikten Behaviorismus und Physikalismus verpflichtet. Mandelbaum macht hierzu die erkenntnistheoretische Anmerkung, daß »Sachaussagen nicht vollständig auf Aussagen über Sinnes-

[82] M. Mandelbaum, *Societal facts.* In: O'Neill, *Modes of individualism and collectivism,* S. 221–234, deutsch in: Giesen und Schmid, *Theorie, Handeln und Geschichte,* S. 217–229. Zitat S. 222.

[83] Ebenda, S. 220.

[84] Goldstein, *The inadequacy of the principle of methodological individualism,* S. 54.

[85] Mandelbaum, *Societal facts,* S. 227.

[86] J. Meran: *Individualismus oder Kollektivismus? Versuch einer Rekonstruktion eines sozialwissenschaftlichen Grundlagenstreits.* In: Zeitschrift für allgemeine Wissenschaftstheorie 10 (1979), S. 35–53, Zitat S. 36.

daten zurückgeführt werden (können), da man die Bedingungen für das Auftreten dieser Sinnestaten spezifizieren und dabei wieder Sachaussagen benutzen muß«[87]. Ein dritter Einwand betrifft schließlich den vermeintlichen *Determinismusgehalt* der Nicht-Reduzierbarkeitsthese, aber Mandelbaum will auch diesen Vorwurf nicht gelten lassen, denn mit der Behauptung der Existenz gesellschaftlicher Sachverhalte gehe nicht die Annahme einer, Menschen müsse infolge ihrer Gebundenheit an soziale Faktoren jede Freiheit und Individualität abgesprochen werden: »Viele der Probleme, mit denen Einzelmenschen konfrontiert werden, werden erst dann verständlich, wenn wir die Auffassung vertreten, daß es gesellschaftliche Sachverhalte gibt, die äußeren Zwang auf den einzelnen Menschen ausüben, ebenso wie es einen individuellen Willen gibt, der oft mit diesen Zwängen in Konflikt gerät.«[88]

Die Frage, ob es irreduzible soziale Sachverhalte gibt, verdient nach Watkins' Auffassung gar kein besonderes Interesse: »This way of presenting the issue seems to me to empty it of most of its interest [...] It also tends to turn the dispute into a purely verbal issue.«[89] Zentral sei vielmehr die Frage, ob es irreduzible soziologische Gesetze gebe, d.h. ob man von explanatorischer Emergenz sprechen könne. Die Individualisten bestreiten dies und verdächtigen alle, die gegenteiliger Auffassung sind, des Historizismus. Mandelbaum hingegen hält nur die Kritik des Glaubens an »global laws of directional change« für gerechtfertigt, während es doch auch »abstractive-functional generalizations concerning societal facts« gebe, die »not entail the acceptance of historical inevitability«[90]. M. Brodbeck sieht keinen zwingenden Zusammenhang zwischen deskriptiver und explanatorischer Emergenz, denn »das empirizistische Engagement für einen methodologischen Individualismus auf der Definitionsebene impliziert logisch kein Engagement für einen methodologischen Individualismus auf der Erklärungsebene, d.h. eine Verpflichtung auf Reduktion«[91]. Ob es emergente Gesetze über Gruppenverhalten gäbe, stelle »eine Tatsachenfrage dar, die empirisch entschieden werden muß«[92].

---

[87] Mandelbaum, *Societal facts,* S. 223.
[88] Ebenda, S. 229.
[89] Watkins, *Historical explanation,* S. 169.
[90] Mandelbaum, *Societal laws,* S. 246.
[91] Brodbeck, *Methodological individualisms,* S. 214.
[92] Ebenda, S. 196.

Vielleicht reicht das bislang Ausgeführte als Material für eine Art Zwischenbilanz der Kontroverse. Als das Hauptanliegen der methodologischen Individualisten kristallisierte sich die Bekämpfung holistisch-historizistischen Denkens heraus, dessen Rolle in der jüngeren Geschichte darin bestanden habe, diversen totalitaristischen Systemen Schützenhilfe zu leisten. Die methodologischen Kollektivisten hingegen wandten sich vor allem gegen die psychologistische Spielart des Individualismus, die die soziokulturellen Rahmenbedingungen ignoriere.

Während die Individualisten befürchten, der Kollektivismus *reduziere* das Individuum auf eine bloße abhängige Variable einer übergeordneten Entität (das Soziale, die Gesellschaft etc.) – und *eliminiere* damit letztlich das Individuum (die »Mikroebene«) –, halten die Kollektivisten den Individualisten vor, sie reduzierten das Soziale, Kulturelle usw. auf individuelle Dispositionen oder Eigenschaften – und *eliminierten* damit letztlich das Soziale usw. (die »Makroebene«). Eine individualistische Freiheitsmetaphysik und eine kollektivistische Determinismusmetaphysik klingen bei solchen Zuordnungen als polare Töne im Hintergrund an, obwohl keine der beiden kontroversen Positionen auf diese metaphysischen Ideen verpflichtet. (Z.B. kann auch ein streng individualistischer Psychologismus zu einem deterministischen Menschenbild führen.) Vermeidet es der Individualist, psychologistisch verkürzte Individuen als Akteure in einer liberalistisch-kapitalistischen Ökonomie auftreten zu lassen, in der sie die beste aller sozialen Welten verwirklichen, und vermeidet es der Kollektivist, übersozialisierte Individuen als Quantité négligeable in einem ökonomisch-sozialen Prozeß verschwinden zu lassen, der sich mit teleologischer Gesetzmäßigkeit auf eine kollektivistische Gesellschaft zubewegt, dann sind schon einige Hindernisse aus dem Weg geräumt, die in der Debatte Anlaß für so manches Scheingefecht und so manches Mißverständnis gegeben haben. Erst wenn mit Bezug auf diese politische Dimension Klarheit geschaffen wird, kann sich eine methodologische Diskussion entfalten, in der nicht permanent auf verdächtige weltanschaulich-ideologische Nebengeräusche gelauscht wird, sondern sich die Aufmerksamkeit auf die Logik der Argumente konzentriert. Der Debatte um den methodologischen Individualismus wird man nun gewiß attestieren können, daß sie auch zur Klarlegung divergenter Auffassungen über den wissenschaftstheoretischen Status der Sozialwissenschaften beigetragen hat; wie am Beginn dieser Arbeit bereits erwähnt, führte die Debatte jedoch zu keinem definitiven Ergebnis. (Aber von wie vielen Diskussionen kann man schon sagen, sie hätten zu einem solchen definitiven Ergebnis geführt?!)

Warum hier den sogenannten pragmatischen Hintergrundannahmen obwohl breiter, so doch nur wenig strukturierter Raum gegeben wurde, ist einfach zu erklären: Es fehlt meines Wissens an einer elaborierten Analytik, mit der die Diskussionsverläufe und -dynamiken kontroversieller Auseinandersetzungen adäquat erfaßt werden könnte. Um dies an einem Beispiel zu erläutern: Prallen in einer wissenschaftlichen Kontroverse die differenten Standpunkte aufeinander, so wird man – zumindest als nicht-teilnehmender Beobachter – davon auszugehen haben, daß beide Seiten für sich Rationalität in Anspruch nehmen, ihre Positionen mit guten Gründen belegen und verteidigen zu können meinen usw. Dies muß nicht heißen, daß es ein konsensuell geteiltes Rationalitätsverständnis gibt, aber ein gewisses Maß an Gemeinsamkeit bezüglich der anzulegenden Maßstäbe muß existieren, damit eine Diskussion überhaupt sinnvoll geführt werden kann. Nimmt man dagegen an, daß die Differenzen auf inkommensurable Paradigmen verweisen, ist die Diskussion ja schon zu Ende[93]. Ist die genannte Minimalbedingung, die für

[93] In diesem Sinne kommentierte beispielsweise Norbert Klinkmann das in der Tat unbefriedigende Ergebnis des sogenannten Theorienvergleichs auf deutschen Soziologentagen in den siebziger Jahren: Da ein Paradigma Ausdruck des Lebens in einer wissenschaftlichen Gemeinschaft, der gemeinsamen Handlungen, eines Interaktionszusammenhanges sei, komme sein »Besitz« einer »bestimmten Lebensform gleich«, und »infolgedessen kann man sich auch ein Paradigma nicht ›kurzfristig‹ erklären lassen, man kann es nicht ›von außen‹ erlernen, indem man beispielsweise Bücher darüber liest.« (N. Klinkmann, *Das systematische Vergleichen von Theorien. Ein Versuch und die Unausweichlichkeit seines Scheiterns*. In: Soziale Welt 32 (1981), S. 249–260, Zitat S. 253). Da »ein Archimedischer Punkt für den konkurrierenden interparadigmatischen Theorienvergleich nicht existiert« (Ebenda, S. 255), plädiert Klinkmann schließlich für eine »pluralistische Soziologie« im Sinne einer »multiperspektivischen Erfassung der sozialen Welt« (Ebenda, S. 258). So sympathisch dies auch in manchen Ohren klingen mag – hier sei nur skeptisch an jene Geschichte vom Rabbi Wolf erinnert, der folgendermaßen vorzugehen pflegte: Sagte ihm jemand seine Meinung, antwortete er: Da hast du recht. Behauptete nun ein anderer das Gegenteil, sagte er: Da hast du recht. Wandte hier ein Dritter ein: Aber Rabbi, beides kann doch nicht wahr sein, so sprach der Rabbi: Da hast wieder du recht. Worauf diese kleine Geschichte (auch) aufmerksam machen soll, ist, daß eine Voraussetzung für den perspektivischen Pluralismus darin besteht, daß sich unterschiedliche soziologische Theorien gar nicht auf Identisches beziehen, insofern gar nicht in Konkurrenz zueinander stehen. Die soziale Welt soll gewissermaßen friedlich aufgeteilt, jeder Theorie ihr Königreich zugestanden werden usw.

jeden Diskurs konstitutiv ist, erfüllt, so wird die Frage sinnvoll, warum die Kontrahenten sich im Laufe einer rationalen Argumentation nicht einigen können. Konkret gewendet: Warum sahen die methodologischen Kollektivisten/Individualisten nicht ein, daß es gute Gründe dafür gibt, den Individualismus/Kollektivismus zu akzeptieren? Aus einer Liste möglicher Antworten auf diese Frage seien hier nur folgende erwähnt:

Die Individualisten/Kollektivisten waren aufgrund kognitiver Inferiorität gar nicht in der Lage, einer vernünftigen Argumentation zu folgen und konnten daher auch die Berechtigung des Kollektivismus/Individualismus nicht erkennen. Diese Antwort ist natürlich völlig unbefriedigend, es sei denn, jemand könnte eine Erklärung dafür anbieten, warum die Dummheit sich nur in einem Lager, bei den Kollektivisten oder bei den Individualisten, angesiedelt hat.

Die Attraktivität des Individualismus/Kollektivismus rührt daher, daß sie gewissen Bedürfnissen entgegenkommen. In diesem Sinne mutmaßte etwa Vanberg, »die wesentliche Grundlage für die anhaltende Attraktivität der *kollektivistischen Tradition* in der Soziologie« bilde deren »Anspruch, einen ›direkten‹ – über die Komplexität des Verflechtungszusammenhanges individueller Handlungen hinwegführenden – Zugang zur Erklärung gesellschaftlichen Geschehens eröffnen zu können«[94]. Da von einer Erfüllung dieses Anspruches aber nicht die Rede sein könne, der Kollektivismus also permanent etwas verspreche, was er noch nie halten konnte, steht Vanberg letztlich doch fassungslos vor dem Erfolg kollektivistischen Denkens. Genausogut könnte man übrigens Vanbergs Vermutung umdrehen und den Erfolg des Individualismus damit erklären, dieser biete eine einfache Methode der Komplexitätsreduktion an, nämlich die Rückführung alles Gesellschaftlichen auf Individuelles.

Wenn man sich auf eine solche Argumentationsebene begibt, ist eine wissenssoziologische Perspektive nicht mehr fern – es entscheiden Bedürfnislagen, Interessen usw., welchem methodologischen Programm man den Zuschlag erteilt. Dann muß aber weitergefragt werden: Führen »richtige« Bedürfnislagen und Interessen zur Akzeptanz der besseren Methodologie? Oder wie steht es sonst um das Verhältnis von Bedürfnissen

---

[94] Vanberg, *Die zwei Soziologien*, S. 238.

und Methodologien? Muß man in der Erklärung des gegenseitigen Nicht-Verstehens auf weltanschaulich-politische Hintergründe Bezug nehmen?

Insgesamt sollte durch die vorstehenden Überlegungen und Hinweise der Eindruck entstanden sein, daß es ein Desideratum ist, die Rekonstruktion wissenschaftlicher Kontroversen mit einer neuen analytischen Qualität zu versehen. Dies kann nur gelingen, wenn einerseits die behandelten Texte selbst in einer Weise aufbereitet werden, die ihre innere Struktur sichtbar macht, so daß präziser bestimmt werden kann, worauf ein Kontrahent überhaupt Bezug nimmt, was er unangetastet läßt, wo er ein neues Argument einführt, ein altes abschwächt, wo Mehrdeutigkeiten bestehen, welche Interpretationsspielräume offen bleiben usw. Dabei ginge es also um eine Verbesserung der »Logik der Rekonstruktion«. Andererseits sollte den impliziten Vorannahmen, Voraussetzungen und Vorentscheidungen mehr Aufmerksamkeit gewidmet werden, die unsichtbaren Weichenstellungen wären sichtbar zu machen, neben die Rekonstruktion des vorgelegten Arguments hätte die Analyse seiner Tiefenstruktur zu treten usw. Im günstigsten Falle könnte so ein Leitfaden entstehen, der die wichtigsten Fragen und methodischen Schritte enthält, welche einer Rekonstruktion zugrunde zu legen sind. Es ist selbstverständlich, daß ein solcher Leitfaden nie unbestritten sein könnte und im Laufe der Zeit so manche Modifikation nötig hätte. Eine Verbesserung des gegenwärtigen Zustandes wäre er aber zweifellos.

Wie nicht zu übersehen ist, entspricht die hier vorgelegte Arbeit selbst nicht diesen Forderungen. Aber ein Wegweiser ist bekanntlich darum nicht überflüssig, weil er den Weg, den er weist, selbst nicht geht.

VII.

Die methodologische Diskussion über Individualismus und Kollektivismus kam mit der hier geschilderten Kontroverse in den fünfziger Jahren natürlich nicht zum Stillstand[95]. Doch

---

[95] Um nur in relativ willkürlicher Auswahl einige neuere Publikationen zu nennen: J. Israel, *The principle of methodological individualism and Marxian epistemology*. In: Acta Sociologica 14 (1971), S. 145–150; H. Lenk, *Der methodologische Individualismus ist (nur?) ein heuristisches Postulat*. In: K. Eichner und W. Habermehl (Hrsg.), *Probleme der Erklärung sozialen Verhaltens*. Mei-

auch die Fortsetzung ändert nichts am Befund, daß die rein methodologischen Beiträge einen verschwindend geringen Einfluß auf die Entwicklung der Sozialwissenschaften im allgemeinen und der Soziologie im besonderen ausübten. Trifft diese Einschätzung zu, kann man sich leicht ein Bild davon machen, welche Relevanz methodologische Kontroversen besitzen, wenn sie von Philosophen oder Wissenschaftstheoretikern an der Peripherie geführt werden.

Was die Soziologie betrifft, so gehört die Kluft zwischen Individualismus und Kollektivismus freilich zu den konstitutiven Problemstellungen des Faches selbst. Insofern wäre die Charakterisierung des Kollektivismus als einer typisch soziologischen Denkweise durchaus einseitig. Daß ein Durkheim über seinen individualistischen Widersacher Tarde die Oberhand behielt und in Frankreich schulbildend wirken konnte, ist hinreichend bekannt; ebenso offenkundig sollte aber sein, daß weder die frühen amerikanischen noch die frühen deutschen Soziologen sich mehrheitlich dem Kollektivismus zuordnen lassen. Den Soziologen wurde nur ein Individualismus obsolet, der die sozialen Bestimmungsgrößen des individuellen Lebens ignorierte. In aller Klarheit ist dies etwa im Werk Georg Simmels nachzulesen, wo das Thema Individualismus ausgiebigste Behandlung erfahren hat und der Verwobenheit des Individuellen und historisch Singulären mit dem Allgemeinen und Typischen diffizile Analysen gewidmet werden[96]. Ebenso könnte auf Webers Kon-

senheim am Glan 1977, S. 34–45; R. W. Miller: *Methodological individualism and social explanation*. In: Philosophy of Science 45 (1978), S. 387–414; W. Heine: *Methodologischer Individualismus. Zur geschichtsphilosophischen Begründung eines sozialwissenschaftlichen Konzepts*. Würzburg 1983.

[96] Man nehme etwa die methodologisch interessante Stelle, an der Simmel von einer »Schwelle der Zerkleinerung« spricht: »Es scheint ein allgemeines Prinzip zu bestehen, daß das Zerfällen einer Erscheinung in Elemente, als deren Summe sie dann wieder begriffen werden soll, bei einer bestimmten Stufe der Zerkleinerung die Individualität der Erscheinung aufhebt. Wenn wir das Wesen eines Menschen, der uns als eine ganz singuläre Vision gegeben ist, in seine einzelnen Züge zerlegen, entdecken wir meistens, daß jeder von diesen ein mehr oder weniger allgemeiner ist, der mit vielen andern Menschen geteilt wird. Das Schicksal eines Individuums, als Ganzes unvergleichlich, läßt sich in eine Summe von Ereignissen vereinzeln, deren jedes eigentlich ein häufiges Vorkommnis ist, und zwar um so augenscheinlicher, je kleiner man die Abschnitte wählt. Die atomistische Weltanschauung, für die die kleinsten Teile und ihre Bewegungen als einzige Realität bestehen, kann das Problem der Individualität weder lösen, noch auch nur anerkennen.

So also verflüchtigt sich der Individualcharakter einer Gegebenheit, durch den sie zeitlich fixierbar, also historisch wird, gerade oft, natürlich nicht immer, zept einer verstehend-erklärenden Soziologie verwiesen werden, in deren Zentrum ebenfalls das Individuelle und das Typische stehen.

Wie schon mehrfach angedeutet, etablierte sich in der Soziologie auch eine Variante des Individualismus, in der die Psychologie eine Schlüsselposition erhält. G. C. Homans, der prominenteste Vertreter dieser Richtung, hält alle Bestrebungen, der Soziologie durch strikte Abgrenzung von der Psychologie einen autonomen Status zu sichern, für völlig verfehlt; in einer langen Reihe von Publikationen vertrat er immer wieder die Auffassung, daß die Soziologie, sofern sie soziale Phänomene erklären will, auf Theorien angewiesen ist, die psychologische Gesetzmäßigkeiten beinhalten. Unlängst faßte Homans seine Position folgendermaßen zusammen: »The programme of behaviourism as applied to sociology consists [...] of three linked sets of ideas: the propositions of behavioural psychology itself, the doctrine of methodological individualism and the covering-law view of theory.«[97] Homans weist auch Poppers Kritik am Psychologismus mit Entschiedenheit zurück: Ihr liege eine unzureichende Kenntnis der Psychologie zugrunde, und im übrigen sei der als Alternative angebotene institutionalistische Individualismus ohne Rekurs auf Psychologie gar nicht realisierbar[98].

Der behavioristische Ansatz erschien etlichen Methodologen so vielversprechend und leistungsfähig, daß sie sich einem reduktionistischen Programm verschrieben, das letztlich in der

durch diejenige Auseinanderlegung und Spezialisierung ihrer Elemente, die doch als wachsende Exaktheit und Erkenntnis der Dinge, ›wie sie wirklich gewesen sind‹, gilt. Man kann demnach von einer *Schwelle der Zerkleinerung* reden.« (G. Simmel, *Das Problem der historischen Zeit.* Zitiert nach: ders., *Das Individuum und die Freiheit. Essays.* Berlin 1984, S. 48–60, Zitat S. 59.)

[97] G. C. Homans, *Behaviourism and after.* In: A. Giddens und J. H. Turner (Hrsg.), *Social theory today.* Cambridge, Oxford 1987, S. 58–81, Zitat S. 70.

[98] Vgl. ebenda, S. 73: »The understanding of institutions presupposes an understanding of human nature, that is, of the propositions of psychology, though institutions once created react on human behaviour. But the reactions themselves occur in accordance with the characteristics of human nature.« Vgl. zur Diskussion und Kritik von Homans' Ansatz u. a. M. Webster, Jr., *Psychological reductionism, methodological individualism, and large-scale problems.* In: American Sociological Review 38 (1973), S. 258–273; R. R. Blain, *On Homans' psychological reductionism.* In: Sociological Inquiry 41 (1971), S. 3–19, sowie Homans' *Reply to Blain,* Blains *Comment on Homans' reply* und Homans' *Rebuttal to Blain,* ebenda, S. 19–25.

Auflösung von Soziologie mündete; inzwischen ist man von derartigen Reduktionismen wieder abgekommen[99].

Der gegenwärtige Stand der soziologischen Diskussion läßt sich abschließend und in aller Kürze vielleicht so beschreiben: Einerseits erleben der Funktionalismus und eine Systemtheorie, die voller Stolz darauf verweist, »subjektfrei« anzusetzen, eine gewisse Renaissance bzw. eine verstärkte Zuwendung[100]; andererseits ist der Rational-Choice-Ansatz dabei, paradigmatische Bedeutung zu gewinnen und alte Fronten aufzulösen[101]. Gelingt dies, dann könnte tatsächlich ein Durchbruch in der soziologischen Methodologie und Theorie gelingen. Die alte Alter-

[99] Vgl. H. J. Hummell und K.-D. Opp, *Die Reduzierbarkeit von Soziologie auf Psychologie. Eine These, ihr Test und ihre theoretische Bedeutung.* Braunschweig 1971. In späteren Publikationen ist ein Abrücken vom strikten Reduktionsprogramm zu registrieren, vgl. etwa K.-D. Opp, *Individualistische Sozialwissenschaft. Arbeitsweise und Probleme individualistisch und kollektivistisch orientierter Sozialwissenschaften.* Stuttgart 1979. Vgl. auch W. Raub und Th. Voss, *Individuelles Handeln und gesellschaftliche Folgen. Das individualistische Programm in den Sozialwissenschaften.* Darmstadt, Neuwied 1981, S. 11 f.: »[...] wird die *reduktionistische Strategie* der Ableitung sozialwissenschaftlicher aus psychologischen Theorien analysiert und als unvereinbar mit den Zielen individualistischer Theorienbildung herausgestellt«. Diese Abgrenzung vom Reduktionismus ist erwähnenswert, weil die Autoren voll auf dem Boden des Individualismus stehen und ihr Buch von Homans (*Behaviourism and after,* S. 77) als ein Beispiel dafür erwähnt wird, daß seine Theorie in der Bundesrepublik Deutschland immer mehr Anklang findet.

[100] Im speziellen ist hier natürlich an die Parsons-Renaissance, den Neo-Funktionalismus und die Systemtheorie von Luhmann zu erinnern. Vgl. etwa N. Luhmann, *Soziale Systeme. Grundriß einer allgemeinen Theorie.* Frankfurt 1987, S. 346: »Wir behandeln soziale Systeme, nicht psychische Systeme. Wir gehen davon aus, daß die sozialen Systeme nicht aus psychischen Systemen, geschweige denn aus leibhaftigen Menschen bestehen.«

[101] In den soziologischen Fachzeitschriften tauchen in letzter Zeit immer häufiger Artikel auf, die sich mit diesem Ansatz befassen. Vgl. etwa P. Franz, *Der ›constrained choice‹-Ansatz als gemeinsamer Nenner individualistischer Ansätze in der Soziologie. Ein Vorschlag zur theoretischen Integration.* In: Kölner Zeitschrift für Soziologie und Sozialpsychologie 38 (1986), S. 32–54; H. Wiesenthal, *Rational choice. Ein Überblick über Grundlinien, Theoriefelder und neuere Themenakquisition eines sozialwissenschaftlichen Paradigmas.* In: Zeitschrift für Soziologie 16 (1987), S. 434–449. Daß in Theory und Society (Bd. 11, Nr. 4, Juli 1982) ausführlich das Thema »Marxism, functionalism, game theory« diskutiert wurde, scheint mir darauf hinzudeuten, daß die Auseinandersetzung mit dem Individualismus auch in jenen Kreisen wieder als lohnend empfunden wird, die einer kritischen Gesellschaftstheorie verpflichtet sind. Vgl. auch das dem methodologischen Individualismus gewidmete Heft 2 von Analyse und Kritik (1986).

native, zwischen einem subjektivistisch verkürzten Homo oeconomicus oder Homo clausus auf der einen, und einem objektivistisch entmündigten Homo sociologicus oder einem sozialen System ohne Subjekte auf der anderen Seite wählen zu müssen, sollte man jedenfalls nicht mehr akzeptieren.

ELISABETH STRÖKER

Über die mehrfache Bedeutung der Rede von Ganzen
und Teilen
Bemerkungen zum sogenannten hermeneutischen Zirkel

Zu den wichtigsten hermeneutischen Kanones zählt seit alters
her die Regel, daß das Ganze aus den Teilen und die Teile aus
dem Ganzen verstanden werden müssen. Denkt man dabei sogleich an Schriftliches als den bevorzugten Gegenstand von
Verstehen und Auslegung, so bestimmt der Kanon jenen viel-
diskutierten »hermeneutischen Zirkel«, welcher seit Schleier-
macher und Dilthey den Angelpunkt jeder Textinterpretation
bildet.

Jedwedes Verstehen zumal von sprachlichem oder sprachlich
vermitteltem Sinn folgt diesem Kanon in der einen oder anderen
Weise immer schon, ohne daß sich der Verstehende dessen eigens bewußt würde. Seit aber die philosophische Reflexion sich
systematisch so eigentümlichen Gegenständen wie »Texten«
zuwandte, mußte der hermeneutische Zirkel eigens zum Thema
gemacht und daraufhin befragt werden, was er genauer besagt,
wie er in der Textinterpretation verbindlich zu handhaben ist
und welche Konsequenzen sich aus einer derartigen Struktur
des Verstehens für die Aneignung von Texten ergeben.

Darüber ist insbesondere in den beiden letzten Jahrzehnten
häufig diskutiert worden. Wenn jener Zirkel hier dennoch abermals betrachtet werden soll, so deshalb, weil bisher so gut wie
gar nicht auf die Mehrdeutigkeiten aufmerksam gemacht worden ist, die in der Rede von Ganzen und Teilen hier gewöhnlich
mitgeführt werden. Dabei handelt es sich um Mehrdeutigkeiten, die nicht einfach aufzulisten waren, damit lediglich der
Terminus des hermeneutischen Zirkels von Äquivokationen be-
freit werden kann. Vielmehr geht es um Mehrdeutigkeiten, welche die in Rede stehende Zirkelstruktur selber betreffen.

Einige naheliegende Vorfragen sollen hier der Kürze halber
außer acht bleiben. Ob es sich dabei überhaupt um einen Zirkel
handelt, worin er sich gegebenenfalls vom logischen Zirkel,
vom *circulus in demonstrando* oder *vitiosus* oder auch von anderen Trugschlüssen unterscheidet, soll im Rahmen dieser knappen Darstellung nicht erörtert werden. Es sei also das geläufige

Verständnis des hermeneutischen Zirkels zugrunde gelegt, wie er und soweit er durch den eingangs erwähnten Kanon üblicherweise erläutert wird; und er soll lediglich als dieser näher untersucht werden.

Wir gehen zunächst von einem und nur einem Text aus. Auch setzen wir voraus, daß es sich um einen wissenschaftlichen, zumindest wissenschaftlich belangvollen Text, und zwar in einer informellen Sprache, handelt. Ferner sei er ein Text, der keine außergewöhnlich schwierigen Probleme hinsichtlich seiner Textbeschaffenheit, seiner Sprache etc. bietet. Er mag insofern also die Normalform eines Textes darstellen. Schließlich sei dieser Normaltext als ein Exemplar von Texten solcher Art gedacht, daß an ihn die folgenden Fragen gestellt werden können: (1) Was ist gesagt beziehungsweise geschrieben? (2) Was ist gemeint? (3) Ist das Gemeinte wahr? (4) Wer hat es gesagt? (5) Wann wurde es gesagt? (6) Wer interpretiert den Text und wozu?

Während die erste Frage sich auf die *Sprache* des Textes, die zweite auf den *Sinn* bezieht, impliziert die dritte Frage einen *Sachverhaltsbezug* des Textes. Er gehört damit den wissens- oder erkenntniserweiternden Texten zu, die bestimmte Sachverhalte als bestehend behaupten oder Tatsachen darstellen. Die vierte Frage nach dem *Autor* mag, je nach Informationsbedarf, zugleich an dessen psychologische und/oder soziale Situation gerichtet sein. Die fünfte Frage charakterisiert den Text spezifisch als einen historischen, jedenfalls aber als historisch relevanten Text und zielt auf eine Antwort in der *historischen Zeit*. Die sechste Frage schließlich führt in die *hermeneutische Situation* und verweist mit dem befragten Interpreten in die wirkungsgeschichtliche Dimension des Textes.

Im Verhältnis von einem Ganzen und seinen Teilen (G-T-Verhältnis) im Sinne des in Rede stehenden Kanons lassen sich nun generell mindestens vier Problemschichten unterscheiden[1]. (a) Das G-T-Verhältnis bezieht sich auf genau einen Text und seine Textteile. (b) Das G-T-Verhältnis bezieht sich auf die Sprache des Textes und diese Sprache als Ganzes. (c) Das G-T-Verhältnis bezieht sich auf den Autor und seinen situativen Kontext[2], aus dem besagter Text – und gegebenenfalls das ge-

---

[1] Ähnlich bei Th. Seebohm, *Zur Kritik der hermeneutischen Vernunft*. Bonn 1972. Weiterhin wird jedoch hier anderen Differenzierungen gefolgt.

[2] Zum engeren und weiteren Begriff des Kontextes K. Stierle, Zur Begriffsgeschichte von »Kontext«. In: Archiv für Begriffsgeschichte 18 (1974), S. 144–149.

samte Werk des Autors – ein Ausschnitt ist. (d) Das G-T-Verhältnis bezieht sich auf einen kulturellen Gesamtkontext, von dem der situative Kontext des Autors wiederum ein Teil und der Text dessen Teil ist. Diese vier Verhältnisse sind offenkundig nicht gleichwertig. In (b) bis (d) geht es um offene, d. h. prinzipiell nicht scharf zu begrenzende Ganze und deren Teile; und je nach Hinsicht und Absicht des Interpreten können sich hier unterschiedliche Einbettungsverhältnisse ergeben, die spezifische hermeneutische Probleme bieten.

Zunächst sei das G-T-Verhältnis (a) betrachtet. In ihm ist der Text als ein Ganzes gemeint, dessen Teile üblicherweise als Teile von der Art des Ganzen, eben als Textteile, gemeint sind. Nicht unwesentlich ist dabei der banale Tatbestand, daß es sich bei diesem Ganzen um ein finites, zweiseitig begrenztes Ganzes handelt, näherhin um ein finites Strukturganzes: Es zeigt eine bestimmte Wohlordnung seiner Teile, und diese läßt seine beiden Grenzen als Anfang und Ende des Textes unterscheiden.

Dagegen handelt es sich bei den Verhältnissen (b) bis (d) um Ganze von anderem logischen Typus. Mit Bezug auf sie präsentiert sich der Text seinerseits als Teil von umfassenderen Ganzen. Diese sind jedoch nicht finite Ganze. Auch sind sie – die Sprache in gewisser Weise ausgenommen – nicht Strukturganze im Sinne vorgegebener Wohlordnung ihrer Teile, sondern sogenannte Inbegriffsganze oder indefinite Totalitäten.

Daraus folgt bereits, daß der Text, als dieser ein finites Ganzes, gleichwohl nicht mehr als finites Ganzes gelten kann, sobald er als Interpretandum genommen wird. Denn als sprachlich fixiertes Sinngebilde ist er Teil auch von solchen Ganzen, die den Charakter indefiniter Totalitäten haben; und nach der Regel des hermeneutischen Zirkels läßt er sich nur von derartigen Ganzen her in seinem Sinn bestimmen. Nicht minder gilt nach dieser Regel jedoch auch, daß der Text seinerseits das jeweilige Ganze, als dessen Teil er hermeneutisch in Erscheinung tritt, in seinem Sinn mitbestimmt. Das bedeutet nichts Geringeres, als daß ein Text in seinem Sinn prinzipiell unausschöpfbar und seine Interpretation nicht endgültig abschließbar ist.

Die grundsätzliche Unabschließbarkeit der Textauslegung schließt natürlich nicht aus, daß vorsätzlich ein bestimmter Text als ein Ganzes genommen und das G-T-Verhältnis (a) nur auf ihn und seine Textteile bezogen, er vielleicht sogar für bestimmte Zwecke gegen Kon-Texte im wörtlichen Sinne regelrecht abgeschottet wird.

Dies ist trivialerweise auch die Einstellung des Lesers während der Erstlektüre eines Textes, und sie wird sogar zum Postulat, zumal dann, wenn es sich um Texte von einigem Schwierigkeitsgrad für das Verstehen handelt. Denn es verlangt Antwort auf die Frage (1); und was der Text »ausdrückt«, muß allemal zunächst sprachlich verstanden sein, wenn die Fragen (2) und (3) nach Sinn und Sachverhalt aufgenommen werden sollen. Auch die Frage (4) nach dem Autor des Textes verlangt im Regelfall kein Ausgreifen auf übertextliche Zusammenhänge und die Frage (5) nur dann, wenn es um die relative Chronologie der Textentstehung geht, wie sie allerdings in jeder im weitesten Sinne historischen Forschung von grundlegender Bedeutung ist. Selbst für die Frage (6) kann die Beschäftigung mit einem einzigen Text allein noch in mehrfacher Absicht gerechtfertigt sein. Inhaltsangabe, Referat, Resümee, gewisse Formen der Berichterstattung über ihn gründen sich im Prinzip auf den Informationsgehalt des Textes allein. Und daß nicht eben weniges aus einer derartigen Textbearbeitung auch zur geschichtlichen Überlieferung gehört, braucht dem Historiker nicht erst gesagt zu werden. Die Fragen (2) und (3) dagegen sind nach dem hermeneutischen Regelkanon nicht aus dem fraglichen Text allein zu beantworten.

Nun kann mit Recht eingewendet werden, daß auch die Beschäftigung mit einem einzigen Text selbst diesen schon insofern überschreite, als sie ihn jedenfalls als Text in einer Sprache nehme. Diese stelle aber den Text nur in ein Teilverhältnis zu sich, so daß mit der Sprache des Textes ein weiteres Ganzes in ihm auch da bereits impliziert sei, wo weitere Texte für seine Interpretation vorerst noch ausgespart werden.

Fraglos ist die Sprache das erste transtextuelle Ganze, welches jeden Text nur zu einem Teil von ihr macht – der erste Kontext ohne weiteren Text gleichsam, der jeden einzelnen Text ja schon in seinem Sinn bestimmt und der mithin das Verhältnis (a) von Text und Textteilen in den zweiten Rang verweist, es jedenfalls in dem Verhältnis (b) zwischen Textsprache und entsprechender Sprache im ganzen gegründet sein läßt.

Diesem Verhältnis kommt in der Tat fundamentale Bedeutung zu. Sie liegt auch nicht bloß darin, daß Sinn und Gegenstandsbezug eines Textes stets »sprachlich vermittelt« sind, wie gewöhnlich gesagt wird, ohne daß immer hinreichend klar wäre, was damit ausgesagt ist. Vielmehr liegt für unser Problem die Bedeutung der Sprache in nichts Geringerem als darin, daß sich nur von ihr her die komplexe Problematik des hermeneutischen Zirkels überhaupt entflechten läßt.

Dafür ist nicht hinderlich, sondern im Gegenteil eher von Vorteil, daß es mit dem G-T-Verhältnis (b) eine besondere Bewandtnis hat. Denn obgleich die Sprache das an sich erste infinite Ganze ist, von dem her sich ein Text als Teil präsentiert, ist sie doch in einem anderen Sinne Ganzes als die anderen Totalitäten. Zudem haben sich einige Äquivokationen in die Rede von Teilen und Ganzen eingeschlichen, darunter auch eine mit Bezug auf die Sprache. Sie lassen sich jedoch leicht auflösen und müssen dann die Erörterung der weiteren G-T-Verhältnisse nicht mehr belasten.

So stößt man zum einen auf eine Wendung, die hier nur für einen exemplarischen Fall aufgenommen sei. Von dem Werk des Thukydides über den Peloponnesischen Krieg heißt es wohl, es sei, als griechischer Text betrachtet, ein Teil der griechischen Sprache. Doch wird andererseits gesagt, daß die Sprache des damaligen attischen Griechisch als ein Teil des Textes anzusehen sei. Offenkundig besagt hier die Rede von Teilen in beiden Fällen Verschiedenes.

Die griechische Sprache als ein Teil des Thukydides-Textes – das kann einmal heißen, daß die griechische Sprache nur zum Teil in der Darstellung des Thukydides präsent ist, als ganze aber über ihn hinausreicht. Insofern ist der Text sprachlich ein Ausschnitt aus der griechischen Sprache, und diese bildet für ihn dann insofern das maßgebliche Ganze, als sie in allen ihren Beständen lexikalischer, grammatikalischer, stilistischer Art für die sprachliche Auslegung des Textes hinzuzuziehen ist. Es kann aber auch heißen, daß die Sprache jenes Textes nur ein Teil des Textes ist, der alsdann weitere, nichtsprachliche Teile, wie etwa Sinn und Gegenstandsbezug, hat. Denn von Teilen des Textes kann auch hier im Sinne von etwas, das der Text »hat«, das zu ihm gehört und für ihn als Text konstitutiv ist, gesprochen werden. Um indessen die Terminologie von Ganzen und Teilen nicht übermäßig zu strapazieren, sollte man hier wohl besser von Problem- oder auch Interpretationsebenen sprechen und mithin Sprache, Sinn und Sachbezug nicht als Teile des Textes, sondern als dergleichen Problemebenen ansehen.

Dagegen hat eine andere Rede von Teilen eines Ganzen und damit auch vom Ganzen selbst eine zweifache Bedeutung, die bisher weitgehend undurchdacht geblieben ist. Schon bei Platon findet sich eine grundlegende Differenzierung, die später in die

Logik von Ganzen und Teilen geführt hat. So unterschied Platon die einzelnen Teile eines Gesichts von den Teilen in einem Goldhaufen und bemerkte, daß im letzten Falle jedes Teilchen wie das Ganze, nämlich Gold, ist, während die Teile eines Gesichts derartige Beschaffenheit nicht haben. Nach einer späteren Präzisierung unterscheiden wir demgemäß Teile im Sinne von Stücken und Teile im Sinne von Momenten[3]. Stücke heißen danach terminologisch Teile eines Ganzen, die selbständig und abgetrennt gegeben sein können und die damit ebenso konkret sind wie das Ganze. Momente sind dagegen Teile eines Ganzen, die zwar für sich thematisierbar, aber nicht abtrennbar sind. Sie treten in der Thematisierung nur als unselbständige Teile des Ganzen hervor. Das bedeutet es zugleich, wenn sie als abstrakte Teile gekennzeichnet werden.

Nach diesen Festlegungen ergibt sich weiter, daß Teile als Momente stets im Ganzen fundiert sind, wobei auch der Fall wechselseitiger Fundierung solcher Momente möglich ist. Stücke dagegen stehen nicht in Fundierungszusammenhängen, sondern in Relationszusammenhängen; und je nach Art solcher Relationen ergeben sich unterschiedliche Strukturen. Sie sind insbesondere bei extensiven Ganzen leicht greifbar. Sie reichen etwa von bestimmten Verwebungen und Vernetzungen in unterschiedlicher Komplexität bis zu bloßen Konglomeraten und Aggregaten und enden im äußersten Grenzfall der Nullstrukturierung bei der regellosen Häufung.

Es ist für unser Thema nicht notwendig, verschiedene Strukturtypen zu erörtern. Da aber im Zusammenhang mit dem hermeneutischen Zirkel unausdrücklich zumeist nur Teile von der Art der Momente gemeint sind, sei eigens darauf hingewiesen, daß nicht nur Momente, sondern auch Stücke sowohl in finiten als auch in infiniten Ganzen, in Strukturganzen wie in Inbegriffsganzen, vorkommen können. Da Texte nun als finite Ganze, insbesondere als extensive Ganze mit einer expliziten Struktur gegeben sind, erhellt daraus bereits die prinzipielle Bedeutung von »Stück-Teilen« für ihre Auslegung.

Kehren wir nun kurz in die Sprachebene eines Textes zurück. Jeder Text ist zunächst eine Konfiguration aus graphischen Zeichen, deren Bedeutungen im Ganzen der betreffenden geschrie-

---

[3] Zur genaueren Analyse der Begriffe »Ganzes« und »Teil« vgl. besonders die *Dritte Logische Untersuchung* von Edmund Husserl, Husserliana. Den Haag, a 19/1 (1984), S. 227–300.

benen Sprache fundiert sind. Die Sprache des Textes besteht ferner aus Morphemen, Lexemen, Wörtern in syntaktischer Ordnung mit Deklinierung, Flektierung und ähnlichen anderen synkategorematischen Einheiten. So werden sie bezeichnet, weil sie je für sich nur unselbständige Bedeutung haben und zur angemessenen Deutung der Ergänzung durch andere Einheiten gleicher Art bedürfen, darunter auch solche, die im Text nicht vorkommen. Insofern besteht aber nicht nur zwischen ihnen untereinander, sondern auch zwischen ihnen und der Sprache im ganzen ein Verhältnis wechselseitiger Bedeutungsfundierung. Jeder Interpret weiß davon spätestens, wenn er auch nur in die sprachlichen Fußangeln wie etwa fremdartiger Präfix- und Suffixbildungen, neuartiger Komposita, ungewöhnlichen Präpositionsgebrauchs und ähnliches gerät.

Das fundierende Ganze ist hier zunächst der Satz. Er ist ein Stück des Textes und nicht etwa ein Moment. Denn er ist kategorematisches Stück, für sich auffaßbar insofern, als er selbständigen Sinn hat und als Satz nicht in anderen Sätzen fundiert ist. Wegen seines selbständigen Satzsinnes ist er, anders als die graphischen Zeichen und Wörter, bereits Textstück und als dieses der kleinste Teil des Textes. Zusammen mit gleichartigen anderen Teilen, also Sätzen, macht er die Textualität des Textes aus. Denn was diese bestimmt, ist nichts anderes als die Nebenordnung von Sätzen, welche dabei in bestimmte Relationen treten und die fortlaufende Anordnung des Textes ausmachen.

Hier liegt gewiß der Einwand nahe, daß diese Relationen zwischen Sätzen, wenn sie denn einen Text und nicht bloß eine beliebig zusammengestellte Reihung von Sätzen ergeben sollen, doch schon vom Sinn des ganzen Textes her bestimmt sein müssen. Somit aber wären die Sätze anscheinend doch nicht als Stücke, sondern als unselbständige Momente des Textes anzusehen. Auch könnte weiter eingewendet werden, daß die Stückhaftigkeit der Sätze doch dem tatsächlichen Vorgang des verstehenden Lesens und Aufnehmens dessen, was im Text dargestellt ist, widerspricht. Textverstehen geschehe vielmehr ja schon aus einem Vorgriff, wenn auch nicht sogleich auf das Ganze des Textes, so doch mindestens auf einen größeren Textzusammenhang.

Sosehr dieses letztere zutrifft, so einwandfrei ist hier jedoch eine Konfusion zu meiden, die sich gerade in dieser Hinsicht in der Texthermeneutik unangenehm breit gemacht hat: Es ist nicht schon ohne weiteres dasselbe, einen Text als Ganzes seiner Textteile zu lesen und zu verstehen und ihn als Ganzes im Sinne des Kanons vom hermeneutischen Zirkel zu verstehen.

Daß ein Text primär, das heißt in seiner Textualität, durch seine Sätze und deren intratextuelle Relationen zueinander bestimmt ist, daß mithin seine Sätze nicht als Momente, sondern tatsächlich als Stücke des Textes fungieren, resultiert bereits daraus, daß Umstellungen und Auslassungen von Sätzen und sogar ganzen Textpassagen möglich sind, bei denen nicht nur die Textualität des Textes nicht beeinträchtigt wird, sondern auch das Sinngefüge des Textes unversehrt bleibt. Schon jede Wiedergabe seines Inhalts macht davon zwanglos Gebrauch; und sie gilt als korrekt, sofern wiedergegebene Sätze als einzelne nicht sinnverzerrt und die grundlegenden intratextuellen Relationen der Sätze zueinander nicht durchbrochen werden. Und nicht nur der Fachhistoriker weiß, in welch starkem Maße dergleichen Wiedergabe als Weitergabe traditionsbildend wirkt. Von der Möglichkeit, derartige Text-Stücke aus dem Text herauszulösen, sie zu eliminieren und zu permutieren, wird schließlich auch in der Textklitterung und Zitatfälschung Gebrauch gemacht. Daß aber diese, und die tendenziöse zumal, nicht minder Geschichte machen und machbar machen kann, ist nur die andere Seite des Sachverhalts, daß dergleichen Traktierung von Texten in dem Sinne möglich ist, daß sie am dargebotenen Text selber, jedenfalls bei hinreichendem Raffinement zur Wahrung von Textualität, auf keine Weise wahrgenommen und nur im Vergleich mit dem also heimgesuchten Text oder aufgrund anderweitiger Kenntnisse aufgedeckt werden kann.

In all dem gibt sich ein Text als eben jenes finite und explizite Strukturganze zu erkennen, dessen Teile nicht nur unselbständige, abstrakte Momente, sondern selbständige, konkrete Stücke sind. Als dieses explizite Strukturganze ist der Text aber, wie bereits angedeutet, gerade nicht Ganzes im gewöhnlichen Verständnis des hermeneutischen Zirkels: Es ist wichtig zu sehen, daß er in seiner Textualität eine Relationsstruktur seiner Teile aufweist, die sich nicht auf eine noch so liberal genommene oder vage metaphorisch gedeutete Zirkelstruktur abbilden läßt. Denkwürdigerweise müßte sonst jener Zirkel es zulassen, die Lektüre eines Textes an beliebiger Stelle zu beginnen – wenn es denn für jeden Teil umstandslos gelten sollte, daß er seinen Sinn, nicht anders als jeder andere, aus dem Ganzen bezieht. Daß sich indes zu solch absonderlicher Art von Lektüre niemand ernsthaft entschließt und, wollte einer es versuchen, alsbald mit seinem Verstehen scheitern würde, zeigt aber, daß der Leser primär den Text mit Selbstverständlichkeit als finites und explizites Strukturganzes nimmt.

An der Strukturganzheit des Textes liegt es eben, daß der Text nicht in zirkulärer Beliebigkeit des Einstiegs, sondern nur diskursiv gelesen und verstanden werden kann. Was der Autor gesagt hat, hat er zwar im Vorgriff auf ein Ganzes gemeinten Sinnes gesagt. Sagen konnte er aber das Gemeinte nur textuell strukturiert, und es verlangt deshalb für ein erstes Verstehen den »linearen« Durchgang, gegebenenfalls mit einigem Zurücklesen durch den Text.

Damit ist freilich der eben aufgegriffene mögliche Einwand, daß bisher der Sinn des Textganzen vernachlässigt worden sei, noch keineswegs entkräftet. Dies soll jedoch gar nicht geschehen – im Gegenteil. Vielmehr soll gerade das bisher in der Tat nicht gebührend berücksichtigte Sinnganze des Textes – von dem wir im Augenblick noch wie von einem abgeschlossenen Ganzen, also ebenfalls abstrakt, sprechen – aus seinem konstitutiven Ursprung, das heißt aus der Textualität seiner Verlautbarung, begriffen werden.

Um so unabweisbarer ergeben sich daraus so hermeneutisch prinzipielle Fragen wie die nach dem Grundverhältnis von Satz und Sinn, von Gesagtem und Gemeintem. Daß ein Gesagtes allenthalben etwas anderes ist als ein Gemeintes, daß ein Gemeintes jedoch nur als Gesagtes gemeint sein kann und insofern an es gebunden ist und dennoch in seinem Sinn über das jeweils »bloß« Gesagte hinausreicht, macht textverhaftetes Verstehen stets zu einem risikoreichen Unterfangen und stellt selbst noch erzieltes Einverständnis über die gemeinte Sache grundsätzlich unter Vorbehalt. Die Hermeneutik aber stellt es unter ein spezifisches Differenzierungsgebot: nämlich nicht nur Sprachverstehen und Sinnverstehen deutlicher als bisher geschehen zu unterscheiden, sondern auch ihre Beziehungen zueinander so sichtbar zu machen, daß der Kanon des hermeneutischen Zirkels überhaupt mit hermeneutischem Gewinn diskutiert werden kann. Diese Aufgabe bedeutet aber in concreto, ihn aufzuklären aus der Verhältnisbestimmung von explizitem Strukturganzen des Textes und implizitem Inbegriffsganzen seines – und zunächst nur seines – Sinnes.

Mit der Sinndimension gewinnt der Text Teil an einem Ganzen anderer Art: Abgesehen davon, daß dieses Ganze nicht mit dem Text geschlossen ist und dessen Grenzen nicht teilt, ist ein

Sinnganzes offenkundig auch nicht Ganzes dergestalt, daß es stückbar wäre und nach kleinsten, in sich selbständigen Einheiten des Sinnes differenzierbar, so daß deren Relationen untereinander dann den Textsinn im ganzen zu ergeben hätten. Was den Sinnzusammenhang des Textes ausmacht, das ist zwar in den textuellen Relationen seiner Sätze verankert, ist aber nicht durch sie charakterisiert; und was an Sinnbeziehungen, Sinnbezügen im einzelnen innerhalb des Ganzen sich ausmachen läßt, das ist zwar in den einzelnen Satzrelationen gegründet, aber nicht durch sie determiniert.

Nicht von ungefähr werden denn auch an den Sinn eines Textes andere Erwartungen gestellt als an sein Gesagtes. Während dieses sich »im Laufe« seiner Lektüre erst zeigen kann, sich aber auch dann »schon zeigen wird«, indem es sich ergibt, ohne daß in dieser Richtung überhaupt ein spezifischer Vorgriff des Lesers statthätte, leitet ihn ein solcher Vorgriff bezüglich des Textsinnes von Anfang an. Selbst wer im gegebenen Fall – sei es etwa beim Lesen einer Einführung in ein neues Sachgebiet oder bei der Erstlektüre eines Lehrbuchs – nicht die hermeneutisch exponierte Vorerwartung[4] teilt oder doch nicht so bestimmt teilt, daß er ein fortschreitendes Eindringen in den Text schon als gebotenen Dauerkampf mit eigenen Vorurteilen empfindet, geht jedenfalls von einer wesentlichen Grundvoraussetzung aus: daß der Text einen Sinnzusammenhang bietet, da er sonst auch nicht kohärent über bestimmte Sachverhalte zu berichten wüßte. Daß aber nichts das Verstehen so empfindlich stört wie eine Enttäuschung dieser Sinnerwartung, daß Unstimmigkeit es augenblicklich zum Scheitern bringt, mag im übrigen der Text so klar sein wie er will, das hat nicht nur weiteren hermeneutischen Regeln zur Anerkennung verholfen, so vor allem dem Kanon der hermeneutischen Ergänzung, der notfalls helfen soll, Stimmigkeit als Conditio sine qua non des Verstehens herzustellen[5]. Die überaus häufige Vornahme derartiger

[4] Über die Rolle von Vorerwartung und Vorurteil im Verstehensprozeß grundlegend, wenn auch ohne zureichende Differenzierung, H. G. Gadamer, *Wahrheit und Methode*. 2. Aufl. Tübingen 1965, S. 250 ff.

[5] Dieser Kanon, der im Fall sinnambivalenter oder sogar anscheinend sinnleerer Textstellen sogenannte passende Annahmen gestattet, setzt natürlich anderweitig erworbenes Wissen über den Text oder anderes mit ihm in Zusammenhang stehendes Wissen voraus, welches dann auch die Kriterien für dergleichen Ergänzungen abgibt. Ferner gilt die Regel des *non liquet*, sofern sie jedenfalls durch die der hermeneutischen Ergänzung sinnvoll begrenzt wird. Denn ob eine und wo keine Sinnergänzung von Leerstellen zulässig sein kann, das regelt sich

Sinnrestitution gibt überdies einen ersten Hinweis darauf, welcher Art jener Sinnzusammenhang ist, der auf der Seite des Interpreten mit Stimmigkeit angedeutet oder auch als Unstimmigkeit vermißt wird, wenn nicht gar erweislich Unsinnigkeit vorliegt. Beides aber deutet auf einen Einschnitt im Sinngefüge des Textes, den es nicht verträgt, ohne zugleich in größeren Teilen, wenn nicht gar im Ganzen seines Sinnes beschädigt zu werden. Denn ein Sinnganzes ist Ganzes von der Art des Kontinuums. Entsprechend ist Stimmigkeit die subjektive Voraussetzung des Sinnverstehens, welcher objektiv die Sinnkontinuität des Textes entspricht.

Läßt sich aber von einem kontinuierlichen Ganzen überhaupt sagen, daß es Teile habe? Von Aristoteles stammt die scharfsinnige Unterscheidung, daß ein Kontinuum nicht aus Teilen zusammengesetzt ist, daß es hingegen teilbar ist in immer wieder Teilbares, ohne daß der Prozeß der Teilung jemals an ein Ende käme und zu kleinsten Teilchen gelangen könnte. Genau diese Nichtentsprechung von Aufbau und Zergliederung kennzeichnet nach Aristoteles ein Kontinuum.

Das läßt sich, mit einiger Vorsicht, auf das Kontinuum eines Textsinnes übertragen. Dieser als das im Text Gemeinte hat in der Tat keine Teile, als sei es aus ihnen zusammengesetzt. Daraus ergibt sich zunächst, daß Teile des Textes, die in Relationsbeziehungen stehen wie seine Sätze, nicht auch entsprechend Teile seines Sinnes sind. Es ergibt sich daraus ferner, daß, soll man überhaupt von Teilen des Gemeinten sinnvoll sprechen können, diese nicht als Stücke, sondern nur als Momente des Ganzen faßbar werden können. Als Momente aber sind sie unselbständig, im Ganzen fundiert, weil von ihm abhängig und je für sich nur abstrakt thematisierbar.

Insbesondere aber sind dergleichen Momente nicht in derselben Weise wie Stücke mit einem Ganzen gegeben. Wie von Teilen eines Kontinuums allgemein nur in dem Sinne die Rede sein kann, daß man von seiner Teilbarkeit Gebrauch macht, so werden auch Sinnmomente eines Textes erst erkennbar, indem sie aus dem Kontinuum eines Ganzen thematisierend herausgehoben werden.

Genau dies hat der Autor bereits getan, als er den Text

jeweils danach, ob passende Ergänzungen zur Verfügung stehen oder nicht, und diese werden wiederum durch weitere Kontextabhängigkeiten des Textes geregelt.

schrieb. Das gilt nicht nur hinsichtlich weiterer Texte als Sinngebilde, die seinen Text als Teil eines Kontextes erscheinen lassen, sondern schon im Hinblick auf seinen jeweils geschriebenen Text allein. Das ist natürlich nicht so zu denken, als gäbe es faktisch zunächst so etwas wie ein ungeteiltes Sinnkontinuum, das der Autor dann in einen Text bannte, um Sinnmomente und Sinnbeziehungen darin unterscheidbar zu machen. Eine solche Annahme wäre nicht nur rein spekulativ, sondern absurd. Vielmehr entwirft der Autor mit seinem Text zuallererst dessen Sinn – so jedoch, daß er in dem, was er darin an Sinn »zur Sprache bringt«, zugleich anderes zurückhält und daß er ferner in dem, wie er ihn zur Sprache bringt, nur eine von vielen Möglichkeiten realisiert. Darum zehrt jedes Sinnverstehen eines Textes auch von seinem Ungesagten; und darum bedeutet Sinn zum Ausdruck bringen immer auch das Gemeinte prinzipiell auch anders sagen können. Insofern bietet der Autor mit einem Gemeinten an Textsinn im Ausgesagten nichts anderes als Distinktives aus einem mitentworfenen Kontinuum des Sinnes, und dieses gewinnt seine Distinktion wiederum nur aus dem Zusammenhang eines je schon mitgemeinten kontinuierlichen Sinnganzen.

Was besagt aber demzufolge der Kanon des hermeneutischen Zirkels? Von welchen Teilen und Ganzen ist in ihm genauer die Rede, und worin liegt eigentlich seine vorgebliche Zirkularität? Sind allemal Teile und Ganze in der Sprachebene und in der Sinnebene eines Textes zu unterscheiden, so läuft die gestellte Frage zunächst darauf hinaus, wie das Strukturganze des Textes und das Inbegriffsganze seines Sinnes zueinander stehen.

Das vielleicht nicht unangemessene Bild zweier Ebenen, die mit Bezug auf Sprache und Sinn des Textes unterschieden wurden, läßt jetzt die Abstraktion dieser Zweiteilung erkennen, die, obgleich zu rekonstruktiven Zwecken zunächst gerechtfertigt, nun jedoch rückgängig zu machen ist. Denn offensichtlich durchdringen sich beide Ebenen dergestalt, daß die Relationen der einen, nämlich der Sprachebene mit ihren Textstücken, das Erfassen der Beziehungen in der anderen, der Ebene des Sinnes und seiner Momente, leiten.

In dieser Leitfunktion gewinnen aber die Sätze und die Relationen zwischen ihnen ihrerseits eine neue Qualität: Ohne ihre textuellen Eigentümlichkeiten zu verlieren, nehmen sie gleichsam teil am Sinn und »seinen« Zusammenhängen. Was ihnen von Haus aus an Relationsbeziehungen eignet, geht nicht verloren, sondern interferiert mit Sinnbeziehungen. Da die Sinnmomente des Textes jedoch nicht in Satzrelationen, sondern im Sinnganzen fundiert sind und nur in ihm fundiert sein können, erscheinen die Sätze als Textstücke im Lichte von Sinnbeziehungen nunmehr auch als Momente, also als unselbständige, im Ganzen fundierte Teile des Textes.

Daß sie in der Hermeneutik anscheinend allein als diese genommen werden, liegt in der Regel an der Undifferenziertheit im Gebrauch des Begriffs »Teil«, falls es nicht ausdrücklich damit gerechtfertigt wird, daß jedenfalls der Interpret – unter Umständen aber hier abweichend vom Leser – thematisch dem ausgedrückten Sinn und nicht dem Ausdruck des Sinnes zugewandt ist. Alles in allem ist die eigentümliche Durchdringung von Sprachebene und Sinnebene eines Textes bisher noch so gut wie vollständig hermeneutisch unbeackertes Brachland. Auch die hier gebotene Kurzdarstellung kann nicht befriedigen. Sie sollte auch nur in die Richtung weisen, in der eine Lösung des Problems gesucht werden könnte, das zum einen der Text in seiner Textstruktur als Leitlinie für das Sinnverstehen liefert, wenngleich diese im Verstehensprozeß gewöhnlich nicht – und um so weniger – thematisch wird, je intakter sie ist; daß zum anderen aber auch, wo das Verstehen nicht dem Text in seiner Textualität, sondern in seinem Sinngehalt und vermittels dessen dem dargestellten Sachverhalt gilt, Teile des Textes, wo sie von anderen abgehoben werden, als im Ganzen fundierte Textmomente genommen werden.

Gleichwohl erscheint es hermeneutisch geboten, die bisher explizierten zwei verschiedenen Typen von Ganzen und Teilen zu unterscheiden: Sosehr es dem faktischen Verstehensvorgang normalerweise entsprechen mag, daß das Inbegriffsganze des Textsinnes und seine Teile als Sinnmomente ihn beherrschen, so wenig kann jedoch übersehen werden, daß das Verstehen des Textes sich nur auf der Grundlage eines anders gearteten Ganzen entfalten kann: des extensiven Ganzen des Textes als Sprachgebilde mit einer expliziten Relationsstruktur.

Angesichts dieser Doppelbestimmtheit von Ganzen und Teilen erscheint aber die Behauptung der Zirkularität des Verstehens nicht ohne Fragwürdigkeiten. Sie soll im wesentlichen darin liegen, daß der Leser, und nicht weniger der Interpret, während des Lesens von bestimmten Vormeinungen gelenkt ist, die er im Prozeß des Lesens und Auslegens neu faßt, indem er dem Text fortlaufend etwas entnimmt, das ihn zur Revision seiner Vormeinungen zu bringen vermag. Darin liegt jedoch nicht mehr und nicht weniger, als daß Verstehen ein zielgerichteter Vorgang ist und der Korrektur unterliegt oder dasjenige, was in der Kybernetik negative Rückkopplung heißt.

Daß dergleichen Korrekturen im hermeneutischen Bereich allerdings erst fällig werden und werden können, wenn über begangene Fehler und unterlaufene Mängel des Verstehens jeweils schon ein Stück weit hinausgeschritten, und zwar wie konsequent unterstellt werden muß, richtig verstehend hinausgeschritten wurde, das gibt dem Gesamtprozeß des Verstehens in der Tat eine gewisse Sonderstellung gegenüber allem sonstigen »Fortschreiten«. Doch erscheint dafür die Metapher des Zickzackweges angemessener als die eher irreführende des Kreises. Was in dem Bild einer Kreisbewegung festgehalten werden soll, ist denn auch nicht eigentlich dieses vor- und rückläufige Hin und Her des Lesevorgangs, welches der extensiven Relationsstruktur des Textes Tribut zollt. Vielmehr ist es die Überzeugung, daß sich auf diese Weise eine Präzisierung und Vertiefung des Sinnverständnisses einstellt, und zwar spezifisch dergestalt, daß jedes gewonnene Teilverständnis des Ganzen nicht allein Voraussetzung für weiteres Teilverständnis ist, sondern daß es auch das weitere, bessere Verstehen mitfundiert und in dieser Weise von sich abhängig macht. Es ist deshalb gelegentlich vorgeschlagen worden, das Bild des Kreises durch dasjenige einer Spirale zu ersetzen, da deren Windungen und verschiedene Steigungen besser dem tatsächlichen Verstehensvorgang entsprechen würden.

Weitaus entscheidender als die Diskussion um derartige Metaphern ist aber für die Erörterung des Kanons vom hermeneutischen Zirkel, daß er auch für die in (c) und (d) angedeuteten Kontexte in Anspruch genommen und an ihnen sogar vornehmlich demonstriert zu werden pflegt.

Unsere Frage lautet also nunmehr: Liegen dort analoge Verhältnisse von Teilen und Ganzen vor wie im Hinblick auf einen Text und seine Teile, oder ergeben sich Abweichungen, durch welche am Ende auch die Anwendung des in Rede stehenden Kanons an Grenzen stößt?

Geht man ein wenig vorsichtiger auf die anvisierten sogenannten größeren Zusammenhänge zu, als die Hermeneutik es nicht selten allzu leichtfüßig tut, so bleibt zunächst, sich zu vergegenwärtigen, daß derartige Zusammenhänge als textübergreifende Ganze gar nicht direkt gegeben sind. Und zwar sind sie nicht nur nicht wie einzelne Textganze gegeben; sie sind auch nicht in einer Vielfalt von Texten greifbar wie das Textganze und seine Textteile.

Es handelt sich hier um jene eingangs erwähnten indefiniten Totalitäten par excellence. Ihre Indefinitheit bringt sich vorerst negativ zur Geltung darin, daß ihnen nicht die Gegebenheitsweise der Sinnganzen von Texten eignet. Es sei nun versucht, so gut es geht, sie positiv zu fassen.

Daß indefinite Ganze von anderem logischen Typus als Strukturganze sind, impliziert, daß sie nicht strukturiert sind. Man muß sich in der Tat vor Augen führen, daß beispielsweise Begriffe wie »Kulturzusammenhang«, »Traditionszusammenhang«, »sozialer Kontext« und ähnliche Inbegriffe sind und, wenn sie überhaupt etwas bedeuten, dann Ganze bedeuten, die von sich aus keine Struktur haben. Das heißt zugleich, daß für sie Teile – sei es als Stücke, sei es als Momente – nicht auszumachen, daß sie jedenfalls nicht »ohne weiteres« im wörtlichen Sinne und daß sie eindeutig überhaupt nicht bestimmbar sind. Das mag befremden. Aber wir verwechseln hier nicht die konkrete Situation des Lesers und Interpreten, der freilich je schon dergleichen Zusammenhänge auf die eine oder andere Weise strukturiert vorfindet, mit einer logischen Rekonstruktion, die solche Strukturierung durchsichtig machen soll.

Immerhin bieten unstrukturierte Ganze den Vorteil, daß sie sich strukturieren lassen. Genau dies ist bei derartigen indefiniten Totalitäten entscheidend, daß sie nicht als die oft – und oft nur vage und gedankenlos – zitierten Kontexte einfach da sind, sondern daß sie als Zusammenhänge – denn das meint in diesem Rahmen der Ausdruck Kontext – hergestellt, geschaffen werden müssen. Wie aber werden sie geschaffen?

Für den Leser und Interpreten bedeutet das ein Hinausgehen über den bisher angenommenen einen Text, und zwar durch Griff zu weiteren Texten. Nur diese können denn auch die Funktion übernehmen, die Vorerwartung auf jene größeren Zusammenhänge zu erfüllen, die den Interpreten eines Textes bestimmen mag. Sie ist zwar stets eine wohlmotivierte – letztlich in Verstehenszusammenhängen des lebensweltlichen Alltags gegründete – Erwartung; sie ist aber ursprünglich ganz leere Erwartung. Erst weitere Texte vermögen ihr die benötigte Fülle zur Konkretisierung zu geben[6].

Angesichts des banalen Tatbestandes aber, daß nichts anderes als weitere Texte die zunächst leer und vage antizipierten Zusammenhänge konfigurieren, konkretisieren und präzisieren können, bleibt also nun, unter dem Aspekt von Ganzen und Teilen die Rolle weiterer Texte für den einen, von dem bisher abstraktiv ausgegangen wurde und der insofern jetzt als Primärtext fungiert, zu betrachten. Selbstverständlich können es nicht beliebige Texte sein, die dafür in Frage kommen. Vielmehr müssen sie zum Primärtext in Beziehung stehen. Wie sie auf ihn bezogen sind und ob das überhaupt der Fall ist, das entscheidet aber im Prinzip nur das diskursive Lesen und das distinkte Verstehen wiederum jedes einzelnen der weiteren Texte – um so mehr, als hier allzu voreilig angenommene Zusammenhänge zwischen diversen Texten nicht selten zu unhaltbaren Interpretationen führen.

Auch dergleichen weitere Texte sind aber zunächst natürlich je für sich finite, explizite Strukturganze der eingangs geschilderten Art. Sie sind ferner zueinander primär disjunkte Texte, die mit dem Primärtext nirgends sich berühren, geschweige denn stetig zusammenhängen. Dem widerspricht nicht, daß die überwiegende Mehrzahl wissenschaftlicher Texte im heutigen Gebrauch teils direkt, teils indirekt und außerdem unter vielfältigen Aspekten längst schon miteinander »in Beziehung stehen«, einseitig oder mehrseitig aufeinander verweisen und somit bereits gemeinsame Sinnzusammenhänge erkennen lassen. Denn auch hier gilt wiederum: Was für den Interpreten die jeweils konkrete Situation des Einstiegs in seine Arbeit ausmacht, führt im rekonstruktiven Regreß letztendlich auf eine Menge disjunkter Texte zurück.

Als diese aber sind sie primär nichts als Stücke und nicht etwa Momente des antizipierten Ganzen – wie denn auch jeder neu herangezogene Text als ein derartiges Stück fungiert, indem der Interpret ihn, je nach seiner Problemstellung, in die eine oder andere Relation zu den bisher von ihm behandelten Texten bringt. Und es würde die mannigfachen intertextuellen Beziehungen, die durch Interpretation zwischen diversen Texten ge-

---

[6] Prinzipiell Analoges gilt natürlich für bereits teilerfüllte Erwartungen durch andere Texte, wie sie etwa geisteswissenschaftliche Textbearbeitung in je konkreter Auslegungssituation immer schon leiten.

stiftet und fortlaufend auch neu und anders gestiftet werden, erheblich verzerren, wollte man hier die weiteren Texte als unselbständige Momente eines Ganzen ansehen, die demnach ohne Zutun des Interpreten sich wechselseitig fundieren oder in irgendeinem übergreifenden Zusammenhang fundiert sein müßten. Insofern gilt buchstäblich, daß unser Wissen Stück-Werk ist: Nicht bloß im biblischen Sinne wissen wir vieles nicht – und als Historiker zumal können wir nicht einmal wissen, »wie es eigentlich gewesen«, weil nur einige wenige nur einiges wenige Geschehen der Vergangenheit in Texten niedergelegt haben, selektiv nach ihrer Sicht und Absicht –; auch hermeneutisch gilt, daß nur aus dem Stück-Werk vorhandener disjunkter Texte Zusammenhänge zwischen ihnen sich herstellen lassen.

Nun sind aber die durch intertextuelle Beziehungen gewonnenen Zusammenhänge doch wohl noch gar nicht diejenigen, wie sie nach landläufigem Verständnis in den in Rede stehenden übergreifenden größeren Zusammenhängen oder Kontexten dieser Art gemeint sind. Nicht nur sind sie mehr als die Summe aller sie bekundenden Texte, sondern anscheinend anders auch als selbst noch die Menge aller Text-Kontexte – transtextuelle Kontextganze gleichsam, die in einem noch so vielfältigen Gewebe oder feingewirkten Netzwerk von Textbeziehungen nicht aufgehen.

Steht es aber hier nicht ähnlich wie mit einem einzigen Text und seinem Sinn? Über den Text hinausweisend, wurde dieser Sinn lediglich so bestimmbar, daß wir ihn als kontinuierliches Ganzes nur faßten dahingehend, daß das Ausgesagte des Textes jeweils im Horizont von weiterem ungesagt Mitgemeinten verstanden wird. Sollte es nun mit einer Vielzahl von Texten anders stehen, wenn an ihnen jene indefiniten Totalitäten erfaßt werden sollen?

Indessen ist hier die Sachlage doch spürbar anders, und zwar insofern, als sich verschiedene Texte qua Teile eines hergestellten Kontexts anders zueinander verhalten als Textteile zu einem, ihrem Text, dessen Teile sie sind. Sind Teile des Textes mit dem ganzen Text in der Weise gegeben, daß sie durch ihre Relationsbeziehungen den Text als Ganzes ausmachen und daß so dem Interpreten das Sinnganze des Textes mit ihm vorliegt, das er aufzunehmen und zu verstehen hat, so sind ihm dagegen verschiedene Texte qua Kontextteile ursprünglich nur als disjunkte Stücke vorgegeben. Als diese liefern sie jedoch kein Ganzes, solange der Interpret selber nicht zwischen ihnen durch intertextuelle Verknüpfungen Kontext schafft. Nach welchen Gesichtspunkten immer dies aber geschehen mag: Dergleichen vom Interpreten gestiftete Kontexte unterscheiden sich jedenfalls darin maßgeblich von den intratextuellen Relationen der Textteile eines jeden Textes, daß sie als Kontexte textlich nicht vorgegeben sind und vom Interpreten konstituiert werden müssen, wenn es sie überhaupt geben können soll[7].

Wie immer aber dies geschehen mag, jedenfalls kommt für dergleichen vom Interpreten zu stiftende intertextuelle Ganze der sie konstituierenden Mehrheit von Texten die entsprechende Funktion zu, wie sie der Einzeltext für sein Sinnganzes hat. Daß allerdings nunmehr diese indefiniten Ganzen nicht mehr einfach in einer vorgegebenen Textualität eines Textes verankert, sondern in gestifteten intertextuellen Beziehungen zwischen mehreren Texten und mithin in interpretativ konstituierten Text-Kontexten gegründet sind, gibt jenen Ganzen als indefiniten Totalitäten einen anderen Status als den des Sinnes eines Einzeltextes.

Hier ist nun die Stelle, an der die Metapher von den potentiell größer werdenden Kreisen des hermeneutischen Zirkels nicht täuschen sollte: Was dabei zuletzt, wenn auch nur der Idee nach, als allumfassendes Ganzes in Anspruch genommen wird, ist doch nicht einfach als ein Ganzes zu denken, so als ob der Interpret vom eigenen Standort seines Fragens aus gleichsam nur Kreise mit verlängertem Radius um das Sinnganze seines Einzeltextes zu schlagen hätte, um damit der Forderung nach größerer Vollständigkeit und Tiefe seines Verstehens Genüge zu tun[8].

Mag zwar jeder Text letztlich als Teil auch noch eines solchen

[7] Dafür bedarf es bestimmter Leitfäden, auf die hier nicht näher einzugehen ist. Der wesentlichste für historische Kontexte ist z. B. die Zeit. Indem der Historiker Ereignisse, Vorgänge, Verläufe datiert und chronologisiert, ein Vorher und Nachher, ein Früher-als und Später-als unterscheidet und Zäsuren zur Abgrenzung von Zeitaltern, Epochen und längerfristigen Verläufen festlegt, handhabt er die Zeit – und zwar als geschichtliche Zeit (vgl. dazu E. Ströker, *Geschichte und ihre Zeit*. In: Dies., *Phänomenologische Studien*. Frankfurt am Main 1987, S. 187–215) – als ein fundamentales Strukturierungsprinzip für die Konfiguration von geschichtlichen Zusammenhängen, die zugleich auch die Grundlage für die Kategorisierung bestimmt gearteter Zusammenhänge (z. B. kausaler, motivationaler, finaler Art) bildet.

[8] So hat Gadamer, *Wahrheit und Methode*, S. 245, die hermeneutische Aufgabe darin gesehen, »in konzentrischen Kreisen die Einheit des verstehenden Sinnes zu erweitern« – ein Bild, das bereits für die Auslegung eines Einzeltextes schief, für das Eindringen in größere Kontexte aber vollends irreführend ist und

Ganzen gelten können und jeder historische Text letzthin gar als Teil der Universalgeschichte: Näheres Hinsehen zeigt allemal, daß dieses Ganze für den Interpreten nicht einfach mit dem Geschehen in der Geschichte vorhanden ist, sondern daß es, wenn überhaupt, durch je schon gestiftete Kontexte, hergestellte Beziehungen zwischen anderen Texten, existiert und mithin so, daß solche Ganze jederzeit auch der Möglichkeit der Um- und Neustrukturierung, auch der Entstrukturierung, offenstehen. Von dieser prinzipiellen Möglichkeit macht im Grunde jede neue Darstellung von historischen Zusammenhängen, die aufgrund eines Perspektivenwandels vorgenommen wird, Gebrauch.

Sind indefinite Totalitäten Ganze, die keine Struktur haben, aber strukturierbar sind, so können ihre Begriffe also nur insofern etwas bedeuten, als die fraglichen Ganzen schon in der einen oder anderen Weise strukturiert wurden; andernfalls wäre die Rede von ihnen eine bloße Façon de parler. Ihre Strukturierung gründet sich auf die Tätigkeit von Autoren, welche so eigentümliche Dinge wie Texte herstellen, und auf die Tätigkeit von Interpreten, die solche Texte in irgendeiner Weise aufeinander beziehen, die mithin ihrerseits Autoren, nämlich Autoren von Kontexten und näherhin von transtextuellen Kontexten aufgrund von Texten sind. Damit ist der Interpret also nicht nur derjenige, der sich von einem Text und bestenfalls weiteren Mit-Texten etwas sagen läßt, sondern der vernehmbar auch selber etwas sagt, indem er jene Kontexte zuallererst bildet anhand der Beziehungen, die er zwischen seinem Text und weiteren, auf diesen bezüglichen Texten knüpft.

Die Frage, in welchen Fällen dabei Texte als Stücke oder als Momente für die Konstitution eines Ganzen fungieren, läßt sich generell nicht entscheiden und bleibt ohne Bezugnahme auf eine konkrete Aufgabe der Textauslegung ohne Sinn. Das gilt um so mehr, als schließlich nicht außer acht gelassen werden darf, daß ein Interpret, zumal in wissenschaftlicher Absicht seines Tuns, gar nicht durchweg nach dem hermeneutischen Zirkel verfährt, da unter Umständen ihm die Handhabung seiner Texte für ein besseres Verstehen nichts einbringt, weil dafür Beziehungen ganz anderer Art zu weiteren Texten geknüpft werden müssen. Suggeriert zwar jener Zirkel, es könne ein Text allein

auch der Stellung des Interpreten im wirkungsgeschichtlichen Zusammenhang des fraglichen Textes nicht gerecht wird.

auf die Weise besser verstanden werden, daß er als Teil von umfassenderen Ganzen in der einen oder anderen Weise genommen wird, so werden dabei jedoch alle diejenigen Sachlagen übersehen, bei denen eine zirkuläre Inanspruchnahme größerer Kontexte gar nichts nützen würde.

Indem nämlich der hermeneutische Zirkel sich wesentlich auf das expressis verbis Gesagte eines Textes bezieht, versagt er doch nicht selten seinen Dienst, wo Ungesagtes für das Verstehen so ins Spiel kommt, daß weitere Texte einfach für zusätzlich benötigte Sachinformationen herangezogen werden müssen. Deren Verwendung würde aber nicht schon bedeuten, solche Zusatztexte als Teile von anderen Ganzen zu nehmen.

Zu denken wäre hier etwa, speziell in der Geschichtswissenschaft, an solche Fälle, in denen ein zunächst fehlendes oder zwar angegebenes, später aber als irrtümlich erkanntes, für das angemessene Verstehen des Textes wesentliches Entstehungsdatum eines Textes richtigzustellen ist oder wo eine nachträglich präzisierte oder berichtigte Chronologie für das Verstehen relevant wird. Auch die richtige oder berichtigte Identifizierung des Autors, ferner die genauere Erfassung seiner Absicht, die er mit seinem Text verfolgt, kann weiteres und eventuell sogar entscheidend Neues über einen Text aussagen und am Ende gar zu einer Umorientierung des gesamten Textverständnisses führen, ohne daß dabei jedoch irgendwie zirkulär vorzugehen wäre.

Ebensowenig scheint mit dem hermeneutischen Zirkel und seinen Verhältnissen von Ganzen und Teilen erfaßt zu sein, was insbesondere das aus der geisteswissenschaftlichen Arbeit gar nicht wegzudenkende komparatistische Moment im Verstehen ausmacht. Eine komparativ herbeigeführte Verstehensleistung hat ebenfalls so wenig mit einem Zirkel des Verstehens zu tun, daß an ihr wohl am deutlichsten der Kanon von Ganzen und Teilen an Grenzen seiner Brauchbarkeit stößt[9].

Doch würden weitere Ausführungen in dieser Richtung den Rahmen des Themas zur Frage von Ganzen und Teilen überschreiten. Gemeint waren diese Ausführungen lediglich als ein erster Versuch, ein wenig allergisch gegen die durchweg diffuse

---

[9] Einige illustrative Beispiele dazu in der Kölner Diss. (1979) von U. Charpa, *Methodologie der Wissenschaft und literaturwissenschaftliche Praxis*, S. 110 ff. (als Buchpublikation Hildesheim 1983).

Rede von Ganzen und Teilen und etwas besser gefeit zu machen gegen eine allzu leichtfertige Berufung auf den hermeneutischen Zirkel. Sollten jedoch damit theoriebewußten Historikern lediglich Eulen in ihr hermeneutisches Athen getragen worden sein, dann um so besser für die Historie.

Jörn Rüsen

Der Teil des Ganzen
Über historische Kategorien

Christian Meier zum 60. Geburtstag

Vorbemerkungen

Wird in der Geschichtswissenschaft das Ganze von Geschichte
thematisiert? Ich meine ja; denn dieses Thema gehört in die
Reflexionsarbeit der Historik an den Grundlagen der Geschichtswissenschaft[1]. Ich meine aber mit dem Ganzen der Geschichte nicht den Gegenstand der Historik, die disziplinäre
Matrix der Geschichtswissenschaft, sondern nur einen Teil von
ihr. Das Ganze von Geschichte, verstanden als gesamter Ge-
genstandsbereich der historischen Erkenntnis, ist Thema der
Historik, wenn sie die leitenden Hinsichten auf die menschliche Vergangenheit anspricht. In ihnen bekommt die Vergangenheit zuallererst die Qualität des spezifisch Geschichtlichen,
wird sie zu Geschichte als Inbegriff des historisch Erkennbaren.

Es gehört zu den Aufgaben der Geschichtswissenschaft, dieses Ganze von Geschichte zu thematisieren. Ich möchte diese
Behauptung begründen und dabei den Modus zu beschreiben
versuchen, in dem dieses Ganze als Thema und Problem des
historischen Erkennens erörtert werden kann und sollte. Dazu
möchte ich zwei Argumentationsschritte tun: Zunächst möchte
ich historisch darlegen, daß und wie sich Geschichte als Wissenschaft konstituiert hat, indem sie einen Begriff vom Ganzen der
Geschichte entwickelte. Dann möchte ich systematisch darlegen, auf welchen Theorieebenen Konzeptionen dieses Geschichtsganzen erörtert werden können und welche Funktionen
und Resultate solche Erörterungen für die Erkenntnisarbeit der
Geschichtswissenschaft haben.

---

[1] Dazu J. Rüsen, *Historische Vernunft*. Grundzüge einer Historik, Bd. 1: *Die
Grundlagen der Geschichtswissenschaft*. Göttingen 1983; ders., *Rekonstruktion
der Vergangenheit*. Grundzüge einer Historik, Bd. 2: *Die Prinzipien der historischen Forschung*. Göttingen 1986, dort zum Problem des Ganzen der Geschichte, S. 47ff.

Wissenschaft als Zugriff auf das Ganze: eine historische Erinnerung

Fachhistoriker pflegen selten aufs Ganze zu gehen; denn zumeist halten sie Erörterungen über das Ganze von Geschichte für eine außer- oder überfachliche Angelegenheit. Nichtsdestoweniger hat sich aber die Vorstellung von Geschichte als einem abgrenzbaren Objektbereich von Erkenntnis zugleich mit der Einführung wissenschaftskonstitutiver methodischer Rationalität in die Geschichtsschreibung gebildet[2]. Die Geschichte als Fachwissenschaft ist selber ein bestimmter Zugriff aufs Ganze; ja, dieses Ganze, die Geschichte, entsteht zugleich mit der Geschichtswissenschaft. Denn die Geschichtswissenschaft begründet sich als Wissenschaft mit einer theoretischen Konzeption, die Geschichte als Einheit, Abgrenzbarkeit und innere Kohärenz ihres Objektbereichs konstituiert. Koselleck hat die geistesgeschichtliche Bewegung beschrieben, die von der Historiographie als Lehrmeisterin des Lebens, die mit vielen Geschichten überzeitlich geltende allgemeine Handlungsregeln und deren passende Anwendung in unterschiedlichen Handlungskontexten lehrt, zu der einen Geschichte geführt hat, an der sich als Richtungsbestimmung zeitlicher Veränderungen menschliches Handeln orientiert[3]. Die gleiche Bewegung setzt aber auch das Rationalitätspotential des historischen Denkens in Kraft, mit dem sich die Historiographie von einer literarischen Veranstaltung zu einer wissenschaftlichen verändert.

Die Spätaufklärung hat die Frage nach der Einheit der historischen Erfahrung mit einem Konzept von Universalgeschichte beantwortet, das Menschheit als maßgeblichen Gesichtspunkt für Geschichte, den Objektbereich der historischen Erkenntnis, darstellt. Menschheit vereinigt in sich eine doppelte Universalität des Historischen: eine empirische, insofern sie den historischen Blick auf alle Zeiten und Räume weitet, in denen sich menschliches Leben vollzogen hat und vollzieht; und zugleich eine moralische in der Form eines für diese Zeiten und Räume

---

[2] Zum folgenden vergleiche J. Rüsen, *Von der Aufklärung zum Historismus. Idealtypische Perspektiven eines Strukturwandels*. In: H. W. Blanke und J. Rüsen (Hrsg.), *Von der Aufklärung zum Historismus. Zum Strukturwandel des historischen Denkens*. Paderborn 1984, S. 15–57.

[3] R. Koselleck, *Historia Magistra Vitae. Über die Auflösung des Topos im Horizont neuzeitlich bewegter Geschichte*. In: Ders., *Vergangene Zukunft. Zur Semantik geschichtlicher Zeiten*. Frankfurt 1979, S. 38–66.

gleichermaßen prinzipiell verbindlichen Kriteriums der Moralität menschlicher Handlungen und Unterlassungen. In seiner normativen Ausrichtung bestimmt es die Selektion seiner empirischen Erstreckung. Universalgeschichte steckt auf diese Weise den Rahmen ab, in dem Geschichte als Ganzes des historisch Erkennbaren erscheint. Zugleich ist sie aber noch mehr: Sie ist Methode. Universalgeschichte als Methode ist ein wissenschaftskonstitutiver Zugriff auf den Erfahrungsbereich der Geschichte[4]. Schlözer hat diesen methodischen Rationalitätsanspruch in seiner bekannten Forderung formuliert, man müsse in der Universalgeschichte vom Aggregat zum System fortschreiten[5].

Allerdings kommt die Spätaufklärung (in Deutschland) noch zu keinem objekttheoretisch konsistenten Konzept vom Ganzen der Geschichte. Sie stellt wissenschaftshistorisch eher einen Schritt zu einem solchen Ganzen dar, ist also als transitorischer Vorgang zu beschreiben. Sie schwankt noch zwischen zwei Formen der inneren Kohärenz von Historiographie, zwischen zwei Formen des »Plans«, dem der Historiker bei der Verfertigung von Geschichte aus den Informationen der Quellen folgt: Auf der einen Seite steht das kohärenzverbürgende Prinzip einer didaktischen Wirkung auf das Herz des Adressaten oder auf seine Lernfähigkeit zum Erwerb weltkluger Regelkompetenz durch historische Erfahrung[6]. Auf der anderen Seite schimmert aber schon so etwas wie die Vorstellung eines inneren Nexus rerum in allen zeitlichen Veränderungen der menschlichen Welt in der Vergangenheit durch.

Der Historismus ist hier einen entscheidenden Schritt weitergegangen. Er hat die didaktische und moralische Qualität, die das historische Denken in seiner lebensweltlichen Funktion auszeichnet, in den inneren Zusammenhang der zeitlichen Vorgänge selber verlegt. Die zeitlichen Veränderungen des Menschen und seiner Welt sind insofern Geschichte, als sie bewirkt

---

[4] Dazu J. Rüsen und W. Schulze, *Historische Methode*. In: J. Ritter und K. Gründer (Hrsg.), Historisches Wörterbuch der Philosophie, Bd. 5. Basel 1980, Sp. 1345–1355; ferner J. Rüsen, *Historische Methode*. In: Chr. Meier und J. Rüsen (Hrsg.), *Historische Methode*. Theorie der Geschichte, Bd. 5. München 1988, S. 62–80, bes. S. 62–65.

[5] A. L. Schlözer, *Vorstellung seiner Universalhistorie*. Göttingen 1772.

[6] So bei J. Chr. Gatterer, *Vom historischen Plan und der darauf sich gründenden Zusammenfügung der Erzählung*. In: Allgemeine historische Bibliothek I (1767), S. 15–89.

werden durch Ideen[7]. Diese Ideen lassen das Allgemeine der Menschennatur im Besonderen unterschiedlicher kultureller Ausprägungen manifest werden, und zwar so, daß dabei zugleich die moralische Qualität des Gesichtspunkts Menschheit auf die historische Erfahrung durchschlägt, das Normative im Empirischen manifest wird. Droysen hat für diese Manifestation den Terminus »sittliche Mächte« verwendet[8].

Diese Verankerung des Ganzen der Geschichte in der Vielheit ihrer Erscheinungen ist wissenschaftskonstitutiv. Sie ist also alles andere als eine für die Entwicklung der Geschichte zur Fachwissenschaft müßige Spekulation. Denn die ideellen Triebkräfte, die den inneren Zusammenhang zeitlicher Veränderungen des Menschen und seiner Welt konstituieren und dabei aus Geschäften Geschichte machen (um Droysens bekannte Formulierung zu verwenden), sind zugleich als Triebkräfte des Erkenntnisinteresses im Historiker wirksam und verbürgen damit historische Objektivität. Die Ideen konstituieren nicht nur Geschichte als inneren Zusammenhang zeitlicher Veränderungen, sondern zugleich auch den hermeneutischen Zugang zu ihr, also den objektspezifischen Modus der Erkenntnis. Die Geschichte erhebt als Wissenschaft methodisch geregelt den fundamentalen, durch Ideen konstituierten inneren geschichtlichen Zusammenhang zeitlicher Veränderungen des Menschen und seiner Welt aus den Quellen. Die dafür maßgebenden methodischen Operationen machen die historische Forschung aus.

Der Historismus geht also von einer Konzeption objektiver Totalität der Geschichte aus, von der Geschichte in den Geschäften oder der »Geschichte der Geschichte«[9]. Ranke hat diese Totalität inhaltlich folgendermaßen beschrieben: »In der Herbeiziehung der verschiedenen Nationen und der Individuen zur Idee der Menschheit und der Kultur ist der Fortschritt ein

---

[7] Programmatisch bei W. v. Humboldt, *Über die Aufgabe des Geschichtsschreibers* (1821). In: Ders., Werke in fünf Bänden. Hrsg. v. A. Flitner und K. Giel. Bd. 1: Schriften zur Anthropologie und Geschichte. Darmstadt 1960, S. 585–606.

[8] J. G. Droysen, *Historik*. Hrsg. v. P. Leyh. Stuttgart 1977, Bd. 1, S. 290 ff. Zur Interpretation vgl. I. Kohlstrunk, *Logik und Historie in Droysens Geschichtstheorie. Eine Analyse von Genese und Konstitutionsprinzipien seiner »Historik«.* Wiesbaden 1980.

[9] Droysen, *Historik*, S. 369 u. ö.; zur »Geschichte der Geschichte« vgl. J. Rüsen, *Begriffene Geschichte. Genesis und Begründung der Geschichtstheorie J. G. Droysens.* Paderborn 1969, S. 127 ff.

unbedingter.«[10] Die empirische Erhebung dieser Idee der Menschheit und der Kultur aus den Quellen durch Forschung führt zu einem historischen Wissen, dem grundsätzlich eine praktisch-politische Orientierungsfunktion zugesprochen und abverlangt wurde. Diese Funktion wurde mit dem Terminus Bildung bezeichnet. Die historische Erkenntnis, die der Vorstellung einer ideenkonstituierten Ganzheit der Geschichte verpflichtet ist, formuliert durch Bildung eine neue Form historischer Identität: Selbstsein wird als ein zeitlich-dynamischer Prozeß gedacht. Droysen spricht von der »didaktischen Macht der Geschichte«[11] und meint damit, daß über historische Erkenntnis ihren Adressaten eine handlungsleitende Vorstellung der ideellen Triebkräfte ihrer eigenen Lebenspraxis vermittelt wird, die zugleich normativ verpflichtend und erfahrungsgesättigt ist[12].

Dieses Konzept des Geschichtsganzen ist in der Grundlagenreflexion der historistischer Historik nur bedingt expliziert worden. Sein theoretischer Status blieb unklar. Denn er hielt sich ganz im Schatten einer Kritik an der Geschichtsphilosophie, mit der die Geschichtswissenschaft ihren fachwissenschaftlichen Status behauptete. In dieser Kritik wurde der forschende Charakter der historischen Erkenntnis betont und als unvereinbar mit einer theorieförmigen Explikation der vorausgesetzten Vorstellung vom Geschichtsganzen angesehen. Die grundlegenden Annahmen über einen umfassenden inneren Zusammenhang zeitlicher Veränderungen des Menschen und seiner Welt blieben implizit. Das vorausgesetzte Geschichtsganze trat in den Forschungsergebnissen immer nur teilweise ans Licht. Die Geschichte kam nur »in Geschichten« vor. Ihr epistemologischer Charakter blieb unklar; die Vorstellung von der Geschichte blieb prä-rational – was freilich ihre konstitutive Rolle für die Erkenntnisleistungen der Geschichtswissenschaft nicht geschmälert hat. Ranke hat den prä-rationalen Modus der Objekttheorie des Historismus als »Ahnung« oder »Glauben« beschrieben. Droysen hat den für uns befremdlichen Zusam-

[10] L. v. Ranke, *Über die Epochen der neueren Geschichte*. In: Aus Werk und Nachlaß, Bd. 2. Hrsg. v. Th. Schieder und H. Berding. München 1971, S. 80.
[11] Droysen, *Historik*, S. 255.
[12] Dazu J. Rüsen, *Aufklärung und Historismus. Historische Prämissen und Optionen der Geschichtsdidaktik*. In: B. Mütter und S. Quandt (Hrsg.), *Historie – Didaktik – Kommunikation. Wissenschaftsgeschichte und aktuelle Herausforderungen*. Marburg 1988, S. 49–64.

menhang von Prä-Rationalität und Wissenschaftskonstitution so zum Ausdruck gebracht: »Unser Glaube gibt uns den Trost, daß eine Gotteshand uns trägt, daß sie die Geschicke leitet, große wie kleine. Und die Wissenschaft der Geschichte hat keine höhere Aufgabe, als diesen Glauben zu rechtfertigen; darum ist sie Wissenschaft.«[13]

Gegen Ende des 19. Jahrhunderts, als der Historismus in seine vieldiskutierte Krise geriet, wurde die Inkonsistenz im Verhältnis zwischen Wissenschaftlichkeitsanspruch und prä-rationaler objekttheoretischer Voraussetzung eines Geschichtsganzen unübersehbar; sie führte zu einer Legitimationskrise der historistischen Wissenschaftskonzeption[14]. Man könnte von einem Glaubensverlust sprechen: Im prä-rationalen Geltungsmodus ließ sich die Theorie des Geschichtsganzen nicht halten. Der wesentliche Grund für diesen Glaubensverlust lag darin, daß die Vorstellung eines ideenkonstituierten Geschichtsganzen mit den dominanten Zeiterfahrungen der Gegenwart nicht mehr verträglich war, daß sie sich nicht mehr zu orientierungsfähigen Geschichten ausarbeiten ließ. Damit stellte sich für die Geschichtswissenschaft in den Grundlagen ihrer eigenen Fachlichkeit ein offenes Theorieproblem.

Alternativen für das Ganze

Im Laufe der weiteren Wissenschaftsentwicklung sind drei Strategien zur Lösung dieses Problems entwickelt worden: 1. die Subjektivierung, 2. die Substitution und 3. die Objektivierung der objekttheoretischen Grundannahmen über Geschichte als Inbegriff des historisch Erkennbaren.

1. Die *Subjektivierungsstrategie* verweist die Vorstellung eines sinnvollen Geschichtsganzen aus dem Bereich der kognitiven Kompetenz der Fachwissenschaft. Geschichte als Vorstellung eines in sich sinnvollen inneren Zusammenhangs zeitlicher Veränderung des Menschen und seiner Welt wird enttheoretisiert und entobjektiviert zu einem Resultat bloß subjektiver Sinngebung. Mit dieser Eliminierung des Totalitätsproblems aus dem Umkreis fachwissenschaftsspezifischer Erkenntnis

---

[13] J. G. Droysen, Vorlesungen über das Zeitalter der Freiheitskriege. 2. Aufl. Gotha 1886, S. 4 f.

[14] A. Nabrings, *Historismus als Paralyse der Geschichte*. In: Archiv für Kulturgeschichte 65 (1983), S. 158–212.

wird die Geschichtswissenschaft wertfrei. Das heißt ja bekanntlich nicht, daß in den Erkenntnisoperationen keine normativen Gesichtspunkte mehr wirksam wären, sondern nur, daß diese Gesichtspunkte irrationalisiert, zur Angelegenheit von Dezisionen erklärt und dem fachlichen Diskurs entzogen werden. Wissenschaftlichkeit wird auf reine Forschungstechnologie reduziert, und die für die narrative Sinnbildung der historischen Erkenntnis notwendigen geschichtsspezifischen Sinnkriterien werden freigegeben in weltanschauliche Setzungen. Aus dem prä-rationalen Status, den die Vorstellung des Geschichtsganzen im (klassischen) Historismus hatte, wird Irrationalität. Auf der Ebene fachlicher Grundlagenreflexion ist der prominenteste Vertreter dieser Subjektivierungsstrategie natürlich Max Weber. Folgenreicher für die Geschichtswissenschaft selber ist vielleicht Friedrich Meinecke gewesen. Auf der Ebene der Alltagspraxis findet sie sich in der Meinung professionalisierter Historiker, der reinste Ausdruck von Geschichte als Wissenschaft sei die Quellenedition, während die Historiographie nicht eigentlich mehr zum Beruf der Historiker gehöre. Eine solche Auffassung vertrat z.B. mit bemerkenswerten wissenschaftspolitischen Folgen Paul Fridolin Kehr.

Die Vorteile dieser Strategie liegen im wesentlichen darin, daß sie die Geschichte als Fachwissenschaft von theoretischen Folgeproblemen des Historismus entlastet und ihren fachlichen Charakter an den Forschungstechniken festmacht, deren Leistungsfähigkeit unbezweifelbar ist und deren Beherrschung zugleich den professionellen Historiker auszeichnet. Die Nachteile liegen vor allem dort, wo die Geschichtswissenschaft über sich selbst als Teil der Kultur ihrer Zeit Rechenschaft geben und sich zur praktischen Orientierungsfunktion der von ihr produzierten historischen Erkenntnis in ein plausibles Verhältnis setzen muß. Hier handelt sie sich die Probleme eines grundsätzlichen Relativismus und Wertedezisionismus ein und bleibt die Frage nach ihrer Bildungsfunktion schuldig. Sie lebt vom Erbe eines Historismus, das sie in ihrer eigenen Grundlagenreflexion unterbietet. (Die Fortschritte in der Methodologie der historischen Forschung, wie sie vor allem Webers Überlegungen zum Idealtypus als theorieförmigem Konstrukt der historischen Erkenntnis erbracht haben, bleiben hier außer Betracht.)

2. Die *Substitutionsstrategie* besteht darin, die interpretationsleitenden Vorstellungen vom Geschichtsganzen nicht in der Form quasi-metaphysischer oder semi-theologischer

Grundannahmen zu konzipieren, sondern in der Form eines stark generalisierten wissenschaftlichen Wissens. Es wird den zu solchen Wissensformen fähigen Wissenschaften entnommen, und zwar meistens den systematischen Human- oder Sozialwissenschaften (z. B. der Soziologie, Ökonomie oder Anthropologie, auch der Psychologie), seltener den Naturwissenschaften (dort vor allem der Biologie). Ein theoretisches Konzept vom geschichtlichen Charakter des Menschen und seiner Welt wird zum Programm einer Neubegründung der Geschichtswissenschaft, und die Realisierungschancen dieses Programms werden in theorieförmigen Wissensbeständen anderer Fachwissenschaften gesehen. In der deutschen Wissenschaftsgeschichte ist Karl Lamprecht der prominenteste Vertreter dieser Strategie. Sie hat den Vorteil, die Geschichtswissenschaft von der Theoretisierungsarbeit an übergreifenden Vorstellungen zeitlicher Verläufe und des Gesamtzusammenhangs solcher Verläufe zu entlasten, ohne den hohen Preis einer Irrationalisierung solcher in allen historischen Interpretationen tendenziell wirksamen Vorstellungen zu zahlen. Überdies entspricht sie noch einem nomologischen Selbstverständnis der als Lieferanten des benötigten Grundlagenwissens in Anspruch genommenen Human- und Sozialwissenschaften. Hier liegen aber zugleich auch die Nachteile dieser Strategie: Es bleibt unklar, was eigentlich in den herangezogenen theorieförmigen Wissensbeständen nicht-historischer Wissenschaften spezifisch historisch ist, wo sie doch gerade zur theorieförmigen Bestimmung von Geschichte als Erkenntnisobjekt herangezogen werden. Ebenso bleibt es unklar, wie diese Wissensbestände innerhalb der Geschichtswissenschaft methodisch geregelt verwendet werden können.

3. Die *Objektivierungsstrategie* hat im Marxismus-Leninismus ihren prominentesten Vertreter. Statt wie ihre Kontrahentin, die Subjektivierungsstrategie, das historistische Erbe des ideellen Geschichtsganzen zu entobjektivieren, entidealisiert der Marxismus-Leninismus es mit der Absicht einer stärkeren Objektivierung. Der historische Materialismus ist das Ergebnis dieser Objektivitätsüberbietung der historistischen Konzeption des Geschichtsganzen. Es überbietet den Historismus, indem er die Vorstellung von der Totalität der Geschichte theoretisch explizierbar macht. Das Geschichtsganze tritt in der Form einer explizierten objektiven Gesetzmäßigkeit der historischen Entwicklung auf, und diese Gesetzmäßigkeit wird zu einer historischen Theorie sich entwickelnder Gesellschaftsformationen

ausdifferenziert[15]. Die Vorteile dieser Strategie bestehen darin, daß die grundlegenden Hinsichten der historischen Interpretation in der Form expliziter Theoriegebilde auftreten, die als solche diskutiert und kritisiert werden können. Zudem sind sie spezifisch historisch, also (zumindest dem Anspruch nach) der für die Geschichte als Wissenschaft maßgeblichen Denkweise verpflichtet. Der Nachteil eines solchen Konzepts besteht in einem unklaren Forschungsbezug. Es ist nicht ersichtlich, ob und wie dieses Konzept des Geschichtsganzen durch empirische Forschung auch problematisiert und modifiziert werden kann. Zudem ist die Geschichte als Fachwissenschaft für die Explikation und Begründung des historischen Materialismus gar nicht oder nur bedingt zuständig; er wird ihr in seinen Grundaxiomen als weltanschauliche Grundlage vorgegeben. Der Wissenschaftlichkeitsanspruch einer Geschichtswissenschaft, die diesen weltanschaulichen Vorgaben folgt, wird prekär; das Problem einer erkenntnishemmenden dogmatischen Verfestigung der theoretischen Grundannahmen über den Verlauf der Geschichte wird unabweisbar.

Mit den folgenden Überlegungen möchte ich mich zunächst entschieden gegen die Strategie der Enttheoretisierung in der Grundlagenreflexion der Geschichtswissenschaft wenden. Ich plädiere für eine theorieförmige Explikation der maßgebenden Hinsichten der historischen Interpretation, die Geschichte als Inbegriff des historisch Erkennbaren definieren. Allerdings halte ich eine externe weltanschauliche Vorgabe solcher theorieförmiger Geschichtskonzeptionen oder Theorieanleihen bei anderen Wissenschaften für keine überzeugende Art der Theoretisierung. Beides – Sinnkriterien weltanschaulicher Art und theorieförmiges Wissen anderer Wissenschaften – muß auf die Spezifik der historischen Erkenntnis hin in fachwissenschaftlicher Form ausgerichtet und entsprechend modifiziert, relativiert und konkretisiert werden. Um es schlagwortartig zusammenzufassen: Die Rationalität einer theorieförmigen Explikation fundamentaler Geschichtsvorstellungen muß mit der Narrativität als Kriterium einer spezifisch historischen Denkweise verbunden werden.

[15] Als Beispiel sei verwiesen auf W. Küttler, *Die Funktion der Theorie in der marxistisch-leninistischen Geschichtswissenschaft. Eine Fallstudie am Beispiel der Revolution von 1848/49 als Gegenstand vergleichender Revolutionsgeschichte.* In: Ders. (Hrsg.), *Gesellschaftstheorie und geschichtswissenschaftliche Erklärung.* Berlin (Ost) 1985, S. 25–106.

Für eine Rationalisierung kategorialer historischer Grundbegriffe

Welche Ebene der Theoriebildung in der Geschichtswissenschaft ist angesprochen? Es handelt sich um die Ebene der kategorialen Ordnung des historischen Denkens, also um die fundamentalste Theorieebene einer Wissenschaft. Auf dieser Ebene geht eine (Fach-)Wissenschaft in ihre eigene Philosophie über. Ich will damit nicht sagen, daß sie diese Theoriebildung beruhigt den Philosophen überlassen soll, sondern daß sie selber philosophieren muß, um sich als Fachwissenschaft hinreichend begründen zu können und für sich selbst hinsichtlich ihres Anspruchs auf Wahrheit durchsichtig zu sein.

Ist daher die kategoriale Ordnung des Erkenntnisbereichs der Geschichtswissenschaft Geschichtsphilosophie? Die Antwort auf diese Frage hängt natürlich davon ab, was man unter Geschichtsphilosophie versteht. Im klassischen Sinn des Wortes ist Geschichtsphilosophie eine fundamentale Sinnbestimmung des zeitlichen Wandels des Menschen und seiner Welt, die selber in der Form einer Geschichte erfolgt. So erzählt z. B. Hegel die Geschichte der Menschheit als eine Abfolge kultureller Entwicklungen nach dem Leitfaden des Fortschritts im Bewußtsein der Freiheit. Eine solche Theoriebildung auf der Ebene prinzipieller Sinnkriterien des historischen Denkens scheint der Spezifik des Historischen besonders zu entsprechen, geschieht sie doch selber narrativ. Das Ganze der Geschichte tritt selber als eine Geschichte auf. Darin liegt aber ein grundsätzliches Problem kategorialer Theoriebildung im Bereich des historischen Denkens: Eine solche Geschichte, die für sich beansprucht, das Ganze von Geschichte zu präsentieren, ist selber partikular, eben »eine« Geschichte, die als »die« Geschichte auftritt; sie liegt also mit sich selbst im Widerspruch[16].

Das Ganze der Geschichte kann, wenn es wirklich den Gesamtbereich des historisch Erkennbaren umgreifen soll, nicht selber in der Form einer Geschichte expliziert werden. Es dürfte eher in Überlegungen begreifbar werden, die die Frage betreffen, was eigentlich die menschliche Vergangenheit historisch erkennbar macht, oder – bezogen auf das Argument, daß eine Geschichte nicht die Geschichte schlechthin sein kann –, was

---

[16] Vgl. dazu H. M. Baumgartner, *Kontinuität und Geschichte. Zur Kritik und Metakritik der historischen Vernunft.* Frankfurt 1972.

die menschliche Vergangenheit *erzählbar* macht. In welche Ordnungskonfigurationen muß die menschliche Vergangenheit eingehen, damit aus Geschäften Geschichten werden, und lassen sich diese Ordnungskonfigurationen begrifflich konzipieren?

Diese Frage betrifft ein Grundproblem der Geschichtswissenschaft; sie ist die Gretchenfrage ihrer Wissenschaftlichkeit, da sie auf Begrifflichkeit, auf Theoretisierbarkeit in den mentalen Vorgängen geht, die die Erfahrung der Vergangenheit zu historischen Sinngebilden formieren. Die postmoderne Geschichtstheorie will die Historiker glauben machen, daß es in den elementaren Prozeduren des Geschichtsbewußtseins, in denen das Sinngebilde Geschichte entsteht, keine Begrifflichkeit und Theoretisierbarkeit gibt, sondern nur poetische, ästhetische oder rhetorische Sinngebung. Wenn das stimmt, dann läßt sich Geschichte als Wissenschaft nicht hinreichend begründen. In einem solchen Falle lieferte die Wissenschaft günstigstenfalls nur noch quellenkritisch ermittelte Fakten, die in nicht-rationalen Prozeduren zu Geschichten zusammengefügt werden. Der wissenschaftliche Verstand gäbe sich der Schönheit mythischer Sinnstiftungen hin und dabei seinen Geist auf. Die disziplinäre Strenge methodischer Rationalität würde zum bloßen Strategem, zum Kunstgriff rhetorischer Überzeugungskraft oder poetisch-ästhetischer Plausibilisierung von historiographischen Sinngebilden. Die Wahrheit der Erkenntnis würde in die Schönheit der Form zurückgenommen. Die praktische Wirkung historischen Wissens würde vom Prüfkriterium rationaler Begründbarkeit in die Suggestivkraft entfesselter Medien der ästhetischen Unmittelbarkeit freigegeben. In Max Webers eindringlicher Dichotomie zwischen Wissenschaft und Sinnstiftung heißt es: Der Wissenschaftler würde zum mehr oder weniger willfährigen Diener des Propheten. Der mühsame Prozeß, in dem Geschichte sich aus dem Bannkreis der Rhetorik löste und sich ihre Standards fachspezifischer Rationalität zu eigen machte, würde widerrufen.

Diese postmoderne Variante in der Reflexion der Grundlagen des historischen Denkens fasziniert gegenwärtig die geschichtstheoretische Diskussion[17]. Ihr gegenüber möchte ich, ganz alt-

---

[17] Vgl. dazu J. Rüsen, *Historische Aufklärung im Angesicht der Post-Moderne. Geschichte im Zeitalter der »neuen Unübersichtlichkeit«*. In: Landeszentrale für politische Bildung Nordrhein-Westfalen (Hrsg.), *Streitfall deutsche Geschichte.*

europäisch modern, eine Strategie zur Kategorisierung der historischen Erkenntnis vorschlagen, die eine prä-rationale poetische oder rhetorische Sinnbildung mit dem Medium einer begrifflich-argumentativen Sinnbildung infiltriert. Um sagen zu können, was Geschichte als Wissenschaft ist, halte ich es für unverzichtbar, darzulegen, daß und wie die Erinnerungsleistung des Geschichtsbewußtseins von Grund auf, also prinzipiell, ins Medium diskursiver Argumentation mit den Prinzipien der Begrifflichkeit, der methodischen Regelung, des Erfahrungsbezuges und der Konsensorientierung eingebunden und entsprechend überprüfbar und diskutierbar gemacht werden kann.

Eine solche Reflexion der Geschichtswissenschaft auf ihre eigenen Grundbegriffe stellt denjenigen Teil des historischen Denkens dar, in dem es um das Ganze von Geschichte geht. Mit einem solchen Teil des Ganzen läßt sich die Geschichtswissenschaft ihre eigene Wissenschaftlichkeit, ihren intellektuellen Anspruch und die Standards und Reichweite ihrer wissenschaftsspezifischen Rationalität angelegen sein. »Das Niveau einer Wissenschaft bestimmt sich dadurch, wie weit sie einer Krisis ihrer Grundbegriffe fähig ist.«[18] »Krisis« verstehe ich nicht als ein blindes Geschick, das der Geschichtswissenschaft widerfährt, wenn aufgrund von Änderungen in der Lebenswelt der Historiker und ihres Publikums bislang tragende Grundüberzeugungen vom Sinn der Geschichte und seiner Erkennbarkeit fragwürdig werden, sondern als diskursiven Vollzug einer Grundlagenreflexion, mit dem sie als Wissenschaft und um ihrer Wissenschaftlichkeit willen auf innere und äußere Herausforderungen an ihr Erkenntnispotential antwortet. Insofern ist die Frage nach historischen Kategorien, nach der Theoretisierbarkeit der fundamentalen Sinnbildungsoperationen des Geschichtsbewußtseins, durchaus zeitgemäß, wenn im kulturellen Kontext der geschichtswissenschaftlichen Erkenntnisarbeit das Prestige ihrer Wissenschaftlichkeit sinkt und mit der Poetik, Ästhetik und Rhetorik der Geschichtsschreibung eine bislang im Selbstverständnis der Geschichtswissenschaft als akademischer Fachdisziplin stark vernachlässigte Dimension eben dieser historischen Erkenntnisarbeit in den Vordergrund tritt. Was aber heißt nun Kategorisierung?

Geschichts- und Gegenwartsbewußtsein in den achtziger Jahren. Essen 1988, S. 17–38.

[18] M. Heidegger, *Sein und Zeit.* 8. Aufl. Tübingen 1957, S. 9.

Die kategorialen Dimensionen der Geschichte

Kategorien konstituieren die historische Erkenntnis dort, wo in der Erinnerungsarbeit des Geschichtsbewußtseins Sinnkriterien eine entscheidende Rolle spielen. Es sind fundamentale Sinnkriterien, die darüber entscheiden, welche Erfahrungen der Vergangenheit in welchen Denkformen zu welchen Zwecken in das Sinngebilde einer Geschichte verarbeitet werden. Für die Sinnhaftigkeit einer Geschichte, die mit solchen Sinnkriterien erreicht wird, ist auch ihre Wirkung in der zeitlichen Orientierung der gegenwärtigen Lebenspraxis wesentlich. Mit dieser Orientierung folgen aus der deutend angeeigneten Erfahrung der Vergangenheit handlungsleitende Zukunftsperspektiven. Geschichte ist immer mehr als nur die Vergangenheit; sie ist ein innerer Zusammenhang von Vergangenheit, Gegenwart und Zukunft, der durch die Deutung der Erfahrung der Vergangenheit so artikuliert wird, daß mit ihr die Gegenwart verstanden und Zukunft erwartet werden kann[19]. Das Ganze von Geschichte tritt mit den Gesichtspunkten in den Blick, mit denen das Geschichtsbewußtsein diesen Zusammenhang bestimmt. Ich möchte drei solcher Gesichtspunkte als kategoriale Hinsichten des Geschichtsbewußtseins unterscheiden.

1. Das Ganze von Geschichte meint zunächst einen Bereich von *Erfahrung.* Erfahren wird Zeit als Veränderung menschlicher Lebensverhältnisse, und das Geschichtsbewußtsein ordnet diese Erfahrung kategorial so, daß an und aus ihr spezifisch historische Erkenntnisse gewonnen werden können. Historischer Sinn ist in dieser Hinsicht eine Angelegenheit des Inhalts von Erfahrung. Geschichten sind sinnvoll, wenn sie erzählen, »wie es eigentlich gewesen«. Kategorien legen das »eigentlich« fest. Beispiel eines solchen auf Erfahrung bezogenen Sinnkriteriums, der das Ganze von Geschichte betrifft, ist die Fortschrittskategorie.

2. Eine andere Hinsicht auf das Ganze der Geschichte betrifft die Form, in der die gedeutete Erfahrung kommunikativ mitgeteilt wird. Historischer Sinn ist hier eine Frage der *Darstellungsform.* Sie manifestiert die Geschichte als Modus der Vergegenwärtigung von Vergangenheit, als Art ihrer sprachlichen Le-

---

[19] Ich folge hier der Argumentation von K.-E. Jeismann, *Geschichte als Horizont der Gegenwart. Über den Zusammenhang von Vergangenheitsdeutung, Gegenwartsverständnis und Zukunftsperspektive.* Paderborn 1985, bes. S. 43 ff.

bendigkeit im kulturellen Orientierungsrahmen gegenwärtiger Praxis. Ein Beispiel solcher formaler Repräsentanz des Ganzen von Geschichte ist die große ereignisgeschichtliche Epik des klassischen Historismus, das, was üblicherweise die erzählende Darstellungsform genannt wird.

3. Schließlich tritt das Ganze der Geschichte in den Blick, wenn es um die kulturelle Funktion der Geschichtsschreibung in den kommunikativen Prozessen geht, in denen sich sozialisierende und individuierende Vorstellungen einer diachronen Identität bilden. Das Geschichtsbewußtsein ist der Ort historischer Identitätsbildung; in ihm setzen sich Subjekte zu sich selbst in ein zeitliches Verhältnis, vergewissern sich der Dauer ihrer selbst im Wandel der Zeit, um sich mit dieser Gewißheit in diesem Wandel behaupten und zeitliche Veränderungen selber absichtsvoll behandeln zu können. Beispiel einer solchen Funktion ist die konstitutive Rolle, die historische Interpretationen für die nationale Identität spielen.

Ich möchte nun im folgenden diese drei Hinsichten kategorisierender Sinnkriterien des Geschichtsbewußtseins auf die für sie maßgeblichen Prinzipien hin erörtern. Ich möchte die Zielrichtung der Sinnbildungsleistungen des Geschichtsbewußtseins je spezifisch für die drei genannten Hinsichten identifizieren und dabei die Frage ihrer Theoretisierbarkeit und deren Ergebnisse behandeln.

Kategorien der historischen Erfahrung

Geschichtsbewußtsein ist ein Sinnbildungsprozeß über Zeiterfahrung. In ihm wird die Erfahrung der Vergangenheit zum Verständnis der Gegenwart und zur Erwartung von Zukunft gedeutet. Als innerer Zusammenhang von Vergangenheitsdeutung, Gegenwartsverständnis und Zukunftserwartung leistet das Geschichtsbewußtsein eine Synthese der drei Zeitdimensionen im Medium der Erinnerung: Es gibt Zeit in der Erinnerung an die Vergangenheit einen durchgehenden Sinn. Damit verarbeitet das Geschichtsbewußtsein Kontingenzerfahrungen, die die Stetigkeit des menschlichen Lebensvollzuges durch dauernde Brüche gefährden, die handlungs- und lebensermöglichende Identität der Betroffenen verunsichern und zur Anstrengung der Identitätssicherung durch historische Erinnerung herausfordern. Das Ganze von Geschichte ist im Hinblick auf die

Erfahrung von Zeit, die ja als gegenständliche Erfahrung immer Vergangenheitserfahrung ist, dieser umgreifende innere Sinnzusammenhang der Zeiten.

Geschichte als Ganzes ist also eine Kohärenz des Zeitzusammenhangs, der die Geschäfte der Vergangenheit zu einer Geschichte zusammenfügt, die gegenwärtiges Handeln und Leiden zeitlich orientieren kann. Das maßgebliche Kriterium historischer Sinnbildung hinsichtlich der Erfahrung der Vergangenheit läßt sich als Zeitkohärenz oder Kontinuität bestimmen[20]. Drohende Zeitbrüche werden deutend in einem empirischen Zeitzusammenhang erarbeitet, der Handeln durch Orientierung (kulturell also) in aktuellen Zeitverläufen ermöglicht.

Die Bezeichnung Kontinuität ist mißverständlich. Sie scheint zu besagen, daß sich Geschichte nur als kontinuierlicher Verlauf empirisch erkennen läßt, wo es doch nicht nur unübersehbare Diskontinuitäten gibt, sondern historische Zeitvorstellungen durchaus als sinnvoll gelten, die Umbrüche, Untergänge und dergleichen beinhalten. Kontinuität in diesem engeren Sinne einer bruchlosen zeitlichen Entwicklung ist etwas anderes als Kontinuität im Sinne von Zeitkohärenz, also im Sinne einer grundsätzlichen Bedingung dafür, daß die Geschäfte der Vergangenheit als Geschichte (für die Gegenwart und ihre Zukunft) erkannt werden können. Kontinuität in diesem weiteren Sinne von Zeitkohärenz meint ein kategoriales Organisationsprinzip des Geschichtsbewußtseins, das die Erfahrung von der Vergangenheit zum Inhalt einer erzählbaren Geschichte formiert. Solche kategorialen Kohärenzvorstellungen oder Konzepte von Kontinuität sind aus der Geschichte und gegenwärtigen Praxis der Geschichtswissenschaft wohlbekannt: Ich erinnere an Vorstellungen von Geschichte als Fortschritt, Entwicklung, Prozeß, Evolution und ähnliches.

Was jeweils mit diesen kategorialen Vorstellungen gemeint ist, wird dann deutlich, wenn sie in Form ausdifferenzierter Theorien auftreten, wenn sie etwa als Fortschritt an bestimmten Faktoren der menschlichen Lebenspraxis (zum Beispiel an seinem technischen Verhältnis zur Natur) festgemacht und diese systematisch mit anderen Faktoren verbunden werden. Solche theorieförmig ausdifferenzierten Vorstellungen vom Ge-

---

[20] Dazu Baumgartner, *Kontinuität;* zusammenfassend ders., *Kontinuität.* In: K. Bergmann, A. Kuhn, J. Rüsen und G. Schneider (Hrsg.), Handbuch der Geschichtsdidaktik. 3. Aufl. Düsseldorf 1985, S. 150–151.

schichtsganzen als kategorialer Ordnung der historischen Erfahrung lassen sich als System historischer Universalien ausarbeiten und in konkreten historischen Phänomenen und aktuellen Vorgängen der Geschichtswissenschaft aufweisen. Max Webers bekannte These von der universalgeschichtlichen Entzauberung und Rationalisierung ist eine solche kategoriale Vorstellung, die Weber selber in einer eindrucksvollen begrifflichen Systematik theorieförmig ausgeführt hat (etwa in seinen *Soziologischen Grundbegriffen* oder im Begriffsnetz von *Wirtschaft und Gesellschaft*). Ein anderes Beispiel ist der historische Materialismus in seinen unterschiedlichen Spielarten. Ich nenne ein Beispiel aus der jüngsten Historiographie: Hans Ulrich Wehlers *Deutsche Gesellschaftsgeschichte* wird mit einem Abschnitt eingeleitet, der die für die folgende Interpretation der deutschen Geschichte der Neuzeit maßgeblichen historischen Universalien im einzelnen und im systematischen Zusammenhang miteinander theorieförmig expliziert[21].

Ein anderes Beispiel aus der aktuellen Diskussion ist der Versuch von Reinhart Koselleck, anthropologisch universelle Faktoren aller möglichen Geschichte zu identifizieren[22]. Er schlägt als ein solches Netz historischer Universalien fünf Dichotomien vor, mit denen die menschliche Lebenspraxis im historischen Wandel universell charakterisiert werden kann: die Gegensätze von Sterben und Töten, von Freund und Feind, von Innen und Außen (in der jeweiligen personalen und sozialen Identität), von Jung und Alt und von Oben und Unten. (Ich würde ergänzend die Dichotomie von Mann und Frau und mit ihr Geschlecht als historische Kategorie hinzufügen.) Dieses System historischer Universalien hat jedoch einen bemerkenswerten Webfehler: In ihm wird die zeitliche Erstreckung der menschlichen Lebenspraxis kategorial nicht greifbar, um deren Deutung es letztlich im Geschichtsbewußtsein geht. Eine, wie man sagen könnte, Sinn-Richtung der Zeit ist aus dieser Theorie anthropologischer Universalien nicht entnehmbar; sie ist insofern als eine Theorie möglicher Geschichte(n) eigentlich unhistorisch. Gelänge es, zu den aufgezählten sechs Dichotomien eine sie umgreifende oder gleichsam quer zu ihnen liegende Bestim-

[21] H.-U. Wehler, *Deutsche Gesellschaftsgeschichte*. München 1987, Bd. 1, S. 6–20.
[22] R. Koselleck, *Historik und Hermeneutik*. In: Ders. u. H.-G. Gadamer, *Hermeneutik und Historik* (SB d. Heidelberger Akad. d. Wiss., Phil.-hist. Klasse, Jg. 1987, Bericht 1). Heidelberg 1987, S. 9–28.

mung von Zeitrichtung zu finden, dann handelte es sich um spezifisch historische Universalien. Eine solche Bestimmung könnte mit der Frage nach fundamentalen Modi dafür, wie sich die jeweils benannten Gegensätze im menschlichen Lebensvollzug zeitlich gerichtet austragen können, in den Blick geraten.

Andere wissenschaftshistorische Beispiele einer Theorie des Geschichtsganzen in der Form eines Systems historischer Universalien sind Droysens Systematik, seine Theorie der zeitlichen Bewegung der sittlichen Mächte; Burckhardts Lehre von den drei Potenzen und sechs Bedingtheiten; das Feuerbach-Kapitel in der *Deutschen Ideologie* von Karl Marx und, wie schon erwähnt, Max Webers *Soziologische Grundbegriffe*.

Theorien, die historische Universalien mit kategorialer Bedeutung entfalten, haben durchaus einen praktischen Nutzen für die Geschichtswissenschaft. Mit ihnen können historische Fragestellungen ausdifferenziert, aber auch unterschiedliche Fragestellungen miteinander synthetisiert werden; sie können zur Begründung von Periodisierungen dienen; mit ihnen lassen sich Forschungsergebnisse in historische Synthesen integrieren; mit ihnen kann die Bedeutung spezieller Fragestellungen und Erkenntnisse für den historischen Wissensstand im allgemeinen reflektiert werden; und schließlich geben sie Parameter an, mit denen humanwissenschaftliches Wissen in historische Fragestellungen und Hypothesen umgerechnet werden kann.

Kategorien der historischen Formung

Darstellung ist keine bloße Funktion empirischen Wissens, sondern ein Faktor der historischen Erkenntnis selber mit kategorialem Rang. In welcher Form muß Wissen über die Vergangenheit auftreten, damit es als spezifisch historisches im kulturellen Orientierungsrahmen aktueller Lebenspraxis wirken kann? Man kann diese Frage auch dahingehend vereinfachen, was eigentlich eine spezifisch historische Sprachhandlung ist. Was ist die sprachliche Fundamentaloperation des menschlichen Geschichtsbewußtseins? Es ist die Operation des Erzählens. Erzählen ist der Vorgang, durch den Zeiterfahrung in Handlungsorientierung deutend verarbeitet wird, und zwar eine Handlungsorientierung, die die Zeitrichtung als Handlungsabsicht, Zeit als Erwartung, Hoffnung, Furcht etc. betrifft. Die Form, die Wissen von der Vergangenheit haben muß, um als historisches identifiziert und wirksam werden zu können, ist diejenige einer Geschichte. Geschichten folgen der Logik der Erzählung. Daher ist Erzählen auch die spezifisch historische Form des Erklärens, wie Arthur Danto überzeugend nachgewiesen hat[23]. Formal wird die Erfahrung der Vergangenheit zum Sinngebilde einer Geschichte durch den Vorgang des Erzählens kategorisiert. Erzählen meint im Unterschied zum üblichen Sprachgebrauch in der Geschichtswissenschaft, die damit eine Darstellungsform neben anderen bezeichnet, etwas sehr viel Grundsätzlicheres und Allgemeineres: nämlich genau denjenigen Modus von Sprachhandeln, in dem Zeit als Erfahrung der Vergangenheit mit der Sinnqualität einer kohärenten Synthese der drei Zeitdimensionen artikuliert wird.

Das für die Sprachhandlungen des Geschichtsbewußtseins maßgebliche Prinzip ist das der Narrativität. Es ordnet die Präsentation empirischen historischen Wissens im Kommunikationszusammenhang einer Kultur kategorial. Eine Beschreibung und eine Erklärung folgt anderen kategorialen Bestimmungen des Sprachhandelns; daher können Beschreibungen und (rationale oder nomologische) Erklärungen Bestandteile historischer Darstellungen sein, aber nur in einem Zusammenhang einer Darstellung, die selber nicht den Charakter einer Beschreibung oder Erklärung hat, sondern den einer Geschichte[24]. Geschichte, verstanden als *die* Geschichte, ist eine kategoriale Sprachform, die das Ganze möglicher historischer Aussagen umgreift und reguliert. Sie verleiht Aussagen über die menschliche Vergangenheit den spezifischen Charakter von historischen Aussagen.

Das Geschichtsbewußtsein arbeitet mit seinen Sprachhandlungen daran, unterschiedliche Aussagen und Redeweisen, mit denen unterschiedliche und komplexe Phänomene der menschlichen Vergangenheit dargestellt werden, in eine narrative Form zu verschmelzen, in der die Darstellung ihren umgreifend historischen Charakter gewinnt. Argumentieren beispielsweise, wie es Jürgen Kocka kritisch gegen den Ruf »Zurück zur Erzählung« als unverzichtbares Medium historischer Darstellung zu Recht verteidigt[25], muß als eine Denk- und Sprachform begriffen werden, die erst dann als spezifisch historisch gelten kann,

---

[23] A. C. Danto, *Analytische Philosophie der Geschichte.* Frankfurt 1974.
[24] Dazu Rüsen, *Rekonstruktion der Vergangenheit*, S. 37 ff.
[25] J. Kocka, *Zurück zur Erzählung? Plädoyer für historische Argumentation.* In: Geschichte und Gesellschaft 10 (1984), S. 395–408.

wenn sie dem kategorialen Darstellungsprinzip der Narrativität gehorcht, also zum integralen Bestandteil einer Geschichte wird, die darlegt, wie sich etwas im Laufe der Zeit verändert hat, und zwar so, daß in diesem Zeitlauf Zeit selber als innerer Sinnzusammenhang der drei Zeitdimensionen manifest wird.

Das kategoriale Prinzip der Narrativität ist im Rahmen einer Theorie der Geschichtswissenschaft zugleich befremdlich und selbstverständlich. Befremdlich insofern, als es den für die Geschichte als Wissenschaft maßgeblichen Prinzipien methodisch geregelten, erfahrungsbezogenen und konsensorientierten Argumentierens zu widersprechen scheint. Zumindest werden mit dem Narrativitätsprinzip die wissenschaftskonstitutiven und -spezifischen Denkformen in literarische Gestaltungsprozeduren eingebunden, die ihre Rationalität zugunsten ästhetischer Faktoren in der Gestaltung und Wahrnehmung historischen Wissens relativiert, wenn nicht gar vernichtet. Freilich geht die methodische Rationalität, die die Geschichtswissenschaft in die Deutung der Vergangenheit einbringt, nicht notwendigerweise in der Gestaltung dieser Deutung unter, sondern sie kann in ihr ja auch sichtbar und zu einem wesentlichen Faktor in der kommunikativen Verhandlung historischen Wissens und seines kulturellen Gebrauchs werden. Narrativität als kategoriale Bestimmtheit historischer Darstellungen ist gegenüber dieser Alternative neutral.

Wenn die Geschichtswissenschaft in einem falschen Wissenschaftsverständnis übersieht, daß die Historiographie, die Formung des forschend gewonnenen historischen Wissens, ein wesentliches Moment des historischen Erkenntnisprozesses selber ist, dann leistet sie unfreiwillig einer Relativierung oder gar Aufhebung ihres Rationalitätsanspruchs als Wissenschaft Vorschub. Und nur zu oft bleibt ja auch die für die historische Forschung maßgebliche Rationalität in der Darstellung der Forschungsergebnisse auf der Strecke, z.B. immer dann, wenn die Darstellung selber die diskursiven Züge nicht mehr aufweist, die im interpretierenden Umgang mit den Quelleninformationen bei der Forschung selbstverständlich sind (oder zumindest sein sollten). Theoretisierungsarbeit in den kategorialen Dimensionen der Geschichtswissenschaft sanktioniert deren Wissenschaftlichkeitsanspruch auch und gerade dort, wo forschend gewonnenes historisches Wissen als Darstellungsproblem erscheint, wo das Wissen zur Darstellung drängt, um sich überhaupt erst in sprachlicher Manifestation als Wissen zu vollenden.

Die Befremdlichkeit des Narrativitätskriteriums weicht seiner Selbstverständlichkeit, wenn die einschlägigen Gebilde ins Auge gefaßt werden, in denen Historiographie thematisiert wird: Narrativität als kategoriales Prinzip der historiographischen Formung läßt sich theorieförmig ausdifferenzieren, und solche Theorien sind in der Tradition der Historik wohlbekannt: Sie treten zumeist als Typologien der Geschichtsschreibung auf, also als begriffliche Erschließung des Möglichkeitsspielraums historischer Darstellung auf kategorialer Ebene. Bekannte historische Beispiele sind Gervinus' *Historik,* das Topik-Kapitel in Droysens *Historik,* aber auch Nietzsches zweite unzeitgemäße Betrachtung *Vom Nutzen und Nachteil der Historie für das Leben.* Das letzte bedeutende Beispiel einer solchen Typologie der Geschichtsschreibung ist Hayden Whites *Metahistory*[26].

Das zuletzt genannte Beispiel weist zugleich auf ein Problem hin, das die aktuelle Theoretisierungsarbeit an der kategorialen Dimension der Historiographie bestimmt: Können die von der Geschichtswissenschaft im Erfahrungsbezug der Sinnbildungsarbeit des Geschichtsbewußtseins entwickelten Standards methodischer Rationalität auch dort zur Geltung gebracht werden, wo historisches Wissen geformt und durch seine Formung in den Lebenszusammenhang der Geschichtswissenschaft eingebracht wird? Die historische Darstellung folgt anderen Regeln als die Forschung. Rhetorik war der traditionelle Titel, unter dem diese Regeln expliziert und erörtert wurden. Die für die Geschichte als Wissenschaft entscheidende Frage an eine Theorie der Geschichtsschreibung lautet, ob und wie sich die »Szientifik« einer wissenschaftsspezifischen Argumentation in der Rhetorik der historiographischen Darstellung, und zwar auf deren kategorialer Ebene, nachweisen und plausibel machen läßt. Gelingt ein solcher Nachweis nicht, dann geht in der historischen Darstellung das Rationalitätspotential der Forschung verloren. Wenn schon angesichts traditioneller historiographischer Präsentationen des historischen Wissens an diesem Rationalitätspotential gezweifelt werden kann, um wieviel mehr erst angesichts der neuen Medien, in denen die Suggestivkraft der Bilder das Denkpotential von Wort und Schrift überwältigt.

[26] H. White, *Metahistory. The historical imagination in nineteenth century Europe.* Baltimore 1973.

Aber auch abgesehen von dieser grundsätzlichen Frage, die das Selbstverständnis der Geschichte als Wissenschaft betrifft, hätte eine theorieförmige Ausarbeitung und Differenzierung des kategorialen Prinzips der Narrativität auch praktische Vorteile für das Geschäft der Historiker: Sie würde das professionelle Selbstverständnis des Faches für die Bedeutung und die Eigenart der Formung historischen Wissens schärfen. Ja, sie würde überhaupt erst deutlich machen, daß und wie Darstellen eine wesentliche Operation der historischen Erkenntnisarbeit selber ist. Und natürlich würde sie die Darstellungskompetenz steigern, insofern dies durch Reflexion von der Art einer Rhetorik möglich ist, die die Regeln erforscht, deren sich die Historiker immer bedienen, wenn sie mit ihrer Geschichtsschreibung ernstgenommen werden wollen. Und damit würde zugleich auch die kommunikative Kompetenz der Historiographie zunehmen und mit ihr bislang eher verschmähte ästhetische Dimensionen des Geschichtsbewußtseins gegenüber kognitiven rehabilitiert und in ihrem Eigengewicht zur Manifestation historischer Sinnbildung anerkannt.

Kategorien der historischen Orientierung

Die meisten Historiker betrachten die praktische Wirkung historischer Darstellungen als etwas außerhalb ihres fachlichen Geschäfts Liegendes. Sie übersehen dabei die Tatsache, daß funktionale Gesichtspunkte im historischen Erkenntnisprozeß von Anfang an wirken. Schon der erste Schritt in der Deutungsarbeit des Geschichtsbewußtseins, die historische Frage, ist stets (wenn auch oft nur vermittelt) von Orientierungsbedürfnissen bestimmt, die den Historikern aus dem Kontext ihrer Lebenspraxis erwachsen. Daß und wie Fragen der praktischen Funktion in der historischen Sinnbildung selber wirken, und zwar schon auf der kategorialen Ebene, wird daran deutlich, daß über die Plausibilität sowohl der erfahrungsbezogenen Kategorien wie auch der Darstellungsformen nicht hinreichend ohne Berücksichtigung solcher praktischen Funktionen entschieden werden kann. So hängt die Rhetorik der Geschichtsschreibung fundamental von den sprachlichen Topoi ab, die die jeweils kulturell wirksamen Sprachmuster der Zeitorientierung in der Lebenspraxis abgeben. Und welche kategoriale Vorstellung von zeitlicher Kohärenz letztlich überzeugend ist, hängt immer auch davon ab, ob und wie solche Kohärenzvorstellungen geeignet sind, die Identität der angesprochenen Subjekte dort zu erreichen, wo sie sie in ihrer Lebenspraxis gewinnen und behaupten müssen, um leben zu können.

Damit ist bereits das entscheidende Kriterium in der praktischen Funktion historischer Sinnbildung genannt worden. Die Erinnerungsarbeit des Geschichtsbewußtseins ist durch den Zweck bestimmt, seine Subjekte im Zeitverlauf ihrer Lebenspraxis zu orientieren. Orientierung ist ein Vorgang im mentalen Bereich, wo Handeln durch Absichten bestimmt und Absichten nach Gesichtspunkten gebildet und erwogen werden. Sie erfolgt dort, wo die handelnden Subjekte sich selbst, ihre Subjektivität als Deutungsleistung im Umgang mit der Welt, mit anderen und mit sich selbst ins Spiel bringen müssen, um absichtsvoll handeln zu können. Es geht also bei der historischen Orientierung um die Subjektivität der angesprochenen Subjekte; deren kategoriale Dimension im Geschichtsbewußtsein ist die historische Identität. Das Geschichtsbewußtsein organisiert kategorial seine Sinnbildungsleistung, indem es historische Identität bildet.

Wird diese kategoriale Dimension des Geschichtsbewußtseins in seiner Orientierungsfunktion theorieförmig ausgearbeitet und ausdifferenziert, dann ergibt sich eine *Theorie der historischen Bildung* oder, wenn man die kulturellen Vorgänge historischer Identitätsbildung als gesellschaftliche Phänomene betrachtet, eine *Theorie der Geschichtskultur*[27]. In den Blick geraten dabei die Formen individuellen und kollektiven Lernens, in denen historische Erfahrung deutend angeeignet und sprachlich so kommuniziert wird, daß die beteiligten Subjekte sich über historische Erinnerungen in ihrem sozialen Verhältnis und ihrer Individualität definieren und zur Geltung bringen. Das Ganze der Geschichte nimmt sich im Rahmen einer solchen Theorie als regulative Idee historischer Identitätsbildung aus. Sie kann als didaktisches Prinzip formuliert und pragmatisch in der Organisation von Lernprozessen (wozu dann auch die Wissenschaft selber gehört) zur Geltung gebracht werden.

---

[27] Zum Begriff Geschichtskultur vgl. J. Rüsen, *Für eine Didaktik historischer Museen.* In: Ders., W. Ernst und H. Th. Grütter (Hrsg.), *Geschichte sehen. Beiträge zur Ästhetik historischer Museen.* (Geschichtsdidaktik. Studien, Materialien. NF. Bd. 1) Pfaffenweiler 1988, S. 1–20, bes. S. 11 f.; J. Rüsen, *Lebendige Geschichte.* Grundzüge einer Historik, Bd. 3: Formen und Funktionen des historischen Wissens. Göttingen 1989.

Bekannte historische Beispiele für ausgearbeitete Theorien dieser Art wüßte ich nicht zu nennen, wohl aber gibt es in der Tradition der Historik gewichtige Bausteine dazu, etwa Droysens These von der »didaktischen Macht der Geschichte«[28], die Menschheitsidee der Aufklärung als regulatives Prinzip der bürgerlichen Identitätsbildung, Theodor Mommsens Konzept von Geschichte als politischer Pädagogik. In der aktuellen geschichtstheoretischen Diskussion fehlt es an Funktionsanalysen historischer Sinnbildungen und insbesondere an Untersuchungen darüber, ob es wissenschaftsspezifische oder konstitutive Elemente in der Wirkung und im Gebrauch historischen Wissens gibt, und wenn ja, worin sie bestehen und wie sie wirken[29]. Das hängt damit zusammen, daß die traditionelle Theoriegestalt solcher Analysen, die Rhetorik, in einem ausgesprochenen Spannungsverhältnis zum Wissenschaftlichkeitsanspruch der Geschichtswissenschaft steht und die Geschichtsdidaktik die kategoriale Ebene der Problemstellung selten erreicht[30]. Nichtsdestoweniger dürften eigentlich keine Zweifel daran bestehen, daß für die Geschichtswissenschaft der kategoriale Funktionsaspekt ihrer eigenen Erkenntnispraxis zum integralen Bestandteil ihrer fachlichen Selbstverständigung gehört.

[28] J. G. Droysen, *Historik*, S. 255.
[29] Zur Funktionsanalyse historischen Wissens vgl. H. Lübbe, *Geschichtsbegriff und Geschichtsinteresse. Analytik und Pragmatik der Historie*. Basel 1977; K. Röttgers, *Geschichtserzählung als kommunikativer Text*. In: S. Quandt und H. Süssmuth (Hrsg.), *Historisches Erzählen*. Göttingen 1982, S. 29–48. In beiden Untersuchungen spielt die Frage nach der Wissenschaftsspezifik historischer Orientierungen keine zentrale Rolle.
[30] Vgl. dagegen die eindeutigen wissenschaftshistorischen Befunde bei H.-J. Pandel, *Historik und Didaktik. Das Problem der Distribution historiographisch erzeugten Wissens in der deutschen Geschichtswissenschaft von der Spätaufklärung zum Frühhistorismus (1765–1830)*. Phil. Diss. Osnabrück 1983.

Hinsichten	Kriterien	Resultate	
Erfahrungs-inhalte	Kontinuität	historische Universalien	
Wissensformen	Narrativität	Typen der Geschichtsschreibung	
praktische Funktionen	Identität	Konzepte der historischen Bildung	

Schema der theorieförmigen Kategorisierung des historischen Denkens

Wolfgang Küttler

Teil und Ganzes in marxistischen Geschichtssynthesen
Zum Verhältnis von Allgemeinem und Spezifischem
in Forschung und Darstellung

Das Generalthema »Teil und Ganzes« in Geschichtsdenken und
Geschichtswissenschaft hat eine erkenntnistheoretisch-philo-
sophische und eine forschungspraktisch-methodologische Seite.
Schließlich ist beides eng damit verbunden, wie jeweils die gesellschaftliche Funktion der Geschichtswissenschaft im Verhältnis zur historischen Orientierung der Menschen und sozialen Gruppen gesehen wird[1]. Diese Frage hat im Zusammenhang
mit kritischen Reflexionen der europäischen Kulturtradition rationalen, auf die Werte von Aufklärung und gesellschaftlichen
Fortschritt gerichteten Geschichtsdenkens in der Debatte um
die Grundlagen der Geschichtswissenschaft und historischer
Orientierung der Menschen in der Gesellschaft überhaupt seit
etwa einem Jahrzehnt eine zentrale Bedeutung gewonnen[2]. Daß
mit Geschichtsphilosophie und Gesetzesdenken in der Geschichte auch der ganzheitliche Zugriff von Geschichtserkenntnis ein für allemal erledigt sein müsse, ist zu einem konstitutiven Element der meisten Richtungen nicht-marxistischer Geschichtswissenschaft und Theorie der Geschichte geworden, soweit eine solche überhaupt als möglich akzeptiert wird. Dem
Marxismus wird in diesem Kontext stets Dogmatismus unterstellt; das Denken von Totalität in Geschichte und Gesellschaft
rückt a priori in die Nähe dessen, was mit »Totalitarismus« –
wie auch immer dieser sehr divergente Begriff jeweils aufgefaßt
wird – grundsätzlich synonym erscheint[3].
Innerhalb des Marxismus hat die geschichtsmethodologische

[1] Vgl. J. Rüsen, *Historische Vernunft*. Grundzüge einer Historik, Bd. 1: Die
Grundlagen der Geschichtswissenschaft. Göttingen 1983, bes. S. 116 ff.; Ders.,
Rekonstruktion der Vergangenheit. Grundzüge einer Historik, Bd. 2: Die Prin-
zipien der historischen Forschung. Göttingen 1986, bes. S. 47 ff.
[2] Vgl. *Die Zukunft der Aufklärung*. Hrsg. v. J. Rüsen, E. Lämmert und
P. Glotz. Frankfurt a. M. 1988.
[3] Typisch dafür, wenn auch extrem zugespitzt, ist die Argumentation von
H. Lübbe, *Wieso es keine Theorie der Geschichte gibt*. In: *Theorie und Erzäh-
lung in der Geschichte*. Hrsg. v. J. Kocka und Th. Nipperdey (= Theorie der
Geschichte. Beiträge zur Historik, Bd. 3). München 1979, S. 65 ff.

Arbeit inzwischen längst einen Stand erreicht, der solche Pauschalkritik eigentlich nicht mehr zuläßt. Bestehen bleibt der Unterschied der Wissenschaftsauffassungen, was die Möglichkeit der Erkenntnis objektiver historischer Zusammenhänge im Ganzen von Systemen und Entwicklungen betrifft. Aber dieser zweifellos fortbestehende Gegensatz, wie ihn z. B. K. D. Erdmann von einer durchaus konservativen Auffassung historischer Wissenschaft in bezug auf die »Ökumene« der Historiker im ganzen zutreffend beschreibt[4], darf keinesfalls den Blick auf viele Berührungspunkte, gemeinsame Probleme und Streitfragen verstellen, zu denen sich der Dialog auch im Sinne und mit dem Ziel der Verständigung über die Sache lohnt[5]. Denn schließlich ist ja die Frage nach der Möglichkeit, ein Ganzes geschichtlicher Entwicklung zu erfassen und dies konzeptionell umzusetzen, wie die meisten wirklich relevanten theoretischen Probleme zutiefst praktisch und von großem Gewicht für die Art und Weise, wie die Menschheit heute mit ihren Existenzfragen umgeht[6].

Die geschichtsphilosophischen und gnoseologischen Grundfragen des Themas wurden an anderer Stelle im Zusammenhang mit der marxistischen Auffassung von »historischer Methode« bereits allgemein behandelt[7]. Der folgende Versuch, marxistische Positionen zur Gesamtproblematik vorzustellen, konzentriert sich auf die Methode der Forschung, die spezifische Theorie und auf das in Darstellungen entwickelte Geschichtsbild, d. h. auf die konkreten Belange der Fachhistorie als wissenschaftlicher Disziplin. Im Vordergrund steht also der zweite, d. h. der forschungs- und darstellungspraktische Aspekt. Die nachstehenden Ausführungen sollen sich auf die Forschungspraxis und die publizierte wissenschaftliche Literatur über Ge-

[4] Vgl. K.-D. Erdmann, *Die Ökumene der Historiker. Geschichte der Internationalen Historikerkongresse und des Comité International des Sciences Historiques* (= Abhandlungen der Akademie der Wissenschaften in Göttingen. Philolog.-hist. Klasse. III. Folge, Nr. 158). Göttingen 1987, bes. S. 390 ff., 424 ff.
[5] Ebenda, S. 439 ff.
[6] Vgl. E. Engelberg bereits auf dem XIV. Internationalen Historikerkongreß 1975 in San Francisco: *Ereignis, Struktur und Entwicklung in der Geschichte.* In: Ders., *Theorie, Empirie und Methode in der Geschichtswissenschaft.* Gesammelte Aufsätze. Hrsg. v. W. Küttler und G. Seeber. Berlin 1980, S. 94 ff.; W. Küttler, Vorwort. In: *Marxistische Typisierung und idealtypische Methode in der Geschichtswissenschaft* (= Studien zur Geschichte, Bd. 7). Berlin 1986, S. 5 ff.
[7] Vgl. W. Küttler, *Die historische Methode aus marxistisch-leninistischer Sicht.* In: *Historische Methode.* Hrsg. v. Ch. Meier und J. Rüsen. Theorie der Geschichte. Bd. 5. München 1988, S. 81 ff.

schichte in der DDR etwa in den letzten anderthalb Jahrzehnten stützen. Gegenstand sind Forschungen, die auf das Ganze gerichtet sind – der deutschen Geschichte, der Revolutionsgeschichte, der Entwicklung der DDR, der Entwicklung einzelner Territorien, der Wirtschafts-, Literatur- und Militärgeschichte, sowie entsprechende Formen der Darstellung – Überblickswerke, Gesamtdarstellungen, Handbücher[8]. Dieser Beitrag zum Thema »Teil und Ganzes« soll also zunächst die Praxis marxistischer Geschichtssynthese in der Methode der Forschung, nach den Theoriegrundlagen und den Formen historiographischer Gestaltung so beschreiben, wie sie konkret entwickelt werden, nicht von allgemeinen Prämissen her, bei deren Beurteilungen im Pro und Kontra manche unzutreffende Klischeevorstellung mitspielt bzw. nur schwer überprüft werden kann. Erst die wirkliche Praxis marxistischer Geschichtswissenschaft macht deren konkrete Ansätze ganzheitlicher Geschichtserkenntnis und zugleich ihren inneren Zusammenhang allgemeiner und spezifischer Elemente deutlich, worin sich die Beziehung von Teil und Ganzem ausdrückt. Davon ausgehend, soll das Thema als Problem der Verbindung des Allgemeinen und Spezifischen in praktizierten Geschichtssynthesen am Beispiel ausgewählter Ergebnisse der DDR-Historiographie unter folgenden Schwerpunkten behandelt werden: 1. unter dem Aspekt der allgemeinen konzeptionellen und theoretisch-methodologischen Fundierung; 2. in der Realisierung als Ganzes, d.h. als Konkret-Allgemeines in Forschung und Geschichtsbild sowie im Verhältnis zu den »Teilen« in Forschung und Darstellung; 3. in bezug auf die Konzeptions- und Theorieentwicklung.

I.

In der Phase der Historiographiegeschichte der DDR, die hier näher untersucht werden soll, nahmen synthetisierende Arbeiten gerade auch im Zusammenhang mit der 1978/79 begonne-

---

[8] Überblicke der wichtigsten Teilgebiete enthalten: *Historische Forschungen in der DDR 1970–1980. Analysen und Berichte.* Zum XV. Internationalen Historikerkongreß in Bukarest 1980. Zeitschrift für Geschichtswissenschaft (ZfG), Sonderband 1980; der Sonderband für 1981–1989 (zum XVII. Internationalen Historikerkongreß in Madrid 1990) erscheint 1990; ferner: *Studienbibliothek DDR-Geschichtswissenschaft. Forschungswege, Bilanz, Aufgaben.* Herausgeberkollegium unter Leitung v. G. Seeber, Berlin 1981 ff. (bisher 8 Bände erschienen).

nen erweiterten und vertieften Erschließung[9] des historischen
Erbes einen zentralen Platz ein. Die alle fünf Jahre orientieren-
den Historikerkongresse setzten die Akzente jeweils auf Theo-
rieprobleme, die mit Geschichtssynthese zusammenhängen:
1972 Allgemeines und Besonderes, Welt- und Nationalgeschichte als Entwicklung von ökonomischen Gesellschaftsformationen; 1977 Volksmassen und herrschende Klassen als Ge-
schichtssubjekte, die Beziehung subjektiver und objektiver
Faktoren; 1982 Revolutionen, Formationsübergänge und Wandel in der deutschen Geschichte[10].

Diese Tendenz zur theoretischen, historiographischen und
konzeptionellen Synthese hat zweifellos etwas mit dem ge-
wachsenen Interesse an Geschichte und den veränderten Bedingungen, sich geschichtliches Wissen anzueignen, bzw. sich an
geschichtlichen Erfahrungen zu orientieren, in der DDR zu
tun. Sie gründet sich auf vorausgegangene und parallele Fortschritte der monographischen Detailforschung, die zumeist eng
mit den Impulsen verbunden waren, die von synthetischen Fragestellungen herrührten[11]. Daß Synthese Analyse voraussetzt
und letztere wiederum ohne Synthese schon in der Problemstellung, dann in der Methodenwahl und in den Forschungswegen
unmöglich ist, kann somit zunächst einmal ganz unabhängig
von der wissenschaftstheoretischen Interpretation als Tatsache
der Entwicklung marxistischer Geschichtsforschung und Historiographie, wie sie in den vergangenen 10 bis 15 Jahren in der
DDR betrieben wurde und wachsendes internationales Echo
gefunden hat, konstatiert werden. Diese Praxis geschichtlicher
Synthese weist – nach ihren Grundlagen befragt – innerhalb des

[9] Vgl. zum Beginn der Diskussion: *30 Jahre DDR. Kämpfe – Erfolge – Erfahrungen* (= Wissenschaftliche Mitteilungen der Historiker-Gesellschaft der
DDR, 1979/I u. II). Berlin 1979 sowie die entsprechenden Beiträge in der ZfG
1981 und 1982. Gesamteinschätzungen gibt W. Schmidt, *Das Erbe- und Tradi-
tionsverständnis in der Geschichte der DDR* (= Sitzungsberichte der Akademie
der Wissenschaften der DDR. Gesellschaftswissenschaften 5/6/1985). Berlin
1986, und Ders., *Aspekte der Erbe- und Traditionsdebatte in der Geschichtswissenschaft* (SB AdW 1 G/1988). Berlin 1988.
[10] Vgl. die Kongreßberichte, Thesen und Materialien in: ZfG (1972) 10,
S. 1228 ff.; (1973) 4, S. 441 ff.; (1977) 10, passim; (1978) 4, S. 336 ff. und 6,
S. 533 ff.; (1982) 10 u. 11, passim und (1983) 5, S. 432 ff. und 7, S. 634 ff.
[11] Vgl. dazu ausführlich am Beispiel der bürgerlichen Umwälzung W. Küttler,
*Die Funktion der Theorie in der marxistisch-leninistischen Geschichtswissen-
schaft. Eine Fallstudie am Beispiel der Revolution von 1848/49 als Gegenstand
vergleichender Revolutionsgeschichte*. In: Ders. (Hrsg.), *Gesellschaftstheorie und
geschichtswissenschaftliche Erklärung*. Berlin 1985, bes. S. 83 ff.

Wissenschaftsbetriebs selbst zunächst erstens eine methodologische Seite auf: Synthese meint einen Weg der Forschung, der – hinsichtlich der Geschichte – auf die komplexe Rekonstruktion von Systemen und Prozessen, d. h. großräumigen und langzeitigen Geschichtsobjekten – gerichtet ist.

Zweitens bezieht sich Synthese immer auf Theorie, Konzeption und »leitende Hinsichten« als Basis der Forschung und dient dazu, um mit Marx und Engels zu reden, Orientierung für die »Ordnung des geschichtlichen Materials« zu geben und »die Reihenfolge seiner einzelnen Schichten anzudeuten«[12]. Drittens werden Synthesen in Forschung und Darstellung von einer praxisbezogenen gesellschaftspolitischen Konzeption bestimmt, die in der Diskussion der letzten Jahre mit dem Verhältnis zu »Erbe« und »Tradition« erfaßt wurde[13]. Dadurch wird die Beziehung zu aktuellen gesellschaftlichen Entwicklungen vermittelt. Daß jede Gesamtschau von Geschichte, auf Wissenschaft bezogen, diese Elemente impliziert, ist weit über die marxistische Auffassung hinaus anerkannt; strittig wird ihr Verhältnis in bezug auf Charakter, Erkenntnismöglichkeiten und Funktion von Geschichtsbildern interpretiert[14].

Lenin hat im Jahre 1915 in seiner vielzitierten historisch-materialistischen Bestimmung des Charakters großer historischer Epochen die marxistische Auffassung des Wechselverhältnisses der skizzierten Syntheseelemente umrissen: »Wir können nicht wissen, mit welcher Schnelligkeit und mit welchem Erfolg sich einzelne geschichtliche Bewegungen der jeweiligen Epoche entwickeln werden. Wir können aber wissen..., *welche Klasse* im Mittelpunkt dieser oder jener Epoche steht und ihren wesentlichen Inhalt, die Hauptrichtung ihrer Entwicklung, die wichtigsten Besonderheiten der geschichtlichen Situation ... bestimmt. Nur auf dieser Grundlage, d. h., wenn wir in erster Linie die grundlegenden Unterscheidungsmerkmale verschiedener ›Epochen‹ (nicht aber einzelner Episoden in der Geschichte einzelner Länder) in Betracht ziehen, können wir unsere Taktik richtig aufbauen.«[15] Hierin ist, was oft übersehen wird, die Begrün-

---

[12] K. Marx und F. Engels, *Die deutsche Ideologie*. In: MEW, Bd. 3, S. 27.
[13] Vgl. H. Bartel, *Erbe und Tradition in Geschichtsbild und Geschichtsforschung der DDR*. In: ZfG (1981) 5, S. 387 ff., u. Schmidt, *Aspekte*, bes. S. 5 ff.
[14] Vgl. dazu aus nichtmarxistischer Sicht H.-U. Wehler, *Deutsche Gesellschaftsgeschichte*. Bd. 1: Vom Feudalismus des Alten Reiches bis zur Defensiven Modernisierung der Reformära 1700–1815. München 1987, Einleitung, S. 6 ff.
[15] W. I. Lenin, *Unter fremder Flagge*. In: Lenin, Werke, Bd. 21, S. 134.

dungsmöglichkeit praktischer Gesellschaftsorientierung durch
Geschichtserkenntnis, die von den meisten Richtungen nicht-
marxistischer Geschichtsbetrachtung damals wie heute bestritten wird, keineswegs unreflektiert enthalten. Vielmehr wird sie
für die Prognose auf Grundtendenzen von Epochen eingeschränkt und angesichts der Vielfalt der historischen Prozesse
auch für die kognitive Seite der Analyse nur in einer relativen
Annäherung an die Erkenntnis der Zusammenhänge gesehen[16].
Denn – so Lenin weiter – »in jeder Epoche gibt es wie bisher so
auch künftig einzelne Teilbewegungen bald vorwärts, bald
rückwärts, gibt es wie bisher so auch künftig verschiedene Abweichungen vom Durchschnittstypus und vom Durchschnitts-
tempo der Bewegung«[17].

Vergleichen wir an dieser Stelle die auf das Forschungsobjekt
»Geist des Kapitalismus« bezogene Bestimmung, die Max Weber seinem genetischen Idealtyp als Form der Theoriebildung
über historische Prozesse gibt, so fallen zunächst durchaus
Ähnlichkeiten auf, zumal auch Lenin die »Idealisierung« als
Funktionsmerkmal der Theorie bei der Erfassung wirklicher
Geschichtsvorgänge hervorgehoben hat: Ein »historisches Gebilde«, wie der »Geist des Kapitalismus«, ... »kann zu begriffli-
cher Deutlichkeit eben nur ... durch Synthese seiner einzelnen
Komponenten, wie sie die Realität der Geschichte darbietet,
erhoben werden. So zwar, daß wir aus der Realität des historisch Gegebenen jene Einzelzüge, die wir dort in vielfach ver-
mittelter, gebrochener, mehr oder minder folgerichtiger und
vollständiger Art, mehr oder minder vermischt mit anderen,
heterogenen, sich auswirkend finden, in ihrer schärfsten, konse-
quentesten Ausprägung auslesen, nach ihrer Zusammengehö-
rigkeit kombinieren und so einen ›ideal-typischen‹ Begriff, ein
Gedankengebilde herstellen, dem sich die *faktischen* Durch-
schnittsinhalte des Historischen in sehr verschiedenem Grade
annähern.«[18]

[16] Dazu ausführlicher: W. Eichhorn I und W. Küttler, *»Daß Vernunft in der
Geschichte sei ...« Formationsgeschichte und revolutionärer Aufbruch der
Menschheit.* Berlin 1989, Kap. 3 und 4.

[17] Lenin, Werke, Bd. 21, S. 134.

[18] M. Weber, *Antikritisches zum »Geist« des Kapitalismus.* In: Ders., *Die pro-
testantische Ethik II. Kritiken und Antikritiken.* Hrsg. v. J. Winckelmann.
4. Aufl. Gütersloh 1982, S. 303 f.; und im Vergleich dazu W. I. Lenin, *Noch
einmal zur Frage der Realisationstheorie.* In: Lenin, Werke, Bd. 4, S. 77 f.

Unterschied und dann auch Gegensatz beider Konzepte bestehen im Prinzip der erkenntnisleitenden Steuerung des ähnlich beschriebenen Synthesevorgangs. Nach Lenin wird diese durch die allgemeine wissenschaftliche Theorie von Geschichte und Gesellschaft gegeben, die auch als »Basis für die Beurteilung der mehr ins einzelne gehenden Besonderheiten dieses oder jenes Landes« bzw., wie wir sinngemäß ergänzen können, Einzelvorgangs dienen kann[19]. Bei Weber ist es die pluralistisch begründete Wahl der Wertbeziehung, die – von außerhalb möglicher wissenschaftlicher Erkenntnis her bezogen – die Problemwahl und den Weg der Problemlösung lenkt[20].

Wenn dagegen die marxistische Geschichtswissenschaft von der Möglichkeit relativ adäquater theoretischer Erfassung objektiver Entwicklungszusammenhänge ausgeht, dann verzichtet sie selbstverständlich nicht auf ebenso objektiv kontrollierbare Kriterien: a) durch das zweifache – von Lenin wiederholt hervorgehobene – Postulat, daß sowohl die Allseitigkeit der Analyse als auch die Konkretheit der theoretisch begründeten Synthese optimal, d.h. nach Maßgabe der gegebenen Erkenntnismöglichkeiten vollständig ausgeschöpft sein müssen (sonst drohen Voluntarismus, Wunschdenken und Einseitigkeit der Resultate); b) durch die Qualität der zugrunde gelegten Theorie, im historischen Materialismus also primär der Formations-, Revolutions-, Klassentheorie, der Konzeption des Basis-Überbau-Verhältnisses und der Subjekt-Objekt-Beziehungen[21]; c) durch praktische Verifizierung seitens der in der Geschichte agierenden Träger geschichtlicher Entscheidungen, was auch einschließt, daß Veränderungen in den Grundzügen von Epocheprozessen, wie sie z.B. gegenwärtig deutlich abzusehen sind, zu Korrekturen des theoretischen Instrumentariums und gegebenenfalls auch der methodologischen Ansätze führen müssen.

[19] Lenin, Werke, Bd. 21, S. 134; vgl. Ders., *Der »linke Radikalismus«, die Kinderkrankheit im Kommunismus.* In: Ebenda, Bd. 31, S. 5ff.
[20] Vgl. M. Weber, *Die »Objektivität« sozialwissenschaftlicher und sozialpolitischer Erkenntnis.* In: Ders., *Gesammelte Aufsätze zur Wissenschaftslehre* (WL). 5., erneut durchges. Aufl. Hrsg. v. J. Winckelmann. Tübingen 1982, bes. S. 190ff.; dazu J. Kocka, *Max Webers Bedeutung für die Geschichtswissenschaft.* In: *Max Weber, der Historiker.* Hrsg. v. J. Kocka (= Kritische Studien zur Geschichtswissenschaft, Bd. 73). Göttingen 1986, bes. S. 14ff.
[21] Vgl. W. Eichhorn I und A. Bauer, *Zur Dialektik des Geschichtsprozesses. Studien über die materiellen Grundlagen der historischen Entwicklung* (= Schriften zur Philosophie und ihrer Geschichte, Bd. 33). Berlin 1983.

Die aktuellen Diskussionen in den sozialistischen Ländern[22] zeigen dies ebenso wie der ganze bisherige Weg der Theoriegeschichte des Marxismus und der Entwicklung marxistisch begründeter Gesellschaftswissenschaften. Daraus folgt, daß historisch-politische Konzeption und wissenschaftliche Gesellschafts- bzw. Geschichtstheorie (auf verschiedenen Ebenen, allgemeine und spezifische Theorien) gleichermaßen synthesebildend sind. Nach marxistischer Auffassung besteht zwischen ihnen zwar ein Verhältnis der Spannung (als *Einheit von Gegensätzen*), aber sie schließen sich nicht wie bei Webers Wertfreiheitspostulat in der Weise aus, daß die Konzeption (als reine Wertbeziehung) außerhalb der objektivierbaren Erkenntnis stehen müsse[23]. Ihre Verbindung liegt vielmehr, so weiter die marxistische These, in der Historizität des Erkenntnisprozesses selbst und damit in den Erkenntnisspielräumen, die die gesellschaftliche Praxis, oder, genauer, die Stellung der Erkenntnissubjekte als Subjekte der Geschichte in dieser ermöglichen[24].

Zusammenfassend können die Prinzipien marxistischer Geschichtssynthese somit auf den methodischen Begriff der komplexen Formationsanalyse, auf die theoretische Vorstellung von der Formationsentwicklung als Grundtendenz der Geschichte und auf die ganzheitliche Erbebeziehung der Arbeiterklasse und der sozialistischen Gesellschaft zurückgeführt werden. H. Bartel und W. Schmidt forderten bereits im Zusammenhang mit dem Projekt einer Gesamtdarstellung der deutschen Geschichte, ein komplexes Geschichtsbild auszuarbeiten[25]. E. Engelberg machte die Rekonstruktion der Einheit epochaler Zusammenhänge in der Vielfalt des konkreten Geschehens dadurch deutlich, daß er am Beispiel der bürgerlichen Umwälzung den Gesamtvorgang der sozialen Revolution zu den partiellen Transformationsprozessen der Teilbereiche der Gesellschaft, d.h. zu den »sektoralen Revolutionen« in Beziehung

---

[22] Vgl. u. a. *XXVII s-ezd KPSS i zadači kafedr obščestvennych nauk.* Materialy Vsesojuznogo soveščanija zavedujuščich kafedrami obščestvennych nauk vysšich učebnych zavedenii. Moskva, 1.–3. 10. 1986. Moskau 1987.

[23] Vgl. M. Weber, *Der Sinn der »Wertfreiheit« der soziologischen und ökonomischen Wissenschaften.* In: WL, S. 489 ff., bes. 510 ff.

[24] Vgl. W. I. Lenin, *Der ökonomische Inhalt der Volkstümlerrichtung und die Kritik an ihr in dem Buch des Herrn Struve.* In: Lenin, Werke, Bd. 1, S. 413 f., 455 ff., 522 ff.

[25] Vgl. H. Bartel und W. Schmidt, *Neue Probleme der Geschichtswissenschaft in der DDR. Zur bisherigen Auwertung des VIII. Parteitages der SED durch die Historiker.* In: ZfG (1972) 7, bes. S. 801 ff.

setzte[26]. M. Kossok faßte diese Komplexität und zugleich Multidimensionalität kürzlich ebenfalls am Gegenstand der bürgerlichen Revolution in den Begriff der »Revolutionstriade«, die »die Freisetzung der neuen Produktionsformen«, d. h. die ökonomische Umwälzung, »die politisch-soziale Revolution« und den »Umbruch im philosophischen Denken«, d. h. die wissenschaftlich-kulturelle Revolution umschließt[27]. Bereits 1968, noch im Kontext der Diskussion über den Gegenstand der marxistischen Geschichtswissenschaft, kennzeichnete Engelberg diese formationsgeschichtliche Ganzheit in ihrem Struktur- und Entwicklungszusammenhang, in Raum und Zeit und nach den jeweils progressiven Klassen direkt als Objekt materialistischer Geschichtsforschung[28].

Damit ist ein Anspruch formuliert, der als theoretisches Prinzip gilt und nicht etwa schon mit jedem Versuch von Gesamtdarstellungen oder dazu führender komplexer Forschung realisiert werden könnte. Die Geschichte konkreter Synthesevorhaben ist vielmehr kritisch als historisch bedingtes und jeweils auch begrenztes Streben nach oft sehr verschieden aufgefaßter Verwirklichung dieses Prinzips zu begreifen, an dem gesellschaftspraktische Einflüsse ebenso beteiligt sind wie wissenschaftsinterne Vorgänge.

Wie eine Synthese gelingt und wie sie die ihr vorangestellten Ziele einlöst, d. h. auch, wie adäquat zur Wirklichkeit sie ausfällt, hängt vom Vermögen der jeweiligen Disziplin im jeweiligen Lande, vom disziplinären Reifegrad wie auch vom Können einzelner Autoren bzw. Kollektive ebenso ab wie von ihrem Verhältnis zur gesellschaftlichen Praxis, zur Politik und zu den Trägern des Geschichtsbewußtseins überhaupt. Den dabei bis 1988 in der DDR erreichten Stand der Geschichtsaufarbeitung charakterisierte Schmidt in diesem Sinne als Ergebnis eines längeren Lernprozesses, der von den Auseinandersetzungen der Übergangsperiode bis zur neuen Phase der Erbediskussion und

---

[26] Vgl. E. Engelberg, *Die Einheit in der Vielfalt der Revolutionen (1789–1871) – zur Wirkungsweise historischer Gesetze.* In: Ders., *Theorie, Empirie,* S. 385 ff. und auch Ders., *Über Ideologie, Staat und Revolution im gesellschaftlichen Struktur- und Entwicklungszusammenhang.* In: Ebenda, bes. S. 246 ff.

[27] M. Kossok, *1789 – Versuch einer Positionsbestimmung.* In: *Die Französische Revolution 1789–1989. Revolutionstheorie heute* (= Marxistische Studien. Jahrbuch des Instituts für Marxistische Studien und Forschungen, Bd. 14). Frankfurt a. M. 1988, S. 44.

[28] E. Engelberg, *Über Gegenstand und Ziel der Geschichtswissenschaft.* In: ZfG (1968) 9, S. 1117 ff. und in: Ders., *Theorie, Empirie,* S. 35 ff.

Erbeerschließung seit Mitte der siebziger Jahre reichte und dabei schon vor der Krise von 1989 neue Aufgaben, Defizite und Herausforderungen mit sich brachte[29].

II.

Wie Synthese als Zugriff zum Ganzen, als Verbindung von Allgemeinem und Spezifischem, als Einheit der Teile (der konkreten Vielfalt) im Ganzen (in der Totalität gesellschaftlicher System- und Entwicklungszusammenhänge) umgesetzt wird, ist eine Frage weniger der literarischen Genres (Gesamtdarstellung oder Einzelmonographien) als vielmehr des Inhalts, der erreichten Komplexität der Forschung ebenso wie des in ihrem Resultat produzierten Geschichtsbildes. Marxistische Ganzheitsauffassung von historischer Entwicklung meint, wie allgemein bereits skizziert, konkrete Formationsgeschichte im vielschichtigen Zusammenhang und in der Wechselwirkung aller Teilbereiche des gesellschaftlichen Lebens[30]. Daraus folgt, daß es zunächst vom methodologischen Standpunkt aus erforderlich ist, zwischen der Konzeption historischer Totalität als Syntheseprinzip und den Formen historischer Gesamtdarstellungen mit synthetischem Anspruch zu unterscheiden.

Der formationsgeschichtliche Rahmen marxistischer Geschichtsforschung und Historiographie stellt den Synthesebezug für *alle* Formen der Forschung und der wissenschaftlichen historischen Literatur her. Überblickt man die wichtigsten Forschungsrichtungen der DDR-Geschichtswissenschaft im gewählten Zeitraum, so haben die Untersuchung früher Klassengesellschaften oder der Feudalgesellschaft in Deutschland, die Analyse der Ursachen, Phasen und Ergebnisse der frühbürgerlichen Revolution, die vergleichende Erforschung der bürgerlichen Revolutionen, die Imperialismus-, Faschismus- und Entwicklungsländerforschung, aber auch Untersuchungen zur Alltags- und Kulturgeschichte, sozialgeschichtliche Komplexfor-

---

[29] Vgl. Schmidt, *Aspekte*, S. 21 ff.

[30] Vgl. vor allem die Diskussion um die Konzeption der deutschen Geschichte: *Klassenkampf – Tradition – Sozialismus. Von den Anfängen der Geschichte des deutschen Volkes bis zur Gestaltung der entwickelten sozialistischen Gesellschaft in der DDR. Grundriß.* Berlin 1974; *Grundriß der deutschen Geschichte.* 2. Aufl. Berlin 1979; *Deutsche Geschichte in zwölf Bänden.* Berlin 1982 ff. (bisher erschienen Bd. 1–5).

schungen zu Städten, Territorien, Klassen und im nationalen Rahmen synthetischen Charakter im Sinne komplexer historischer Formationsanalyse[31].

Ihre unmittelbaren historiographischen Ergebnisse können sehr verschieden sein; das Angebot reicht da von größeren Studien in Periodika über individuelle und kollektive Monographien bis zu Sammelwerken, die ganze Forschungsrichtungen repräsentieren, wie z.B. über verschiedene Aspekte der Formationsgeschichte der vorkapitalistischen Klassengesellschaften (Rolle der Volksmassen, Entstehung des Staats, Entwicklung der Produktivkräfte)[32] oder der vergleichenden Geschichte bürgerlicher Revolutionen[33]. Mittelbar gingen die Ergebnisse derartiger Untersuchungen in die einschlägigen Gesamtdarstellungen, z.B. die *Deutsche Geschichte*, die Lehrbücher zur Allgemeinen Geschichte, die *Weltgeschichte bis zur Herausbildung des Feudalismus*[34], aber auch in Handbücher, Lexika und andere Nachschlagewerke ein. Diese insgesamt gelten erst eigentlich als Synthesen im Sinne eines Genres von Darstellungen, die Übersichten der Ganzheit des historischen Prozesses in bestimmten Epochen, Regionen und Teilsystemen wie auch bei Nationen, Klassen und Schichten geben, also in der räumlichen, zeitlichen, strukturellen und subjektbezogenen Dimension des Geschichtsbildes.

Folgende Formen von historischer Literatur mit Synthesecharakter sind zu unterscheiden: 1. Welt- und Nationalgeschichten als übergreifende Einheiten räumlicher, zeitlicher und ethnisch-sozialer Dimension von Geschichte wie auch, noch auf demselben Niveau der Zusammenfassung, Gesamtsichten auf Grundphänomene historischer Prozesse und Zusammenhänge wie z.B. die Revolutionsgeschichte oder die Entwicklung der Produktivkräfte; 2. Gesamtübersichten der Entwicklung

[31] Vgl. H. Haase u.a., *Die SED und das kulturelle Erbe. Orientierungen, Errungenschaften, Probleme.* Berlin 1986.
[32] Vgl. *Beiträge zur Entstehung des Staates.* Hrsg. v. J. Herrmann und I. Sellnow. Berlin 1973; Dies. (Hrsg.), *Die Rolle der Volksmassen in der Geschichte der vorkapitalistischen Gesellschaftsformationen.* Berlin 1975; *Produktivkräfte und Gesellschaftsformationen in vorkapitalistischer Zeit.* Berlin 1982.
[33] *Studien zur vergleichenden Revolutionsgeschichte 1500–1917.* Hrsg. v. M. Kossok. Berlin 1974; *Revolutionen der Neuzeit 1500–1917.* Hrsg. und eingel. v. M. Kossok. Berlin 1982.
[34] Autorenkollektiv unter Leitung v. I. Sellnow, *Weltgeschichte bis zur Herausbildung des Feudalismus.* Berlin 1977; zur *Deutschen Geschichte* vgl. Anm. 30.

nachgeordneter räumlicher Geschichtsgliederungen: von Territorien, historischen Regionen, Ländern im Verbund der Nationalgeschichte eines Volkes, was bekanntlich in der deutschen Geschichte einen besonders wichtigen Gegenstand darstellt; 3. komplexe Darstellungen der Entwicklung von Teilbereichen der gesellschaftlichen Formation wie Wirtschafts-, Sozial-, Kultur-, Staats- und Rechts-, Militär-, Philosophie-, Literatur- und Kunstgeschichte; 4. Gesamtgeschichten und Nachschlagewerke zu sozialen Bewegungen, Klassen und Parteien (z.B. der Bauern, des mittelalterlichen Städtebürgertums, der Bourgeoisie, der Arbeiterbewegung, der bürgerlichen Parteien)[35].

Aus dieser Vielfalt von Gegenständen und Themen ergibt sich von vornherein eine Pluralität der Problemstellung, der Methoden, der angewandten speziellen Theorien und auch der Relation zwischen den Basis- und Überbaubereichen als Forschungs- bzw. Darstellungsobjekten. Die gemeinsame weltanschauliche Basis schließt also diese Pluralität keineswegs aus, sondern setzt sie sogar voraus, und dies in mehrfacher Hinsicht: 1. durch die unterschiedliche Gegenstandsbeziehung, die auch differenzierte Theorieansätze erfordert; 2. durch die Erklärung und Analyse sowie auch typologische Zuordnung einzelner Tatsachen unterschiedlicher Dimension in ihren vielfältigen Varianten; 3. durch die ebenso problemspezifisch variable Gliederung und Anordnung des konkreten Stoffs, der das Feld der angestrebten Synthese ausfüllt (d.h. des betreffenden komplexen historischen Gegenstands)[36].

Gemessen am Erkenntnisanspruch und Prinzip historisch-materialistischer Synthese sagt diese Gliederung allerdings noch wenig aus. Denn sie betrifft noch nicht die Frage, wie dieser Anspruch inhaltlich eingelöst ist, im Gegensatz zu »Buchbindersynthesen«, die in Teilstücke zerfallen und dann durchaus monographischen Untersuchungen in der Realisierung des ganzheitlichen Zugangs zur Formationsgeschichte nachstehen können. So sind z.B. die komplexe Zuordnung sozial- und kul-

---

[35] Die gesamte einschlägige Literatur kann hier nicht bibliographisch festgehalten werden; vgl. die unter Anm. 8 angegebenen Übersichten. Zum Problem der territorialgeschichtlichen Teilsynthesen vgl. H. Schultz, *Zu Problemen der Ländergeschichtsschreibung in der DDR.* In: ZfG (1988) 8, S. 675 ff.; Zum konzeptionellen Verständnis der Nationalgeschichte W. Schmidt, *zum Begriff »deutsche Geschichte« in der Gegenwart.* In: ZfG (1989) 1, S. 5 ff.

[36] Vgl. H.-P. Jaeck, *Geschichtswissenschaftliche Erklärungen, Erklärungsprobleme und die Marxsche Theorie der historischen Formierung der Gesellschaft.* In: *Gesellschaftstheorie und geschichtswissenschaftliche Erklärung,* S. 256 ff.

turgeschichtlicher Zusammenhänge zur Darstellung ökonomischer und politischer Entwicklungen wie auch die angemessene Einbeziehung der Regionalgeschichte mehrfach im Kontext eines umfassenden formationsgeschichtlichen Bildes der deutschen Geschichte diskutiert worden[37].

Ein weiteres charakteristisches Beispiel für das Ringen um die Verwirklichung des Syntheseprinzips sind wiederholte Periodisierungsdiskussionen, nicht nur mit dem Ziel, welt-, national- und regionalgeschichtliche Zäsuren zu bestimmen und zueinander in Beziehung zu setzen, sondern vor allem auch im Hinblick auf die ungleichmäßige zeitliche Rhythmik und die ungleichartige Struktur der Geschichte von Teilbereichen der Gesellschaft, besonders in der Sphäre des Überbaus[38]. In interdisziplinärem Maßstab wurden auf diesem Gebiet z. B. Inhalt und analytische Funktion von kultur- und kunstgeschichtlichen Epochenbegriffen wie »Renaissance« und »Barock« diskutiert[39]. Die Art und Weise, wie diese inhaltlichen und auch methodologischen Fragen von den Autoren übergreifender Geschichtsdarstellungen auf allen Ebenen aufgegriffen und berücksichtigt werden, ist außerordentlich differenziert. Nachholbedarf besteht hier besonders auf dem Gebiet der Lokal- und Regionalgeschichte, wo vor allem in der neuen und neuesten Zeit oft die Zäsuren und Proportionen der nationalgeschichtlichen Synthesen unreflektiert übernommen werden. Umgekehrt gibt es weiterhin ein Defizit an interdisziplinärer Abstimmung zwischen den komplexen historischen Synthesen und den Darstellungen von Teilgebieten wie Kunst- und Literaturgeschichte[40].

[37] Vgl. H. Schultz, *Zum Inhalt und Begriff marxistischer Regionalgeschichtsforschung.* In: ZfG (1985) 10, S. 875 ff.; W. Küttler/R. Barthel, *Zur Dialektik von Lokalem, Regionalem, Nationalem und Internationalem in der marxistisch-leninistischen Geschichtswissenschaft.* In: Blätter für Heimat-Geschichte. Studienmaterial 1986, S. 5 ff.; J. Kuczynski, *Geschichte des Alltags des deutschen Volkes,* 6 Bde. Berlin 1980–1985; H. Dehne, *Aller Tage Leben. Zu neuen Forschungsansätzen im Berührungsfeld von Alltag, Lebensweise und Kultur der Arbeiterklasse.* In: Jahrbuch für Volkskunde und Kulturgeschichte (1985), S. 9 ff.
[38] Vgl. E. Engelberg, *Zu methodologischen Problemen der Periodisierung.* In: Ders., *Theorie, Empirie,* bes. S. 156 ff.
[39] Vgl. E. Engelberg, W. Bahner, W. Dietze und W. Weimann, *Genese und Gültigkeit von Epochenbegriffen. Theoretisch-methodologische Prinzipien der Periodisierung* (= Sitzungsber. d. Plenums u. der Klassen der AdW der DDR, 1973/1). Berlin 1974.
[40] Vgl. ebenda, S. 47 ff. und E. Engelberg, *Zu methodologischen Problemen der Periodisierung,* bes. S. 121 ff.

Die Quantität synthetisierender Literatur ist also noch kein Beweis für die Qualität der Synthesen, des Zugriffs zum Ganzen der historischen Gegenstände auf den verschiedenen Ebenen. Aber sie ist gewissermaßen eine empirische Grundlage für die Analyse des Erreichten unter theoretischem und methodologischem Aspekt. Hier ist dann nicht das literarische Genre, sondern sind die genannten Kriterien komplexer Formationsgeschichte der Maßstab. Dann ist auch nicht so sehr die Reichweite der Darstellung, sondern die Komplexität des Forschungsansatzes entscheidend. Wenn es aber um synthetisch angelegte Forschung geht, ist nicht primär nach Gesamtdarstellungen und Monographien, sondern vor allem danach zu differenzieren, in welchem Maße das gewählte Objekt im allseitigen gesellschaftlichen Zusammenhang, in dem es steht, erfaßt wird, unabhängig zunächst von der makro- oder mikrohistorischen Gegenstands- und Problemwahl wie auch von politisch begründeten Ansprüchen.

Unter methodologischem Gesichtspunkt ist zunächst das Verhältnis von Synthese und Erklärung in der Geschichtsforschung wichtig. Nach dem marxistischen Prinzip der Formationsgeschichte – die man, wenn auch von unterschiedlichen Grundpositionen ausgehend, am ehesten mit dem Versuch einer umfassenden »Gesellschaftsgeschichte« in der nichtmarxistischen Historiographie vergleichen kann[41] –, ist es ein die Praxis und den Inhalt der Forschung durchaus verfehlendes Vorurteil, Erklärung und Synthese könnten innerhalb empirischer Wissenschaft nichts miteinander zu tun haben, weil erstere immer nur partielle Sachverhalte beträfe, letztere dagegen auf einem außerwissenschaftlichen ganzheitlichen Konzept beruhe. Zwar ist jede Erklärung zunächst auf einen bestimmten und gesonderten Sachverhalt gerichtet und daher analytisch. Aber die geschichtswissenschaftliche Erklärung hat schon insofern etwas mit Synthese zu tun, als ihre Vollständigkeit davon abhängt, wie sehr unterschiedliche Erklärungsschritte (motivationale, funktionale, genetische, nomologische) miteinander kombiniert und komplex eingesetzt werden[42].

---

[41] Vgl. H.-U. Wehler, *Deutsche Gesellschaftsgeschichte 1700–1949*, 4 Bde. München 1987 ff. (bisher erschienen Bd. 1 und 2: 1700–1815, 1815–1845/49).
[42] Vgl. W. Wächter, *Zur Methodologie der historischen Erklärung.* In: *Gesellschaftstheorie und geschichtswissenschaftliche Erklärung*, S. 151 ff.; H.-P. Jaeck, *Genesis und Notwendigkeit. Studien zur Marxschen Methodik der historischen Erklärung 1845/46 bis 1859.* Berlin 1988, bes. S. 227 ff.

Das Verhältnis von Allgemeinem und Spezifischem, das jeder Geschichtsforschung als konstitutives Problem vorgegeben ist, erhält in der Relation von Theorie, Methode und Forschungsresultat bei der Voraussetzung eines synthetischen Ziels der Erkenntnis, d.h. des Zugriffs zum Ganzen bzw. der Einordnung des Einzelnen in eine Ganzheit (Entwicklungs- und Systemzusammenhang) eine besondere Qualität. Im Hinblick auf die Theorie bedeutet historische Synthese immer auch spezifische Theoriebildung über historische Prozesse, was sich nicht in Ableitung und Deduktion von allgemeineren Theorien und Kategorien erschöpft. Eine spezifische Theorie der bürgerlichen Revolution ist mehr als eine Konkretisierung der marxistischen Theorie sozialer Revolution auf die Epoche vom 16. bis 19. Jahrhundert, genauso, wie eine systematische Behandlung der Revolutionstheorie eine ganz andere Qualität von Synthese darstellt, als eine Gesamtgeschichte der bürgerlichen Revolutionen[43] oder, noch spezifischer, der bürgerlichen Umwälzung in Deutschland im 19. Jahrhundert[44]. Die Konzeption bestimmter Revolutionen kann sich wiederum nicht darin erschöpfen, allgemeine Aussagen über bürgerliche Revolutionen weiter zu konkretisieren[45]. Auf jeder Stufe müssen neue Elemente theoretischen Wissens aus anderen Disziplinen (wie Soziologie, Ökonomie, Rechtswissenschaft, Psychologie, Anthropologie) herangezogen werden, um das entsprechende spezifische theoretische Aussagesystem zu erreichen. Entsprechend der Eigenart der Geschichtswissenschaft gehen in diese jedesmal auch konzeptionelle und weltanschauliche Bestandteile ein.

Als Formationsgeschichte aufgefaßte marxistische historische Synthese unterscheidet sich zwar durch die Verbindung allgemeiner und spezieller Theorie mit objektivem Erkenntnisanspruch von der grundsätzlich an den Pluralismus der theoretischen Zugriffe fixierten Gesellschaftsgeschichte, wie sie H.-U.

---

[43] Vgl. einerseits W. Eichhorn I, *Gesetzmäßigkeit von Revolutionen* (Sitzungsber. d. AdW d. DDR, 1984/11). Berlin 1984; andererseits M. Kossok, *In tyrannos. Revolutionen der Weltgeschichte. Von den Hussiten bis zur Commune.* Leipzig 1989.

[44] Vgl. W. Schmidt, G. Becker, H. Bleiber u.a., *Deutsche Geschichte.* Bd. 4: *Die bürgerliche Umwälzung von 1789 bis 1871.* Berlin 1984.

[45] Vgl. M. Kossok, *Vergleichende Revolutionsgeschichte der Neuzeit: Forschungsprobleme und Kontroversen.* In: ZfG (1978) 1, S. 9f.

Wehler versteht und ausgeführt hat[46]. Sie hat aber mit dieser nicht nur die explizite Theorieorientierung, sondern auch die »Multidimensionalität« der Aspekte gemeinsam, aus denen eine Synthese hervorgeht. Denn in der Hierarchie und jeweiligen Zuordnung der Probleme, Theorien und Methoden kann dabei durchaus nicht in jedem Fall die Ökonomie den obersten Rang beanspruchen – prinzipiell schon deshalb nicht, weil sich die Analyse materieller Verhältnisse nicht auf das Ökonomische beschränkt, und im besonderen angesichts der relativen Autonomie der Teilbereiche des gesellschaftlichen Lebens, die Engels in seinem Spätwerk und in den Altersbriefen hervorgehoben hat. Schließlich lassen auch die Gegenstandsbeziehungen des Historikers auf Handlungen und Handlungsmotive von Menschen und Menschengruppen keineswegs jedesmal eine primäre sozialökonomische Problemwahl zu[47].

In der Methode geht es um komplexe, möglichst interdisziplinäre, jedenfalls aber zweiübergreifende Forschungsverfahren. Dabei spielen die komparative Methode (horizontale und vertikale Vergleiche) – wie vor allem in den Forschungen zur vergleichenden Revolutionsgeschichte sehr erfolgreich angewandt – und die theoretisch begründete Typologie von Prozessen, Strukturen und Alternativen eine große Rolle[48]. Zu erwähnen sind: die Typisierung der Genese des Feudalismus nach den verschiedenen Kontaktzonen späturgesellschaftlicher Stämme mit der römischen Sklavenhaltergesellschaft und ihrer Kultur[49]; die stadiale Typologie bürgerlicher Revolutionen; die »Wegeproblematik« bürgerlicher Umwälzung im 19. Jahrhundert nach Lenins Ansätzen[50]; Arbeiten zu einer vergleichenden Er-

---

[46] Vgl. Wehler, *Deutsche Gesellschaftsgeschichte*, Bd. 1, S. 6ff. (Einleitung, Abschn. 1: Gesellschaftsgeschichte als Versuch einer Synthese: Dimensionen und Ziele).

[47] Vgl. Engels an W. Borgius, 25. 1. 1894. In: MEW, Bd. 39, S. 205ff.; Wächter, *Erklärung*, S. 181ff., S. 191ff.

[48] Vgl. W. Küttler, *Probleme der geschichtswissenschaftlichen Typisierung*. In: ZfG (1984) 12, S. 1055ff.; Marxistische Typisierung und idealtypische Methode.

[49] Vgl. J. Herrmann, *Ökonomie und Gesellschaft an der Wende von der Antike zum Mittelalter. Zum Problem der Herausbildung der ökonomischen Grundlagen der Feudalgesellschaft im mittleren und westlichen Europa*. In: Ders., *Wege zur Geschichte. Ausgewählte Beiträge*. Hrsg. v. B. Tesche. Berlin 1986, S. 224ff.

[50] Vgl. M. Kossok und W. Küttler, *Die bürgerliche Revolution. Grundzüge einer historisch-vergleichenden Analyse*. In: *Vergleichende Revolutionsgeschichte – Probleme der Theorie und Methode*. Hrsg. v. M. Kossok. Berlin 1988, bes. S. 86ff.; W. Küttler, *Lenins Typologie des Kapitalismus und der bürgerlichen*

forschung und Typisierung von Ausprägungen des Faschismus[51].

Von diesen Verfahren übergreifender historischer Zuordnung machen die in der äußeren Form und Objektbeziehung mehr auf das Einzelne gerichteten Forschungsprobleme und Arbeiten keine Ausnahme. Die marxistische Diskussion um Alltags- und Sozialgeschichte[52] wie auch besonders um die biographische Methode zeigt[53], daß es auch und gerade hier um die Verwirklichung des Syntheseanspruchs geht, und zwar von beiden Seiten der Subjekt-Objekt-Dialektik her gesehen. Als unzureichend stellte sich die früher oft geübte Praxis heraus, das Individuelle lediglich als Illustration des Allgemeinen erfassen zu wollen. Vielmehr erweist sich ersteres als integrierender Bestandteil von letzterem, zumal dann, wenn es sich um wirkungsreiche historische Akteure im einzelnen oder um wirksame Verhaltensweisen vieler Einzelner im Alltagsleben bei der Veränderung von sozial-ökonomischen Strukturen oder um exemplarische Fälle des Alltagsverhaltens handelt[54]. Sozial- und alltagsgeschichtliche Untersuchungen kreuzen sich darin mit der Biographie.

In formulierten Forschungsergebnissen treten das Spezifische und Einzelne in den Synthesen in sehr verschiedener Form mit dem Allgemeinen (der Theorie des jeweiligen Prozesses) verknüpft auf. Engelberg hebt den Doppelaspekt historischer Tatsachen hervor, daß sie nämlich gleichermaßen Ereignisse und Einzelelemente des Prozesses sowie Struktur- und Entwick-

Revolution. In: *Formationstheorie und Geschichte. Studien zur historischen Untersuchung ökonomischer Gesellschaftsformationen im Werk von Marx, Engels und Lenin.* Hrsg. v. E. Engelberg und W. Küttler. Berlin 1978, S. 444 ff.

[51] Vgl. *Faschismus-Forschung. Positionen, Probleme, Polemik.* Hrsg. v. D. Eichholtz und K. Gossweiler. Berlin 1980; K. Gossweiler, *Aufsätze zum Faschismus.* Mit einem Vorwort v. R. Richter. Berlin 1986.

[52] Vgl. neben den unter Anm. 37 angegebenen Titeln u. a. S. u. W. Jacobeit, *Illustrierte Alltagsgeschichte des deutschen Volkes 1810–1900.* Leipzig, Jena, Berlin 1987; D. Mühlberg, R. Rosenberg u. a., *Literatur und proletarische Kultur.* Berlin 1983; H. Zwahr, *Zur Konstituierungsgeschichte;* H. Handke, *Zur sozialgeschichtlichen Forschung in der DDR. Gedanken zu ihrer Entwicklung.* In: ZfG (1986) 4, S. 291 ff.

[53] Vgl. *Forschungs- und Darstellungsprobleme einer historischen Biographie. Dem Wirken Ernst Engelbergs gewidmet.* Berlin 1984 (= Sitzungsberichte der AdW der DDR 1984/16 G).

[54] Vgl. *Der Roggenpreis und die Kriege des großen Königs. Chronik und Rezeptsammlung des Berliner Bäckermeisters Johann Friedrich Heyde 1740 bis 1786.* Hrsg. und eingel. v. H. Schultz. Berlin 1988, bes. S. 7 ff.

lungszusammenhänge in dessen Gesamtablauf sind. Damit tritt immer Theorie zum Gegebenen hinzu[55].

Umgekehrt kommt das Spezifische als Erfassung von regionalen und zeitlichen Abweichungen vom »Durchschnittstypus« einer Epoche vor; schließlich nimmt es die Form der Erzählung einzelnen Geschehens mit Zuordnung zu den jeweils zu exemplifizierenden Zusammenhängen an[56]. Einzeldarstellungen wie Biographien haben ihrerseits synthetische Abschnitte, wie z.B. die ersten Kapitel von Engelbergs Bismarck-Biographie[57] oder die Teile des zweiten Bandes der Brecht-Biographie von W. Mittenzwei, die die Gesamtentwicklung der DDR wiedergeben, hier vom Einzelnen ausgehend und auf den Hintergrund des Ganzen projiziert, wodurch neue Gesichtspunkte für die Synthese erschlossen werden[58].

Zusammenfassend läßt sich also im Kontext eines fortwährenden widerspruchsvollen Erkenntnisprozesses feststellen: Jede Synthese setzt Analyse der Einzeltatsachen (als bereits aus dem empirisch Gegebenen rekonstruierte Sachverhalte) und deren Verknüpfung voraus. Umgekehrt ist die Analyse des Einzelnen nicht möglich ohne eine Vorstellung vom Ganzen durch Theorie. Die marxistische Geschichtswissenschaft geht von der Einheit des Allgemeinen, Besonderen und Einzelnen als Verhältnis dialektischer Wechselseitigkeit aus. Insofern gilt die notwendige Verbindung von Analyse und Synthese methodologisch für jedes Forschungsobjekt. Sie wird durch das zweifache Postulat des Maximums an Allseitigkeit bei der Analyse und des Maximums an Konkretheit bei der Synthese hergestellt. Damit sind auch die Möglichkeiten für die Überprüfung, Weiterentwicklung und nötigenfalls Korrektur der theoretischen Aussagen und der Gesamtsicht von Geschichtsepochen gegeben.

[55] Vgl. E. Engelberg, *Ereignis, Struktur und Entwicklung in der Geschichte.* In: Ders., *Theorie, Empirie,* S. 65 ff.
[56] Vgl. W. I. Lenin, *Unter fremder Flagge.* In: Lenin, Werke, Bd. 21, S. 134; zu dieser Frage vgl. ausführlicher W. Küttler, *Die Funktion der Theorie.* In: *Gesellschaftstheorie,* S. 76 ff. (am Beispiel des 30. 3. 1848).
[57] Vgl. E. Engelberg, *Bismarck. Urpreuße und Reichsgründer.* Berlin 1985, bes. S. 65 ff., 153 ff.
[58] Vgl. W. Mittenzwei, *Das Leben des Bertolt Brecht oder Der Umgang mit den Welträtseln,* Bd. 2. Berlin 1986, S. 404 ff., 452 ff.

III.

Die vorstehende Skizze praktizierter Synthese als konkret wissenschaftsgeschichtlicher Vorgang implizierte bereits in allen wichtigen Punkten der Theorie, der Methode und des historiographischen Forschungsprodukts sowohl Kontinuität der Grundlagen und Ausgangspositionen als auch innovatorische Veränderung, Diskontinuität und Korrektur, d. h. Theorie- und Konzeptionsentwicklung. Grundsätzliches zur Beziehung von praxisorientierter Konzeption, Theorie und Empirie wurde bereits eingangs gesagt; die allgemeinen Kontroversen um diese Frage zwischen marxistischer und nichtmarxistischer Auffassung von Geschichte und Geschichtswissenschaft sollen hier nicht erneut abgehandelt werden. Vielmehr geht es um die Momente der Theoriebildung als Resultat des Ringens um die Verwirklichung des marxistischen Syntheseanspruchs – jeweils im Zusammenhang mit veränderten gesellschaftspraktischen und innerwissenschaftlichen Problemsituationen. Diese Impulse betreffen zunächst die Theorie und Methodologie der marxistischen Geschichtswissenschaft selbst. Die Diskussionen über wichtige synthetisierende Forschungsvorhaben und Darstellungen – wie über die vorkapitalistischen Formationen, die vergleichende Revolutionsgeschichte, die Geschichte des deutschen Volkes insgesamt, die Geschichte der deutschen und internationalen Arbeiterbewegung – waren sowohl der Rahmen für die Ausarbeitung des theoretisch-methodologischen Instrumentariums als auch Ausgangspunkt für Entwicklung und Veränderung theoretischer Ansätze.

Im Zusammenhang mit der Anwendung der Formationstheorie ist hervorzuheben, daß in den letzten zwei bis drei Jahrzehnten durch die marxistische Geschichtsmethodologie eine Instrumentalisierung dieser Basistheorie für fachspezifisch historische Formationsanalysen vorgenommen wurde[59], die einerseits auf der inneren Verbindung allgemeiner und spezieller Theorie beruht. Andererseits sind die ergänzend erforderlichen spezifischen Theorien begrenzten Geltungsbereichs (»mittlerer Reich-

---

[59] Vgl. W. Berthold, W. Küttler, G. Lozek, H. Meier und H. Schleier, *Forschungen zur Theorie, Methodologie und Geschichte der Geschichtswissenschaft.* In: *Historische Forschungen,* bes. S. 543 ff.; K. Naumann, *Ökonomische Gesellschaftsformation und historische Formationsanalyse.* Köln 1983, bes. S. 35 ff., 115 ff.; Küttler, *Theoriegeschichte und methodologische Probleme historischer Formationsanalyse.* In: *Formationstheorie und Geschichte,* S. 719 ff.

weite«) nicht einfach als Deduktionen allgemeiner Theorien und Begriffe möglich, sondern erfordern selbständige theoretische Anstrengungen. Kossok hat dies bei der methodischen Erläuterung des Vorgehens bei der vergleichenden Analyse der Geschichte der bürgerlichen Revolutionen deutlich gemacht[60].

Außerdem haben die intensiven internationalen Beziehungen der DDR-Geschichtswissenschaft, die Vertiefung von Auseinandersetzung und Dialog, auch dazu geführt, daß damit begonnen wurde, Anregungen nicht-marxistischer Forschungsentwicklungen (historische Sozialwissenschaft, Alltagsgeschichte, historische Anthropologie usw.) kritisch zu verarbeiten. Engelberg hat bereits 1975 hinsichtlich der internationalen Theorie- und Methodologieentwicklung nachdrücklich betont, daß Theorie und Methode marxistischer Geschichtswissenschaft vielfältig, integrations- und kritikfähig sowie in dieser Hinsicht offen für die Einbeziehung neuer Gegenstände, Probleme und Methoden sein müssen[61]. Zweitens haben die Bemühungen um methodologische Fragen der allseitigen Erschließung von Erbe und Tradition der Geschichte wie auch die in letzter Zeit verstärkten Forschungen zur Geschichte der marxistischen Geschichtswissenschaft und zur Entwicklung des Geschichtsdenkens überhaupt zu einer stärkeren Problematisierung von Theorie und Methodologie im ganzen und der theoretischen Konzeption einzelner Epochen der Geschichte geführt[62]. Die Geschichtsdiskussion in der UdSSR und in anderen sozialistischen Ländern hat ebenfalls zu verstärkten Anstrengungen in dieser Hinsicht beigetragen[63].

Zum einen wird der ganzheitliche Erkenntnis- und Interpretationszusammenhang des Marxismus gerade durch die kon-

---

[60] Vgl. Kossok, *Vergleichende Revolutionsgeschichte*. In: ZfG (1978) 1, S. 6, 9, 12; Ders., *Über Typ und Typologie bürgerlicher Revolutionen*. In: *Probleme der geschichtswissenschaftlichen Erkenntnis*. Hrsg. v. E. Engelberg und W. Küttler. Berlin 1977, S. 59ff.

[61] Vgl. Engelberg, *Ereignis, Struktur*. In: Ders., *Theorie, Empirie*, S. 99.

[62] Vgl. Schmidt, *Aspekte*, S. 20f.; zu erwähnen sind auch die Bemühungen zur differenzierteren Erschließung des Erbes der bürgerlichen Historiographie, vgl. H. Schleier, *Leistungen und Grenzen des idealistischen deutschen Historismus. Leopold von Ranke*. In: ZfG (1987) 11, S. 955ff.; W. Küttler, *Max Weber und die Geschichtswissenschaft. Möglichkeiten und Grenzen spätbürgerlicher Geschichtsperspektive*. Berlin 1989 (= Sitzungsberichte der AdW d. DDR, 1988/13 G).

[63] Vgl. M. S. Gorbatschow, *Oktober und Umgestaltung. Die Revolution geht weiter*. Referat ... anläßlich des 70. Jahrestages der Großen Sozialistischen Oktoberrevolution. Moskau 1987.

zeptionellen Leitaspekte bekräftigt, die bei der Begründung der geschichtswissenschaftlichen Erbekonzeption entwickelt wurden: a) Das historische Erbe ist unteilbar; man kann es nicht ausschlagen oder sich einfach von ihm trennen bzw. nur das Genehme daran auswählen, sondern muß sich ihm in der Ganzheit stellen, als einer objektiv gegebenen Beziehung der Menschen und sozialen Gruppen der Gesellschaft zu ihrer Geschichte, d.h. im gegebenen Fall der DDR zu ihrer eigenen und zur ganzen deutschen Geschichte. b) Jede Gesellschaft oder jede soziale Gruppe hat, wenn sie eine Erbekonzeption bewußt entwickelt, ein selektives Verhältnis zur Geschichte, indem sie an spezifische Elemente als ihre Tradition anknüpft, diese bewußt pflegt und fördert. c) Die Erbebeziehung aktueller Gesellschaften besteht nicht nur im Pro, sondern auch im Kontra, d.h., sie enthält immer auch ein Moment des Bruchs von Kontinuität, der Auseinandersetzung mit Erbeelementen, die zu überwinden als Aufgabe von Geschichtsbild und Geschichtsbewußtsein angesehen wird – z.B. für die deutsche Geschichte insbesondere in bezug auf die immer neu einzulösende und jeder Generation neu zu vermittelnde Verpflichtung des Bruchs mit dem Erbe des Faschismus. d) Das Erbe- und Traditionsverhältnis enthält notwendig normativ-wertende Elemente. Das schließt aber nicht aus, sondern setzt voraus, daß diese wissenschaftlich begründet werden können. Aus der Verknüpfung der vorgenannten Gesichtspunkte ergibt sich das Postulat der ganzheitlichen Aufbereitung des Erbes[64].

Zum anderen wurde deutlicher sichtbar, daß die Einheit dieser Beziehungen ein spannungsreicher Zusammenhang in allen ihren Bestandteilen ist. Aktuelle Kontroversen machen das ebenso klar wie der Blick auf Kontinuität und Wandel in der marxistischen Historiographiegeschichte der DDR. Gerade im Zusammenhang mit dem Prinzip der Ganzheit der Erschließung des Erbes stellten sich neue Probleme für die Wertung und Analyse von Teilen der Geschichte – sowohl bestimmten Aspekten der revolutionären Traditionen wie der Sozialgeschichte der Arbeiterklasse als Voraussetzung der Arbeiterbewegung[65] als auch ganzen Perioden wie z.B. der Weimarer Re-

[64] Die Diskussion ist jetzt zusammengefaßt in: *Erbe und Tradition in der DDR. Die Diskussion der Historiker.* Hrsg. v. H. Meier und W. Schmidt. Berlin 1988, vgl. bes. die Einleitung der Herausgeber, S. 7–25.
[65] Vgl. H. Zwahr, *Zur Konstituierungsgeschichte der deutschen Arbeiterklasse. Stand und Aufgaben der Forschung.* In: Ders. (Hrsg.), *Die Konstituierung der*

publik oder auch ergänzenden Seiten der Auseinandersetzung mit dem reaktionären Erbe, wie z.B. der sozialen Basis und der Disposition breiter Kreise der Bevölkerung für den Einfluß der faschistischen Ideologie[66]. Theoretisch und konzeptionell wirkt die Dialektik von Teil und Ganzem als Impuls des Erkenntnisfortschritts, und zwar in enger Wechselwirkung von gesellschaftspraktischen und wissenschaftlichen Erfordernissen.

Drittens folgt aus den beiden genannten Momenten der Theorieentwicklung vor allem auch, daß Theorien mittleren Geltungsbereichs über historische Prozesse und Strukturen wie auch, davon ausgehend, die Interpretation und Zuordnung einzelner Ereignisse und Aktionen neue Akzente erhalten, modifiziert und weiterentwickelt werden. Bereits erarbeitete Synthesen enthalten hierfür sowohl konzeptionell-theoretische Grundlagen als auch Desiderate weiterer theoretischer und empirischer Forschung.

Zwei Beispiele seien genannt. Für die veränderte Interpretation eines Prozeßzusammenhangs wählen wir die Frage des Verhaltens der liberalen Bourgeoisie vor und während der Revolution von 1848/49 in Deutschland. Die in den Synthesen bis Anfang der siebziger Jahre enthaltene Interpretation war die des Verrats der Klasse an ihrer eigenen Revolution, wobei kognitive und normative Aspekte miteinander verknüpft wurden.

Die internationale und innermarxistische Debatte initiierte modifizierte Fragestellungen. Es folgten monographische Forschungen auf nationaler Ebene über die Politik der teilweise zur Macht gelangten Bourgeoisie[67], über die Differenzierung der Liberalen im Frankfurter Parlament[68] und auf regional-sozial-

deutschen Arbeiterklasse in den dreißiger bis zu den siebziger Jahren des 19. Jahrhunderts. (= Studienbibliothek DDR-Geschichtswissenschaft, Bd. 1). Berlin 1981, S. 5–78; vgl. dazu jetzt die Synthese in: *Geschichte der SED*, Bd. 1, Berlin 1988.

[66] Vgl. Schmidt, *Aspekte*, S. 25 ff.; *Deutsche Geschichte*, Bd. 7 (in Vorbereitung).

[67] Vgl. u.a. H. Hofmann, *Das Ministerium Camphausen-Hansemann. Zur Politik der preußischen Bourgeoisie in der Revolution von 1848/49.* Berlin 1981. Die Ausgangsthese vgl. in: *Grundriß*, S. 237 ff., bes. S. 253.

[68] G. Hildebrandt, *Politik und Taktik der Gagern-Liberalen in der Frankfurter Nationalversammlung 1848/49.* Diss. B, AdW d. DDR 1981 (zum Druck vorbereitet Berlin 1989); Ders., *Die Paulskirche. Parlament in der Revolution.* Berlin 1986.

geschichtlicher Ebene hinsichtlich der sozialen Konstituierung und der sozialpolitischen Erfahrungen der Bourgeoisie z. B. in Sachsen nach 1830[69]. Das Ergebnis war 1. das exaktere Messen der Bourgeoisie an eigenen Programmen; 2. die politische Differenzierung innerhalb des bürgerlich-liberalen Lagers; 3. das Aufzeigen von Alternativmöglichkeiten innerhalb der Bourgeoisie[70].

Für die Interpretation und Zuordnung eines Ereigniskomplexes können die Forschungen und Diskussionen zur »Revolution von oben« Bismarcks als Beispiel gelten. Diese auf Engels zurückgehende Einschätzung begründete Engelberg 1974 dadurch näher, daß er den Charakter einer Revolution von oben für die Ereignisse von 1866 bis 1870 nicht nur als »Testamentsvollstreckung« der Revolution von 1848 durch Monarchie und Junker, sondern auch als insgesamt revolutionären Schritt einschließlich illegitimer Gewaltanwendung und Brechung des Status quo nachwies[71]. Mit dem ersten Band seiner Bismarck-Biographie erhärtete er diese Hypothese[72]. In die neue Synthese – den vierten Band der Geschichte des deutschen Volkes, der die Epoche der bürgerlichen Umwälzung behandelt, – sind diese Forschungsergebnisse als modifizierte Interpretation eingegangen. Zugleich wurden neue Diskussionsfragen aufgeworfen: Die Einschätzung der kleinbürgerlichen Demokratie, die Chancen der Arbeiterbewegung, insgesamt die Problematik der historischen Alternativen in den sechziger Jahren und damit auch konzeptionelle Fragen des reformerisch-konservativen Weges der bürgerlichen Umwälzung[73].

Impulse zur Theorie- und Konzeptionsentwicklung, die von der Erfordernis eines ganzheitlichen Zugriffs zur Geschichte

---

[69] Vgl. H. Zwahr, *Zur Klassenkonstituierung der deutschen Bourgeoisie in der bürgerlichen Umwälzung*. In: Jahrbuch für Geschichte, Bd. 18, Berlin 1979.

[70] Vgl. W. Schmidt, *Ergebnisse, Wirkungen und historische Stellung der Revolution*. In: *Deutsche Geschichte*, Bd. 4, S. 375 ff.; Ders., *Zu Problemen der europäischen bürgerlichen Revolutionen von 1848/49. Hegemoniefrage, Typologisierung, Ergebnisse*. In: ZfG (1979) 7, bes. S. 643 ff.

[71] Vgl. E. Engelberg, *Über die Revolutionen von oben. Wirklichkeit und Begriff*. In: ZfG (1974) 11, S. 1193 ff.

[72] Vgl. Engelberg, *Bismarck*, bes. S. 603 ff., 751 ff.

[73] Vgl. *Deutsche Geschichte*, Bd. 4, S. 438 ff., bes. S. 509; ferner die Rezensionen zu Engelberg, *Bismarck*, v. H. Bleiber. In: Deutsche Literaturzeitung (1987) 7/8, Sp. 560–565; W. Schmidt, *Bismarck. Zum Erscheinen von Ernst Engelbergs Bismarck-Biographie*. In: ZfG (1987) 3, S. 231 ff.

und geschichtlichen Perspektive ausgehen, kamen in den achtziger Jahren in wachsendem Maße auch von den dringenden Existenzfragen, vor denen die Menschheit Ende des 20. Jahrhunderts steht, vor allem dem Krieg-Frieden-Problem. Der VIII. Historikerkongreß der DDR war insgesamt dieser Frage in ihrem Verhältnis zur Durchsetzung des sozialen Fortschritts in der Geschichte gewidmet[74].

Zusammenfassend kann festgestellt werden, daß die Frage von Teil und Ganzem, von Erfassung des Einzelnen, Besonderen und Allgemeinen und der Synthese in der marxistischen Historiographie ein Problem sowohl der praktischen Funktion und politischen Orientierung als auch theoretischer Grundlage und der Theorie- und Methodenentwicklung ist. Wissenschaftlich begründet, bedeutet Synthese als ganzheitlicher Zugriff der Forschung und als ganzheitliche Form der Darstellung wissenschaftsgeschichtlich erstens relative Adäquatheit allgemeiner Gesellschaftstheorie und spezifischer Theorie historischer Prozesse und zweitens auch Korrekturfähigkeit der spezifischen Theorie und Weiterentwicklung und Bereicherung der allgemeinen Gesellschaftstheorie, die ihrerseits offen sein muß für die Aufnahme und Integration neuer Erkenntnisse. Alte »Synthesen« können überholt sein, sind aber in diesem Gesamtprozeß als Stufen kontinuierlicher Erkenntnis einbegriffen. Damit ist zugleich gesagt, daß prinzipielle Auswechselbarkeit und Vergänglichkeit der Theorien, die sich mit der Veränderung des Standpunktes der Wissenschaft und der Praxis selbst erledigen, mit der marxistischen Auffassung von Kontinuität und Innovation der Theorie und Methodologie nicht vereinbar ist. Zugleich ist, wie hervorgehoben, der mit der Verwirklichung des Syntheseprinzips und Syntheseanspruchs marxistischer Geschichtsforschung und Historiographie verbundene Erkenntnisprozeß ein spannungsreicher Vorgang. Die gesellschaftliche Umwälzung in der DDR im Oktober/November 1989 zwingt in dieser Hinsicht zu grundsätzlich neuen Überlegungen, vor allem was bisherige Syntheseversuche zu allen Fragen der Geschichte des 20. Jahrhunderts betrifft, aber auch hinsichtlich einiger konzeptioneller, methodologischer und erkenntnistheoreti-

---

[74] Vgl. W. Schmidt, *Krieg und Frieden und gesellschaftlicher Fortschritt in der Geschichte. Zur Vorbereitung des VIII. Historikerkongresses der DDR.* In: ZfG (1988) 9, S. 771 ff.

scher Prinzipien. Dieser kritische Punkt wurde in den vorstehenden Ausführungen ausgespart. Diese Anmerkung ist zum Zeitpunkt der Fahnenkorrektur Anfang Dezember 1989 unerläßlich, ohne daß der ganze Text, der den Erkenntnisstand von 1987/88 wiedergibt, zu ändern wäre.

OTTO GERHARD OEXLE

»Der Teil und das Ganze« als Problem
geschichtswissenschaftlicher Erkenntnis
Ein historisch-typologischer Versuch

Ist diese Welt in ihrer zeitlichen Dimension, ist die »Reihe aller
vergangenen Weltzustände«[1] als ein Ganzes und sind die einzelnen Teile dieses Ganzen erkennbar? Diese Frage steht – in historischer und zugleich in typologischer Absicht – im Mittelpunkt der folgenden Überlegungen. Es geht um die Feststellung
von Typen der Erörterung dieses Problems historischer Erkenntnis, und diese Typologie soll eine historische sein: es wird
nach den historischen Orten, nach dem Auftreten und der Realisierung dieser Typen gefragt.

Um die im folgenden erörterten Typen der Reflexion über
das Ganze und seine Teile überhaupt erst einmal zu ermitteln,
sei ein Verfahren vorgeschlagen, das nicht nur Umwege erspart,
sondern zugleich von der Sache her naheliegt. Es soll die Typologie eines anderen, aber durchaus gleichartigen Problems und
damit eines anderen Faches übernommen werden, nämlich die
der Physik. Darum geht es im ersten Abschnitt dieser Überlegungen. Bedarf es dafür einer zusätzlichen Begründung, so wäre darauf hinzuweisen, daß die Formulierung *Der Teil und das
Ganze* nicht ohne Grund der Titel eines vielgelesenen Buches
eines bekannten Physikers ist[2].

I.

Unter der Überschrift *Neuere Entwicklungen in der Hochenergiephysik – das Ende des Reduktionismus?* veröffentlichte der
Physiker Hans-Peter Dürr 1986 einen Beitrag[3], in dem er zwei
grundsätzliche Vorgehensweisen und zugleich zwei verschiede-

---

[1] Immanuel Kant, *Kritik der reinen Vernunft.* Hrsg. von Raymund Schmidt
(= Philosophische Bibliothek, Bd. 37 a). Hamburg 1976, S. 512.
[2] Werner Heisenberg, *Der Teil und das Ganze. Gespräche im Umkreis der
Atomphysik.* München 1969.
[3] Hans-Peter Dürr, *Neuere Entwicklungen in der Hochenergiephysik – das
Ende des Reduktionismus?* In: *Selbstorganisation. Die Entstehung von Ordnung*

ne Weltauffassungen der neuzeitlichen Physik einander gegenüberstellte: nämlich (1) die klassische Physik der frühen Neuzeit mit ihrem »mechanistischen Weltbild«[4] und (2) die Entwicklung der Mikrophysik seit den zwanziger Jahren unseres Jahrhunderts, die jenes Weltbild der klassischen frühneuzeitlichen Physik tiefgehend verändert und eigentlich vollkommen umgestaltet hat.

Dem Weltbild der klassischen Physik liege die »Vorstellung von der Welt als einem grandiosen Uhrwerk« zugrunde. Etwas verstehen zu wollen sei demnach gleichbedeutend damit, »es in seine Teile zerlegen ... zu wollen«. Kenntnis der Teile galt also demnach als die Voraussetzung für die Erkenntnis des Ganzen, die angestrebt wird. Das Ganze sollte aus seinen Teilen erkannt werden. Nach dieser Vorstellung hatte die Materie »die Eigenschaft, daß sie sich ... vernünftig in Teile zerlegen läßt«. Daran habe sich die »Vorstellung des aus kleineren Einheiten zusammengesetzten Gesamtsystems entwickelt«, die Vorstellung vom Aufbau des Ganzen aus seinen Teilen, das »Bausteindenken«[5].

Im Gegensatz dazu habe die in der Entwicklung der Quantentheorie vollzogene Revolution der wissenschaftlichen Denkart deutlich gemacht, »daß beim Hinabsteigen zu immer kleineren Dimensionen die Objekte nicht nur immer weiter in ihren Eigenschaften verarmen, sondern schließlich grundlegend auch ihren Charakter verändern«. Die makroskopische Alltagserfahrung erweise sich hier als unzulänglich, genauso wie die an der Alltagserfahrung entwickelte Wissenschaftssprache: »Der Begriff eines ›Teils‹ verliert, bezogen auf ein größeres Ganzes, zunächst seine ursprüngliche Bedeutung und schließlich sogar jeglichen Sinn.«[6] Die Vorstellung, ein Ganzes als Summe von Teilen zu betrachten, eine Vorstellung, die »überhaupt zum Begriff eines Teilchens geführt hat«, müsse also »bei kleinsten Abständen prinzipiell versagen«. Die »Reduktion eines Systems auf Elementarteilchen-Konfigurationen« sei somit gescheitert. Das sei darin begründet, daß die bei Beobachtungen im Mikrobereich beobachtbaren Bruchstücke von Elementarteilchen »selbst wieder Elementarteilchen der

in Natur und Gesellschaft. Hrsg. v. Andreas Dress, Hubert Hendrichs und Günter Küppers. München, Zürich 1986, S. 15–34.

[4] Ebenda, S. 17.

[5] Ebenda, S. 16, 21.

[6] Ebenda, S. 17; die folgenden Zitate S. 26 ff.

gleichen und anderer Art sind«. Denn sie werden durch den Akt der Beobachtung selbst, aus der Bewegungsenergie des hochenergetischen Strahls, mit dessen Hilfe sie beobachtet werden, zuallererst hervorgebracht. Im unendlich Kleinen zeige die Welt also keine distinkten Einheiten mehr. Aus dem Gesagten ergibt sich zugleich, daß in der quantentheoretischen Revolution der Denkart sich auch eine erkenntnistheoretische Revolution der Denkart vollzogen hat. Im Mikrobereich können Systeme nicht mehr als aus einfacheren Teilen zusammengesetzte Systeme aufgefaßt werden, weil der Akt der Beobachtung das Beobachtete verändert oder besser: erst hervorbringt. Mit den berühmten Worten von Werner Heisenberg: »Die ›Bahn‹ [sc. eines Teilchens] entsteht erst dadurch, daß wir sie beobachten.«[7] Genereller ausgedrückt: »Die Natur entzieht sich ... der genauen Festlegung in unseren anschaulichen Begriffen durch die unvermeidliche Störung, die mit jeder Beobachtung verbunden ist ... Durch die Art der Beobachtung erst wird entschieden, welche Züge der Natur bestimmt werden und welche wir durch unsere Beobachtung verwischen.«[8]

Denselben Vorgang tiefgreifender Veränderungen von der klassischen Physik zur Quantentheorie hat Carl Friedrich von Weizsäcker in seinem Buch *Aufbau der Physik* (1985) beschrieben und dabei zugleich noch einen dritten Typus der Reflexionen über den Teil und das Ganze hinzugestellt, welcher von allen dreien der älteste ist. Er taucht nämlich schon in der Wissenschaft und Philosophie der Griechen auf, die davon ausgeht, »nicht bloß Teile der Wirklichkeit, sondern das Ganze denken zu wollen«. Deshalb verband sich hier, wie Weizsäcker sagt, der »Begriff des Seins mit dem religiösen Blick aufs Ganze«[9], wobei das Ganze, der Hintergrund des religiös erfaßten Ganzen es erlaubt, das Einzelne zu erfassen. In seiner *Psychologie der Weltanschauungen* (1919) hat Karl Jaspers dieses, wie er sagt, »metaphysische Weltbild« in derselben Weise gekennzeichnet. Es ist bestimmt von der Erfahrung des Ganzen, die dem Einzel-

---

[7] Werner Heisenberg, *Über den anschaulichen Inhalt der quantenmechanischen Kinematik und Mechanik* (1927). Wieder abgedruckt in: Kurt Baumann und Roman U. Sexl, *Die Deutungen der Quantentheorie*. Braunschweig, Wiesbaden 1984, S. 53–79, S. 66.

[8] Werner Heisenberg, *Die Goethesche und die Newtonsche Farbenlehre im Lichte der modernen Physik* (1941). In: Ders., *Wandlungen in den Grundlagen der Naturwissenschaft*. Stuttgart, 11. Aufl. 1980, S. 85–106, S. 102.

[9] Carl Friedrich von Weizsäcker, *Aufbau der Physik*. München, Wien 1985, S. 554f.

nen seine Bedeutung anweist: »Weil alles Teil im Ganzen ist, hat alles eine Bedeutung.«[10]

Anhand der Physik und ihrer Geschichte haben wir für unsere Typologie somit drei Typen ermittelt, nämlich, in der historischen Reihenfolge ihres Auftretens:

(1) Das Ganze ist Ausgangspunkt. Vom Ganzen her ist der Teil erkennbar, kann dem Teil sein Platz zugewiesen werden. Vom Einen und Ganzen her bestimmt sich der Ort und der Rang der Teile in ihrer Vielheit und jedes einzelnen Teils für sich.

(2) Ausgangspunkt ist der Teil. Von der Erkenntnis der Teile her soll und kann, aufbauend, das Ganze schließlich einmal als das Ganze bestimmt werden.

(3) Weder Ganzes noch Teile können wirklich bestimmt werden. Es gibt kein erkennbares Ganzes, von dem her den Teilen ihr Platz zugewiesen werden kann. Es gibt auch keine erkennbaren Teile, aus denen, als den Bausteinen, ein Ganzes erkannt werden könnte. Es gibt gewissermaßen immer nur eine Mitte, von der die Erkenntnis nach allen Seiten auszugreifen versucht. Es gibt nur ein Feld, in dem sich die Erkenntnis nach allen Seiten vorantastet. Mit den Worten Werner Heisenbergs: wir müssen »stets irgendwo in der Mitte anfangen ..., über die Wirklichkeit zu sprechen«, in »tastenden Versuchen«, um sich in »begrenzten Bereichen der Wirklichkeit zurechtzufinden«[11].

Lassen sich diese drei Typen der Reflexion über den Teil und das Ganze auch im Bereich historischer Erkenntnis feststellen? Und in welchen Zusammenhängen treten sie hier auf? Das sind die Fragen, die in den nächsten drei Schritten dieses Gedankengangs (Abschnitt II bis IV) beantwortet werden sollen.

[10] Karl Jaspers, *Psychologie der Weltanschauungen* (1919). München, Zürich 1985, S. 188.
[11] Werner Heisenberg, *Die Einheit des naturwissenschaftlichen Weltbildes* (1941). Wieder abgedruckt in: Ders., *Wandlungen,* S. 107–128, hier S. 128. Im Gegensatz dazu war es das Ziel Albert Einsteins, »den Determinismus, den Objektivismus und den Realismus für alle Fundamentaltheorien der Physik aufrechtzuerhalten«: Bernulf Kanitscheider, *Das Weltbild Albert Einsteins.* München 1988, S. 88. Entgegengesetzt auch Einsteins »kosmische Perspektive«: »Sie geht nicht von den anthropologischen Gegebenheiten aus, sondern versucht, die Objektivität der Naturdinge antizipierend, vom umfassendsten System und seiner Geschichte auszugehen, und bemüht sich dann, in kleinen Konstruktionsschritten zuletzt die Innenwelt des Menschen und sein Erkenntnisvermögen zu rekonstruieren. Hypothetisch wird dabei das fallible Wissen vorausgesetzt, daß der Kosmos, die großräumige Einbettung unserer lokalen Umgebung, der älteste Teil der Natur ist, der die notwendige Bedingung für die Existenz der späteren, komplexeren Entwicklungsstufen liefert.« (S. 179 f.)

II.

Im zweiten Abschnitt geht es somit um den ersten Typus, um
jenes Denken also, das davon ausgeht, die Erkenntnis des Ganzen der Geschichte sei möglich und führe zu einer wahren Erkenntnis der Teile.

Als Inbegriff dieses Denkens im Bereich der Erkenntnis der
Geschichte mag auch hier das mittelalterliche Geschichtsdenken gelten[12]. Und als ein herausragender Zeuge dieser Denkform kann auch hier der vielzitierte Otto von Freising mit seiner Chronik (erste Fassung von 1143 bis 1146) herangezogen
werden[13]. Otto von Freising ist es denn auch, der das erwünschte Stichwort liefert, das Stichwort nämlich von der *lex totius*,
vom »Gesetz des Ganzen«. Otto erläutert es 1157 in seinem
Begleitbrief an Reinald von Dassel, in dem er den *ordo* seiner
historia darlegt; es ist die seit den Kirchenvätern in der Auslegung der Vision Daniels (von dem vierteiligen Standbild, Dan.
2,29 ff.) erstellte Abfolge der vier Weltreiche, die einander
»nach dem Gesetz des Ganzen« *(secundum legem totius)* ablö-
sen[14], und deren letztes, das Römische Reich, nach der Auffassung des 12. Jahrhunderts noch immer besteht und bis zum
Ende der Zeit bestehen wird.

Die Lehre von den vier Weltreichen wird von Otto weiter
expliziert durch die Lehre von der *translatio imperii* im Blick
auf jenes vierte, das Römische Reich nämlich, das von den Römern auf Byzanz, von Byzanz auf die Franken usw. übertragen
wurde[15]. Otto von Freising hat übrigens als erster die Lehre von

---

[12] Vgl. dazu Jaspers, *Psychologie*, S. 188: »Das metaphysische Weltbild unmit-
telbarer, ungespaltener Ganzheit denken wir uns als das des Mittelalters. Es ist
das Weltbild der frühen Griechen (der Philosophen). Es ist das Weltgefühl Goethes und die Forderung und Sehnsucht Nietzsches. Es ist im primitivsten Leben
möglich und als letztes Resultat unendlicher Differenzierung in Gestalt einer
durch alle Scheidungen vermittelten neuen Unmittelbarkeit.«

[13] *Ottonis episcopi Frisingensis Chronica sive historia de duabus civitatibus.*
Hrsg. v. A. Hofmeister (= MGH Scriptores rerum Germanicarum). Hannover,
Leipzig, 2. Aufl. 1912. Dazu zuletzt Hans-Werner Goetz, *Das Geschichtsbild
Ottos von Freising* (= Beihefte zum Archiv für Kulturgeschichte, Bd. 19). Köln,
Wien 1984.

[14] *Chronica*, S. 5: »Quatuor principalia regna, quae inter cetera eminerent, ab
exordio mundi fuisse in finemque eius secundum legem totius successive per-
mansura fore ex visione quoque Danielis percipi potest.« Otto schließt sich
inhaltlich der Bestimmung der Reiche durch Hieronymus an; vgl. Goetz, *Geschichtsbild*, S. 140.

[15] Vgl. ebenda, S. 148 ff.

den vier Weltreichen in dieser Weise mit dem Translationsgedanken verbunden[16]. Parallel dazu erläutert Otto die *translatio scientiae* oder *sapientiae*, die Übertragung der Wissenschaft von Babylon nach Ägypten, von dort auf die Griechen, von diesen auf die Römer und weiter auf die Gallier und Spanier, dergestalt, daß »omnis humana potentia seu scientia ab oriente cepit et in occidente terminatur«[17]. Dies ist gewissermaßen eine weitere, eine explizitere Formulierung der *lex totius*, die Otto schließlich an der Geschichte der religiösen Bewegungen und des Mönchtums, an der *translatio religionis* nämlich, ein drittes Mal ablesen kann[18]. Man sieht hier, was es heißt, vom Wissen des Ganzen her die Bedeutung der Teile zu bestimmen. Die Dreiheit von *potentia, sapientia* und *religio* bei Otto von Freising präfiguriert übrigens nicht nur die Dreiheit von *imperium, studium* und *sacerdotium* bei Alexander von Roes (13. Jahrhundert), sondern tritt noch bei Jacob Burckhardt in seiner Lehre von den drei Potenzen von Staat, Religion und Kultur[19] auf, ebenso wie Ottos Satz vom Aufbruch der *potentia, scientia* und *religio* im Osten mit ihrem Ende im Westen in Hegels These wieder anklingt, daß »die Weltgeschichte ... von Osten nach Westen [geht], denn Europa ist schlechthin das Ende der Weltgeschichte, Asien der Anfang«[20].

Es finden sich bei Otto von Freising noch andere Momente, in denen gewissermaßen jene *lex totius* im Verlauf der Geschichte sichtbar wird: so die sechs Weltalter *(aetates)* und die drei Zeiten *(status, tempora)* der *civitas Dei* bzw. die drei Epochen *ante gratia, sub gratia* und *post presentem vitam* als Entwicklungsphasen der Gottesstadt und Niedergangsphasen der *civitas mundi*[21]. Eine bedeutsame Form der Erkenntnis des Ganzen der Geschichte bei Otto von Freising ist ferner das »typologische« oder »figurale« Denken[22]; damit wird ein histo-

[16] Ebenda, S. 155.
[17] *Chronica*, Prol. zu Buch I, S. 8. Ebenso Prol. zu Buch V, S. 227.
[18] *Chronica* VII, 35, S. 372: »ut in hoc haut mireris potentiae seu sapientiae ab oriente ad occidentem translationem, cum de religione itidem factum eniteat«.
[19] Alexander von Roes, *Memoriale c. 25*. Hrsg. von Herbert Grundmann und Hermann Heimpel (= MGH Staatsschriften des späteren Mittelalters, Bd. 2) 1958, S. 126 f.; Jacob Burckhardt, *Über das Studium der Geschichte*. Hrsg. v. Peter Ganz. München 1982, S. 173 ff.
[20] Georg Wilhelm Friedrich Hegel, *Vorlesungen über die Philosophie der Geschichte* (= Werke, Bd. 12). Frankfurt a. M. 1970, S. 134.
[21] Goetz, *Geschichtsbild*, S. 137 ff., 225 ff.
[22] Ebenda, S. 80 ff.

risches Ereignis als Figur oder Präfiguration oder Typus eines anderen Ereignisses (Antitypus) erkannt und damit gedeutet[23], eine geschichtliche Denkform, die auf »produktiver Einbildungskraft« beruht[24]. Sie war übrigens von der Patristik bis weit in die Neuzeit hinein wirksam, und erst das Aufkommen des modernen Historismus hat ihr den Boden entzogen[25].

So lassen sich die mit dem Gedanken einer *lex totius* aller Geschichte verbundenen und ihn tragenden Denkformen weit über das Mittelalter hinaus weiterverfolgen. Sie sind charakteristisch für jede auf ein Wissen vom Ganzen zielende und davon ausgehende Geschichtserkenntnis. Noch Bossuet hat 1681 in seinem *Discours sur l'histoire universelle* dargelegt, wie das Universum von Gott so geordnet wurde, daß auch »die Teile eines so großen Ganzen« (»les parties d'un si grand tout«) voneinander abhängen, dergestalt, daß der »Verlauf der menschlichen Dinge« (also die »Teile«) dadurch seinen Fortgang und seine Verhältnisse hat[26]. Ausdrücklich erklärt Bossuet, daß der Blick aufs Ganze über Sinn und Gestalt der Teile belehrt; wenn man das Ganze betrachtet, sieht man die Angemessenheit der Teile (»à regarder le total, rien n'est plus grand ni plus petit qu'il ne faut« usw.)[27].

Aber diese Art der Geschichtsbetrachtung ist durchaus nicht auf die Epoche der Vormoderne beschränkt. Sie begegnet uns auch bei Wilhelm vom Humboldt in seiner Schrift *Über die Aufgabe des Geschichtschreibers* aus dem Jahr 1821[28]. Humboldt zeigt hier, daß der Historiker zur Lösung seiner Aufgabe »zwei Wege« gleichzeitig beschreiten müsse. Der eine Weg ist

[23] Erich Auerbach, *Typologische Motive in der mittelalterlichen Literatur* (= Schriften und Vorträge des Petrarca-Instituts Köln, Bd. 2). Krefeld, 2. Aufl. 1964; Friedrich Ohly, *Schriften zur mittelalterlichen Bedeutungsforschung*. Darmstadt 1977.

[24] Friedrich Ohly, *Typologie als Denkform der Geschichtsbetrachtung*. In: Natur, Religion, Sprache, Universität (= Universitätsvorträge 1982/83). Münster 1983, S. 68–102, S. 71.

[25] Ebenda.

[26] Jacques-Bénigne Bossuet, *Discours sur l'histoire universelle* III, 2. In: Ders., Œuvres. Hrsg. von B. Velat und Yvonne Champailler. Paris 1961, S. 953.

[27] Jacques-Bénigne Bossuet, *Politique tirée des propres paroles de l'Ecriture Sainte* VII, 6, 6. In: *Œuvres complètes de Bossuet*. Hrsg. v. F. Lachat, Bd. 24. Paris 1875, S. 90.

[28] Wilhelm von Humboldt, *Über die Aufgabe des Geschichtschreibers*. In: Ders., Werke in fünf Bänden. Hrsg. von Andreas Flitner und Klaus Giel, Bd. 1. Darmstadt, 3. Aufl. 1980, S. 585 ff. Die folgenden Zitate hier S. 585, 586 f., 590, 601, 604 f.

die Arbeit an den Quellen. Sie führt dazu, den »Stoff« der Geschichte zu gewinnen, der aber »nicht die Geschichte selbst« ist. Wichtiger ist deshalb der zweite Weg, »das Verbinden des Erforschten« nämlich und »das Ahnden des durch jene Mittel nicht Erreichbaren« mit »Ahndungsvermögen und Verknüpfungsgabe«. Diese richten sich auf die Ideen. Denn die Ideen sind es, »die, ihrer Natur nach, außer dem Kreise der Endlichkeit liegen, aber die Weltgeschichte in allen ihren Teilen durchwalten und beherrschen«. »Alle Geschichte« ist für Humboldt deshalb »nur Verwirklichung einer Idee«. Die Aufgabe des Geschichtsschreibers in ihrer »letzten, aber einfachsten Auflösung« ist deshalb die »Darstellung des Strebens einer Idee, Dasein in der Wirklichkeit zu gewinnen«. Dabei dürfen die Ideen freilich »nur an den Begebenheiten selbst erkannt werden«. An den aus den geschichtlichen Ereignissen erkannten Ideen aber kann der Historiker »die Plane der Weltregierung ... erahnden«, also den »Zusammenhang des Ganzen« fassen, ohne etwas »von dem lebendigen Reichtum des Einzelnen aufzuopfern«, er kann also »das zerstreut Gesammelte in sich zu einem Ganzen verarbeiten« und »jede Begebenheit als Teil eines Ganzen« erkennen. Die Ahndung der Ideen also stellt »das Einzelne in sein wahres Licht« und gibt »dem Ganzen Gestalt«.

Gleichartige Reflexionen liegen dem Werk Rankes zugrunde, der »eigentlich nie etwas anderes zu schreiben beabsichtigte als Universalgeschichte«[29]. Auch ihm geht es um die Erkenntnis des »Zusammenhangs des Ganzen«, darum, »die Dinge zugleich in dem Grunde ihres Daseins und in der Fülle ihrer eigentümlichen Erscheinung zu begreifen«[30]. Auf derselben Linie wie Humboldt, freilich mit deutlich größerer Zurückhaltung im Hinblick auf die Erkennbarkeit eines teleologischen Sinnes hat Ranke schon in den dreißiger Jahren des 19. Jahrhunderts seine *Idee der Universalhistorie* erläutert[31]. Ranke sah die Voraussetzung universalgeschichtlicher Erkenntnis (ähnlich wie Hum-

[29] Rudolf Vierhaus, *Leopold von Ranke. Geschichtsschreibung zwischen Wissenschaft und Kunst.* In: Leopold von Ranke. Vorträge anläßlich seines 100. Todestages (= Schriften des Historischen Kollegs. Dokumentationen, Bd. 3). München 1987, S. 31–44, hier S. 41.

[30] Leopold von Ranke, *Die Osmanen und die Spanische Monarchie im 16. und 17. Jahrhundert.* In: Sämtliche Werke. Dritte Gesamtausgabe, Bd. 35/36. Leipzig 1877, S. 89.

[31] Leopold von Ranke, *Idee der Universalhistorie.* Hrsg. von Eberhard Kessel, *Rankes Idee der Universalgeschichte.* In: Historische Zeitschrift 178 (1954), S. 269–308, S. 290 ff.; die Zitate S. 295 und 301.

boldt) darin, daß »die Historie in jeder Existenz ein Unendliches« anerkenne, »in jedem Zustand, jedem Wesen ein Ewiges, aus Gott kommendes«, also in jedem Einzelnen und Partikularen »das Inwohnen des Ewigen«, – »dies ist der religiöse Grund, auf welchem unser Bemühen beruht«. Zugleich aber sah Ranke – nicht zuletzt deshalb, weil er jegliche Kontamination der Geschichtserkenntnis mit Philosophie oder Theologie, etwa mit der alten Weltreichelehre vermeiden wollte[32] – sehr deutlich auch die Schwierigkeit, zu einer »Totalität« zu gelangen: »Man sieht, wie unendlich schwer es mit der Universalhistorie wird. Welche unendliche Masse!«; und er stellte schließlich fest: »Die Weltgeschichte weiß allein Gott.«

Freilich wurde sogar zu Beginn des 20. Jahrhunderts der Typus des historischen Wissens als Wissen vom Ganzen der Geschichte noch einmal wissenschaftlich begründet und mit den Mitteln der Geschichtswissenschaft dargeboten, nämlich von dem Theologen, Philosophen, Historiker und Soziologen Ernst Troeltsch. In die Mitte seines Spätwerks stellte Troeltsch die Aufgabe, »Geschichte durch Geschichte [zu] überwinden«[33], d.h. der durchgängigen Historisierung und Relativierung aller Werte im Zeichen des modernen Historismus eine Begründung neuer Werte mit den Mitteln der historischen Wissenschaft selbst entgegenzustellen. Troeltsch ging dabei von der Überzeugung aus, wie er schon 1898 schrieb, »daß jeder Moment und jedes Gebilde der Geschichte nur ... mit dem Ganzen gedacht werden kann, daß jede Bildung von Wertmaßstäben deshalb nicht vom isolierten Einzelnen, sondern nur von der Überschau des Ganzen ausgehen kann«[34]. Wie aber soll das Ganze erfaßt werden? Die Antwort auf diese Frage versuchte Troeltsch in seinem letzten großen Werk *Der Historismus und seine Probleme* von 1922: »Das Denken muß ... in irgendeinem

---

[32] Ebenda, S. 293 f.

[33] Ernst Troeltsch, *Der Historismus und seine Probleme* (1922) (= Gesammelte Schriften, Bd. 3). Aalen, 2. Aufl. 1977, S. 772. Dazu Otto Gerhard Oexle, *Die Geschichtswissenschaft im Zeichen des Historismus. Bemerkungen zum Standort der Geschichtsforschung.* In: Historische Zeitschrift 238 (1984), S. 27–55, und Ders., *»Historismus«. Überlegungen zur Geschichte des Phänomens und des Begriffs.* In: Braunschweigische Wissenschaftliche Gesellschaft. Jahrbuch 1986, S. 119–155, bes. S. 132 ff.

[34] Ernst Troeltsch, *Über historische und dogmatische Methode in der Theologie* (1898). Wieder abgedruckt in: Ders., *Zur religiösen Lage, Religionsphilosophie und Ethik* (= Gesammelte Schriften, Bd. 2). Aalen, 2. Aufl. 1981, S. 729–753, S. 737.

geheimen Bunde mit dem Realen stehen, mit ihm irgendwie durch einen gemeinsamen Grund beider verbunden sein«, so daß sich dadurch »Einheit und Sinn des Ganzen« erschließen. Dies läßt sich freilich »nur ahnen und fühlen, nicht wissenschaftlich ausdrücken und konstruieren«; denn »nicht aus dem All können wir den einzelnen Moment befestigen, sondern aus den Festigkeiten der einzelnen Momente können wir das All in seinem Gesamtsinn als ein immer lebendiges und tätiges ahnen«. Doch sah Troeltsch zugleich die auf die Erkenntnis des Ganzen gerichtete Anstrengung sicher begründet in der Annahme einer »Identität des endlichen und unendlichen Geistes«, in der »wesenhaften und individuellen Identität der endlichen Geister mit dem unendlichen Geiste«, welche »die intuitive Partizipation an dessen konkretem Gehalt und bewegter Lebenseinheit« ermöglicht; dies war für Troeltsch »der Schlüssel zur Lösung unseres Problems«[35].

III.

Im nächsten Abschnitt dieser Überlegungen geht es um jenen zweiten Typus von Reflexion über den Teil und das Ganze, die das Ziel hat, das Ganze der Geschichte zu erkennen, indem sie es sich aus den Teilen allmählich aufbaut.

In Entsprechung zu Newtons gleichartigem Versuch einer empiristischen Grundlegung der Physik hat David Hume in seiner *Untersuchung über den menschlichen Verstand (An Enquiry Concerning Human Understanding,* so der Titel des Werks seit 1758) für die Entfaltung geschichtlicher Erkenntnis den Aufbau des Ganzen aus den Teilen als Programm formuliert: Die »Beziehung von Ursache und Wirkung« sei es, welche die Voraussetzung schaffe, daß »in der Geschichte die Verknüpfung der einzelnen Ereignisse« möglich sei, »wodurch sie zu einem Ganzen (»into one body«) vereinigt werden«[36], sei doch die Verknüpfung von Ursache und Wirkung »die gebräuchlichste Art der Verknüpfung zwischen verschiedenen Er-

---

[35] Troeltsch, *Historismus*, S. 183, 675, 677.
[36] David Hume, *An enquiry concerning human understanding*. In: Ders., *The philosophical works.* Hrsg. v. Thomas Hill Green und Thomas Hodge Grose, Bd. 4. London 1882, Nachdruck Aalen 1964, S. 22. Die deutsche Übersetzung nach Ders., *Eine Untersuchung über den menschlichen Verstand.* Hrsg. v. Jens Kulenkampff (= Philosophische Bibliothek, Bd. 35). Hamburg 1984, S. 32.

eignissen«. Der Historiker »zeichnet ... den Ablauf der Handlungen nach ihrer natürlichen Ordnung, steigt zu ihren geheimen Quellen und Prinzipien auf und beschreibt ihre letzten Folgen. Er wählt als Gegenstand einen bestimmten Teil jener großen Kette von Ereignissen, die die Menschheitsgeschichte ausmachen. Jedes Glied dieser Kette sucht er in seiner Erzählung zu berühren. Manchmal vereitelt unvermeidliche Unwissenheit all seine Bemühungen; manchmal ersetzt er durch Vermutung, was an Wissen fehlt; und immer ist er sich bewußt: je lückenloser die Kette ist, die er seinen Lesern bietet, um so vollkommener ist seine Arbeit.« Und dieser »Aufstieg« zu den »geheimen Quellen und Prinzipien« der Geschichte führt wirklich zum Ganzen der Menschheitsgeschichte, weil dieses Wissen »uns befähigt, über die Ereignisse Gewalt zu haben und die Zukunft zu beherrschen« (»we are enabled to control events, and govern futurity«)[37].

Der empiristischen Begründung Humes in vielem durchaus vergleichbar ist Friedrich Schillers Begründung einer Universalgeschichte, die er in seiner berühmten Antrittsvorlesung 1789 vortrug. Die Weltgeschichte könne nie etwas anderes sein als ein »Aggregat von Bruchstücken«, wenn ihr nicht der philosophische Verstand zu Hilfe käme: »Indem er diese Bruchstücke durch künstliche Bindungsglieder verkettet, erhebt er das Aggregat zum System, zu einem vernunftmäßig zusammenhängenden Ganzen.« Die dem zugrundeliegende Methode ist die des Analogieschlusses, welche wiederum durch die geschichtliche Wirklichkeit selbst begründet werde, nämlich durch die »Gleichförmigkeit und unveränderliche Einheit der Naturgesetze und des menschlichen Gemüts, welche Einheit Ursache ist, daß die Ereignisse des entferntesten Altertums, unter dem Zusammenfluß ähnlicher Umstände von außen, in den neuesten Zeitläufen wiederkehren; daß also von den neuesten Erscheinungen, die im Kreis unserer Beobachtung liegen, auf diejenigen, welche sich in geschichtslosen Zeiten verlieren, rückwärts ein Schluß gezogen und einiges Licht verbreitet werden kann.«[38]

Neue Bemühungen, von den Teilen her das Ganze der Ge-

---

[37] Hume, *Enquiry*, S. 19; deutsche Übersetzung in Hume, *Untersuchung*, S. 27.

[38] Friedrich Schiller, *Was heißt und zu welchem Ende studiert man Universalgeschichte?* In: Ders., Historische Schriften. Dritter Teil. München 1966, S. 7–24, S. 20.

schichte zu erfassen, wurden dann im 19. Jahrhundert im Zeichen des Positivismus begründet. Während Humboldt und Ranke, wie wir sahen, die konkrete Beobachtung des Einzelnen verbanden mit der über die Erfassung der Ideen sich erschließenden Kenntnis des Ganzen, will die positivistische Historie allein aus der Erkenntnis des Einzelnen, allein aus der Erkenntnis der Fakten, durch deren Vergleich und wechselseitige Beleuchtung, diese schließlich zum Ganzen zusammenfügen, indem sie, auf der Grundlage genauester Kenntnis dieser Fakten jene allgemeinen Gesetze entdeckt, denen sie gehorchen. »Diese Erwartung, Gesetzmäßigkeit in der Unordnung zu finden«, so schrieb Henry Thomas Buckle in seiner *History of Civilization in England* (1857–1861), »ist den Naturwissenschaftlern so vertraut, daß sie bei den hervorragendsten unter ihnen zu einem Glaubenssatz geworden ist; wenn sich die gleiche Erwartung bei den Historikern noch nicht allgemein finden läßt, so ist das zum Teil der Tatsache zuzuschreiben, daß sie in ihren Fähigkeiten den Naturforschern unterlegen sind, und zum Teil der größeren Vielschichtigkeit jener sozialen Erscheinungen, mit denen sich ihre Studien befassen. Diese beiden Gründe haben das Entstehen einer Geschichtswissenschaft hinausgezögert.« Doch da »die Fakten« nunmehr »gesammelt und methodisch zusammengestellt ... und reif für die Auswertung« seien, war Buckle der festen Überzeugung, daß die Wissenschaft rasch und stetig fortschreiten werde, so daß noch vor Ablauf eines weiteren Jahrhunderts »die Beweiskette vollkommen«, das »große Schema allgemeiner Ordnung (»vast scheme of universal order«), von der wir vom augenblicklichen Wissensstand aus kaum die Umrisse erkennen können«, begreifbar sein werde, daß man in der Lage sein werde, die einzelnen Abschnitte der Geschichte »zu einem Ganzen zusammenzusetzen und zu ermitteln, auf welche Weise sie miteinander verbunden sind«, kurzum, daß man, auch im Blick auf die Geschichte, »von einzelnen Fakten ausgehend die Gesetze entdecken« könne, »denen diese Fakten unterworfen sind«[39]. Ebenso hat in Frankreich Hippolyte Taine (1828–

---

[39] Henry Thomas Buckle, *History of Civilization in England,* Bd. 1. London 1857, S. 6 f., 3, 30 f. Die deutsche Übersetzung nach Fritz Stern (Hrsg.), *Geschichte und Geschichtsschreibung, Möglichkeiten – Aufgaben – Methoden.* München 1966, S. 129, 127 f., 131. Dazu Johann Gustav Droysen, *Erhebung der Geschichte zum Rang einer Wissenschaft* (1862). Wieder abgedruckt als Beilage in der letzten Druckfassung des *Grundriß der Historik* von 1882. In: Ders., *Historik.* Hrsg. v. Peter Leyh. Stuttgart, Bad Cannstatt 1977, S. 451–469.

1893) in der vollkommenen Erfassung aller Tatsachen und der darauf aufbauenden Erforschung der Ursachen (»après la collection des faits la recherche des causes«) jene wenigen allgemeinen Prinzipien zu finden gehofft, welche die unübersehbare Vielheit des geschichtlichen Geschehens beherrschen, bilden doch seiner Auffassung nach allein schon die Fakten »ein in sich geschlossenes Ganzes, das erst nachträglich der theoretischen Bearbeitung und der theoretischen Deutung unterworfen wird«[40].

Bei allen diesen Annahmen bildete die positivistische Naturwissenschaft das Modell des Verfahrens und der Erkenntnisgewinnung[41]. Am Ende des 19. Jahrhunderts freilich hat sie bei den ihrem Vorbild nacheifernden Historikern eine vorwiegend resignative Haltung erzeugt. Denn während der Naturwissenschaftler immerhin seine Fakten selbst beobachte, so wurde jetzt festgestellt, sei der Historiker ihm unendlich unterlegen und bleibe es auch, weil er seine Fakten kaum einmal selbst und direkt beobachten könne, sondern sich in der Regel nur auf mittelbare Beobachtung stützen könne, sei er doch stets auf das angewiesen, was ihm als Spuren der Ereignisse in der historischen Überlieferung zugänglich sei und allein zugänglich sein könne[42]. Entscheidend sei deshalb die historische Kritik, die in der Überlieferung, im historischen Material das Wahre vom Falschen zu unterscheiden vermöge. Der Historiker sei also, wie Marc Bloch, damals selbst noch ein entschiedener Positivist, 1914 aussprach, vergleichbar mit einem »armen, blinden und lahmen Physiker, der über seine Experimente nur durch die Berichte seines Laborgehilfen Kenntnis haben kann«[43]. Die Hoffnung, in der Erkenntnis aller Fakten dereinst einmal das Ganze zu erkennen, ist hier also schon aufgegeben. »Der Staub der Fakten ist nichts«, so formulierte zur gleichen Zeit Henri Berr provozierend in seiner programmatischen Eröffnung der im Jahr 1900 gegründeten *Revue de synthèse historique*[44]. Doch

[40] Ernst Cassirer, *Das Erkenntnisproblem in der Philosophie und Wissenschaft der neueren Zeit*, Bd. 4 (2. Aufl. 1957). Nachdruck Darmstadt 1973, S. 260.

[41] Vgl. Heinrich Schipperges, *Utopien der Medizin. Geschichte und Kritik der ärztlichen Ideologie des 19. Jahrhunderts*. Salzburg 1968, S. 27 ff.

[42] Ch.-V. Langlois und Ch. Seignobos, *Introduction aux études historiques*. Paris 1898, S. 43 ff.

[43] Marc Bloch, *Critique historique et critique du témoignage* (1914). In: Annales E. S. C. 5 (1950), S. 1–8, hier S. 2. Dasselbe Bild bereits bei Langlois/Seignobos, Introduction, S. 47.

[44] Das Zitat nach Stern, *Geschichte und Geschichtsschreibung*, S. 261.

sah sich der Positivismus noch in der Gewißheit, so abermals Bloch 1914, daß immerhin die »kritische Methode« zur Wahrheit führe (»une des routes qui mènent vers le vrai«), auch wenn es nicht mehr die Wahrheit des Ganzen sei[45].

Von einem ganz anderen Standpunkt aus hat zur selben Zeit in Deutschland Wilhelm Dilthey seinerseits noch einmal das Problem des Teils und des Ganzen im Sinne des Aufbaus von den Teilen her erörtert, dabei aber zugleich die Aporien dieses Vorhabens demonstriert.

In dem nachgelassenen Fragment *Plan der Fortsetzung zum Aufbau der geschichtlichen Welt in den Geisteswissenschaften. Entwürfe zur Kritik der historischen Vernunft* (um 1910) befaßte sich Dilthey auch mit der Frage nach der »Erkenntnis des universalhistorischen Zusammenhangs«[46]. »Wir müssen«, so schrieb er hier, »aus den Teilen das Ganze aufbauen« und zugleich muß »in dem Ganzen ... doch das Moment liegen, durch welches Bedeutung zugeteilt wird und das sonach dem Teil seine Stellung zuweist«. Die geschichtliche Arbeit hat demnach »in der gegenseitigen Abhängigkeit der gewonnenen Bestimmungen, ... also des Ganzen und des Teiles« zu verlaufen. Ja, es ist sogar »die Objektivität der Geschichte« für Dilthey daran geknüpft und überhaupt »nur dann möglich, wenn unter den mannigfaltigen Gesichtspunkten, unter denen der Zusammenhang ihres Ganzen vollzogen und die für ihn erforderlichen Glieder ausgesondert werden können, ein Standpunkt diesen Zusammenhang selbst erfaßt, wie er stattgefunden hat«[47]. Welches aber ist dieser Standpunkt und dieser Zusammenhang? Dies ist, wie Dilthey wohl weiß, die entscheidende Frage, so wie sie es auch für Troeltsch war.

Die Antwort Diltheys auf diese Frage ist freilich eine andere als die von Troeltsch. Dilthey begründet seine Antwort mit einer Lebensphilosophie. »Der Zusammenhang der Geschichte ist der des Lebens selber, sofern dieses unter den Bedingungen seines natürlichen Milieus Zusammenhang hervorbringt.« Oder anders gesagt: »Was das Leben sei, soll die Geschichte lehren.

[45] Bloch, *Critique historique*, S. 8.
[46] Wilhelm Dilthey, *Plan der Fortsetzung zum Aufbau der geschichtlichen Welt in den Geisteswissenschaften*. In: Ders., *Der Aufbau der geschichtlichen Welt in den Geisteswissenschaften* (= Gesammelte Schriften, Bd. 7). Leipzig, Berlin, 2. Aufl. 1942, S. 252 ff., bes. S. 261 ff.
[47] Ebenda, S. 262.

Und diese ist auf das Leben angewiesen.«[48] Das Ganze erscheint somit als eine »Objektivation des Lebens«[49]. Deshalb liegt hier, wie Dilthey selbst ausdrücklich feststellt, ein »Zirkel« vor. »Aus diesem Zirkel gäbe es einen einfachen Ausweg, wenn es unbedingte Normen, Zwecke oder Werte gäbe, an denen die geschichtliche Betrachtung, Auffassung einen Maßstab hätte.«[50] Von der geschichtlichen Existenz solcher unbedingter Zwecke und Werte ging noch Humboldt aus, wie wir gesehen haben; und Troeltsch versuchte, sie mit den Mitteln der Wissenschaft selbst wiederzugewinnen[51]. Solche Annahmen teilte Dilthey nicht, denn für ihn war der Relativismus des modernen Denkens universal. Grundgegebenheit und Grundproblem war für ihn »das Messer des historischen Relativismus, welches alle Metaphysik und Religion gleichsam zerschnitten hat«[52]. Es gab für Dilthey deshalb nur die »von der Geschichte selbst« realisierten Werte[53], und deshalb kann die Geschichte niemals als ein Ganzes erkannt werden, sondern nur »als ein Ganzes, das nie vollendbar ist«[54], – was etwas anderes ist. Es gibt also kein Ganzes, das zur Bestimmung der Teile führen könnte, und es kann deshalb auch keinen Aufbau des Ganzen aus den Teilen geben. Die von Dilthey gestellte Aufgabe erweist sich somit als unlösbar. Oder, in Diltheys eigenen Worten: die Beziehung vom Teil zum Ganzen ist, wie auch im Leben, »eine Beziehung, die niemals ganz vollzogen wird. Man müßte das Ende des Lebenslaufes abwarten und könnte in der Todesstunde erst das Ganze überschauen, von dem aus die Beziehung seiner Teile feststellbar wäre. Man müßte das Ende der Geschichte erst abwarten, um für die Bestimmung ihrer Bedeutung das vollständige Material zu besitzen.« Und Dilthey fährt fort: »Andererseits ist das Ganze doch nur für uns da, sofern es aus den Teilen verständlich wird. Immer schwebt das Verstehen zwischen beiden Betrachtungsweisen.«[55] Die ursprüngliche Problemstellung, das Ganze aus den Teilen aufzubauen, wird also, nachdem sie auf-

[48] Ebenda.
[49] Ebenda, S. 241.
[50] Ebenda, S. 262.
[51] Vgl. Abschnitt II, S. 350f. und S. 352f.
[52] Diese Äußerung von Wilhelm Dilthey findet sich in: Ders., *Weltanschauungslehre. Abhandlungen zur Philosophie der Philosophie* (= Gesammelte Schriften, Bd. 8). Leipzig, Berlin 1931, S. 232.
[53] Dilthey, *Plan der Fortsetzung*, S. 262.
[54] Ebenda, S. 241.
[55] Ebenda, S. 233.

gegeben werden mußte, überführt in die Aufgabe, ein jeweils unvollendetes und unvollendbares Ganzes im Hin und Her zwischen diesem Ganzen und seinen Teilen zu reflektieren.

Die von Dilthey formulierte Aporie des Problems, aus den Teilen das Ganze aufbauen zu wollen, ist von seiten der Historiker allerdings nicht immer so klar erkannt worden, vielmehr ist die Annahme, man könne das Ganze der Geschichte aus den Teilen aufbauen, durchaus verbreitet. Hier liegt die vielfach unausgesprochene Grundannahme aller Weltgeschichten und Universalgeschichten. Diese gehören freilich, wie schon Troeltsch kritisch anmerkte, in Wahrheit meist nur in das Gebiet der »Buchbindersynthese« oder der »gelehrten Fabrik«[56]. Mit Joseph Vogt könnte man auch von einem Aufbau der »Weltgeschichte durch eine *levée en masse* der Spezialisten« sprechen[57]. Gleichwohl haben einzelne Historiker ihre Überzeugung, aus den Teilen das Ganze aufbauen zu können, immer wieder ausgesprochen. So schreibt Gerhard Ritter am 7. Oktober 1936 an Friedrich Meinecke (es ist Ritters Antwort auf die Übersendung seines Historismus-Buches): Er finde seinen Beruf als Historiker nur deshalb sinnvoll, weil er überzeugt sei »von der Kraft der menschlichen Vernunft, das Objektive der Welt zu erfassen..., und zwar vermöge einer Erkenntnis, die... zu jeder Zeit ein Stück bleibender Wahrheit erfaßt und die so erfaßten Teilwahrheiten von Epoche zu Epoche zu einem geschlossenen zeitlosen Ganzen zusammenfügt«[58].

IV.

In diesem Abschnitt meiner Überlegungen wird nun vom dritten Typus der Reflexion über den Teil und das Ganze die Rede sein, der zufolge weder Teile noch Ganzes der Geschichte ein Gegenstand wissenschaftlicher Erkenntnis sein können.

Die entschiedensten Äußerungen dazu – außerhalb der Geschichtswissenschaft – kamen im 19. Jahrhundert zuerst von Schopenhauer und von Nietzsche. Seit der 1874 veröffentlich-

---

[56] Troeltsch, *Historismus*, S. 711.

[57] Joseph Vogt, *Wege zum historischen Universum. Von Ranke bis Toynbee.* Stuttgart 1961, S. 74.

[58] Gerhard Ritter. *Ein politischer Historiker in seinen Briefen* (= Schriften des Bundesarchivs, Bd. 33). Hrsg. v. Klaus Schwabe und Rolf Reichardt. Boppard 1984, S. 309.

ten zweiten unzeitgemäßen Betrachtung *Vom Nutzen und Nachteil der Historie für das Leben* hat Nietzsche den Wert der historischen Erkenntnis und die Möglichkeit objektiver Erkenntnis der Geschichte grundsätzlich bestritten[59], den »historischen Sinn« seines Jahrhunderts als »unterwürfige Plebejer-Neugierde« sowie die ganze Historie als »Vorratskammer der Kostüme«, d. h. der »Moralen, Glaubensartikel, Kunstgeschmäcker und Religionen« verspottet[60], seinen Hohn über Weltgeschichte als einen »lächerlich kleinen Ausschnitt des menschlichen Daseins« geäußert[61] sowie die tiefe Überzeugung, »daß es kein ›Ganzes‹ gibt« und »daß die Notwendigkeit, die Ursächlichkeit, Zweckmäßigkeit nützliche Scheinbarkeiten sind«[62]. Schopenhauer hatte schon im ersten Band seines Hauptwerks (1819) deutlich ausgesprochen, daß allein die Dichtung das Ganze, nämlich das »innere Wesen« und die »Idee« der Geschichte zu erfassen vermöge, »die adäquate Objektivität des Dinges an sich auf ihrer höchsten Stufe«, die »Darstellung des Menschen in der zusammenhängenden Reihe seiner Bestrebungen und Handlungen«; Geschichte als Wissenschaft hingegen gebe nicht mehr als bloße »empirische Notizen vom Benehmen der Menschen gegeneinander«; der Historiker zeige »die Begebenheiten und die Personen nicht nach ihrer innern, echten, die Idee ausdrückenden Bedeutsamkeit, ... sondern nach der äußern, scheinbaren, relativen, in Beziehung auf die Verknüpfung, auf die Folgen wichtigen Bedeutsamkeit«. Eigentlich sollte der Historiker ja das Ganze erfassen, er sollte eigentlich zeigen, wie die »vielfach verschlungenen Ketten der Gründe und Folgen« beschaffen sind; »aber unmöglich kann er hierzu alle Data besitzen, alles gesehn oder alles erkundet haben«[63]. In dem berühmten 38. Kapitel des zweiten Bandes

---

[59] Friedrich Nietzsche, *Vom Nutzen und Nachteil der Historie für das Leben* (1874). In: Nietzsche, Werke. Kritische Gesamtausgabe III/1. Hrsg. v. Giorgio Colli und Mazzino Montinari. Berlin, New York 1972, S. 239 ff., bes. Abschnitt 8, S. 298 ff.

[60] Friedrich Nietzsche, *Jenseits von Gut und Böse* (1886). In: Ders., Sämtliche Werke. Kritische Studienausgabe. Hrsg. von Giorgio Colli und Mazzino Montinari, Bd. 5. München, Berlin, New York 1980, S. 157 ff.

[61] Friedrich Nietzsche, *Morgenröte* I, 18 (1881). Ebenda, Bd. 3, S. 31.

[62] Friedrich Nietzsche, *Nachgelassene Fragmente* (1887/88). Ebenda, Bd. 13, S. 37.

[63] Arthur Schopenhauer, *Die Welt als Wille und Vorstellung*, Bd. 1, § 51. In: Sämtliche Werke, hrsg. v. Wolfgang Frhr. von Löhneysen, Bd. 1. Frankfurt a. M. 1986, S. 342 f.

(*Über Geschichte*, 1844) wendet sich Schopenhauer dann in schärfster Polemik gegen »das besonders durch die überall so geistesverderbliche und verdummende Hegelsche Afterphilosophie aufgekommene Bestreben, die Weltgeschichte als ein planmäßiges Ganzes zu fassen« und gegen den darin liegenden »rohen und platten Realismus«, sei doch die Historie »zwar ein Wissen, jedoch keine Wissenschaft. Denn nirgends erkennt sie das Einzelne mittelst des Allgemeinen, sondern muß das Einzelne unmittelbar fassen und so gleichsam auf dem Boden der Erfahrung fortkriechen«, so daß das Bestreben, die Geschichte »als ein Ganzes mit Anfang, Mittel und Ende nebst sinnvollem Zusammenhang zu konstruieren, ein eitles, auf Mißverstand beruhendes« sei[64].

Gewiß haben sich die herausragenden Historiker des 19. Jahrhunderts deutlich von Hegels Geschichtsphilosophie abgegrenzt, so Ferdinand Gregorovius[65] oder Jacob Burckhardt (»dieses kecke Anticipieren eines Weltplans«)[66]. Doch ist eine neue Theorie der historischen Erkenntnis, welche einerseits die Abgrenzung vom Anspruch auf Erkenntnis des Ganzen vollzieht und andererseits doch zugleich die Möglichkeiten und die Kraft der historischen Erkenntnis als einer wissenschaftlichen Erkenntnis demonstriert und behauptet, nur langsam und zögernd als Aufgabe der Geschichtswissenschaft selbst erkannt worden. Als erster hat sich J. G. Droysen dieser Aufgabe angenommen: in jenen Vorlesungen über die »Wissenschaftslehre der Geschichte«, die er *Historik* nannte, und die er seit 1857 regelmäßig gehalten hat[67]. Sein Ziel war es, geschichtswissenschaftliche Erkenntnis als Forschung, d.h. als ein empirisch vorgehendes und empirisch gestütztes Hypothesen- und Entwurfswissen zu begründen, welches durch seinen Gegenstand, die Hervorbringungen und Äußerungen des Menschen, verstehenden Charakter hat, also verstehende Forschung oder »forschendes Verstehen« ist[68]. Daraus ergibt sich, daß nach Droysen das Problem von Teil und Ganzem nicht in einem absolu-

---

[64] Ebenda, Bd. 2, Kap. 38, S. 567, 564, 570.

[65] Waldemar Kampf, *Entstehung, Aufnahme und Wirkung der ›Geschichte der Stadt Rom im Mittelalter‹*. In: Ferdinand Gregorovius, *Geschichte der Stadt Rom im Mittelalter*. Neu hrsg. von Waldemar Kampf, Bd. 3. Darmstadt 1963, S. 741–788, S. 744.

[66] Burckhardt, *Über das Studium der Geschichte*, S. 226.

[67] Vgl. Anm. 39.

[68] Dazu im einzelnen Oexle, *Die Geschichtswissenschaft im Zeichen des Historismus*, S. 41 ff.

ten, sondern nur in einem relationalen Sinn überhaupt begriffen und erörtert werden kann, wie er in der *Historik*-Vorlesung von 1857 darlegt: »Nur aus den Teilen verstehen wir das Ganze, und wieder, erst aus dem Ganzen die Teile«, wobei eine absolute und vollkommene Totalität freilich nie erreichbar sein kann. »Denn das Begreifen des Menschen faßt nur die Mitte, nicht den Anfang, nicht das Ende.« Somit ist der Ausgangspunkt, ist »die Grundlage des ganzen Verfahrens ... nur ein relatives Allgemeines, ... nicht das Allgemeine selbst, ... nur ein relativ Eines, nicht das Eine selbst. Der Geist hat erkannt, wieviel er denn jetzt erkannt hat; stückweise verstehend ergänzt er das stückweis Erfaßte zu einer Totalität, und aus dieser versteht er sich und das Viele.«[69]

Aber Droysens *Historik* blieb lange ohne jede Wirkung auf die Erörterungen zur Theorie der geschichtlichen Erkenntnis, da die erste gedruckte (und noch recht unvollkommene) Ausgabe der *Historik* erst 1937 erschien[70]. So konnte die Arbeit an einer umfassenden Theorie der historischen Erkenntnis gegen Ende des 19. Jahrhunderts immer noch als eine erst zu leistende Aufgabe erscheinen. Nunmehr war es Dilthey, der sich ihr unterzog: mit seiner *Einleitung in die Geschichtswissenschaften* (1883) als einer »Kritik der historischen Vernunft«, als »Versuch einer Grundlegung für das Studium der Gesellschaft und der Geschichte«[71]. Dilthey zeigte hier, daß eine »inhaltliche Vorstellung des Weltzusammenhangs« nicht erwiesen werden könne, weil eine »einheitliche Vorstellung vom Subjekte des Weltlaufs ... nur durch die Vermittlung dessen, was das Seelenleben hineingibt«, zustandekomme, dieses aber sich in ständiger geschichtlicher Veränderung befinde[72].

War hiermit zwar die Grenze historischer Erkenntnis bezeichnet, so blieb doch die Bedingung ihrer Möglichkeit, blieb der Erweis ihrer Kraft und ihrer Tragweite unerörtert und ungeklärt, nämlich die Begründung geschichtlicher Erkenntnis auf die Durchdringung des historischen Materials, die Berufung auf ihre empirische Seite also. Mit anderen Worten: es blieb bei Dilthey unberücksichtigt, was Droysen schon 1857 definiert

[69] Droysen, *Historik*, S. 30 f., 32.

[70] Dazu Leyh (Hrsg.), *Historik*, S. XIV f.

[71] Wilhelm Dilthey, *Einleitung in die Geisteswissenschaften. Versuch einer Grundlegung für das Studium der Gesellschaft und der Geschichte* (= Gesammelte Schriften, Bd. 1). Stuttgart, Göttingen, 8. Aufl. 1979, S. IX.

[72] Ebenda, S. 402, 404, 406.

hatte, daß nämlich historische Erkenntnis den Charakter von Forschung hat, weil Empirie die Grundlage der geschichtlichen Methode ist, daß die historische Erkenntnis also nicht bloß versteht, sondern daß sie »forschend« versteht[73]. Dieser Gedanke gelangte erst dann zum Durchbruch, als gegen Ende des Jahrhunderts in der Verabschiedung vom Fortschrittsgedanken sich die moderne Kulturwissenschaft und Sozialwissenschaft konstituierte, ihre zentralen Themen fand, dabei eine neue Theorie der historischen Erkenntnis auf den Weg brachte[74] und darin wiederum sich erneut des Themas vom Teil und vom Ganzen annahm.

Eine grundsätzliche Äußerung dazu hat Georg Simmel in der zweiten Auflage seines Buches über *Die Probleme der Geschichtsphilosophie* von 1905 getan: »Man kann das Einzelne nicht beschreiben, wie es wirklich war, weil man das Ganze nicht beschreiben kann. Eine Wissenschaft von der Totalität des Geschehens ist nicht nur wegen ihrer nicht zu bewältigenden Quantität ausgeschlossen, sondern weil es ihr an einem Gesichtspunkt fehlen würde, den unser Erkennen braucht, um ein Bild, das ihm genüge, zu formen, an einer Kategorie, unter der die Elemente zusammengehören und die bestimmte derselben mit einer bestimmten Forderung ergreifen muß. Es gibt kein Erkennen überhaupt, sondern immer nur eines, das durch qualitativ determinierte, also unvermeidlich einseitige Einheitsbegriffe geleitet und zusammengehalten wird ... Dies ist der tiefere Grund, weshalb es nur Spezialgeschichten gibt und alles, was sich allgemeine oder Weltgeschichte nennt, bestenfalls eine Mehrzahl solcher differentieller Gesichtspunkte nebeneinander wirken läßt oder eine Heraushebung des nach unseren Wertgefühlen Bedeutsamsten innerhalb des Geschehenen darstellt.«[75]

Die hier angedeutete Grundauffassung Simmels, daß jede Erkenntnis notwendigerweise spezialistisch ist, weil sie nur einen Ausschnitt darstellt aus einer unendlichen Vielfalt erkenntnis-

---

[73] Droysen, *Historik*, S. 19 ff., 22.

[74] Darüber bes. die Sammelbände von Heinz-Jürgen Dahme und Otthein Rammstedt (Hrsg.), *Georg Simmel und die Moderne*. Frankfurt a. M. 1984, und Otthein Rammstedt (Hrsg.), *Simmel und die frühen Soziologen*. Frankfurt a. M. 1988; darin insbesondere der Beitrag von Heinz-Jürgen Dahme, *Der Verlust des Fortschrittsglaubens und die Verwissenschaftlichung der Soziologie. Ein Vergleich von Georg Simmel, Ferdinand Tönnies und Max Weber*, S. 222–274.

[75] Georg Simmel, *Die Probleme der Geschichtsphilosophie. Eine erkenntnistheoretische Studie*. Leipzig, 2. Aufl. 1905, S. 46.

möglicher Gegebenheiten, weil sie nur eine Auswahl trifft unter Gesichtspunkten, die für bedeutsam gehalten werden, begegnet dann in systematischer Fassung wieder in Max Webers Theorie der wissenschaftlichen, der kulturwissenschaftlichen und der historischen Erkenntnis, wie sie Weber seit 1904 ausgesprochen hat[76]. Weber definierte den Prozeß der modernen Wissenschaft nicht als Fortschritt, sondern vielmehr als »Fortschritt in das Unendliche«[77], was etwas grundsätzlich anderes ist. Weber zeigte, daß diese Unendlichkeit der modernen Wissenschaft in zweierlei Hinsichten konstituiert ist. Einmal nämlich im Hinblick auf die »unendliche Fülle der Erscheinungen«, im Hinblick auf den »endlosen«, den unüberschaubaren »Strom des unermeßlichen Geschehens«[78], im Hinblick auf die »intensive Unendlichkeit alles empirisch gegebenen Mannigfaltigen«[79]. Wissenschaft als ein ständiger »Fortschritt in das Unendliche« wird aber zum anderen konstituiert durch die Unendlichkeit möglicher Fragen, welche an das historische Material gestellt werden können und welche immerfort mit bedingt sind durch die Gegenwart einer Kultur, in die der seine Fragen stellende Historiker eingebunden ist. Weil, wie Weber mit Hinweis auf Kants Begründung der modernen Erkenntnislehre feststellt, die Gegenstände der Wissenschaft durch die Fragestellung, durch die Stellung der Probleme konstituiert werden, und weil zugleich diese Problemstellungen sich »mit dem Inhalt der Kultur selbst« unaufhörlich wandeln[80], so ergibt sich daraus die Unmöglichkeit eines absoluten und geschlossenen Systems von Begriffen, in dem die historische Wirklichkeit im Ganzen »in einer in irgendeinem Sinne endgültigen Gliederung zusammengefaßt und aus dem heraus sie dann wieder deduziert werden könnte«[81]. Damit entfällt aber für Weber, im Gegensatz zu Troeltsch, jegliche Möglichkeit, über das Ganze und seine Teile sinnvoll zu sprechen. Die Gegensätzlichkeit der Auffassungen

---

[76] Zuerst in der Abhandlung über *Die »Objektivität« sozialwissenschaftlicher und sozialpolitischer Erkenntnis* von 1904, abgedruckt in: Max Weber, *Gesammelte Aufsätze zur Wissenschaftslehre*. Tübingen, 5. Aufl. 1982, S. 146–214.

[77] Max Weber, *Wissenschaft als Beruf* (1919). In: Ders., *Wissenschaftslehre*, S. 582–613, S. 593.

[78] Weber, *Objektivität*, S. 177, 184.

[79] Max Weber, *Roscher und Knies und die logischen Probleme der historischen Nationalökonomie*. In: Ders., *Wissenschaftslehre*, S. 75, Anm. 1.

[80] Weber, *Objektivität*, S. 206 f.

[81] Ebenda, S. 184.

darüber ist übrigens von Weber wie von Troeltsch selbst in aller Klarheit erkannt und auch ausgesprochen worden[82].

In der Geschichtswissenschaft des 20. Jahrhunderts hat eine mit den Auffassungen Max Webers ganz und gar übereinstimmende Position der französische Historiker Marc Bloch vertreten, der ohne Zweifel einer der zwei oder drei bedeutendsten Historiker dieses Jahrhunderts ist. Man vergleiche dazu Blochs während des Zweiten Weltkriegs in der Résistance geschriebene und erst nach seiner Ermordung durch die Deutschen veröffentlichte *Apologie pour l'histoire*[83]. Zu den Grundannahmen der Reflexionen Marc Blochs über die Arbeit des Historikers gehört die Unendlichkeit der historischen Wirklichkeit, die den Historiker ständig dazu zwingt, eine Auswahl zu treffen, »un choix«; das Thema der Auswahl unter Gesichtspunkten, die dem Historiker jeweils bedeutsam erscheinen, ist ein zentrales Thema der Blochschen Historik. Auch für Bloch kann sich die historische Erkenntnis weder auf das Ganze noch auf Teile in einem Ganzen richten, weil historische Erkenntnis immer nur eine Auswahl unter bestimmten Gesichtspunkten in einem unendlichen Feld ist. Deshalb betont Bloch auch die Sinnlosigkeit der bei Historikern so beliebten Suche nach absoluten »Anfängen« oder »Ursprüngen« irgendeines historischen Phänomens. Und auch für Bloch ergibt sich, wie für Max Weber, die Einheit oder »das Ganze« nicht von den Sachen her, sondern allein durch die Problemstellung[84], oder, wie Bloch in der *Apologie* pointiert sagt: »Au commencement est l'esprit« – »am Anfang ist der Geist.«[85]

V.

An dieser Stelle der vorliegenden Überlegungen sei eine kleine Zwischenbemerkung eingefügt. Es wäre von hier aus möglich,

[82] Troeltsch, *Historismus*, S. 189f. Anm. 83; vgl. im Register des Werks die Einträge bei Weber, Max.

[83] Marc Bloch, *Apologie pour l'histoire ou métier d'historien*. Paris, 7. Aufl. 1974. Zum folgenden Otto Gerhard Oexle, *Marc Bloch et la critique de la raison historique* (erscheint in dem von Hartmut Atsma und André Burguière hrsg. Sammelband mit den Vorträgen des Kolloquiums »Marc Bloch et son œuvre«, Paris 1990).

[84] Vgl. Blochs Bemerkungen *Seule l'unité de problème fait centre*. In: Annales d'histoire économique et sociale 6 (1934), S. 81.

[85] Bloch, *Apologie*, S. 63.

die Frage nach dem Zusammenhang der Reflexion über Teil und Ganzes im Hinblick auf eine vergleichende Betrachtung von Kulturwissenschaft und Naturwissenschaft weiterzuverfolgen, besonders im Hinblick auf den dritten Typus, der ja, wie wir gesehen haben, seit 1900 und in der ersten Hälfte des 20. Jahrhunderts zeitgleich in beiden Wissenschaftsbereichen auftrat[86]; dies ist ein hochinteressanter Sachverhalt, der wissenschaftsgeschichtlich wohl noch nicht recht erkannt und in seiner Bedeutung gewürdigt worden ist und der deshalb auch noch keine Erklärung gefunden hat[87]. Man könnte diese Frage sogar von den Überlegungen Marc Blochs her in Angriff nehmen, der in seiner *Apologie* auf Zusammenhänge hinweist zwischen den Relativitätstheorien und der Quantentheorie und der dadurch bewirkten Revolution der naturwissenschaftlichen Denkart einerseits, und jener Form des historischen Denkens andererseits, die er für die allein begründbare hielt[88]. Bloch war übrigens der einzige Historiker in der ersten Hälfte unseres Jahrhunderts, der diese Übereinstimmung gesehen und ihre Bedeutung zumindest angedeutet hat.

Indessen soll der Gedankengang dieser Untersuchung in einer anderen Richtung fortgesetzt werden. Denn während wir den ersten Typus (die Erkenntnis des Ganzen führt zur Erkenntnis der Teile) von seinen mittelalterlichen, vormodernen und modernen Erscheinungsformen her betrachtet haben und auch der zweite Typus (das Ganze kann von den Teilen her, aufbauend, erkannt werden) in verschiedenen Erscheinungsformen seit dem 18. Jahrhundert sichtbar wurde, sind wir im Hinblick auf den dritten Typus, als dessen Zeugen bisher vor allem Georg Simmel, Max Weber und Marc Bloch benannt wurden – wenn man von J. G. Droysen absieht –, über die Zeit um 1900 nicht zurückgelangt. Aber auch dieser Typus hat durchaus eine längere Geschichte, von der man freilich eher wenig weiß. Es soll im folgenden diese Geschichte etwas beleuchtet werden. Dies geschieht in zwei Betrachtungen. Die eine davon wird diesen Typus des Denkens über den Teil und das Ganze anhand eines Autors des 17. Jahrhunderts noch einmal zeigen. Die andere soll zeigen, wie diese Art zu denken in den Bereich der historischen Erkenntnis eingeführt wurde, was uns zu einem Autor des

---

[86] Vgl. Abschnitt I und Abschnitt IV.
[87] Dazu Oexle, *Die Geschichtswissenschaft im Zeichen des Historismus*, S. 46 ff.
[88] Bloch, *Apologie*, S. 29.

18. Jahrhunderts führt. Es geht um Pascal (Abschnitt VI) und um Montesquieu (Abschnitt VII).

VI.

Gegenstand der folgenden Überlegungen ist also Pascal (1623–1662), der hier freilich nicht als der bedeutende Mathematiker, Physiker und Ingenieur interessiert, sondern vielmehr als der profunde Theoretiker der modernen Wissenschaft, der alle für unseren Zusammenhang notwendigen Stichworte gibt[89]. Dies kann im einzelnen nicht entwickelt, sondern nur von einigen zentralen Momenten her angedeutet werden: nämlich 1. im Hinblick auf die Situation der Wissenschaft, 2. im Hinblick auf deren Verfahren und Vorgehen und 3. im Hinblick auf die Grenzen dieser Wissenschaft.

1. Pascals Begriff der Wissenschaft. Für Pascal ist Wissenschaft stets eine Mitte, eignet ihr doch eine Mittellage zwischen »zwei Unendlichkeiten«[90]. Dies ist das wesentliche Moment von Pascals Wissenschaftsbegriff, dem wir übrigens im Rahmen dieser Untersuchung bereits an anderer Stelle, bei Heisenberg und bei Droysen, begegnet sind[91]. Pascals Definition der Wissenschaft ist eingebettet in die Reflexion über die »doppelte Unendlichkeit« der immanenten, wissenschaftlich erfahrbaren Welt. Diese beiden Unendlichkeiten der Wissenschaft sind jene der Größe, also der Makrobereich, und jene der Kleinheit, also der Mikrobereich. Das bedeutet für die Wissenschaft, daß sie in sich notwendig unabgeschlossen und unabschließbar ist, einerseits im Hinblick auf ihr Ziel, ihr Ende, und ebensowohl im Hinblick auf ihren Anfang und ihre Begründung. Sie ist nichts als eine Mitte, »un milieu«, was überhaupt der Situation des Menschen in der Welt entspricht. Deshalb kann man in der Wissenschaft nichts wahrhaft wissen. Wahrheit ist der Wissenschaft nicht zugänglich.

Im Hinblick auf diese Mittellage der Wissenschaft zwischen zwei Unendlichkeiten (»ces deux infinis de sciences«) erweist sich die Frage nach dem Teil und dem Ganzen, wie Pascal

---

[89] Die folgenden Ausführungen beziehen sich auf die Fragmente der sog. *Pensées*, die hier nach der Ausgabe von Jacques Chevalier (Hrsg.), Œuvres complètes. Paris 1954, zitiert werden.

[90] Dazu das berühmte Fragment 84. Ebenda, S. 1105 ff.

[91] Vgl. Anm. 11 und Anm. 69.

ausführt, als sinnlos. Diese Frage ist überhaupt gegenstandslos, weil es nämlich kein Ganzes und keine Teile als Teile dieses Ganzen gibt, die mit den Mitteln der Wissenschaft erfaßbar wären. Gleichwohl gibt es die Wissenschaft, die nach strengen Regeln vorgeht. Denn was es durchaus gibt, sind Beziehungen der immanenten Dinge untereinander. Hieraus entwickelt Pascal die Idee eines Funktionalismus, oder besser: Relationalismus, die Auffassung der Welt als eines wissenschaftlich erfahrbaren Beziehungsgeflechts, das in seinen wahren Dimensionen freilich unbestimmt ist und unbestimmbar bleibt, weil es immer nur ausschnitthaft erfaßt werden kann. »Dans la vue des ces infinis, tous les finis sont égaux.«[92] Die Frage nach dem Ganzen und seinen Teilen ist also keine wissenschaftlich sinnvolle Frage mehr. »Da also alle Dinge verursacht und verursachend sind, der Hilfe bedürfend und helfend, vermittelt und unmittelbar, und da alle durch ein natürliches und unmerkliches Band verknüpft sind, das die entferntesten und verschiedensten Dinge verbindet, halte ich es für unmöglich, die Teile zu erkennen, ohne das Ganze zu kennen, noch das Ganze zu erkennen, ohne im Einzelnen die Teile zu kennen.«[93]

2. Was ist das Verfahren dieser Wissenschaft? Diese Wissenschaft schreitet voran in der Weise der Annahme, des Entwurfs, der Hypothese. Dieses Entwurfswissen der Wissenschaft ist freilich nicht willkürlich und beliebig, es ist vielmehr durch »expérience«, d.h. durch die Erfahrung des Experiments gestützt[94]. Das Experiment hat nach Pascal für die Wissenschaft eine fundamentale Bedeutung[95]. Bei Pascal wird zum ersten Mal der Begriff der modernen Erfahrungswissenschaft als Forschung definiert, jener Typus moderner Wissenschaft, der in Hypothesen fortschreitet, diese Hypothesen aber durch Experimente stützt. Es ist jenes wissenschaftliche Verfahren, das später von Kant, in der Vorrede zur zweiten Auflage seiner *Kritik der reinen Vernunft* von 1787, mit der Metapher der Zweihändigkeit der Erkenntnis näher bezeichnet wird, wonach die Ver-

[92] *Pensées*, S. 1110.
[93] Ebenda: »... je tiens impossible de connaître les parties sans connaître le tout, non plus que de connaître le tout sans connaître particulièrement les parties«.
[94] Hierzu bes. Heinrich Rombach, *Substanz, System, Struktur. Die Ontologie des Funktionalismus und der philosophische Hintergrund der modernen Wissenschaft*. Freiburg, München, 2. Aufl. 1981, Bd. 2, S. 111 ff., bes. S. 122 ff.
[95] Man vergleiche hierzu die Schriften Pascals zur Physik in Chevalier (Hrsg.), Œuvres complètes, S. 359 ff.

nunft mit ihren Prinzipien »in einer Hand, und mit dem Experiment, das sie nach jenen ausdachte, in der anderen, an die Natur gehen« soll[96]. Vernunftentwurf und Experiment stehen also in einem ständigen Wechselverhältnis.

Wissenschaft ist deshalb dahingehend zu beurteilen, daß sie als empirische Wissenschaft durchaus etwas weiß, aber nichts in Wahrheit weiß; daß sie in sich durchaus sicher, schlüssig, zusammenhängend ist, im ganzen jedoch unsicher. Wissenschaftliche Fragen beleuchten welthafte Dinge in ihrem Verhältnis zueinander, aber immer nur in der Weise des Ausschnitts. Wir können die Dinge nicht im Ganzen, wir können sie nicht absolut und wir können sie nicht einmal als Teile eines Ganzen erkennen. Pascal nennt diese Wissenschaft deshalb eine wissende Unwissenheit, eine »ignorance savante«[97]. Sie ist wissend, weil sie von ihren Gegenständen etwas weiß, vor allem aber, weil sie über sich selbst, d. h. über Bedingungen, Tragweite und Grenzen ihres Wissens Bescheid weiß; sie ist eine »ignorance savante qui se connaît«[98], die sich über sich selbst im klaren ist. Die »ignorance savante« ist aber zugleich Unwissenheit, weil sie über die Stellung und Bedeutung ihrer Gegenstände im Ganzen nichts weiß.

3. Gerade dadurch wird nun aber, und das ist der dritte Aspekt dieser Reflexionen zu Pascal, die Frage aufgeworfen, was denn dann jenseits der von ihr selbst sichtbar gemachten Grenzen dieser Wissenschaft steht, und vor allem: was denn dann die Prinzipien menschlichen Handelns sein sollen, zu denen die Wissenschaft offenbar nichts beizutragen hat und auch nichts beitragen kann, eben weil sie über das Ganze nichts zu sagen hat. Diese Fragen werden von Pascal in grundsätzlicher Weise erörtert, was hier aber nur noch angedeutet werden kann. Wichtig ist die knappe Feststellung, daß schon bei Pascal, wie später bei Max Weber, sichtbar wird, wie die Reflexion über die Grenzen der Wissenschaft die Frage nach dem Verhältnis von Wissenschaft und Leben unabweisbar erzwingt. Pascal freilich unterscheidet nicht Wissenschaft und Leben, das ist Max Webers (von Nietzsche übernommene) Begrifflichkeit[99]. Pascal un-

---

[96] Kant, *Kritik der reinen Vernunft*, B XIII, S. 18.
[97] *Pensées*, Fragment 308, S. 1166; dazu Rombach, *Substanz, System, Struktur*, S. 134 ff.
[98] *Pensées*, S. 1166.
[99] Dazu Oexle, *Die Geschichtswissenschaft im Zeichen des Historismus*, S. 24 ff. und 30 ff. sowie Ders., *»Historismus«*, S. 129 ff. und 135 ff.

terscheidet Wissenschaft und »usage commun«, was man mit »Alltäglichkeit« oder »Jedermannsart« übersetzen könnte[100]. Und auch Pascal geht es, wie später Max Weber, um die Frage sowohl der Unterscheidung dieser beiden Bereiche wie auch zugleich um die Frage ihrer Verknüpfung.

VII.

Es ist nunmehr die Frage zu erörtern, wo der Ansatz zu einer wissenschaftlichen Erkenntnis der Welt als einer unendlichen in der Form des empirisch gestützten Entwurfs- und Hypothesenwissens zum ersten Mal im Bereich der historischen Erkenntnis erscheint. Diese Frage führt zu Montesquieu (1689–1755). Und eben weil Montesquieu auf diese Frage eine Antwort darstellt, ist er auch derjenige, der als erster eine neue Art demonstrierte, das »Ganze« der Geschichte in seiner Totalität in den Blick zu nehmen.

Diesen Aspekt des Montesquieuschen Denkens, wie er vor allem in seinem berühmten Werk *De l'esprit des lois* von 1748 zutage tritt, hat bereits Hegel gekennzeichnet mit der Bemerkung, Montesquieu habe »die wahrhafte historische Ansicht, den echt philosophischen Standpunkt angegeben, die Gesetzgebung überhaupt und ihre besonderen Bestimmungen nicht isoliert und abstrakt zu betrachten, sondern vielmehr als abhängiges Moment *einer* Totalität, im Zusammenhange mit allen übrigen Bestimmungen, welche den Charakter einer Nation und seiner Zeit ausmachen«[101]. Ebenso hat Emile Durkheim in seinem 1892 veröffentlichten Buch über Montesquieu (»Quid Secundatus politicae scientiae instituendae contulerit«) als spezifische Leistung Montesquieus herausgestellt, daß er nicht die geschichtlichen Phänomene nach verschiedenen Kategorien, im

---

[100] Hierzu das berühmte Fragment 21 der *Pensées* (Chevalier (Hrsg.), S. 1091 ff.) mit der Unterscheidung von »esprit de géométrie« (das wissenschaftliche Denken) und »esprit de finesse« (das Alltagsdenken): »dans l'esprit de finesse, les principes sont dans l'usage commun et devant les yeux de tout le monde« (1092). Im Bereich des »esprit de finesse« geht es um das Entscheiden und Handeln, vgl. Fragment 24 (Ebenda, S. 1094): »la finesse est la part du jugement, la géométrie est celle de l'esprit«. Zum Kontext der Anthropologie Pascals und zum Verhältnis von Wissenschaft und Leben (Alltag) vgl. Rombach, *Substanz, System, Struktur*, S. 165 ff.

[101] Georg Wilhelm Friedrich Hegel, *Grundlinien der Philosophie des Rechts* (1821). In: Werke, Bd. 7. Frankfurt a.M. 1970, S. 35.

Blick auf Religion, Recht, Verhalten, Wirtschaft, Verwaltung usw. trennte, sondern vielmehr erkannt habe, daß dies alles untereinander zusammenhänge und jeweils Teil eines Ganzen sei: Montesquieu habe die wechselseitigen Beziehungen der sozialen Phänomene herausgestellt und als Teile eines Ganzen ermittelt[102]. In derselben Weise rühmte neuerdings noch einmal Raymond Aron in Montesquieus Werk die synthetische Interpretation der Gesellschaft, »die als ein Ganzes betrachtet wird«[103].

Den Ausgangspunkt seiner Überlegungen, seine ursprüngliche Problemstellung, hat Montesquieu selbst im Vorwort zum *Esprit des lois* von 1748 aufs deutlichste bezeichnet. Es ist dies die Erkenntnis der unendlichen Verschiedenheit, die in der historisch-politisch-sozialen Welt begegnet, die »infinie diversité de lois et de mœurs«, »le nombre infini de choses«[104]. Angesichts dieser unendlichen Verschiedenheit der Phänomene ergab sich für ihn die Frage, ob in dieser Verschiedenheit eine Ordnung, eine Einheit (»uniformité«) festgestellt werden könne, – diese herauszustellen, ist das Ziel seines Werks[105]. Aber, und das ist die entscheidende Frage: welcher Art ist diese Einheit? In der Auffassung von Montesquieu ist sie und kann sie nur eine gedachte, eine erkannte Einheit sein. Die von ihm ermittelte Ordnung der unendlichen Verschiedenheit ist eine Hervorbringung der Erkenntnis. Als Ziel des *Esprit des lois* kann man deshalb, mit Raymond Aron, feststellen: »Substituer un ordre pensé à une diversité incohérente.«[106] Das Ergebnis dieser Ar-

[102] Emile Durkheim, *La contribution de Montesquieu à la constitution de la science sociale.* In: Ders., *Montesquieu et Rousseau, précurseurs de la sociologie.* Paris 1966, S. 25–113, S. 102 ff.

[103] Raymond Aron, *Les étapes de la pensée sociologique.* Paris 1967, S. 44.

[104] Montesquieu, *De l'ésprit des lois. Préface.* Hrsg. v. Gonzague Truc. Paris 1961, Bd. 1, S. 1.

[105] Ebenda, I, 1, Bd. 1, S. 6: »chaque diversité est *uniformité*, chaque changement est *constance*«.

[106] Aron, *Les étapes*, S. 29 f. In Deutschland ist diese Struktur des Denkens Montesquieus (wenn man von Hegel absieht) erst 1932 von E. Cassirer erfaßt worden (*Die Philosophie der Aufklärung.* Tübingen, 3. Aufl. 1973, S. 280 ff.) und dann alsbald wieder verlorengegangen, wie vor allem die weitgehend verständnislosen und herablassenden Ausführungen über Montesquieu bei Friedrich Meinecke, *Die Entstehung des Historismus* (1936) (= Werke, Bd. 3). München, 4. Aufl. 1965, S. 116 ff., zeigen. Dies hat seine Wurzel gewiß auch in der vielfältig begrenzten Rezeption Montesquieus in Deutschland; vgl. Rudolf Vierhaus, *Montesquieu in Deutschland. Zur Geschichte seiner Wirkung als politischer Schriftsteller im 18. Jahrhundert.* In: Ders., *Deutschland im 18. Jahrhundert.* Göttingen 1987, S. 9–32. Bemerkenswert ist demgegenüber die Rezeption Mon-

beit des Historikers Montesquieu ist nämlich die Ermittlung von gedanklichen Typen, in denen die unendliche Vielheit der historischen, politischen und sozialen Phänomene erfaßt wird. Damit war zugleich eine praktische Absicht des Juristen Montesquieu verknüpft, nämlich: eine Antwort zu finden auf die Frage, wie Gesetze gemacht werden müssen, damit sie tauglich sind.

Das Verfahren der Gewinnung seiner Erkenntnis hat Montesquieu selbst im Vorwort des Buches ausführlich beschrieben. Es ist ein Verfahren, das wir von Pascal bereits kennen, nämlich das Hin- und Herschreiten des erkennenden Geistes zwischen seinen Entwürfen und der Überprüfung dieser Entwürfe am Material, hier: am historischen Material, an dem, was die Historiker ihre Quellen nennen. Es geht also auch hier um eine durch Material gestützte und anhand des Materials fortschreitende Hypothesenerkenntnis. In seinem Vorwort zum *Esprit des lois* hat Montesquieu die beiden Aspekte dieses Erkenntnisprozesses in aller Klarheit benannt: einmal nämlich, daß er seine Entwürfe (er nennt sie, wie später Kant, »Prinzipien«, »principes«)[107] ermittelt hat und dann erfahren konnte, daß die Einzelfälle, die Einzelheiten, sich »wie von selbst« diesen unterordnen (»j'ai posé des principes, et j'ai vu les cas particuliers s'y plier comme d'eux-mêmes«)[108]; gleichzeitig stellte Montesquieu heraus, daß er diese seine Entwürfe nicht aus beliebigen, nicht aus willkürlichen Urteilen (»préjugés«) gewonnen hat, sondern daß sie durch die »Natur der Dinge« bestätigt werden: »Je n'ai point tiré mes principes de mes préjugés, mais de la nature des choses. Ici, bien des vérités ne se feront sentir qu'après qu'on aura vu la chaîne qui les lie à d'autres. Plus on réfléchira sur les détails, plus on sentira le certitude des principes.«[109] Diese Seite des Erkenntnisprozesses verweist auf die Grundlage der Arbeit, auf das historische Material. Wer die letzten beiden Bücher des *Esprit des lois* mit ihren historischen Darlegungen z.B. über die Entstehung des mittelalterlichen Feudalismus *(Théorie des lois*

---

tesquieus in seiner das Ganze erfassenden Art des historischen Denkens in der schottischen Sozialwissenschaft des ausgehenden 18. Jahrhunderts, in der *Conjectural History* von Dugald Stewart. Dazu Hans Medick, *Naturzustand und Naturgeschichte der bürgerlichen Gesellschaft* (= Kritische Studien zur Geschichtswissenschaft, Bd. 5). Göttingen 1973, S. 305 ff.

[107] Vgl. dazu den in Anm. 96 genannten Text.

[108] Montesquieu, *De l'ésprit des lois. Préface*, Bd. 1, S. 1.

[109] Ebenda, S. 1.

féodales chez les Francs) gelesen hat, weiß, welch umfassende Kenntnis des historischen Materials Montesquieu diesen Darlegungen zugrunde gelegt hat, in der Benutzung von Annalen, Chroniken, Biographien, von Kapitularien, Volksrechten, sogar von Hagiographie[110]. Immer wieder wird im Vorwort auf das Hin und Her des Denkens zwischen den Entwürfen und deren Überprüfung hingewiesen, ein Arbeitsvorgang, der nach Montesquieus eigener Aussage zwanzig Jahre in Anspruch genommen hat; wir finden hier den Hinweis darauf, wie Erkenntnisse gefunden wurden, die dann doch wieder aufgegeben werden mußten; wie eine zunächst absichtslos, ja spielerisch verfolgte These sich dann doch bewährte; wie schließlich die für ihn endgültigen Entwürfe oder »Prinzipien« gefunden wurden, denen sich dann alles fügte: »Quand j'ai découvert mes principes, tout ce que je cherchais est venu à moi.«[111]

Der Begriff, in dem Montesquieu die unendliche Vielheit gedanklich zur Einheit bringt, ist der der Verfassungsform (»gouvernement«), die einem »Volk« (»peuple«) oder einer »nation« zugeordnet ist. Montesquieu unterscheidet bekanntlich drei solche Verfassungsformen: die Republik, die Monarchie, die Despotie[112]. Ganz zutreffend hat Raymond Aron, wie vor ihm bereits Ernst Cassirer, den Begriff des »gouvernement« bei Montesquieu mit Max Webers Idealtypen verglichen[113]. Wie diese dient er in der Tat dazu, eine Vielheit von Gegebenheiten untereinander in eine gedankliche Beziehung zu bringen und damit zu ordnen. Diese Gegebenheiten sind bei Montesquieu: die »Natur« einer Verfassungsform, von Montesquieu als deren besondere Struktur (»structure particulière«) definiert, sowie ihr »Prinzip«, d.h.: »les passions humaines qui le font mouvoir«, also die Triebkräfte menschlichen Handelns, die eine sol-

---

[110] Ebenda, Bd. 2, S. 296 ff. und 347 ff.

[111] *Préface*, Bd. 1, S. 2 f.: »J'ai bien des fois commencé et bien des fois abandonné cet ouvrage; j'ai mille fois abandonné aux vents les feuilles que j'avais écrites; je sentais tous les jours les mains paternelles tomber; je suivais mon objet sans former de dessein; je ne connaissais ni les règles ni les exceptions; je ne trouvais la vérité que pour la perdre: mais quand j'ai découvert mes principes, tout ce que je cherchais est venu à moi; et, dans le cours de vingt années, j'ai vu mon ouvrage commencer, croître, s'avancer et finir.« Zur Genese des Werks vgl. Robert Shackleton, *Montesquieu. Une biographie critique.* Grenoble 1977, S. 173 ff.

[112] Zur Theorie der Verfassungsformen vgl. Aron, *Les étapes,* S. 32 ff.

[113] Cassirer, *Die Philosophie der Aufklärung,* S. 281; Raymond Aron, *Dixhuit leçons sur la société industrielle*. Paris 1962, S. 65.

che bestimmte Verfassungsform entstehen lassen und sie aufrechterhalten[114]. Dazu gehören ferner die physischen Bedingungen eines Landes, also sein Klima, seine Größe und die
Beschaffenheit des Bodens. Dazu gehören u. a. die Lebensweise
seiner Bewohner, die Wirtschaft, nämlich Handel und Geldwe-
sen, die Bevölkerungszahl, die Religion und die Geschichte
(»les exemples des choses passées«)[115], ferner die »mœurs« und
»manières«, worunter Montesquieu einerseits die inneren Einstellungen der Menschen (»les mœurs«), andererseits ihr äußer-
liches Verhalten (»les manières«) versteht[116]. Alle diese verfas-
sungsmäßigen, politischen, wirtschaftlichen, geistigen, religiösen, sozialen und mentalen Gegebenheiten stehen miteinander
in Beziehungen, welche Montesquieu in ihrer Gesamtheit als
den »esprit général« bezeichnet[117]. Die positiven Gesetze, die
Gesetzgebung also, muß sich, wenn sie gut sein soll, mit all
diesen Gegebenheiten in einem Verhältnis der Beziehung und
Übereinstimmung befinden. Die Beziehungen dieser positiven
Gesetze mit allen diesen genannten Gegebenheiten nennt Montesquieu den »esprit des lois«[118].

Am Ende des Werkes werden dem systematischen Entwurf
schließlich historische und rechtshistorische Überlegungen an-
gefügt. Sie behandeln (in den Büchern XXVII und XXVIII)
Entstehung und Wandel des Rechts bei den Römern und bei
den Franken bzw. den Franzosen, sowie (in den Büchern XXX
und XXXI) eine »théorie des lois féodales« im Blick auf die
Entstehung der Monarchie in Frankreich und ihre geschichtliche Entwicklung. Hier tritt also zur systematischen Betrachtung jener Verflechtung und wechselseitigen Abhängigkeit religiöser, wirtschaftlicher, politischer, rechtlicher und sozialer
Gegebenheiten die historische; mit Montesquieus eigenen, in
der Geschichte der Geschichtswissenschaft etwas völlig Neues
bezeichnenden Worten ausgedrückt: »Il faut éclairer l'histoire

---

[114] *De l'ésprit des lois* III, 1, Bd. 1, S. 23.

[115] Ebenda, XIX, 4, S. 319.

[116] Ebenda, XIX, 16, S. 326.

[117] Ebenda, XIX, 4, S. 319: »Plusieurs choses gouvernent les hommes: le cli-
mat, la religion, les lois, les maximes du gouvernement, les exemples des choses
passées, les mœurs, les manières; d'où il se forme un esprit général qui en
résulte.«

[118] Ebenda, I, 3, S. 10f., mit der Feststellung: »C'est ce que j'entreprends de
faire dans cet ouvrage. J'examinerai tous ces rapports: ils forment tous ensemble
ce que l'on appelle l'esprit des lois.«

par les lois, et les lois par l'histoire.«[119] In diesem Sinne konnte Montesquieu auch sagen, daß seine Ordnung der unendlichen Verschiedenheit der Dinge durch das Ganze der Geschichte bestätigt wird: »Ce que je dis est confirmé par le corps entier de l'histoire.«[120] Die von ihm erstellte Ordnung und Einheit der unendlichen Verschiedenheit als gedachte, als erkannte Ordnung ist also in einem umfassenden Sinne historisch begründet. Montesquieu hat somit als erster in die Geschichtswissenschaft eine strukturelle Betrachtung eingeführt, die systematisch und zugleich historisch ist und die in der unendlichen Vielfalt u. a. politischer, sozialer, rechtlicher, ökonomischer und religiöser Gegebenheiten und ihrer Wechselbeziehungen einen neuen Begriff des Ganzen einführt und einführen kann, weil es sich hierbei um ein gedachtes, um ein erkanntes Ganzes handelt.

VIII.

Am Ende dieser Überlegungen ergibt sich nunmehr die Notwendigkeit, einige Verknüpfungen zu schaffen zwischen den hier erörterten einzelnen Phasen und Momenten in der Geschichte jenes dritten Typus der Reflexion über den Teil und das Ganze, der schließlich in den Mittelpunkt der Überlegungen gerückt ist. Diese Verknüpfungen könnten von Pascal und Montesquieu aus in eine ältere Zeit zurückreichen, sie müssen vor allem aber wieder zu unserer eigenen Gegenwart hinlenken, vom 17. und 18. Jahrhundert also wieder zu Georg Simmel, Max Weber und Marc Bloch führen.

Für die zeitlich zurückschreitend ausgerichtete Verknüpfung weist Pascals Begriff der »ignorance savante« den Weg. Dieser Begriff entspricht in seiner formalen Prägung wie nach seinem Inhalt dem Begriff der »docta ignorantia«, in dem im 15. Jahrhundert Nikolaus von Kues seine Theorie der wissenschaftlichen Erkenntnis zusammengefaßt hat[121]. Darüber hinaus wird in Umrissen die im 14. Jahrhundert begründete Erkenntnistheorie Wilhelms von Ockham erkennbar, deren Grundannahme, daß der Intellekt nur das Einzelne erkennen könne (»singu-

---

[119] Ebenda, XXXI, 2, Bd. 2, S. 354.
[120] Ebenda, III, 3, Bd. 1, S. 24.
[121] Über den Zusammenhang von *docta ignorantia* und *ignorance savante* Rombach, *Substanz, System, Struktur*, S. 134 ff. mit Anm. 35.

lare intelligitur«)[122], eine fundamentale Revolution der Denkart bedeutete, weil hiermit dem älteren Kosmos-Denken als einem auf das Ganze der Welt im ontischen Sinne gerichteten Denken der Boden entzogen[123] und also jener Prozeß in Gang gesetzt wurde, in dem u.a. auch Pascal und Montesquieu und ebenso Max Weber stehen.

Wenn wir von den beiden Autoren des 17. und 18. Jahrhunderts, von Pascal und Montesquieu aus ins 20. Jahrhundert weiterzuschreiten versuchen, so läßt sich von Montesquieu her eine direkte Linie über Emile Durkheim zu Marc Bloch ziehen. Auf die enge Verbindung zwischen dem Denken Montesquieus und dem Denken Emile Durkheims, eines der Begründer der modernen Sozial- und Kulturwissenschaften, weist Durkheim selbst hin, der, wie bereits angedeutet, sein erstes Buch 1892 über Montesquieus Beitrag zur modernen Wissenschaft geschrieben hat[124]. In unmittelbarem Zusammenhang mit diesem Buch über Montesquieu von 1892 steht Durkheims berühmtes Buch über die Grundfragen der Erkenntnis in den modernen Sozialwissenschaften und über ihre methodischen Zugriffe *(Les règles de la méthode sociologique)* von 1895[125]. Man kann mit René König sagen, daß Durkheims *Regeln* »in mancher Hinsicht« geradezu in »doppelter Weise« existieren, nämlich »einmal als Interpretation von Montesquieu« aus dem Jahr 1892 und »ein zweites Mal« in dem Buch über die *Regeln* von 1895[126]. Was die Bedeutung Durkheims für Marc Bloch und damit für die gesamte französische Geschichtswissenschaft des 20. Jahrhunderts bis auf den heutigen Tag betrifft, so ist sie bekannt und braucht hier nicht erneut erörtert zu werden[127].

---

[122] Wilhelm von Ockham, *Scriptum in librum primum Sentantiarum, dist.* 3 q. VI. Hrsg. v. St. Brown und G. Gál (= Guillelmi de Ockham opera theologica), Bd. 2. 1970, S. 492 ff.

[123] Dazu Rombach, *Substanz, System, Struktur,* Bd. 1, S. 78 ff.; Wilhelm von Ockham, *Texte zur Theorie der Erkenntnis und der Wissenschaft.* Hrsg., übersetzt und kommentiert von Ruedi Imbach. Stuttgart 1984.

[124] Vgl. Anm. 102.

[125] Emile Durkheim, *Les règles de la méthode sociologique.* Paris, 20. Aufl. 1981. Vgl. Steven Lukes, *Emile Durkheim. His life and work.* Stanford 1985, S. 226 ff.

[126] René König, *Emile Durkheim zur Diskussion.* München, Wien 1978, S. 142. Vgl. Lukes, *Durkheim,* S. 279 ff.

[127] Darüber zuletzt Sabine Jöckel, *»Nouvelle histoire« und Literaturwissenschaft,* 2 Bde. Rheinfelden, 2. Aufl. 1985. Bedeutend war die vermittelnde Rolle von Maurice Halbwachs in Straßburg, dazu John E. Craig, *Maurice Halbwachs à Strasbourg.* In: Revue française de sociologie 20 (1979), S. 273–292; Ders., *Die*

Und bei Bloch ist dann ja auch der Ansatzpunkt zu finden für das in Frankreich entwickelte Konzept einer »histoire totale«[128], deren Grundannahmen in Deutschland freilich oft mißverstanden worden sind und noch immer mißverstanden werden, weil ihre Geschichte und Genese hier weitgehend unbekannt sind[129].

Wie man an Simmel und Weber ablesen kann, gibt es aber auch in Deutschland eine ausgearbeitete Tradition des wissenschaftlichen, kulturwissenschaftlichen und geschichtswissenschaftlichen Denkens, mit denselben Grundannahmen, wie sie jener Art des Denkens eigen sind, das in Frankreich durch Durkheim und Bloch repräsentiert wird. Freilich ist diese deutsche Tradition von der deutschen Geschichtswissenschaft im 20. Jahrhundert nicht rezipiert worden[130]. Die Geschichte der Kulturwissenschaften in Deutschland um 1900 und in der ersten Hälfte des 20. Jahrhunderts hat deshalb zwar, so könnte man sagen, ihre Durkheims gehabt, aber sie hat keinen Marc Bloch gefunden. Fragen wir nach der Genese des Standpunkts von Georg Simmel und von Max Weber in ihrer Reflexion über die Erkenntnis oder vielmehr über die Nichterkennbarkeit des geschichtlichen Ganzen und seiner Teile, so zeigt sich freilich sogleich, daß auch diese beiden Autoren einen gemeinsamen Bezugspunkt haben, der wiederum, wie im Fall von Durkheim und Bloch, im 18. Jahrhundert liegt: es ist die Erkenntnistheorie Kants.

Dazu können am Ende dieser Überlegungen nur noch einige

Durkheim-Schule und die ›Annales‹. In: Wolf Lepenies (Hrsg.), *Geschichte der Soziologie,* Bd. 3. Frankfurt a.M. 1981, S. 298–322. Der Versuch von Pierre Toubert, *Préface.* In: Marc Bloch, *Les caractères originaux de l'histoire rurale française,* Neuausgabe Paris 1988, S. 5–41, bes. S. 15, den Einfluß und die Bedeutung von Durkheim schlicht zu leugnen, ist nicht nachvollziehbar.

[128] Vgl. Pierre Toubert und Jacques Le Goff, *Une histoire totale du Moyen Age – est elle possible?* In: Actes du Centième Congrès National des Sociétés Savantes. Paris 1977, Bd. 1, S. 31–44; Jacques Le Goff, *L'histoire nouvelle.* In: Ders. u.a. (Hrsg.), *La nouvelle histoire.* Paris 1978, S. 210–241, hier S. 239.

[129] Vgl. die Polemik gegen die *histoire totale* von H.-U. Wehler, *Sozialgeschichte und Gesellschaftsgeschichte.* In: Wolfgang Schieder und Volker Sellin (Hrsg.), *Sozialgeschichte in Deutschland,* Bd. 1. Göttingen 1986, S. 33–52, S. 34 f. Im genuin deutschen Kontext immer wieder erneuter Dispute pro und contra Ranke (solche demonstrieren jüngst wieder die Ausführungen von Ulrich Muhlack, *Leopold von Ranke.* In: Notker Hammerstein (Hrsg.), *Deutsche Geschichtswissenschaft um 1900.* Stuttgart 1988, S. 11–36) läßt sich der Ansatz einer *histoire totale* in der Tat nicht einmal annäherungsweise zuordnen.

[130] Vgl. Otto Gerhard Oexle, *Ein politischer Historiker. Georg von Below (1858–1927).* In: *Deutsche Geschichtswissenschaft um 1900,* S. 283–312.

knappe Hinweise gegeben werden, mit denen Kantsche Positionen angedeutet seien, die von Simmel[131] wie von Max Weber[132] für ihre Theorien der historischen und kulturwissenschaftlichen Erkenntnis genutzt worden sind.

Zum einen gehört dazu die bereits erwähnte Definition der wissenschaftlichen Erkenntnis als einer empirisch gestützten Hypothesenerkenntnis im Sinne der Zweihändigkeit der Vernunft, die ihre Prinzipien setzt und das nach diesen ausgedachte Experiment verwirklicht, d. h. empirisch arbeitet[133]. Kant hat dabei keineswegs nur die naturwissenschaftliche Erkenntnis vor Augen, sondern auch die Arbeit des Historikers, wie seine in demselben Text verwendete Metapher vom Zeugenverhör deutlich macht, mit der er den Vorgang wissenschaftlicher Erkenntnis beschreibt. Ein anderer Anknüpfungspunkt sind Kants Ausführungen zur ersten Antinomie der reinen Vernunft. Hier geht es um die Frage, ob die Welt ein endliches Ganzes oder ob sie unendlich sei. Kants Lösung dieser Antinomie wurzelt bekanntlich in der Einsicht in den Erscheinungscharakter der Dinge. Alles was vorkommt, ist Erscheinung, ist Phänomen, ist etwas, das im Licht einer Frage zum Vorschein kommt. Demnach kann die Welt an sich weder als endliches noch als unendliches Ganzes bezeichnet werden; denn alles, was im Raume oder in der Zeit erkannt wird, »mithin alle Gegenstände einer uns möglichen Erfahrung«, sind »nichts als Erscheinungen«. Es sind also »die Gegenstände der Erfahrung niemals an sich selbst, sondern nur in der Erfahrung gegeben, und existieren außer derselben gar nicht«, was auch für die »Dinge der vergangenen Zeit« gilt[134].

Es gibt demnach auch kein an sich gegebenes und erkennba-

---

[131] Zur Kant-Rezeption Simmels Heinz-Jürgen Dahme, *Soziologie als exakte Wissenschaft*, Teil II. Stuttgart 1981, S. 303 ff. und 320 ff.

[132] Mit Recht hat sich jüngst Wilhelm Hennis, *Max Webers Fragestellung. Studien zur Biographie des Werks*. Tübingen 1987, S. 183 ff., dagegen gewandt, daß Webers Theorie der wissenschaftlichen Erkenntnis wesentlich vom sogenannten Neokantianismus (bes. H. Rickert) geprägt gewesen sei. Unverständlich ist hingegen die Bemerkung von Hennis (S. 208), »die Bedeutung Kants für Weber« sei »nicht allzu hoch an[zu]setzen«. Dieses Urteil ist leicht zu widerlegen: zum Beispiel durch das Zeugnis von Marianne Weber, *Max Weber. Ein Lebensbild*. Tübingen, 3. Aufl. 1984, S. 48, 93 f., 165; durch die ausdrücklichen und pointierten Bezugnahmen auf Kants Erkenntnistheorie, z. B. in der Abhandlung über die *Objektivität*, S. 208; vor allem aber durch den Gesamtduktus der Wissenschaftstheorie Webers.

[133] Vgl. Anm. 96.

[134] Kant, *Kritik der reinen Vernunft*, S. 491, 493, 495.

res Ganzes der Welt als Geschichte, als Gesamtheit der »Reihe aller vergangenen Weltzustände«[135]. Die Welt, die »weder als ein an sich unendliches, noch als ein an sich endliches Ganzes« existiert, ist »nur im empirischen Regressus der Reihe der Erscheinungen und für sich selbst gar nicht anzutreffen«. Was bleibt, ist also der Begriff der Welt als ein regulatives Prinzip der Vernunft zur Lenkung unseres Fortschreitens durch Erfahrung ins Unabsehbare, als ein »Prinzipium der Vernunft, welches, als Regel, postuliert, was von uns im Regressus geschehen soll«, nicht aber »antizipiert, was im Objekte vor allem Regressus an sich gegeben ist«, als ein »Grundsatz der größtmöglichen Fortsetzung und Erweiterung der Erfahrung, nach welchem keine empirische Grenze für [eine] absolute Grenze gelten muß«[136]. Hieraus ergibt sich Kants Klärung des Begriffs der Unendlichkeit des wissenschaftlichen Fragens. Er definiert ihn im Sinne eines Regressus in indefinitum, d. h. »in unbestimmbare Weite«, weil »niemals ein empirischer Grund angetroffen« wird, »die Reihe irgendwo für begrenzt zu halten«: »So weit wir auch in der Reihe der empirischen Bedingungen gekommen sein mögen«, es gibt »nirgend eine absolute Grenze«, sondern wir müssen »jede Erscheinung, als bedingt, einer anderen, als ihrer Bedingung, unterordnen, zu dieser also ferner fortschreiten«[137]. In eben diesem kantischen Sinne des Indefiniten, d. h. der »unbestimmbaren Weite«, im Sinne dieser kantischen Bestimmung der Erkenntnis als eines Fortschreitens ins Unabsehbare spricht auch Max Weber von der kulturwissenschaftlichen und historischen Erkenntnis als einem Fortschreiten »in das Unendliche«[138]. Er meint damit die prinzipielle Möglichkeit der unablässigen Vermehrung und Erweiterung des Wissens und die sich daraus ergebende prinzipielle Unübersehbarkeit der empirisch erforschbaren Welt auch in ihren geschichtlichen Dimensionen, wobei diese Wissenschaft gerade wegen dieser prinzipiellen Unübersehbarkeit immer spezialistisch bleiben muß.

Diese Präzisierung des Begriffs der modernen Wissenschaft als einer ins Indefinite, in eine unbestimmbare Weite fortschreitenden, empirisch vorgehenden Hypothesenerkenntnis mag manchen enttäuschen, der gerade von der Wissenschaft erwartet, daß sie das Ganze der Welt als Geschichte, daß sie die

[135] Ebenda, S. 512.
[136] Ebenda, S. 502, 505.
[137] Ebenda, S. 508 f., 513.
[138] Vgl. Anm. 77.

absoluten Gesetze dieser Geschichte in ihrer Totalität absolut und d. h. in Wahrheit zu erkennen vermöge. Dieser Behauptung oder auch nur Forderung absoluter Erkenntnis der Geschichte als Ganzes wird man freilich entgegenhalten müssen, daß sie den Nachweis solcher Fähigkeiten in der Regel schuldig bleiben muß, es sei denn, sie erklärt die Frage nach der »Wirklichkeit oder Nichtwirklichkeit des Denkens« zu einer »scholastischen« Frage und schiebt sie damit als unnütz und irrelevant beiseite[139], oder sie stellt sich bewußt wieder auf den vorkritischen Standort einer Begründung geschichtswissenschaftlicher Erkenntnis durch Metaphysik oder Religion[140]. Damit freilich wäre jener Gang der wissenschaftlichen Erkenntnis negiert, in dessen Folge jene Form moderner Wissenschaft entstanden ist, die man Forschung nennt.

[139] Karl Marx, *Zweite These über Feuerbach*. In: *Karl Marx, Frühe Schriften*, Bd. 2. Hrsg. v. Hans-Joachim Lieber und Peter Furth. Darmstadt 1971, S. 1.
[140] Vgl. Abschnitt II.